全方位高质量发展

福建在行动

朱四海 著

社会科学文献出版社
SOCIAL SCIENCES ACADEMIC PRESS (CHINA)

作者简介

朱四海　毕业于中国人民大学，管理学博士、经济学博士后，具有 6 年国有企业、7 年基层政府、13 年省级政府高端智库工作的经历，长期从事政府公共政策研究，现供职于福建省人民政府举办的福建江夏学院。

目　录

引言 执行首要任务

发展是第一要务，高质量发展是首要任务，全方位高质量发展是首要任务在福建的特殊安排。

在"为中国人民谋幸福、为中华民族谋复兴"[①] 的历史进程中，解决台湾问题、实现祖国完全统一，是全体中华儿女的共同愿望。福建与台湾"隔海相望"，在对台工作全局中具有独特的地位和作用[②]；我们认为，福建发展事关中华民族伟大复兴战略全局，区域经济发展的"天平"需要向福建倾斜，将经济社会发展的综合优势转化为推动海峡两岸融合发展的强大推动力，以福建全方位高质量发展实现海峡两岸区域发展无差别化，推进海峡两岸融合发展，推进祖国统一进程。

全方位高质量发展是习近平总书记赋予福建的新命题，这里涵盖了三方面的要求：一是补齐科技创新、产业结构、居民收入短板；二是在探索海峡两岸融合发展新路，在融入新发展格局、建设现代化经济体系、创造高品质生活等方面展现更大作为；三是代表国家建设海峡两岸融合发展示范区、21世纪海上丝绸之路核心区、金砖国家新工业革命伙伴关系创新基地。福建地处东南沿海发达地区，实现全方位高质量发展，一方面要实施差异化发展战略，发挥集中力量办大事的制度优势，拉平与两个三角洲的发展差距，推进苏浙沪闽粤一体化发展；另一方面要实施无差异化战略，发挥超大规模的市场优势，拉平与台湾地区的发展差距，推进海峡两岸融合发展。解决这些战

---

① 《习近平：在庆祝中国共产党成立 100 周年大会上的讲话》，2021 年 7 月 1 日，中国政府网，https://www.gov.cn/xinwen/2021-07/01/content_5621847.htm？eqid=b306fc8000406231000000036493f875。

② 《中共中央 国务院关于支持福建探索海峡两岸融合发展新路 建设两岸融合发展示范区的意见》，2023 年第 27 号，中国政府网，https://www.gov.cn/gongbao/2023/issue_10726/202309/content_6906519.html。

略问题成为决定新福建①实现全方位高质量发展的基础性工作。

福建全方位高质量发展承载着中华民族伟大复兴的国家使命②，执行首要任务，福建发展迎来战略机遇期。

一 任务架构

新时代，中国特色社会主义社会主要矛盾已经转化为人民日益增长的美好生活需要和不平衡不充分的发展之间的矛盾，人们普遍追求美好生活、幸福生活、高品质生活，高品质的需求要求高质量的供给，高质量发展成为新时代的首要任务。坚持以高质量发展为主题，要准确把握中国特色社会主义的发展阶段、发展条件、发展目标、发展任务。

（1）发展阶段。中国特色社会主义由上半场的全面建成小康社会转而进入下半场的全面建成社会主义现代化强国，创新、消费取代投资、出口成为新时代推动经济社会发展的主导力量，中国特色社会主义进入双循环新发展格局。

（2）发展条件。在全面建设社会主义现代化国家进程中，中国特色社会主义需要由跟跑、并跑状态向领跑状态转换。

（3）发展目标。分两阶段全面建设社会主义现代化国家：到2035年，基本实现社会主义现代化；到21世纪中叶，全面建成富强、民主、文明、和谐、美丽的社会主义现代化强国，全面实现中华民族伟大复兴。

（4）发展任务。以健康中国、平安中国引领人的现代化，以美丽中国、数字中国引领物的现代化，以法治中国引领治理现代化，统筹推进教育、科技、人才、文化、体育强国建设，统筹推进制造、质量、贸易、交通、海洋、航天、网络、能源、农业强国建设。

发展阶段、发展条件、发展目标、发展任务构成了高质量发展的状态方程、约束条件和目标函数，由此构成了高质量发展的任务架构。从国情背景看，高质量发展是中国特色社会主义的高质量发展，"求解"高质量发展要坚

---

① 2014年11月，习近平总书记考察福建，擘画了福建发展的新蓝图："希望福建的同志抓住机遇，着力推进科学发展、跨越发展，努力建设机制活、产业优、百姓富、生态美的新福建。"

② 2020年5月，在福建坚持高质量发展落实赶超取得重要成果之际，习近平总书记又做出重要指示批示，赋予福建全方位推动高质量发展超越的重大使命。全方位推动高质量发展超越，是以习近平同志为核心的党中央赋予福建的重大历史使命和重大政治责任。引自《中共福建省委关于深入学习贯彻习近平总书记重要讲话重要指示批示精神全方位推动高质量发展超越的决定》（2020年8月17日中国共产党福建省第十届委员会第十次全体会议通过）。

持以习近平新时代中国特色社会主义思想为指导，准确把握中国特色社会主义的发展道路、发展制度、发展理论、发展模式。

（5）发展道路。既不走封闭僵化的老路，也不走改旗易帜的邪路，坚持开放、不搞封闭，坚持互利共赢、不搞零和博弈，坚定不移走中国特色社会主义道路，为人类文明进步贡献中国智慧、中国方案、中国力量。[①]

（6）发展制度。中国特色社会主义制度为中国特色社会主义道路的开拓提供了坚实的制度保障，坚持和完善中国特色社会主义制度、推进国家治理体系和治理能力现代化，为正确认识和处理同外部世界的关系、把握新的伟大斗争的历史特点提供不竭动力。[②]

（7）发展理论。深刻认识共产党执政规律、社会主义建设规律、人类社会发展规律，深刻领悟"两个确立"的决定性意义，增强"四个意识"、坚定"四个自信"、做到"两个维护"，以五大新发展理念引领"五位一体"总体布局和"四个全面"战略布局。

（8）发展模式。既有各国现代化的共同特征，更有基于自己国情的中国特色，以中国式现代化全面推进中华民族伟大复兴，全面建成社会主义现代化强国，推动构建人类命运共同体，创造人类文明新形态。

发展道路、发展制度、发展理论、发展模式构成了"求解"高质量发展的世界观和方法论。规范地看，发展道路、发展制度、发展理论、发展模式构成了高质量发展之"体"，发展阶段、发展条件、发展目标、发展任务构成了高质量发展之"用"，以体为里、以用为表、表里统一成为新时代高质量发展的基础架构，也成为新福建全方位高质量发展的基础架构。

二　执行模式

实践上，高质量发展之"体"与高质量发展之"用"还需要具象化，将高质量发展的国际特征与中国特色有机结合起来，以人民生活温饱、小康、高质量、高品位为依规，与高质量发展的任务架构相配套，构建包括国际经验、国内部署、结构化管理、功能化推进、系统化集成的任务执行模式。

（1）国际经验。高质量发展与社会形态密切相关。迄今为止，人类主要经历了原始社会、农业社会、工业社会、信息社会，发生了两次现代化的演进格局，第一次现代化以工业化、城市化、市场化为核心表征；第二次现代

---

① 《中共中央关于党的百年奋斗重大成就和历史经验的决议》。

② 《中共中央关于党的百年奋斗重大成就和历史经验的决议》。

化以信息化、网络化、生态化为核心表征。20 世纪 80 年代初，IBM 开始应用计算机辅助设计（CAD）技术于产品设计，信息化与工业化的融合进入了一个全新的发展时期，帮助美国拥有全球最先进的制造业。美国等发达国家的国际经验引领人类社会发展阶段演进到以工业化与信息化融合发展为主导力量的高质量发展阶段。①

（2）国内部署。高质量发展与社会主义现代化状况密切相关。迄今为止，我国先后部署了农业、工业、国防、科学技术现代化与新型工业化、信息化、城镇化、农业现代化，梯度推进农业、劳动密集型轻工业、资本密集型重化工业、技术密集型产业、知识密集型产业的发展，推进经济社会由农业社会向工业社会、后工业社会、现代化社会转型，推进人民生活由温饱、小康向高质量、高品质迭代演进，并将治理现代化纳入中国特色社会主义现代化体系。

（3）结构化管理。高质量发展与高品质生活密切相关。主动适应需求结构由温饱、小康向高品质生活转型，由大众消费向高质量消费转型；以供给侧结构性改革为主线，推进供给结构、要素结构、空间结构的战略性转型；以实施扩大内需战略为引领，推进投资、消费、出口由大规模基础设施建设、房地产开发、出口导向型制造业投资向大规模创新能力建设、人力资本开发、进口替代型消费的战略性转型，构建以创新、消费为核心的新型需求结构。

（4）功能化推进。高质量发展是一项系统工程，既要抓好制度建设，完善高质量发展的指标、标准、统计、政策体系和绩效评价，也要抓好重点领域，围绕制造业、高技术产业、现代服务业、现代农业，统筹推进产品、企业、行业质量和基础设施质量、政府服务工作质量，还要抓好关键环节，统筹推进实现供给、需求，投入、产出，分配，宏观经济高质量工作，构建制度建设、重点领域、关键环节三位一体的功能化发展格局。

（5）系统化集成。准确把握高质量发展与高品质生活的演进逻辑，用好集中力量办大事的制度优势和超大规模的市场优势，发挥好市场和政府的作用，将结构化管理、功能化推进系统集成到"条块"上，这其中，"条"围绕产业发展展开，以数字经济引领绿色经济（陆地）、蓝色经济（海洋）、网络经济（赛博空间），推进产业发展的创新、数字、绿色转型；"块"围绕区域发展展开，以中心城市引领城市经济、县域经济、开发区经济，推进城乡

---

① 周宏仁：《大力推进信息化与工业化的融合》，2009 年 4 月 14 日，中华人民共和国工业和信息化部，https://www.miit.gov.cn/ztzl/lszt/tjlhrhzzgtsxxgyhdl/zjgd/art/2020/art_16165a5c56d341c3baca0e27d2589068.html。

融合和区域协调发展（见图1）。

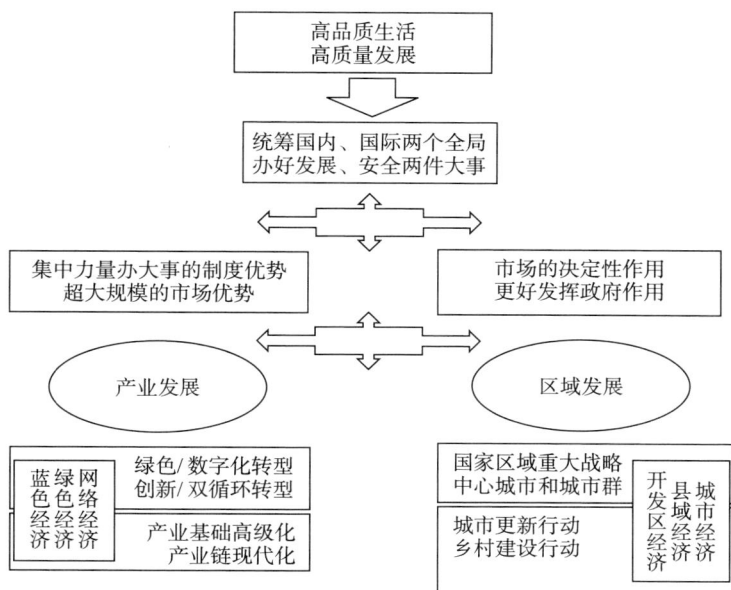

图 0-1 高质量发展执行模式集成

  将高质量发展的国际经验与中国特色融入高质量发展系统的结构和功能、条块结合推进产业高质量发展和区域高质量发展，构成了新时代执行首要任务之"相"，由此形成了基于"体用相"的高质量发展推进体系。新福建全方位高质量发展在这个体系上展开，但由于承担着服务祖国统一大业、服务伟大复兴中国梦、服务全国发展大局的国家使命，新福建执行首要任务之"相"需要特殊安排。

  （6）高举旗帜。福建是习近平新时代中国特色社会主义思想的重要孕育地和实践地，这是福建构建全方位高质量发展的宝贵财富和独特优势。坚持把习近平新时代中国特色社会主义思想同习近平总书记在福建工作期间开创的一系列重要理念和重大实践融会贯通起来，构建全方位高质量发展的福建优势。

  （7）牢记使命。按照"机制活、产业优"向"现代化经济体系"迭代，"百姓富、生态美"向"高品质生活"迭代的发展要求，沿着习近平总书记提出的数字福建、生态福建、海上福建发展路径，奋力谱写数字中国、美丽中国、海洋强国的福建篇章；突出新福建在海峡两岸、东部地区、"一带一路"建设中的地缘价值，牢记习近平总书记的殷殷嘱托，奋力谱写海峡两岸融合发展、海丝核心区建设、金砖国家新工业革命伙伴关系创新基地建设的福建篇章。

（8）融入新发展格局。实施差异化发展战略，发挥集中力量办大事制度优势，打造连接海峡两岸、长三角与珠三角、东部与中西部、东北亚与东南亚、"一带一路"互联互通的战略枢纽，推进新福建战略性融入东部地区与港澳台"10+3"新发展格局；统筹海峡两岸融合发展与东南沿海苏浙沪闽粤区域一体化发展，以海峡两岸融合发展、长三角区域一体化发展为阶梯，打造面向东海的长台闽大湾区，与粤港澳大湾区一起形成东南沿海苏浙沪闽粤与港澳台"5+3"新发展格局。

（9）构建发展新格局。实施无差异化发展战略，全方位拉平海峡两岸发展差距，推进海峡两岸融合发展；以"福"文化为引领，以产业基础高级化和产业链现代化为核心，发展特色优势鲜明的"吃穿用住行"民生产业和"文旅体康养"幸福产业；实施福建版"3+2"区域重大战略，以闽江口、九龙江口、晋江口湾区经济为纽带，建设福州国家中心城市、厦门全球海洋中心城市、泉州国际工业城市，推进闽江经济带建设和九龙江流域生态保护与高质量发展；重点推进闽江经济带对接长江经济带，带动福州建设国家中心城市，推进厦门大湾区对接粤港澳大湾区，带动厦漳泉金澎一体化发展。

（10）发扬伟大斗争精神①。经济发展是全方位高质量发展的中心工作，福建地处东南沿海发达地区，在苏浙沪闽粤五省市中发展相对滞后，历史性地成为东南沿海的"经济洼地"，实现经济高质量发展要发挥福建人民敢为人先、敢拼会赢的斗争精神，让干部敢为、地方敢闯、企业敢干、群众敢首创；让国企敢干、民企敢闯、外企敢投。新时代，恰逢党和国家深入贯彻中国共产党解决台湾问题的总体方略和对台大政方针，扎实推动两岸关系和平发展、融合发展，坚定推进祖国统一进程，新福建的斗争精神和斗争本领养成要紧扣完成祖国统一大业，深入实施探索海峡两岸融合发展新路工程，省外以团结为核心，全方位提升资源配置能力，人和、地利、天时梯次构建"团结的力量"，省内以竞争为核心，科学设计竞争赛道，政府、市场、社会梯次构建"竞争的力量"。

---

① 敢于斗争、善于斗争是我们党的鲜明品格。习近平总书记在党的二十大报告中把"坚持发扬斗争精神"作为前进道路上必须牢牢把握的重大原则之一，强调要"加强干部斗争精神和斗争本领养成"。党的二十大还把发扬斗争精神、增强斗争本领的内容写入党章。在瞻仰延安革命纪念地时，习近平总书记再次强调，全党同志要发扬斗争精神、提高斗争本领。

高举旗帜、牢记使命、融入新发展格局、构建发展新格局、发扬伟大斗争精神，组成了新福建执行首要任务的基础范式。福建要在竞争中胜出，对标的是海峡东岸，竞争的对象却是东部地区，特别是东南沿海地区，发挥集中力量办大事的制度优势对于保障福建的发展领先至关重要。

三　战略谋划

中国特色社会主义之"道"与高质量发展之"器"，构成了执行首要任务的"体"和"用"。犹如瓷杯饮水，瓷饮一如，杯形不一，执行首要任务也当"道器不二、体用一如、成相多元"。

进入新时代以来，基于顶层设计的方法论导向，在习近平新时代中国特色社会主义思想指导下，中国特色社会主义制度基本成熟、基本定型，形成了中国特色的"国家操作系统"。与计算机操作系统作为后台依托各类应用软件（App）在前台发挥作用相类似，国家操作系统在福建发挥作用的基础在于福建应用系统。开发福建应用系统，需要围绕新福建执行首要任务的基础范式，体系性回答全方位高质量发展的理论问题、实践问题、空间战略问题、发展战略问题，构建新福建执行首要任务的"体、用、相"①，并在经济、政治、文化、社会、生态中协同执行。

（一）理论问题：中国特色社会主义之"道"期待理论创新

福建是习近平新时代中国特色社会主义思想的重要孕育地和实践地②，具备条件推进中国特色社会主义的发展道路、发展制度、发展理论、发展模式的理论创新，从中国现代化"个性"和人类现代化"共性"双向把握现代化、完善现代化状态分布，从政府、市场、社会三种制度力量协同中把握现代化治理、完善省域治理体系并提升省域治理能力，探索建设中国式现代化先行区和人类文明新形态示范区的理论问题。

（二）实践问题：全方位高质量发展之"器"期待实践创新

福建发展凝结着习近平总书记的大量心血和汗水，具备条件推进中国特色社会主义的发展阶段、发展条件、发展目标、发展任务实践创新，从产业发展和区域发展双向建构首要任务执行模式，从竞争优势、战略安排、战术

---

① 中国传统文化认为"体、用、相"是自然界事物的三大属性。
② 中共福建省委理论学习中心组：《努力开启谱写全面建设社会主义现代化国家福建篇章的新征程》，《光明日报》2021 年 5 月 18 日。

设计三个层次科学设计全方位高质量发展的战略、战役、战术问题，将意识形态优势和行动一致性优势转化为一个个战略、战役、战术，转化为一场场战斗，探索按照"省委抓总、省直主建、市县主战、以战统建"总要求构建战略、战役执行的战斗本部。

（三）空间战略问题：新福建执行首要任务的第一"相"是融入新发展格局

党的十八大以来，中央逐渐形成了以可持续发展战略、主体功能区战略、区域协调发展战略、区域重大战略、新型城镇化战略、乡村振兴战略六大战略为主导的空间发展战略，国家先后部署京津冀协同发展、长三角区域一体化发展、粤港澳大湾区建设、长江经济带发展、黄河流域生态保护和高质量发展等区域重大战略，形成了"π字形"空间组织新格局。东部地区成为国家空间结构的"脊梁"，京津冀、长三角、珠三角"分段推进"。遗憾的是，福建在长三角与珠三角国家区域重大战略布局中"战略缺位"，融入长三角和珠三角、构建"苏浙沪闽粤"东南沿海一体化发展新格局，成为新时代福建融入新发展格局的"迫切任务"。

（四）区域空间战略问题：新福建执行首要任务的第二"相"是构建发展新格局

新福建对接国家空间战略，要沿着区域协调发展的迭代路线完善战略细化工作：一是山海协作，以都市圈、流域上下游、革命老区合作为重点，推进沿海与山区协调发展；二是陆海统筹，以城市群、产业群、港口群合作为重点，推进陆地与海洋协调发展；三是海峡两岸融合发展，不断探索海峡两岸融合发展新路，全方位推进海峡两岸融合发展示范区建设；四是东南沿海区域一体化发展，全方位推进福建与长三角、珠三角一体化发展，推进苏浙沪闽粤一体化发展。

（五）发展战略问题：新福建执行首要任务的第三"相"是以国家名义建设新福建

进入新时代以来，福建逐渐形成了两组发展战略群：一是地方发展战略群，包括海峡西岸经济区（海峡两岸融合发展示范区）、海峡蓝色经济试验区（海洋经济发展示范区）、福厦泉国家自主创新示范区、中国（福建）自由贸易试验区、21世纪海上丝绸之路核心区、国家生态文明试验区、福州新区、平潭综合实验区八个发展战略；二是国家发展战略群，包括科教兴国战略、人才强国战略、创新驱动发展战略、可持续发展战略、新型城镇化战略、乡村振兴战略、军民融合发展战略七个发展战略；由此组成了自下而上与自上而下相向发力的新福建"八七"雁群战略。

（六）区域发展战略问题：新福建执行首要任务的第四"相"是打造区域发展新引擎

福建文化多元，区域发展经济可以一体化，文化难以一体化，重点打造福州、厦门、武夷山三大引擎：一是福州国家中心城市，紧紧抓住习近平总书记亲自擘画"3820战略工程"①的人和、居于台湾海峡和海丝核心区的地利、国家推进海峡两岸融合发展和东南沿海五省市一体化发展的天时，以福州都市圈为纽带，推进福州城市能级由省会城市、区域中心城市、国家中心城市的梯度进阶；二是厦门大湾区，以闽南厦漳泉地区为基础，以开发台湾海峡为主题，以厦漳泉金澎一体化为主线，着力打造连接世界岛环岛航路北线与南线战略枢纽的厦门东南国际航运中心和厦漳泉金澎全球海洋中心城市；三是大武夷旅游圈，坚持生态为本、文化为魂原则，构建以武夷山为核心，周边地区（三明、龙岩、宁德为主体）联动发展的旅游产业集群，打造文化与生态相融合的大武夷旅游圈。

（七）经济治理问题

新福建执行首要任务的理论逻辑与实践逻辑组成了全方位高质量发展的"体"和"用"，空间战略和发展战略组成了全方位高质量发展的"相"。这个"相"还需要进一步落实到经济、政治、文化、社会、生态当中来。从现状和发展趋势看，福建还将长期处在社会主义初级阶段，最重要的还是发展经济。在经济建设、政治建设、文化建设、社会建设、生态文明建设"五位一体"建设新福建进程中，经济建设还将长期居于核心地位；在经济治理、政治治理、文化治理、社会治理、生态文明治理"五位一体"完善和发展省域经济治理体系和治理能力进程中，经济治理还将长期居于核心地位；经济建设与经济治理的关系成为经济现代化的主要矛盾。

习近平总书记指出，战略上赢得主动，党和人民事业就大有希望；战略和策略是辩证统一的关系，要把战略的坚定性和策略的灵活性结合起来，高度重视战略策略问题。本书围绕上述七个方面的问题，从战略层面进行系统阐述。

---

① 《让有福之州更好造福于民——"3820"战略工程引领福州高质量发展纪实》，2022年10月10日，新华网，http://www.news.cn/2022-10/10/c_1129057578.htm。

第一章 理论问题

改革开放以来，"以经济建设为中心"奠定了发展作为国家建设的主题和第一要务。中国人民选择了中国特色社会主义，在融入全球化的浪潮中探索社会主义建设规律、共产党执政规律和人类社会发展规律，推进中国特色社会主义现代化和中华民族伟大复兴。当前，中国特色社会主义已进入新时代，亟须从理论上进一步探索、深化和创新对"三大规律"的认知。

一是道路问题。既不走封闭僵化的老路，也不走改旗易帜的邪路，坚持走中国特色社会主义道路。这条路目前已进入"无人区"，需要理论的"灯塔"。

二是制度问题。在强国建设进程中，中国特色社会主义面临美西方资本主义的制度斗争，需要集中力量化解各种发展风险与挑战，在制度斗争中胜出。

三是治理问题。坚持和完善中国特色社会主义制度，推进国家治理体系和治理能力现代化，需要与时俱进动态调试制度设计，其根本路径在于改革，改革生产关系中不适应生产力发展的部分和环节。

本章从现代化、治理现代化、国家治理现代化三个维度探索中国特色社会主义的理论问题。我们认为，实现新福建全方位高质量发展，必须在现代化背景下进行系统性把握：一方面，从中国现代化"个性"和人类现代化"共性"双向把握新福建现代化，完善现代化的状态分布；另一方面，从政府、市场、社会三种制度力量协同中把握新福建现代化治理，完善省域治理体系和治理能力。

第一，现代化。现代化是中国发展的核心命题。中国特色社会主义现代化理论创新的关键在于有效规避现代化手段和现代化动力工具性价值的意识形态争论，还原公有制与私有制、计划与市场、集权与分权的工具本性，还原创新、改革、开放的工具本性，创新现代化组织形式，完善和发展政府、市场、社会有机统一的现代化制度力量谱系，构建中国式现代化理论体系。

第二，治理现代化。现代化治理是发展治理的核心命题。建设中国特色社会主义，实现社会主义现代化，从根本上需要实现治理现代化。国家治理现代化必须从国家大系统的功能性要件和结构性要件的治理入手。

第三，国家治理现代化。在国家大系统中，政治系统居于核心位置，政治系统的治理现代化成为国家治理现代化的关键环节。政治治理能否现代化，从根本上取决于政府治理、公司治理、社会治理在功能与结构两方面的适应性、协同性。需要在国家治理与政府治理之间取得平衡，推进构建"有限、法治、服务型"政府，推进政府治理现代化，以此带动国家治理现代化。

第一节　现代化

中国式现代化既不同于西方式的现代化，也不同于苏联式的现代化，中国式现代化是建立在中国特色社会主义理论基础之上的，这就决定了中国现代化的三个理论基点：一是反映人类现代化的共性，特别是表征现代化内核的工业化和信息化；二是反映中国现代化的个性，特别是脱胎于计划经济的市场化短板和强制式工业化引致的城市化与农业现代化的短板；三是反映中国特色社会主义的特性，特别是要形成中国式现代化理论的基本架构。

一是目标。构建基于中国特色社会主义理论和中国特色社会主义制度，反映人类现代化共性和中国现代化个性的中国式现代化理论体系，形成东方的现代化治理体制和东方的现代化运行机制。

二是状态。过分倚重"物的现代化"和现代化轨迹的长期生产力偏好，已经不能适应当前的发展，改革生产关系中不适应生产力发展的部分和环节成为现代化的新动力。当前中国式现代化将创新、开放进一步引入现代化系统，并使现代化更多转到"人的现代化"轨道上来。

三是约束条件。由于起始条件的先天不足，在终端条件不断恶化的背景下，中国现代化轨迹的动态调适空前复杂，特别是现代化由"物的现代化"为主向"人的现代化"为主阶段演进的节奏把握充满着艺术诉求，考验着全体中华民族的现代化驾驭能力。

本节运用现代控制理论的状态空间分析方法，从现代化理论（目标）、中国式现代化（状态）、现代化环境（约束条件）三方面探索现代化建设相关理论问题。

一　现代化理论

现代化对于我们而言是一个既熟悉又陌生的词语。中国式现代化需要分享与人类文明进程休戚相关的现代化进程共同的知识内核，包括现代化的基本模式、基本特征、动力机制等现代化理论知识。

（一）现代化的模式演进

马克思说过，极为相似的事情，但在不同的历史环境中出现就导致完全不同的结果。在同一生产力水平和条件下，社会形态可以是多模式的，发展道路也可以是多模式的。由于现代化的内部条件、外部环境、动力机制的巨大差异性，不同时代、不同国家的现代化模式也是多种多样的。共同形态的社会生产力作用于不同的社会结构和文化传统，在不同的国际环境下，形成了多样化的现代化模式。

1. 现代化基本模式

根据罗荣渠的归纳①，在 200 多年的世界现代化进程中，各国现代化走过的道路形形色色，但按其经济形态大致可分为资本主义模式、社会主义模式和混合模式三种类型（见图 1-1）。

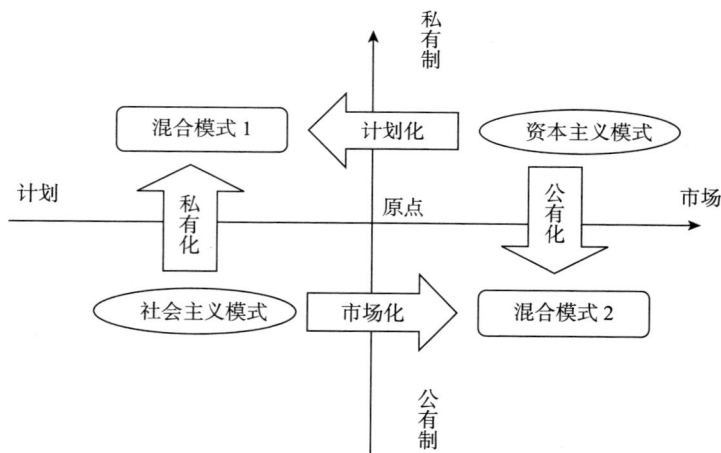

图 1-1 现代化模式变迁

（1）资本主义模式。这是一种由传统农业社会向现代工业社会过渡的现代化古典模式，起源于 200 多年前的西欧，现代化过程是一个自发的、自下而上的自然演进过程。资本主义模式中市场因素起主导作用，工业化投资主要来自国内国外的资本积累，并由资本所有者主导，经济自由主义原则主导

① 罗荣渠：《现代化新论：中国的现代化之路（增订本）》，华东师范大学出版社，2013，第 122~129 页。

经济社会并引致政治自由主义原则，政府职能主要是保障经济自由运转，经济社会受市场导向和支配，市场受价值法则支配，成本–收益分析贯穿经济社会生活的始终，"财产私有制＋自由市场＋分权式国家治理"是这一模式的典型特征。

（2）社会主义模式。这是一种现代化模式，现代化过程大致是一个有计划的、自上而下的快速推进过程。工业化投资早期主要来自农业积累，并由国家主导，由国家权力主导国家资源和国民财富分配、主导工业化进程，政府职能主要是保障经济快速发展，经济社会受计划导向和支配。

（3）混合模式。古典的资本主义模式和原生的社会主义模式本质上都是有缺陷的，因而是不完备的。20世纪资本主义发展的三场灾难（两场世界大战和一次大萧条）推动了古典资本主义模式的修正，苏联的解体也推动了原生社会主义现代化模式的重构。混合模式的典型特征是兼容资本主义模式和社会主义模式。广大发展中国家照搬西方资本主义模式或苏联模式的社会主义都已被实践证明是行不通的，兼采资本主义现代化和社会主义现代化两种模式的不同特色，形成由两大对立模式相融合而成的混合模式是一个探索的方向。

2. 现代化模式选择

考察不同时期、不同国家现代化模式选择的演进过程，可以看到三组具有决定性作用的现代化模式选择变量：一是资产所有制形式，二是资源配置方式，三是政权组织形式。前二者组成了现代化模式的经济体制，后者组成了现代化模式的政治体制。三组变量共同决定着现代化模式选择的性质与运行方式。

（1）公有制与私有制。这是资产所有制形式连续谱系的两极。现实中，完全公有制社会主义模式是不存在的，完全私有制资本主义模式也是不存在的。私有制和公有制都是人类现代化过程中共同分享的资产所有制形式和资产管理模式，二者在产权上形成交集，产权保护成为现代化进程中国家的主要责任之一。[①]

（2）计划与市场。这是资源配置方式连续谱系的两级。与资产所有制形式相类似，现实中纯计划的社会主义模式是不存在的，纯市场的资本主义模式也是不存在的。社会主义有市场、资本主义有计划，计划和市场都是人类

---

① 《中华人民共和国宪法》第十三条规定："国家依照法律规定保护公民的私有财产权。"

现代化过程中共同分享的资源配置方式，发挥市场在资源配置中的基础性、决定性作用成为推进人类现代化进程的普遍共识。

（3）集权与分权。这是政权组织形式连续谱系的两级。由于产权和交易的分散化，以私有制和自由市场为核心特征的古典资本主义现代化模式天生需要分权；同样，由于产权和交易的集中化，以公有制和计划指令为核心特征的原生社会主义现代化模式天生需要集权。现实的情况是现代化进程中的手段趋同，社会主义也采纳私有制和市场手段，资本主义也采纳公有制和计划手段。

（二）现代化的特征演进

人类文明史上发生过四次意义深远的产业革命。第一次是工具革命，大约发生在 250 万年前，它使人类区别于动物，人类进入原始文明发展阶段；第二次是农业革命，大约发生在 1 万年前，它使人类从食物采集者变成食物生产者，人类进入农业文明发展阶段；第三次是工业革命，大约发生在 200 年前，它使人类生产方式从手工生产变成机器生产，人类进入工业文明发展阶段；第四次是信息革命，大约发生在 40 年前，它使人类消费模式从物质消费转向信息消费，人类进入信息文明发展阶段。

人类文明的四次革命，导致了人类社会的四次转变。第一次是从动物世界向人类社会的转变；第二次是从原始社会向农业社会的转变；第三次是从农业社会向工业社会的转变；第四次是从工业社会向信息社会的转变。人类经济活动重心也相应发生了转变，从原始经济、农业经济、工业经济到数字经济。从农业时代向工业时代、农业经济向工业经济、农业社会向工业社会、农业文明向工业文明转变的过程是第一次现代化（即经典现代化），从工业时代向信息时代、工业经济向数字经济、工业社会向信息社会、工业文明向信息文明转变的过程是第二次现代化。如果说，第一次现代化的主要特点是工业化、城市化和市场化，那么，第二次现代化的主要特点是信息化、网络化和生态化。目前，发展中国家第一次现代化还没有完成，但同时在进行着第二次现代化；发达国家已完成第一次现代化，但第二次现代化还处在发展之中（见图 1-2）。

1. 第一次现代化

第一次现代化（经典现代化）是人类现代化进程的基石。尽管世界各国推进现代化进程的条件、制度、环境各不相同，却共同分享着工业化、城市化、市场化这三个现代化的核心价值观。

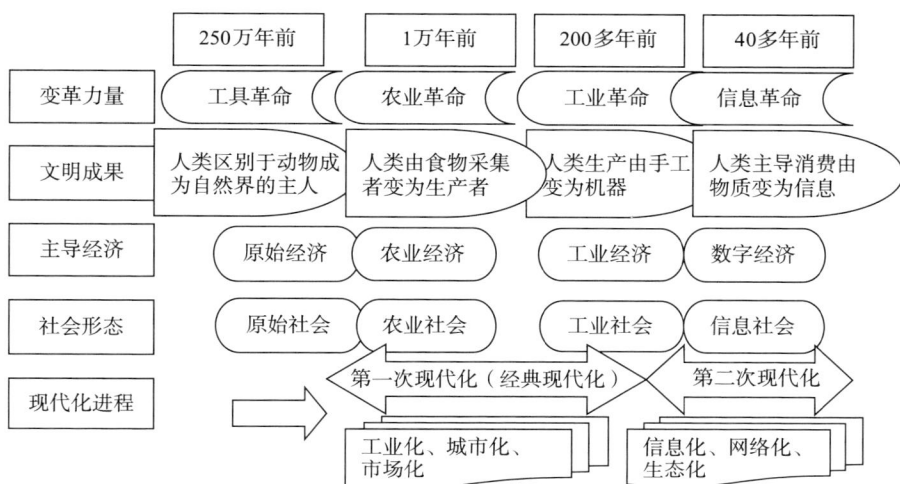

图 1-2 人类文明进程的四个时代、两次现代化

（1）工业化。工业化是第一次现代化的核心内容。工业革命以来，推动经济社会发展的主导力量逐渐由农业转向工业，其核心是经济发展的工业化，也就是工业（特别是制造业）或第二产业产值在国民生产总值中比重不断上升的过程，以及工业就业人数在总就业人数中比重不断上升的过程。工业成为人类社会的中心，工业理论、方法、制度、规则渗透到经济、政治、文化、社会各个领域，工业主义成为人类社会的主流意识形态。

（2）城市化。工业化的一个典型结果是推进了人口的集聚。劳动密集型工业在城市的集中布局，引发了农业劳动力大规模地向城市进行非农化转移，同时也带动了农村人口向城市的集中，其核心是社会发展的城市化，也就是城市人口占总人口的比重不断上升的过程（人口城市化），以及城市用地占总建设用地比重不断扩大的过程（土地城市化）。城市成为人类社会生存和发展的地理中心，成为第三产业发展的地理中心。

（3）市场化。工业化的另一个典型结果是推进了生产与消费的分离。工业化使人们不再为自己的消费而生产，生产的唯一目的是为了交换或贸易，市场成为人类生产、生活的中心，其核心就是经济社会发展的市场化，也就是通过市场机制实现商品或劳务的分配、交换与贸易，通过市场机制实现资本、土地、劳动力、技术等要素资源的优化配置。一切为了市场，一切通过市场，市场机制成为人类经济社会运行的核心机制。

2. 第二次现代化

肇始于 20 世纪中叶的信息革命，改变了广大发展中国家的第一次现代化进程，并倒逼已完成第一次现代化的发达国家推进"再工业化、再城市化"，从而开启了新一轮具有断代意义的第二次现代化。尽管第二次现代化才刚刚走过40多年的历程，其规律还尚未成型，却普遍体现出信息化、网络化、生态化的特点。

（1）信息化。信息化是第二次现代化的核心内容。信息革命以来，推动经济社会发展的主导力量逐渐由传统工业转向信息产业，无形信息产品的生产取代有形物质产品的生产成为社会生产的主体，其核心就是经济社会发展的信息化，也就是信息产业在国民生产总值中的占比不断上升的过程，以及信息资源逐渐成为控制政治、经济、社会、文化发展主导力量的过程，并具体表现为产品信息化、企业信息化、产业信息化、国民经济信息化和社会生活信息化。

（2）网络化。信息化的典型结果是推进地球村的形成。信息高速公路的发展和互联网、物联网的普及，使得传统意义上的地缘经济、地缘政治、地缘文化逐步让位于现代意义上的网络经济、网络政治、网络文化，工业化与信息化相互融合，城市化与信息化相互融合，信息资源在网络时代成为全球共享的公共资源，从而加速了区域经济一体化、全球经济一体化的步伐和国际化、全球化的步伐。网络成为人类生存和发展的虚拟中心，成为经济社会运行的虚拟中心。

（3）生态化。以工业化、城市化为核心诉求的经典现代化模式存在缺陷，这些缺陷导致环境破坏与生态退化，需要进行生态修复，人类的现代化模式需要生态转型，构建以新型工业化和新型城市化为核心、经济社会发展与环境退化"脱钩"的生态现代化新模式。生态化成为新时期发展中国家工业化与城市化、发达国家再工业化与再城市化的核心理念，成为各国政治、经济、社会、文化发展的中心环节。

（三）现代化的动力演进

从全球背景看，人类的现代化进程依然处在第一次现代化与第二次现代化相互交织之中，工业化、城市化、市场化依然引领人类现代化进程，与信息化、网络化、生态化一起，共同引导人类走向未来。现代化的基础和核心是经济发展，但发展不应该是简单地对已发展史实的模仿，也不应该是发展中国家永远在后面追赶发达国家。现在的问题是：究竟是什么力量在主导着人类的现代化进程？换句话说，现代化的动力机制是什么？

1. 现代化的动力机制

现代化过程本质上是一个生产力发展的过程和生产关系演进的过程。根据生产力与生产关系矛盾运动理论，社会发展水平的高低主要是按生产力发展水平高低来衡量的，经济发展水平归根到底是由生产力发展水平决定的，生产关系适应生产力发展水平规律是人类社会发展的基本规律，人类社会的现代化进程是生产力和生产关系的函数（见图1-3）。

（1）现代化中轴。这是一条生产力与生产关系协同发展的现代化期望轨迹，生产关系适应生产力发展状况，生产力决定生产关系、生产关系解放生产力，生产力的绝对活跃性与生产关系的相对稳定性相得益彰，生产力与生产关系的矛盾运动持续处在均衡状态，因而是一条现代化轨迹的"理论逼近"，我们称之为"现代化中轴"。实际的现代化轨迹总是围绕现代化中轴上下波动的，因而是一条曲线（见图1-3左图）。

（2）生产力偏好。这是一条生产力居主导地位的现代化轨迹，生产关系相对稳定，现代化轨迹长期"向上"偏移，并形成一条"单边"的现代化演进路线（见图1-3右图A_1），发展生产力、创造财富、累积财富成为现代化的唯一中心工作，我们称之为现代化的"生产力偏好"。1978年以来中国现代化进程长期"以经济建设为中心"总体上反映了这一演进轨迹。生产力偏好的累积效应要求生产关系适应生产力状况进行适时调整，但一边倒的现代化导向经常性地引致生产关系调适的时滞、错位乃至制度锁定。

（3）生产关系偏好。这是一条生产关系居主导地位的现代化轨迹，现代化轨迹长期"向下"偏移，并形成另一条"单边"的现代化演进路线（见图1-3右图A_2），调整生产关系成为经济社会发展的中心工作，我们称之为现代化的"生产关系偏好"。由于脱离生产力轨道，生产关系偏好的现代化轨迹总体上是畸形的，甚至出现倒退的现代化或逆现代化。

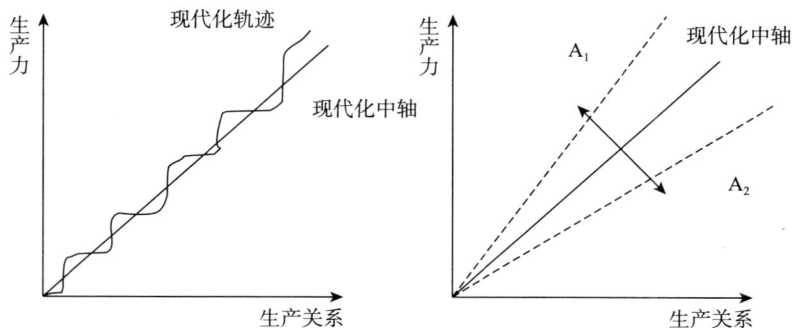

图1-3　现代化动力演进

2. 现代化动力选择

长期的生产力偏好与长期的生产关系偏好是现代化轨迹的两个极端，都不利于现代化的实现和发展。实现现代化轨迹围绕现代化中轴上下波动需要大力发展生产力并适时调整生产关系，构建生产力与生产关系的矛盾运动机制。

（1）创新。现代化的根本动力是经济力，发展生产力是现代化的前提和基础。从已有的现代化史实看，驱动经济发展的核心力量经历了三个层次的螺旋演进：一是要素驱动，二是效率驱动，三是创新驱动。在发展初期，由于经济规模小、总量少，驱动经济发展靠要素（主要是资本），通过构建有利于要素集聚的制度环境促进经济发展；当要素集聚到一定程度时，效率问题开始成为制约经济发展的主要矛盾，改进要素效率成为驱动经济发展的主导力量；进一步地，随着经济发展、产业升级、经济结构逐步向服务化演进，创新成为驱动经济发展的主导力量。创新意味着同样的要素条件、同样的效率水平、更高的生产能力，发展中国家的现代化进程发挥"后发优势"的关键就是改变驱动力量的演进分布，改变要素驱动、效率驱动、创新驱动的时空分布，以创新驱动引领要素驱动和效率驱动，使创新成为生产力发展的动力源泉。

（2）改革。改革本质上属于调整生产关系中不适应生产力发展的环节和部分。与生产力发展阶段和发展水平相呼应，改革涉及三方面的内涵：一是资源配置方式改革，发挥市场在资本、土地、劳动力等传统要素和管理、技术、知识、数据等现代要素配置中的基础性、决定性作用；二是经济运行方式改革，资源配置既注重效率又关照公平，实现效率与公平的统一，财富创造既尊重劳动又尊重资本、实现劳动与资本的统一；三是财富分配方式改革，改革资本、技术、管理等要素参与初次分配的体制机制，改革再分配的体制机制，提高劳动报酬在初次分配中的比重，提高居民收入在国民收入中的比重，实现财富创造与财富分配的统一。上述改革总体上属于经济领域的改革，核心是处理好政府与市场的关系，在此基础上，还需要适时推进政治、文化、社会等领域的改革。

（3）开放。围绕发展生产力的创新与解放生产力的改革，构成了现代化进程中生产力与生产关系矛盾演进的基本动力机制，它们是逻辑自洽的，却是不完备的，根本原因就在于任何规模经济体的现代化进程都不是一个孤立的过程。开放意味着引入系统外的力量，既需要在人类已有的发展史实中探寻现代化的合理参照系，避免误入歧途，也需要通过经济体内、外的要素自由流动，市场相互融合创新生产力发展方式，实现以开放促改革、以开放促创新。开放成为生产力与生产关系矛盾演进的外生变量，并通过政治、文化、社会等领域的对外开放获取正能量。

创新、改革、开放三组变量一起构成了现代化的动力机制。它们是一个整体，动力的大小取决于三者在现代化动力统一体中的力量对比及其纯洁性。

无论是偏向生产力还是偏向生产关系的现代化，"单边"轨迹都是不可持续的；同样，与外界缺乏物质、能量、信息交流的经济体现代化进程也是不可想象的，三者必须在生产力与生产关系的矛盾演进中取得动态平衡，这涉及驾驭现代化进程的政治艺术。此外，创新驱动向要素驱动的回归，既得利益者对改革的掣肘，贸易保护主义者、民族主义者对开放的阻挠，乃至政治文化社会领域的改革开放滞后，都将改变现代化的动力构成，直至成为现代化的阻力。

二　中国式现代化

中国现代化是世界现代化的重要组成部分，但中国现代化是建立在中国特色社会主义基础之上的，"中国特色+中国特色社会主义"是中国现代化的根本特征。因此，中国现代化理论不仅要反映世界现代化理论的共性，还要反映中国现代化进程的个性，统筹普遍性与特殊性，使得现代化沿着中国特色社会主义道路前进，形成中国现代化理论。

（一）现代化"三段论"

中华人民共和国成立以来的现代化进程充满艰辛，特别是中华人民共和国成立初期照搬照套苏联的原生社会主义现代化模式，再加上长期的现代化生产关系偏好，使中国的现代化进程步履蹒跚、进退失据。尽管早在 1964 年，周恩来总理根据毛泽东主席的提议在全国人大三届一次会议上就提出了"两步走"，即到 20 世纪末实现工业、农业、国防、科学技术"四个现代化"的战略目标，但这个进程的真正开启却是改革开放以后的事。

1. 现代化逻辑演进

1987 年，邓小平同志在会见西班牙政府副首相时提出了"三步走"的现代化发展战略。同年 10 月，党的十三大确定了主要内容：第一步，实现国民生产总值比 1980 年翻一番，解决人民的温饱问题；第二步，到 20 世纪末使国民生产总值再增长一倍，人民生活达到小康水平；第三步，到 21 世纪中叶人均国民生产总值达到中等发达国家水平，人民生活比较富裕，基本实现现代化。"三步走"现代化战略被写进了 1992 年中共十四大报告中。1995 年，"翻两番"的第二步战略目标提前五年实现。同年召开的中共十四届五中全会对第二步战略内容进行了修改：到 2000 年实现人均国民生产总值比 1980 年翻两番，基本消除贫困，人民生活达到小康水平。

1997 年，中共十五大提出了面向 21 世纪的新"三步走"现代化战略：第一步，21 世纪第一个 10 年实现国民生产总值比 2000 年翻一番，使人民的小康生活更加宽裕，形成比较完善的社会主义市场经济体制；第二步，再经过 10 年的努力，到中国共产党成立 100 年时，使国民经济更加发展，各项制度更加完善；第三步，到 21 世纪中叶中华人民共和国成立 100 年时，基本实现现代化，建成富强、民主、文明的社会主义国家。

2002 年，中共十六大宣布：我们胜利实现了现代化建设"三步走"战略的第一步、第二步目标，人民生活总体上达到小康水平；提出到 2020 年国内生产总值比 2000 年翻两番、全面建成小康社会的战略目标，并将新"三步走"的前两步合成为"全面建设小康社会"时期。这个目标在 2007 年召开的中共十七大会议上被调整为"实现人均国内生产总值 2020 年比 2000 年翻两番"，在 2012 年召开的中共十八大会议上被调整为"确保到 2020 年全面建成小康社会"和"实现国内生产总值和城乡居民人均收入比 2010 年翻一番"。

2017 年，中共十九大宣布，中国特色社会主义进入新时代，全体人民进入逐步实现共同富裕新时代，中华民族进入奋力实现伟大复兴新时代，中国特色社会主义进入全面建设现代化强国新时代，中华人民共和国进入日益走近世界舞台中央的新时代；提出 2017~2020 年，是全面建成小康社会的决胜期，并将 2020 年到 21 世纪中叶的 30 年分两阶段安排：第一阶段（2020~2035 年），奋斗 15 年基本实现社会主义现代化；第二阶段（2035~2050 年），再奋斗 15 年全面建成社会主义现代化强国。

2. 现代化中国方案

中国现代化的阶段划分，形成了全面建成小康社会、基本实现物的现代化、基本实现人的现代化成为实现中华民族伟大复兴的三个战略节点（见图 1-4）。

（1）全面建成小康社会（2020 年）。其标杆意义是迎接中国共产党成立 100 周年。尽管早在 20 世纪末，中国人民总体上就已经达到小康水平，但由"总体小康"向"小康社会"演进的任务艰巨。全面建成小康社会可视为实现中华民族伟大复兴的"初级阶段"。

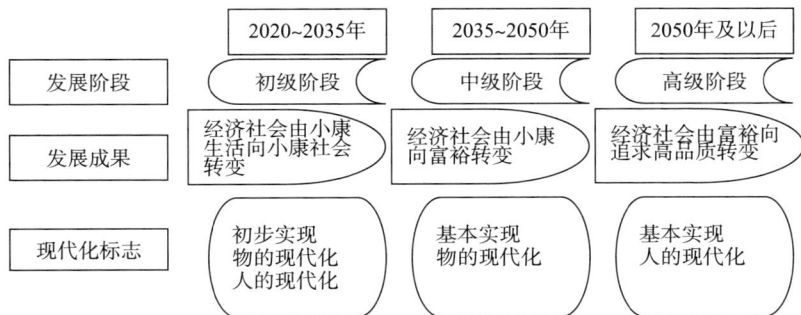

图 1-4 中华民族伟大复兴"三阶段"

（2）基本实现物的现代化（2020～2035 年）。其标杆意义是以经济建设为中心的社会主义现代化建设基本结束，非经济领域成为社会主义现代化建设的中心。在此期间，人民生活由小康向富裕转型，现代化所要求的物质文明和生态文明基本实现，但与"人的现代化"密切相关的精神文明和政治文明却有待进一步完善。基本实现物的现代化可视为实现中华民族伟大复兴的"中级阶段"。

（3）基本实现人的现代化（2035～2050 年）。其标杆意义是迎接中华人民共和国成立 100 周年。在此期间，人民生活由富裕向追求高品质转型，基本形成了与现代化相适应的"物的现代化"（物质文明与生态文明）和"人的现代化"（精神文明与政治文明）。基本实现人的现代化可视为实现中华民族伟大复兴的"高级阶段"。

（二）现代化"优先序"

现代化进程是一个人类文明演进的过程，涉及物质文明、精神文明，还涉及有生态文明、政治文明。这可称为现代化进程中的"四个文明"。"一手抓物质文明、一手抓精神文明，两手抓、两手都要硬"是中国特色社会主义现代化建设的一个根本方针，但由于在社会主义现代化建设中长期重视经济建设，忽视生态保护，从而生态被破坏和环境恶化，因此，实现生态文明成为现代化建设中新的目标。另外，经济建设形成的生产力跨越式发展要求调整生产关系，围绕经济体制推进政治体制改革，从而引出了政治文明的发展要求，促进生产关系适应生产力发展需要。

受发展制度、发展阶段、发展条件、发展环境的制约，"四个文明"作为并列的文明形式，在现代化发展序列中并不是齐头并进的，由物质文明和生态文明组成的"物的现代化"通常处于优先地位，由精神文明和政治文明组成的"人的现代化"通常处在发展序列的后位。前者属于器物层面的现代化，是基础，后者属于人文层面的现代化，是关键。

1. 物的现代化

受第一次现代化和第二次现代化叠加效应的影响，物的现代化总体上是围绕工业化、城市化、信息化展开的，并推进工业化与信息化、城市化与信息化的两化融合，用第二次现代化的新兴力量带动第一次现代化跨越发展，并在"三化"进程中适时统筹解决生产、生活、生态问题。

（1）生产。统筹平衡物质生产、精神生产和人类自身生产，其关键是避免物质生产"单兵推进"，在工业化中期后同步推进精神财富的生产，满足人们精神文化生活的需要；这期间，把握好社会生产重心转换的时机、节奏和力度至关重要，适时将社会生产的重心转移到精神生产与物质生产并重的轨道上来，并特别关注人类自身生产的结构性问题。

（2）生活。生活问题本质上属于民生问题，是生产的根本目的；其关键是把握好人民生活水平由温饱到小康，到富裕，再到追求高品质生活的进程中生产与生活的匹配工作，把满足人民物质和精神生活需要作为各类社会生产的出发点和归宿。进入工业化中期以后以分配为核心的社会管理是民生问题的焦点。

（3）生态。生态问题本质上属于可持续发展问题，人类以生产、生活为核心征服自然、改造自然的活动必须基于与自然和谐共处的理念；其关键是把人们的生产生活活动建立在环境保护和生态改善上，提高生产力发展与生态建设的联动效应，实现生产发展、生活富裕、生态良好。生态文明建设在工业化、城市化进入中期之后应与物质文明建设同步推进。

2. 人的现代化

在影响现代化进程的诸因素中，经济、政治、技术等因素属于快变因素，文化、社会、生态等因素属于慢变因素。在物的现代化经历了启动阶段以后，政治、社会、文化等方面也要发生适应性变化，从而推动人的现代化。与物的现代化过程中快变因素居主导地位不同，在人的现代化过程中慢变因素起决定性作用。

（1）非经济因素主导。以工业化和经济现代化为核心诉求的物的现代化，对于中国而言，是一个有目标、有计划，短时间、高效率学习、借用、移植发达国家现代化成果的过程。在这个过程中，经济、技术因素及其背后的政治因素起决定性作用，但经济的发展并不必然能够使社会上的人的心理、思想、行为模式由传统人向现代人转变，有人甚至在物质主义的长期熏陶下形成"贪婪与浮躁"的人格，功利成为评判一切的标准；而没有人在素质方面的改变，使人具备现代人格、现代品质的现代化，任何国家都不可能成功地从一个落后的国家跨入自身拥有持续发展能力的现代化国家行列。矫正"物的现代化"的人格扭曲，需要使发展转到更多依赖文化等非经济因素，转到提高人的素质的轨道上来，推进人的现代化。①

（2）文化取向。区别于物的现代化的"经济取向"，人的现代化是"文化取向"。受物的现代化过程中生产力要素部分是从先行现代化国家移植的影响，先行现代化国家的文化要素也随着生产力要素大量移植进来；但受现代化发展序列中"文化堕距"②的影响，在开放环境下先行现代化国家在政治体制、文化模式、生活方式等方面的示范效应在现代化信息传播的"加持"下常常演变成具有支配效应，造成后发国家的严重的文化认同危机乃至文化依附。文化取向的要义就在于我们国家要创造条件提高全民族的文化自觉与文化自信，在经济发展中完善人文调适力量，并把文化作为发展的一部分而不是简单的发展工具。

（3）文明传承。中国式现代化不必要也不可能割裂中国传统文化，特别是传统的儒家文明和儒家伦理文化。传统性与现代性是现代化进程中生生不息的连续体，中国是一个具有独特历史连续性和文化同一性的大国，现代化道路上抛弃自己的民族文化特性是完全不可取的，传统文化如果不能在现代化过程中得到合理的扬弃，对外来文化加以"中国化"处理，中国式现代化将无从谈起。

（三）现代化"特色"

中国现代化是建立在中国特色社会主义制度基础之上的，从而决定了中国现代化的基本属性：一方面，中国现代化是社会主义的现代化；另一方面，中国现代化是中国特色的现代化。

1. 中国现代化的组织、手段与动力

中国现代化是建立在社会主义制度基础上的现代化，现代化组织、现代

---

① 〔美〕阿历克斯·英格尔斯：《迈向现代——六个发展中国家的个人变化》，殷陆君译，四川人民出版社，1985。

② 在社会变迁的过程中，物质发展与科学技术的变迁速度往往是很快的，而文化、制度与观念等部分的变化则较慢，从而产生迟延现象，这种迟延形成的差距即文化堕距（cultural lag）。参阅〔美〕威廉·费尔丁·奥格本《社会变迁——关于文化和先天的本质》，王晓毅、陈育国译，浙江人民出版社，1989。

化手段和现代化动力均具有。

（1）现代化组织。中国曾经长期以政府作为主要的组织力量推动现代化，直到1978年十一届三中全会以后，才逐步建立社会主义市场经济制度，引入市场的力量推进现代化；但直到今天，政府与市场的边界依然不够清晰，政府依然在干许多"不该干、干不了、干不好"的事情，社会组织在现代化进程中的制度作用依然还是不到位，社会组织自身也发育不完善，还不具备与政府、市场一起共同组织现代化进程的能力。构建政府、市场、社会组织共同推进的现代化制度架构依然任重道远。

（2）现代化手段。中国曾经长期纠结于对计划和市场的取舍，直到1992年邓小平"南方谈话"以后，才终止了计划与市场的意识形态争论，计划与市场才得以回归其作为现代化的手段本色；但直到今天，发挥市场在资源配置中的基础性、决定性作用依然还没有到位，更不用说公有制与私有制回归其现代化手段本色了。

（3）现代化动力。持续40多年的快速增长，中国现代化建设者已经习惯于生活在增长的环境，认为不断增长是理所当然的事情；已经习惯于投资驱动型增长，认为资本等要素投入是现代化的根本动力，面对转型、面对将现代化的动力转到效率改进与创新驱动的轨道上来，普遍存在不习惯、不适应的现象。构建以创新、改革、开放为核心的现代化动力机制，到底是创新多一些，还是改革多一些，抑或是开放多一些，创新什么、改革什么、开放什么，中国现代化建设者面临选择的挑战。

2. 中国式现代化需要理论创新

新中国成立以来，特别是改革开放以来，中国现代化走的是一条计划型工业化路子，形成了两个现代化"困惑"：一是农村发展的困惑，"三农"问题成为制约中国现代化的短板，农业现代化成为中国现代化的特有内涵；二是城市发展困惑，城乡二元的制度设计使得中国城市化滞后于工业化，而新世纪以来的"恶补式"城市化进程又人为地产生了房地产泡沫和政府的土地财政依赖。面对这些难题，中国式现代化需要理论创新。

（1）政治现代化。这是对改革开放以来现代化"生产力偏好"的理论纠正。一方面，完善和发展现代化推进力量的制度谱系，提升市场的地位，明确政府和市场在现代化进程中的责任和权力分布，同时培育社会组织、使之成为现代化建设的主导力量之一，形成政府、市场、社会组织有机统一的现代化制度力量谱系。另一方面，完善政治体制，改革现行的体制内过度分权和体制外过度集权的政权组织形式，完善和发展政治文明。政治现代化是中国式现代化理论创新的基石，没有政治现代化就没有中国式现代化。

（2）目的导向。这是对现代化"三段论"和现代化"优先序"的理论化。从现代化的初级阶段向中级阶段、高级阶段演进，从物的现代化向人的现代化的阶段演进，不能再延续已有的"摸着石头过河"演进方式，不能再延续现行的"先实践、后立法"的试错式演进方式，构建基于现代化"三段论"和现代化"优先序"的中国式现代化理论和演进路线图，最大限度减少进程的盲目性和不确定性，实现按图索骥、步步逼近。

（3）工具理性。这是对现代化手段和现代化动力的理论化。有效规避现代化手段和现代化动力工具性价值的意识形态争论，凸显公有制与私有制、计划与市场、集权与分权的工具性价值，凸显创新、改革、开放的工具性价值，完善工业化、城市化、信息化、农业现代化的特征分布，构建中国式现代化运行理论。工具理性是具有普世价值的中国现代化的实践特色。

三　现代化约束条件

进入 21 世纪以来，经济全球化、世界网络化、社会信息化和普遍追求可持续发展的趋势，成为世界发展的主要特点。它们既主导着资源、生态和环境的演化方向，也主导着经济、社会和人文基础的创新变革。与此相联系，中国现代化不可避免地面临来自国际、国内和资源环境的三重挑战。[①]

1. 国际约束

尽管早在 20 世纪中叶，二战后新独立的国家就陆续要求建立国际新秩序，但由于东西方处于"冷战"状态，世界经济本质上是分裂的，不是一体化的。冷战终结后，世界经济迎来了一体化新高潮，一些属于发展中国家的大国，如中国、印度、俄罗斯，开始加入全球经济一体化进程。中国在这个过程中由于快速发展而表现优异。这一现象不仅被解读为对原有以美国为主的西方国家在全球治理中的主导地位的挑战，更被解读为广大发展中国家发展的新模式。当前，逆全球化趋势初步显现，中国的发展将面临全球治理的挑战。

（1）全球责任问题。随着中国综合国力的提升，中国在国际社会的影响力将不断提升，这是一件好事，也是一种压力，中国需要承担更多来自国外

---

① 朱四海：《全球经济治理与中国现代智库的责任》，《发展研究》2012 年第 2 期。

的压力，既包括经济、金融的压力，也包括政治、安全的压力。中国在现代化过程中不仅要处理好国内治理问题，还要进一步处理好全球治理问题。

（2）发展中国家问题。二战结束后，西方的现代化成为非西方国家的模仿对象。人们普遍认为，西方国家的今天就是非西方国家的明天，非西方国家要走上西方国家的发展道路，从而引发"发展危机"。但就全球而言，西方国家的现代化模式是不可持续的。全球治理需要西方国家和非西方国家、发达国家和发展中国家共同分享发展经验，共同参与。中国的现代化与全球其他发展中国家的发展相互交织、相互影响，这将极大地考验中国发展的智慧。

（3）中国模式问题。中国以不同于西方的发展模式带领着占世界五分之一的人口快速走向现代化，这将引发双重效应：一是西方发展模式的"抵制效应"；二是其他发展中国家的"跟进效应"。中国发展模式不仅要能够与西方发展模式取得长期的共存共荣，更要具备建立和组织一套国际体系的能力，而且是大多数发展中国家愿意接受的体系，这同样考验着中国现代化的实现路径。

2. 国内约束

中国要参与全球治理，困难还远非在国外。从治理优先序看，只有国内治理有序了，进入良性发展轨道了，才可能参与国际治理。目前，中国国内治理的主要问题依然是发展问题。作为世界最大发展中国家，中国的经济发展与社会发展不同步，社会发展滞后于经济发展，引发社会管理问题。而这些问题都对现代化的实现形成一定的阻碍。

（1）发展不平衡问题。尽管中国政府一直在努力推进城乡区域协调发展，推进"工业反哺农业，城市支持农村"，但城乡之间、区域之间发展不平衡、不协调问题依然是鲜明的，社会发展进入"矛盾凸显期"。统筹城乡区域协调发展成为新时期解决社会管理问题的前置性、基础性工作。

（2）社会转型问题。中国社会正整体向"小康社会"转型，人们的行为方式、生活方式、价值体系都在发生明显的变化。特别是在信息社会时代，信息不仅难以垄断，而且越来越多、越来越公开、越来越分散，这给社会管理增加了难度。

（3）社会分层问题。进一步看，中国社会管理的困难还在于"421"型家庭结构。由于社会保障制度建设的滞后，中国开征"遗产税"还存在现实的困难，在祖辈、父辈的物质积累"福荫"下，伴随有社会价值观的扭曲，社会阶层在新陈代谢中产生了历史性的"富二代"等问题，当缺乏"道德滋润"的富二代们迎头撞向处于数字化进程中的社会管理体系，社会分层问题也就显性化、具象化了。

3. 资源环境约束

中国的现代化进程区别于西方国家的一个主要方面是中国丧失了西方国家曾经拥有的分享地球"环境资源红利"的机会。中国不可能继续走西方国家"先污染、后治理"的发展模式，中国全力推进的以工业化、城市化为主要内容的现代化进程面临来自资源环境的挑战。

（1）能源矿产资源问题。目前，中国总体上已进入工业化中期，进入重化工业加速发展阶段，但城市化发展滞后，需要加快城市化进程。无论是工业化还是城市化，都需要消耗大量的能源资源和矿产资源。更为困难的是，受劳动力比较优势的激励，中国已发展成为"世界工厂"，伴随大量工业制成品的出口，中国承担着额外的能源矿产资源负担。能源矿产资源问题是中国实现现代化需要解决的首要资源环境问题。

（2）生态环境问题。人类的发展过程是一个利用自然、改造自然的过程，人类在生产和消费过程中会向自然界排放"废弃物"，当人类的持续排污能力超越了地球的消化能力，将引发生态灾难、威胁人类自身的生存。当前，生态环境问题的焦点是气候变化；中国已经成为全球第一大碳排放国，如何在"共同但有区别的责任原则"下参与全球气候治理，成为中国实现现代化需要解决的第二个资源环境问题。

（3）可持续发展问题。资源环境问题本质上属于人类现代化进程中的约束条件。缓解资源环境约束不仅需要创新理念，更需要建立机制，实现可持续。中国政府为有效化解环境资源压力，提出了"全面、协调、可持续"的科学发展观，统筹经济、政治、文化、社会、生态发展，统筹城乡、区域、国内国外发展，统筹当前与未来的发展需要，实现发展在内容上、空间上、时间上相协调。如何推进世界各国在发展观上形成共识，成为中国实现现代化需要解决的第三个资源环境问题。

中国现代化进程不可能一直处在"战略机遇期"，也不可能一帆风顺。受工业化、城市化发展不平衡的影响，中国现代化不仅要补齐农业现代化这个短板，还要将生态化贯穿于工业化、城市化、农业现代化的始终，其核心的利器在于信息化，主要障碍来自意识形态和现代化治理。如果不能有效规避公有制与私有制、计划与市场、集权与分权等现代化手段的意识形态争论，有效规避创新、改革、开放等现代化动力的意识形态争论，实现现代化进程围绕现代化中轴上下波动，中国特色社会主义现代化将不可避免地出现反复；同样，如果不能有效发挥市场在资源配置中的基础性、决定性作用，不能有效发挥专业服务组织在现代化治理过程中的应有作用，构建政府、市场、社会各司其职的现代化治理体系，中国特色社会主义现代化也将不可避免地出现反复。

第二节　治理现代化

中国现代化与中国特色社会主义制度密切相关，国家现代化由制度谱系内的各种制度力量协同治理，需要构建基于政府治理、公司治理、社会治理的现代化治理体系，推进国家治理现代化。本节运用系统科学理论的系统分析方法，从基本范畴、治理主体、治理组织三个层面探索中国特色社会主义现代化的治理理论问题。

一　基本范畴

根据系统科学理论，国家现代化是国家大系统的现代化，现代化过程是国家大系统结构和功能的发展与演进的过程，并通过组成国家大系统的各要素及其要素子系统的协同作用来实现。因此，现代化治理是国家大系统的治理，是国家大系统的各要素子系统的治理，系统治理理论成为现代化治理的理论基础。系统治理理论从两个方面规范现代化治理问题。一是功能，只考虑系统与环境、系统与系统之间的关系，使用输入、输出等术语从外部描述系统的整体性质而不考虑系统的具体结构，即相当于"黑箱"问题；二是结构，从系统内部考察实现系统功能所需的各要素和要素子系统在系统范围内的秩序，也就是各要素和要素子系统相互联系、相互作用的内在方式，系统内部的组织形式、运行机制以及组成系统的系列、等级和层次。

1. 功能治理

系统的功能涉及三方面的内涵：能力、过程和结果，反映国家大系统与外界环境相互作用的状态，反映系统各要素及要素子系统之间及其与外部环境之间物质、能量、信息交换的状态。在国家大系统质态相对稳定，没有发生质变的条件下，现代化治理主要围绕系统功能的能力、过程和结果展开。

（1）稳定。系统稳定是保障系统具备特定功能输出"能力"的前提和基础。国家大系统之所以能够被区分且具有整体功能，根本原因在于在一定时间范围内国家能够保持自身的稳定，在受到来自内部或外部的各种干扰而偏离正常状态时，在干扰消失后能够恢复到正常状态。国家大系统的不稳定涵盖内源型不稳定和输入型不稳定，维持稳定的根本途径是在国家现代化的功能导向下动态调整国家大系统的物质、能量和信息的流通构成，调整国家现代化的治理结构和治理模式，实现结构与功能的辩证统一。稳定涉及国家大系统结构与功能的制度安排，是国家治理现代化的基础。

（2）秩序。系统秩序是保障系统输入输出"过程"可控、可观测的前提和基础。由于组成国家大系统的各要素和要素子系统无法直接形成国家大系统的功能，需要经由结构这个中介，结构反映的就是要素和要素子系统在国家大系统的秩序，也就是各要素相互联系、相互作用的内在方式，要素和要素子系统组合的无序会引致系统的无序，各要素子系统的功能紊乱也会引致系统的无序。治理系统的结构性与功能性无序需要实施过程控制，控制系统结构和各子系统的联系方式，控制系统内保障系统功能输出要求的物质、能量、信息的流通构成。秩序涉及国家大系统功能与结构的动态管理，是国家治理现代化的重点。

（3）平衡。系统平衡是保障系统输出"结果"公平、公正的前提和基础。在组成系统流通构成的三大要素中，信息是系统组织化的度量，获得必要的信息是保证系统获得所需行为的前提，是保证物质、能量、信息有目的流动的必要条件。信息不对称是造成国家大系统不稳定与无序的主要原因，实现信息对称需要在信息供给与信息需求之间构建平衡机制，保证系统与环境、系统与系统、系统内部的结构与功能的平衡，保证国家大系统的功能性分配过程中的权力公平、规则公平和机会公平，保障国家大系统的功能性分配结果公平。平衡涉及国家大系统功能与结构的信息管理，是国家治理现代化的难点。

2. 结构治理

对于处在量变阶段的国家大系统，稳定、秩序、平衡构成了系统治理的核心范畴；随着系统变化量的累积，系统质态将发生变化，系统治理转向结构，主要围绕系统的结构展开，自组织、发展、协同成为系统治理的新范畴。

（1）自组织。国家大系统属于目的性系统，属于耗散结构系统，必须不断与环境交换物质、能量和信息才能产生和维持，却具有在无须外界提供结构信息条件下自行产生具有某种特征结构的自组织能力，具有自组织功能，通过不断地与环境交换物质、能量和信息，系统可以从不平衡、无序状态转变为一种在时间、空间或功能上的有序状态。具有耗散结构的开放的国家大系统，不平衡是绝对的，平衡是相对的，不平衡态是系统有序之源，治理国家大系统的一条重要途径就是不断创造不平衡态（比如竞争），通过不平衡的内生动力推进系统自组织实现国家治理。① 无论是政治、经济等快变系统，还是文化、社会等慢变系统，国家大系统的所有要素子系统都具有自组织功能，自组织成为治理国家现代化的另一个基础。

（2）发展。国家大系统的结构不可能一成不变，它需要发展，需要不断地从一种稳定组态变迁到另一种稳定组态，实现经济社会的结构转型和功能演进；国家大系统从一种稳定组态进入另一种稳定组态需要经历一个量变到质变的过程，质态的变化既可以通过飞跃来实现，也可以通过渐变来实现，关键在于控制条件；在严格控制条件下，如果质变中经历的中间过渡组态是稳定的，那么它就是一个渐变的过程。发展是国家现代化的核心，是国家治理合法性的基础，科学管理国家大系统质态变化的控制条件、相机抉择飞跃或渐变的质态变化模式，科学管理国家现代化的发展阶段，适时推进国家现代化的阶段转换，成为国家治理现代化的另一个重点。

（3）协同。国家大系统是一个由众多子系统组成的协同系统，系统宏观尺度上的结构和功能通过要素子系统的协同作用实现，并由系统的状态变量表征，经济、政治、文化、社会、生态、人口、技术、国际是其中最重要的几组变量；这些变量随时间变化的快慢程度是不同的，文化、社会、人口、生态属于慢变量，经济、政治、技术、国际属于快变量，系统的有序程度最终是由慢变量决定的，其他为数众多的快变量最终也是由慢变量决定的；受要素子系统结构相对独立性的功能制约，国家大系统的稳定、秩序与平衡乃至发展关键在于协同，在于各要素子系统按照国家大系统的结构和功能的要求协同推进。为规避系统发展的"木桶效应"，协同的关键在于推进系统主振荡点的转移，从更多关注"快变量"转到更多关注"慢变量"，推进慢变系统与快变系统的协同，特别是在系统质态转换阶段。系统协同是现代化发展的主要模式，受快变量要素偏好的制约，协同成为国家治理现代化的另一个难点。

稳定与自组织、秩序与发展、平衡与协同，成为现代化系统治理理论的三对基本范畴。将国家视为由具有不同结构和功能的子系统组成的有机整体，

---

① 系统论关于"平衡"这一范畴有双重含义：一是从功能角度界定，主要针对结果而言，也就是结果的平衡；二是从结构角度界定，是相对于稳定而言的，也就是状态的平衡。

系统治理理论成为具有哲学价值的世界观；将系统治理工具运用到国家大系统的具体子系统，系统治理理论成为具有哲学价值的方法论，从而具有普遍意义上的哲学属性，但其有效性从根本上还取决于知识管理和知识创新，取决于现代化治理主体的世界观和方法论的改造水平。

二　治理主体

由于国家大系统的复杂性已经超越了个体治理的极限，分工与职业分化成为国家治理的常态，国家治理主体的职业化、专业化成为治理主体培育与发展的基本价值取向。

1. 职业化

从系统治理的工具性价值看，职业涉及四方面的内涵：一是准入条件（门槛），从事一项职业是需要长期准备的，是需要满足一定条件的；二是生命周期，一旦进入某个职业往往是终生从事的，这点与工作、专业具有本质区别；三是评价体系，职业成败具有公认的、可评价的标准；四是激励约束机制，职业的进出具有制度刚性，职业的回报也内在于职业本身。围绕系统的结构与功能，系统治理的关键就是推进治理主体职业群的形成，职业群的形成和发展成为现代化治理的一个重要标志。

2. 专业化

无论是政治家还是企业家，无论是公务员还是经理人，他们都是人。社会为现代化系统治理提供"成品人"的基本途径是教育。因此，知识分子作为一个政治性的概念在现代化治理过程中成为一个普遍存在的社会群体，并源源不断地向现代化系统治理输送人才，但主导现代化系统治理的知识分子主体因时代而不同；与现代化的发展阶段相联系，不同时期的现代化是由不同类型（职业群）的知识分子代言的。

（1）工程师。在现代化的启动阶段，铺摊子、上项目，推进工业化、城市化成为现代化的中心工作，需要大量的科学家、工程师、技术专家，现代化系统治理推崇"工程师治国"[①] 理念，工程师从事政治，主导关键领域的决策，分享现代化的政治精英角色，成为企业家和经理人阶层的主体，成为政治家和公务员阶层的主体。工程师成为现代化的代言人，成为现代化治理的代言人。

---

① 刘永谋：《知识进化与工程师治国——论凡勃伦的科学技术观》，《华东师范大学学报》（哲学社会科学版）2012 年第 2 期。

（2）经济学家。由工程师作为现代化系统治理主体不可久长，根本原因在于国家大系统的各类子系统治理职业群有着截然不同的准入条件和职业规范，工程师几乎都有一种有界限的能力，超越这个界限几乎难以有效行动，清一色的工程师难以胜任内容广泛的现代化治理任务。随着现代化的不断演进，特别是进入工业化、城市化中期以后，存量生产力的规模扩张使得资源配置和效率改进成为现代化系统治理的主要矛盾，经济学逐渐成为显学，"经济学家治国"[①] 取代"工程师治国"成为系统治理的核心理念，经济学家成为现代化治理主体、成为现代化系统治理的代言人。

（3）法学家。"工程师治国"和"经济学家治国"总体上是以经济发展为导向的，现代化治理以经济建设为中心，现代化轨迹长期生产力偏好，财富创造长期居于现代化治理的中心位置，并产生了"一切向钱看"的流弊，以财富分配问题为核心的系统平衡问题积重难返，由经济问题演变为政治问题、社会问题和文化问题，拥有丰富的法学、政治学、社会学知识的法学家逐渐成为现代化的代言人，"法学家治国"[②] 理念成为现代化系统治理的核心理念。

围绕知识分子的现代化角色组合，对于中国而言，现实的困难是在同一个时间断面、不同的省区市乃至同一个省区市的不同区域，经常性地同时存在着现代化不同发展阶段的空间分布；工程师、经济学家、法学家由于现代化在空间上的连续性引致在时间上的同在性，并由此引发现代化治理"盲人摸象式"的理念对抗。

区别于西方国家现代化进程的阶段转换往往是代际完成的，中国的快速现代化进程阶段转换往往跨越代际在代内完成，同一个人的一生可能同时经历了由工程师治国，到经济学家治国，再到法学家治国的阶段演进，但他自身的职业基础依然停留在工程师的角色，角色锁定与角色不相容成为现代化治理主体转换的最大障碍。

三 治理组织

现代化过程是一个"选择"复杂性不断增加的过程，现代化作为"因变量"，不仅涉及现代化模式的选择、现代化特征的选择、现代化动力机制的选择、现代化优先序的选择，还涉及现代化治理模式的选择，不仅涉及公有制

---

① 梁小民：《经济学家不能治国》，《读书》2003 年第 11 期。
② 《中国正进入"法学家治国"时代》，《领导决策信息》2013 年第 11 期。

与私有制、计划与市场、集权与分权、工业化城市化与市场化、信息化网络化与生态化、改革开放与创新、生产生活与生态、物的现代化与人的现代化等一系列"现代化自变量"的选择，还涉及稳定与自组织、秩序与发展、平衡与协同、政治家与企业家、工程师及经济学家与法学家、公务员、经理人等一系列"现代化治理自变量"的选择，对"选择"的组织成为现代化治理理论的核心，涉及选择的两方面基本任务：最优选择机制的选择和最优选择主体的选择。

1. 选择机制

最优选择机制的选择不仅是方法论问题，更是道德问题。国家大系统及其要素子系统的功能和结构总是由一个特定组织的集体选择做出的，不同的治理系统有着截然不同的选择方式和功能结构选择偏好，选择机制反映的就是对选择方式和选择偏好的调控机制，能否最优由选择机制的意识形态、权力中心、政党政治表征来决定。

（1）意识形态。选择是一种合目的性的活动，任何选择都蕴含着、体现着一定主体的目的性和价值取向，并在该主体的自觉意识下完成；选择过程中，选择主体（选择群体）的价值观起决定性作用，价值观决定着国家大系统及其要素子系统的功能与结构的选择，决定着现代化和现代化治理自变量的选择。因此，最优选择机制的选择首先要完善和发展的就是现代化的价值理性，完善和发展中国式现代化核心价值观，将一些确定的价值当作普适的价值，将人作为现代化的终极目的，现代化的一切选择都围绕人的现代化需要展开，围绕维护好、发展好、实现好人的经济、政治、文化和社会利益展开。普适的价值观（特别是核心价值观）成为现代化治理组织的道德基础。

（2）权力中心。就国家治理而言，选择是一种集体行为，个体的选择空间受到严格的限制，从而引致选择的目的性价值与工具性价值的冲突，个体选择的目的导向使得现代化治理经常性地出现变工具为目的或变目的为工具，进而引致拥有选择权的个体"倒因为果式"的逆向选择，典型的例子如将公有制当成现代化的目的，或者将物的现代化当成现代化的目的。

2. 选择主体

意识形态、权力中心的调控机制，共同决定着现代化治理组织的最优选择机制，最优选择机制的创建为治理主体创造了宽松的选择环境，接下来的问题就是人的问题了，也就是治理组织过程中最优选择主体的选择问题了。由于现代化治理已远超越个人的能力，最优选择主体的选择就落在了"职业化"的制度安排上。

（1）专业化。这是就个体的职业化而言的。现代化治理需要专业人士和专家，现代教育"分科判教式"的人才培养为选择主体的专业化提供了可能，但选择主体的专业化要比教育的专业化严苛得多。区别于教育的专业化体现在基于技能专长的能力（资格）上，选择主体的专业化更加注重专业化的素养和行为规范，体现在每个个体的职业心态、职业意识、职业能力、职业道德上，想干事、会干事、干成事、不出事贯穿整个生命周期。在治理主体多元化的现代化背景下，专业化反映了国家大系统的结构性秩序，国家大系统的各个要素子系统按照专业化的要求配置系统的治理主体。

（2）组织化。这是就团体的职业化而言的。现代化治理的选择主体是由一个个专业化的个体组成，无论是通过政治手段人为整合，还是通过工业化信息化运转自发形成，选择主体都是一个个团体，需要按照所在系统的结构要求纳入系统的组织框架，需要按照系统功能的要求确定所在组织的行动目标、信息沟通方式和团体协作方式。由于国家大系统的各个要素子系统都有同类型的选择主体，团体的职业化还需要在大系统层面推进同类型选择主体的组织化工作，培育选择主体的专业化合作组织，典型的如市长协会、企业家协会、会计师协会、工程师协会、法治研究会，等等。尽管选择主体横向组织化发挥的作用完全不亚于纵向组织化，但横向组织化却经常性地成为团体职业化的"短板"。

（3）制度化。这是就管理的职业化而言的。无论是个体的职业化还是团体的职业化，无论是团体的横向组织化还是纵向组织化，都是需要管理的。一般地，最优选择主体的选择是按照系统的功能、结构、组织、个体顺序展开的，系统的功能和结构为组织的边界和选择主体的职业要求提供了依据，组织为个体提供了"职位说明书"，它们共同的基础是制度。制度对组织内的个体、团体的行动空间及其权利、责任和义务进行界定，是保障组织各项业务正常运转的轨道，好的制度为组织的稳定起到"锚定作用"，对组织各项业务的开展发挥"平台作用"，并集中反映在法律法规和组织的各项行为规则上。

围绕基本范畴、治理主体、治理组织，现代化治理理论为国家治理现代化提供了两方面的有益洞察。一是系统治理的方法论取向。国家现代化是国家大系统的现代化，国家治理是国家大系统的治理；国家现代化的根本途径是发展，发展必须建立在稳定、秩序、平衡、协同的基础上；在发展过程中，国家治理的关键是科学把握现代化的阶段转换，按照阶段转换的要求适时调整系统的结构和功能，同时发挥系统的自组织功能，通过系统的自我治理创新"无治理的治理"模式。二是治理组织的人本取向。国家现代化归根到底是人的现代化，国家治理是组成国家大系统的人的治理；国家治理的根本途径是职业化，围绕系统的功能和结构推进治理主体职业群的形成和发展；在职业化过程中，国家治理的关键是科学管理现代化治理的角色不相容，按照现代化阶段转换的要求推进治理主体的角色转换。由此，基于系统科学理论的现代化治理理论成为国家现代化治理的理论基础，政府治理、公司治理、社会治理在此基础上展开。

第三节　国家治理现代化

中国是世界上历史最悠久的国家之一，中国各族人民共同创造了光辉灿烂的文化。但近代以来，中国落后了、挨打了，实现"中华民族伟大复兴"成为全国各族人民的共同愿望。《中华人民共和国宪法》规定，中华人民共和国是社会主义国家，社会主义制度是中华人民共和国的根本制度；[①] "社会主义现代化"成为实现"中华民族伟大复兴"的根本道路和根本制度。

"社会主义现代化"涉及三个层面的问题。现代化问题、现代化治理问题、国家治理现代化问题。

本节在现代化理论基础上，应用制度分析方法，从国家治理和政府治理两个层面具体研究政治系统发展治理的理论问题。

一　国家治理制度安排

现实中，国家现代化的治理主体表现为一个个制度内的人，国家治理通过不同制度力量内的人的分工协作来完成，国家治理现代化涉及制度环境两方面的基本问题：一是制度谱系问题，参与国家治理的制度力量构成是否健全，各种制度力量在系统的功能和结构中是否胜任，各种制度力量在国家治理过程中是否协调；二是制度变迁问题，制度力量"缺项"的发育是否合适，新制度力量的形成和发展是否受到制度供给不足或供给过度的制约，旧制度力量的结构和功能演进是否受到制度锁定的制约。

---

① 《中华人民共和国宪法》。

（一）制度谱系

政府与市场的固有局限性引致了政府失灵和市场失灵，进而引致了社会政治过程发生重心偏移，由传统的统治向现代的治理演进，国家也由传统的阶级统治工具演进为现代的国民共同家园。

1. 制度力量基本构成

人们认识到，在处理政府—市场—社会之间的关系时，在处理政府失灵和市场失灵时，不应简单地在政府和市场之间转换，陷入"政府失灵找市场，市场失灵找政府"的周期性反应之中，政府和市场是国家发展经济的主导力量，但不是全部，政府和市场在国家治理过程中拥有各自适应的外部条件，应在政府和市场之外创造更大的回旋空间，寻求第三方制度力量，那就是社会组织。因此，完善和发展国家治理的制度谱系成为现代化治理的基础性工作。

（1）政府。政府是制度谱系中的基础制度力量，政府依托其社会财富的分配与再分配地位，一方面履行社会管理和环境保护职责，为国民经济和社会发展提供公共产品和公共服务；另一方面履行对市场的宏观调控与微观监管职责，界定产权、保护产权，制定规则、监督规则的执行，为市场经济提供基础设施，并对市场失灵领域进行干预；政府治理的主体是以公共服务为目的的政府组织，表现为一个个具体的政治家或公务员。受行为主体"经济人"的制约，依托政府这只"看得见的手"治理国家存在固有的局限性，表现为政府失灵，集中表现在市场替代、社会替代和政策失灵三方面。市场替代模糊了政府与市场的边界，社会替代制约了社会组织治理，政策失灵挑战着政府在国家治理中的效率。

（2）市场。作为制度谱系中政府的对应物，市场经济的全部经济关系都发生在以市场为基础的资源配置过程中，并通过以供求机制、价格机制、竞争机制、风险机制为主要内容的市场机制实现；市场的主体是以盈利为目的的企业，并表现为依托一个个具体的企业家或职业经理人的公司。受"逐利属性"的制约，依托市场这只"看不见的手"治理国家同样存在固有的局限性，表现为市场失灵，集中表现在垄断、外部性和信息不对称三方面；垄断损害了效率与公平、外部性损害了人与自然的关系、信息不对称损害了生产者与消费者的关系。

（3）社会组织。作为政府、市场之外的第三方制度力量，社会组织是社会治理的重要主体、社会服务的重要力量、社会自治的重要载体；不仅如此，作为政府治理和公司治理的重要补充，社会组织遵照市场机制为市场主体提供专业服务、运用市场或准市场的办法协助政府提供公共产品和公共服务，还作为市场与政府之间、市场主体之间、政府间的中介组织为市场和政府提供居间性服务。在国家治理制度谱系中，社会组织表现为各类非营利、非政府组织（NPO/NGO），表现为各类专业服务组织和专业组织，表现为以营利为目的的商务服务业、政务服务业和不以营利为目的的行业协会、商会。

2. 制度力量作用方式

政府、市场、社会三种制度力量在国家治理中的存在性及其分工与协作，由一国的国体与政体内生决定。从统治到自治，制度谱系的两极之间广泛分布着以政府、市场、社会为主导的国家治理制度力量"中间体"，国家治理绩效取决于制度谱系中不同制度力量的时空分布及其在国家大系统中的功能结构适应性，因而是有条件的。

（1）统治。统治意味着存在"外在于治理对象"的强制力，国家治理由政府唯一主导，并依靠国家的强制力量实现。国家强制力与政府在国家治理中的治理垄断的"条件放松"是国家治理现代化的基石，是实现由统治向治理转变的前提，放松的程度决定着市场、社会等制度力量参与国家治理进程的可能和规模，决定着由政府统治向政府、市场、社会共治的条件和能力。

（2）分治。分治是统治向治理演变的必然结果，意味着国家治理由不同的治理主体共同分享，其核心在于平衡，在于政府、市场、社会三大主导制度力量在国家治理过程中的力量对比及其平衡机制，到底是政府力量强些，还是市场力量强些，抑或是社会力量强些，取决于国家现代化不同阶段的治理需求，因而是一个相机抉择的过程；相机抉择并不意味着存在一个凌驾于政府、市场、社会之上的选择主体，相机抉择由制度力量的制衡机制做出。

（3）自治。自治是统治向治理演进的另一个必然结果，意味着承认国家大系统及其要素子系统具备自组织功能，其核心是能力建设，提升各类子系统的自治能力。在政府系统，开展以政治家和公务员为核心的政府治理能力建设；在市场系统，开展以企业家和职业经理人为核心的公司治理能力建设以及建立在企业基础之上的行业治理能力建设；在社会系统，开展面向各类社会群体的社会治理能力建设。政府、市场、社会三大要素子系统的自治能力建设，为国家强制力"条件放松"和统治向治理演进创造了条件，是国家治理现代化的基础性工作。

（二）制度变迁

由统治向治理演变的过程是一个制度变迁的过程，是一个制度修正、转换和替代的过程，是一个政府主导国家治理向政府、市场、社会共同参与国家治理转变的过程。

中国的国家治理脱胎于社会主义计划经济，在政府、市场、社会三种制度力量中，政府具有决定性作用。制度变迁的目标是把那些政府"不该管、管不了、管不好"的事情移交给市场，移交给社会；在以市场作为资源配置基础的制度环境中，制度变迁的核心是各种制度力量之间责任与权力的分配，亦即政府、市场、社会之间责任与权力的分配，这分配贯穿于计划经济向市场经济转型的全过程。

1. 制度变迁理论基础

下面我们对这个过程做一简单的数理分析。为了便于分析和说明问题，假定：

①国家治理由国家大系统的微分方程建立的状态方程表达，即：

$$\dot{x} = f[x(t), u(t), t] \tag{1-1}$$

式（1-1）中：$x(t)$ 为 n 维国家大系统状态向量；$u(t)$ 为 p 维国家治理制度力量形成的控制向量；t 为时间；$f(x, u, t)$ 为 n 维向量函数。

②制度谱系中的政府、市场、社会三种制度力量分别记为 $u_1(t)$、$u_2(t)$、$u_3(t)$；转型期制度力量在三大部门中的分配是线性的；考虑到中国制度变迁的路径依赖特点和建立社会主义市场经济体制的改革目标，控制变量不可能是任意的。也就是说，$u(t)$ 被限制在某一闭集内，$u \in \Omega$，即 $u(t)$ 满足：

$$g[x(t), u(t), t] \geqslant 0 \tag{1-2}$$

$g[x(t), u(t), t]$ 为连续可微的 m 维向量函数，$m \leqslant p$。约束向量 g 把控制向量 u 限制在有界闭集 Ω 内。

③三种制度力量在博弈初期（如改革启动时期）的初始状态为：$x(t_0) = x_0$，t_0 为起始时间；转型期结束、完成新一轮改革时，系统的终端状态 $x(t_f)$ 满足下列终端约束：

$$M[x(t_f), t_f] = 0 \tag{1-3}$$

$M[x(t_f), t_f]$ 为连续可微的 q 维向量函数，$q \leqslant n$。t_f 为未给定的终端时间；

这样，转型期制度变迁问题就可以转化为最优控制问题，也就是制度变迁的起点确定，在终端约束和不等式约束下，寻找最优容许控制 $u*(t)$，系统从初始状态 x_0 转移到终端状态 x_f，使得某一制度变迁性能指标（如改革成本、转型时间）最小。根据最优控制理论，我们可以用函数的积分形式来表示这一性能指标，记为：

$$J = \Theta[x(t_f), t_f] + \int_{t_0}^{t_f} F[x(t), \dot{x}(t), t]dt \tag{1-4}$$

其中 $\Theta[x(t_f), t_f]$ 为终端状态。积分 J 是函数 $x(t)$ 的函数，即泛函。求上述性能指标的极值问题也就是求泛函 J 的极值问题。求解最优控制问题的数学方法有动态规划法、变分法、极小值原理等。

由于制度变迁的渐进性，国家大系统的状态方程和性能指标是时变的，呈阶段性变化，三种制度力量在国家治理过程中的分配也是时变的，即使在同一时期，对于不同地区，其制度力量的分配也是不一样的，但总体上沿着 u_1 下降，u_2、u_3 上升的方向发展（见图1-5）。

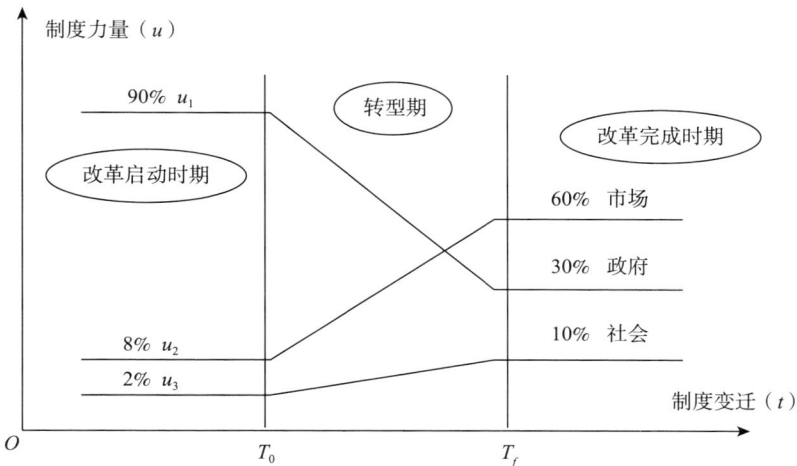

图1-5 制度变迁中的制度力量博弈

在图1-5中，我们假定国家治理所需的制度力量为100%、并在政府、市场、社会三种制度力量之间完全分配；三种制度力量在博弈初期（t_0）的制度力量分别为：$u_1 = 90\%$、$u_2 = 8\%$、$u_3 = 2\%$；终端状态下（t_f）三种制度力量分配为：$u_1 = 30\%$、$u_2 = 60\%$、$u_3 = 10\%$。

2. 制度变迁任务构成

整个转型过程是制度力量此消彼长的过程，是制度均衡被不断打破又不断被建立的过程。转型的目标是推进国家治理现代化，发挥市场在资源配置中的基础性、决定性作用，制度力量格局发生根本性的变化。一个有效的政府是由计划经济向市场经济顺利转型的必要条件，转型是在政府这一制度力量占绝对优势的条件下展开的，又是在社会主义这一基本制度环境下进行的，这就决定了政府在整个转型时期的决定性作用。从市场转型、政府转型及其相互关系看，政府在转型期的作用主要包括如下五方面。

第一，建立以市场作为资源配置基础的经济体制，变资源配置"政府主导型"为"市场主导型"，并培育和发展市场体系。

第二，与市场转型相联系，参与并引导社会创建市场的细胞——企业，形成以"现代企业制度"为特征的企业群体。

第三，与市场转型相联系，推进政府转型，重新界定政府的作用和干预领域，避免在"权力变迁"过程中的缺位、空位或无位，避免在"权利行使"过程中的错位、越位或占位，实现定位、到位。

第四，与政府转型相联系，建立各类在政府与企业、企业与企业、企业与市场之间发挥服务、沟通、协调、监督作用的专业服务组织、行业协会，承接政府转移出去的非企业（市场）职能。

第五，与上述政府、市场转型相联系，建立相应的法律制度，使政府、市场、社会之间的分工与协作具备相应的社会合法性和法律合法性。

以上分析是一种理论上的期望。由于转型的绝大部分功能是由政府自身分化出来的，而政府同时又是转型时期各种改革方案的制定者、实施者乃至监督者，换句话说，制度变迁是一个"内生"的政治过程。这就要求有一个既开明又精明而且强有力的政府。现实的困难是，政府本身不过是一个受各种因素制约的公共事务机构，政府不是无所不能的。因此，制度变迁将是一个长期的历史任务，要经历若干个过渡阶段，其间所形成的最优控制结果将是各种制度力量多次博弈的结果，不可能一蹴而就。

二 国家治理制度设计

国家治理的"制度变迁模型"为现代化治理提供了一个可量化的测度工具。对于中国而言，制度变迁的目标是围绕"两个一百年"的发展目标（可以理解为制度变迁时间最短）设计容许的最优控制组合 $u(t)$，推进国家大系统由初始状态 x_0 向终端状态 x_f 转换。控制向量 $u(t)$ 由 $u_1(t)$、$u_2(t)$、$u_3(t)$ 组成，也就是政府、市场、社会三种制度力量组成，制度设计成为设计容许的最优控制组合的前提和基础。

1. 制度需求

这是制度设计的逻辑起点。由于制度种类的多样性和制度结构的复杂性，引发制度需求的因素是多方面的。在给定的制度环境下，引发制度需求的因素主要是经济政治环境的变化和制度非均衡。经济上的变化是一切变化的基础，是诱发制度需求的根本性动力。例如，经济增长、技术变化、市场规模扩大等均要求确立与之相适应的相关制度，以支撑这种变化。经济政治环境的变化是引发制度需求的基本因素。

制度的产生是社会成员博弈的结果。社会成员的博弈可能存在无数的均衡，一项制度的确立是多种可能出现的均衡中成为现实的那一个结果。所谓制度非均衡是指由于某种原因，现行制度安排不再是制度安排集合中最有效的一个，导致了人们对现存制度的不满意，欲加改变又尚未改变的状态。

2. 制度供给

这是制度设计的核心内容。制度变迁是制度需求诱发的结果，但制度需求并非制度变迁的充要条件，制度变迁的完成有赖于制度供给的实现。从根本上讲，制度变迁是为适应制度需求而进行的，抑制引发制度需求的因素是困难的。因此，制度短缺主要是由制度供给的意愿和能力不足造成的，主要体现有二：一是制度供给不足，对新的制度需求的产生往往先于制度的实际供给的形成，从而造成制度数量和质量有效供给的不足；二是制度供给过剩，相对于制度需求，有些制度是多余的，或者一些过时的、无效的制度仍在发挥作用。

3. 实施机制

实施机制是制度构成的有机组成部分，需要回答的是"国家治理目标如何具体实现"问题，重点是整顿制度存量、创新制度增量，培育治理主体，为制度行为主体提供激励机制、机会结构和约束机制，并在治理主体与治理对象之间建立对应关系，发挥政府机制、市场机制和社会力量参与机制的作用，使各类治理主体相互配合、相互补充，满足现代化的国家治理要求。

遗憾的是，制度供给对制度需求存在时滞（time-lag），并导致制度短缺。在制度变迁过程中，当制度需求与制度供给之间的时滞被持久延续并成为大量存在的现象时，制度短缺现象便出现了。没有制度需求，制度便处于稳定的均衡状态，制度变迁、制度短缺无从发生；没有及时有效的制度供给，制度变迁中的时滞便会被持久延续为常态并形成制度锁定（lock-in），制度短缺亦不会出现。因此，在从传统的计划经济体制向现代市场经济体制转变这一带有历史性的制度变迁过程中，制度短缺成为普遍现象。解决问题的根本途径是制度创新供给、引导需求、双向调节。

（1）制度创新。制度供给意味着制度创新。一般情况下，制度创新主体的行为选择取决于制度创新的成本收益分析，当制度创新的预期收益高于预期成本时，制度创新主体才具有提供制度供给的意愿。制度创新成本包括制度设计成本和制度实施成本。制度设计成本取决于制度要素的价格，包括组织成本、人力资源及设计制度所需的知识；制度实施成本是指制度实施与维持的耗费。一项制度设计成本可能是低廉的，但其实施成本可能是极其高昂的。同样，过高的成本也可使良好的制度束之高阁，尽管制度收益大于制度成本。

（2）制度环境。制度创新主体的供给能力取决于四方面的因素。一是宪法秩序，即政权的基本规则。宪法作为基本的制度环境，它塑造了制度在政体内变化的方向和速度，制度创新主体只能在宪法秩序允许的范围内实现制度供给。二是制度创新知识。社会科学知识的积累与进步，改变了人们的有限理性，提高了人们管理和实现制度创新的能力。三是创新主体提供成本与分配收益的能力。无论是个人、群体或政府都希望能发明一种将外部利润内在化的技术，以便克服其他无需支付制度创新成本的个人和群体对新的制度收益的分享，有效克服"搭便车"问题。四是意识形态和文化背景。它们也制约着制度创新主体提供制度安排的能力。

（3）政府服务。本质上，制度是一种公共物品，任何制度变迁都无法离开政府的推动。在制度变迁过程中，政府除了要转变自身的职能、转移那些在市场经济条件下属于市场、属于企业、属于专业服务组织的职能外，还要培育市场主体、培育新的制度力量，把资源配置的基本职能让位给市场、把经济活动主体地位让位给企业，同时保证政府转移出去的职能得到有效衔接，不至于引起缺位、错位和空位。这一过程的核心是培育新的制度力量，但关键在于政府职能的转变，将那些在计划经济下属于政府，但在市场经济下不属于政府的职能分别转移给企业、市场、协会组织，强化政府的宏观调控、市场监管、社会管理、公共服务职能，形成政府、市场、社会在国家治理中各有其位、各有其职、相互关联、谁替代谁都不行、谁离开谁也不行的现代化治理新局面。

由于政府转移出去的管理职能来源于计划经济下由多主体分享的政府职能部门，加上承接这些职能的非政府制度力量的形成和职能的界定还需要政府的培育和扶持，或者说需要政府"给予"，政府职能的转变成为整个转型时期制度设计的焦点工作，最终结果的形成有赖于三种制度力量的多次博弈。

从计划经济向市场经济转型是一个大规模的制度变迁的过程，它解构了原有的制度并产生新的制度需求。当前，无论是经济制度、政治制度还是其他社会管理制度，已有的改革打破了旧有的制度框架，全新的社会运行制度尚未及时有效衔接，制度需求与制度供给之间存在大量空白。问题在于，许多改革方案对各利益集团是矛盾冲突的，不是一个"帕累托改进"，没有足够大的有效势力，不能被大家一致同意接受而在现实中行不通。尽管制度变迁离不开政府，但政府也会失败，其失败原因有三。

第一，政府中的个人和机构都是有理性的个体，一样追求效用最大化，其集体选择行为并非总与社会利益保持一致。

第二，制度变迁说到底是权力和利益的转移与再分配，是权力的重新界定，政府的集体选择没有也不可能平均分割制度变迁收益给每一利益集团，不同利益集团会通过各种途径向政府施加压力，阻碍制度供给的实现，特别是当某一利益集团是政府的主要支持基础，政府不可能提供损害该集团的制度安排。

第三，即使一项制度创新能带来巨大的社会收益，但可能因动摇政府赖以存在的权威和信仰体系以及宪法秩序，使政府宁愿维持低效率的制度安排，从而使制度创新难以实现。

基于上述原因，即使在完全信息的条件下，政府也没有能力解决好社会转型面临的所有问题，换句话说，政府不是万能的。

三 政府治理

到目前为止，我们一直在国家层面上使用政府概念，政府作为国家治理体系的一部分，与市场、社会等制度力量共同参与国家治理。由于中国的国家治理肇始于计划经济时期，当时政府等同于国家治理体系的"全部"，随着改革开放的深入，市场、社会等政府以外的制度力量逐渐分享国家治理，逐渐被纳入国家治理的制度体系，政府在国家治理体系中也逐渐由"全部"转变为"部分"，但在国家治理体系现代化过程中处于核心地位。其中涉及两方面的问题：一是政府边界问题，政府如何在经济治理体系中由全部向部分转变；二是治理模式问题，政府如何提升在国家治理过程中的治理能力。

（一）边界管理

边界管理是政府由"全能型政府"向"有限政府"转变的前置性工作。

1. 外部边界管理

在国家大系统中，边界管理首先要解决的就是政府系统与非政府系统的边界问题，也就是政府作为国家治理体系一部分的"外部边界"问题，涵盖政府与政党、政府与市场、政府与社会三方面的边界。

（1）政府与政党的边界。在政党政治中，执政党通过其遍布全国的组织体系治理国家，政府与市场、社会作为国家治理制度体系的一部分，都有执政党的分支机构，都是执政党治理国家的工具，都是执政党推进经济社会发展的工具。由于执政党拥有国家现代化模式的选择权，拥有政府开展国家治理的角色决定权，明确政党与政府的关系成为政府治理边界管理的首要工作。从国情背景看，划清政府与政党的边界，困难来自作为政府治理主体的政治家通常首先是政党政治家，从而在政府与政党之间形成"天然的耦合"，划清边界常常演变成为政党政治家的主观选择，但也不是不可调和，二者共同的基础是执政的合法性，政党政治家发挥政府的国家治理工具性价值必须建立在完善和发展执政的法律合法性和社会合法性基础之上，建立在完善和发展执政的工具性价值与目的性价值相统一的基础之上。在国家治理现代化进程中，政府与政党的边界管理取决于政治现代化进程。

（2）政府与市场的边界。这是在经济领域实现政府由"全能型政府"向"有限政府"转变的基础性工作。划定边界的基本伦理是市场主体的行为不受限制，除非法律另有规定。三方面的力量导致了边界划定困难。一是制度惯性，为计划经济"量身定制"的政府治理模式在市场经济的语境下可能回归计划化；二是国有经济依赖，形形色色的行政性垄断容易模糊了政府与市场的边界；三是对 GDP 增长的依赖，容易模糊政府与市场的边界。划清政府与市场的边界关键在政府，这是一个"制度扬弃"的过程，政府要摒弃传统的"父爱主义"，承认市场是平等的参与主体。

（3）政府与社会的边界。这是在社会领域实现政府由"全能型政府"向"有限政府"转变的基础性工作。划定边界的基本伦理是：社会组织围绕市场失灵和政府失灵提供商务性服务和政务性服务。与解决政府与市场边界问题一样，解决政府与社会边界问题的关键也在政府，重点解决三方面的边界划定政府伦理问题。一是不当行政化，以完善政府职能的名义依托公权力和公共财政设立种类繁多的公益性或非公益性事业单位，以及设立依附于政府部门的形形色色的行业协会（学会/研究会），公共服务管理的不当行政化导致政事合一、事企合一，公益服务载体普遍向政府模式回归；二是不当市场化，以产业化的名义通过市场机制建设教育、科技、文化、医疗卫生、体育、就业、社会保障等社会基础设施，特别是教育产业化和医疗卫生产业化引致社会公共服务严重偏离了公共利益的发展轨道；三是不当社会化，以社会办社会的名义将由政府主导提供的、全体公民都能公平可及地获得大致均等的基本公共服务社会化，从政府办社会、企业办社会的一个极端走向社会办社会的另一个极端。公共服务的不当行政化、不当市场化和不当社会化，不仅模糊了政府与市场的边界，更模糊了政府与社会的边界，社会组织成为第三方制度力量难以实现。

2. 内部边界管理

明确了政府与政党、政府与市场、政府与社会的边界，为政府作为一个制度力量整体开展国家治理提供了范围。但仅此还不够，由于政府本身就是一个大系统，在条块结合的政府制度体系内，边界管理还要解决政府系统内不同子系统的边界问题，也就是政府系统内不同层级之间和同一层级不同部门之间的"内部边界"问题，涵盖中央与地方、部门与部门、部门与地方三方面的边界。

（1）中央与地方的边界。也就是政府系统不同层级之间的"条条"边界，是内部边界管理的基础。理论上，中央政府的边界是清晰的，对外代表国家承担国防、外交职能，对内行使国民经济和社会发展的宏观调控职能；但受计划经济"改革起点"路径依赖的制约，划定中央与地方边界需要依次跨越三个阶梯：一是财政，涉及中央与地方事权分配和支出责任边界管理，涉及中央与地方税收体系和政府债务体系边界管理，还涉及财政支出的预算制度和转移支付制度边界管理；二是监督管理，中央政府代表全体人民监督管理地方政府开展治理工作，涉及中央与地方顶层设计和宏观调控、投融资和行政审批、发展成果考核评价边界管理；三是国际化，中央政府代表国家参与或主导国际治理与全球治理，地方则跟进、协同和参与，其中同样涉及双方的边界管理。三个阶梯中，财政是基础，监督管理是关键，国际化则是实现中华民族伟大复兴的必由之路。

（2）部门与部门的边界。也就是政府系统同一层级之间的"块块"边界，是内部边界管理的重点。划定边界的基本伦理是：一件事由一个部门管理。由于中央政府与地方政府职能各有侧重，部门设置的上下对应限制了地方政府职能的实现。政府部门设置的边界管理是政府协同治理的前提和基础，在政府与市场、社会边界清晰的条件下，部门边界划定的科学性决定着政府治理分工与协作的效率高低。

（3）部门与地方的边界。也就是政府系统不同层级之间的"条块"边界，是内部边界管理的难点。受部门利益和地方利益的双重约束，解决部门与地方的治理边界充满挑战。从国情背景看，重点需要解决部门与地方的三类边界问题：一是中央部门与地方政府的边界，有效规避"部门决策、中央背书"现象，规避中央部门基于部门利益形成的中央决策引发的与地方政府的边界冲突；二是垂直部门与地方政府的边界，中央政府在地方政府行政区域内设立垂直管理部门，根本目的是规范地方利益、规避地方保护主义、避免各自为政；三是中央企业与地方政府的边界，有效规避中央企业依托公权力制约市场在资源配置中发挥基础性、决定性作用，有效规避中央企业与地方政府挤占要素资源，特别是中央企业与地方政府联合银行机构挤占金融资源。

（二）结构管理

在国家大系统中，边界问题属于政府系统的功能性问题。政府系统作为功能与结构的有机统一体，在解决了政府治理的边界管理问题后，接下来需要解决的就是结构性问题了。在相同的政府治理边界内，结构的不同可以产生不同的质变，进而使系统具备不同的功效（也就是实现系统功能之效率的可接受性）。

1. 制度设计

规范地看，在政府治理边界范围内的政府系统结构管理涉及政府组织作为一个整体的管理和政府组织内一个个机构的静态管理与动态管理。

（1）组织建设。政府组织是系统结构在政府体系中的具体表现，是结构管理的基石，由行政组织法规范，涵盖中央政府组织法和地方政府组织法两大体系。为了健全和稳定地方各级人民政府的组织和工作制度，1979年，我国即制定公布了《中华人民共和国地方各级人民代表大会和地方各级人民政府组织法》，并根据发展情况多次修订；2024年，又制定颁布了《中华人民共和国国务院组织法》，至此，我国形成了比较完整的政府组织法律体系。

（2）静态管理。逻辑上看，在政府组织机构管理法律法规完善的前提下，结构管理也就是政府组织的日常管理问题了。从静态上看，在现有的制度架构中这项工作由各级党委（政府）的机构编制委员会办公室（即编办）、组织人事部门（公务员局）、机关事务管理局承担，编办决定政府组织的具体职责、内设机构、人员编制，公务员局决定政府组织的人力资源，机关事务管理局决定政府组织的办公场所，分别决定政府组织"做什么、由谁做、在哪做"。解决这些问题期待制度创新，推进政府组织法定化、公务员职业化和办公场所规范化。

（3）动态管理。从动态上看，政府组织的日常管理要着力解决的就是组成政府的各部门、各子系统相互之间的联系问题：一是信息联系，政策是政府治理的结构性要件，政策的制定必须建立在充分而可靠的信息基础之上，但基于部门分工的信息供给模式，易在政府部门之间形成一个个"信息孤岛"，而引致政策的决策者无法消纳而陷入"信息中毒"状态；二是资金联系，政策作为政府系统的核心产出是需要成本的，即经由财政路径解决政策的成本问题，这种路径依赖使得政府财政部门可能发生"越界"现象；三是人员联系，政府系统的并列与层次结构使得不同层级、同一层级的不同部门的工作人员普遍存在"同类项"，基于工作性质的人员横向联系为信息孤岛问题和财政部门越界问题创造了解决途径。无论是信息联系、资金联系还是人员联系，其根本目的都是为了更好地实现政府系统的功能，但仅此显然不够，根本原因在于过程不可控，还需要构建反馈机制。

2. 制度修正

当前，无论是作为整体的政府系统结构管理，还是作为部门个体的政府系统结构管理，都还存在大量的制度修正空间。

（1）组织重构。这是政府再造的重点领域。政府治理边界的解构为政府组织的重构创造了条件，重构涉及三方面的任务：一是中央政府的组织重构；二是地方政府的组织重构，避免中央政府与省级政府的组织同构化，按照省级政府治理边界的要求，围绕市场监管、社会管理、公共服务、环境保护"四位一体"的发展要求解构和重构省级政府部门，同时改变县级政府机构设置沉淀形成的直线职能制、事业部制、矩阵制混合状态，克服县级政府机构设置的规模不经济约束，以事业部制为主导，按照工业化、城镇化、信息化、农业现代化"四位一体"的发展要求解构和重构县级政府部门；三是城市政府的组织重构，按照城市逐渐成为国民生存与发展主流载体的发展要求，区分城市规模与治理特点，解构和重构城市政府组织结构，并为中央政府直接管理特大、超大型城市创造条件。

（2）流程再造。这是政府再造的关键环节，包括同一层级政府不同部门之间的横向流程再造和不同层级政府及其部门之间的纵向流程再造，具体表现为面向政府内部的政府间流程再造和面向政府外部行政相对人的政府服务流程再造。规范地看，基于流程再造的政府治理结构管理需要在三个层面上发力。一是服务集中。行政服务中心是推进行政权力运行程序化公开化透明化、"把权力关进笼子里"的重要平台，是推进政府职能向"创造良好发展环境、提供优质公共服务、维护社会公平正义"转变的重要载体，是推进行政决策执行监督三权分立，开展行政监察效能督查的重要工具；通过行政服务的集中化、超市化，倒逼同一层级政府职能部门行政服务的流程再造，创新部门间流程再造的经验曲线和学习曲线；通过行政服务的系统化、整体化，倒逼不同层级政府间的流程再造，实现政府服务的整体性流程改良。二是购买服务。在区分公共服务禁止购买、裁量购买、强制购买边界基础上，把政府直接向社会公众提供的一部分公共服务通过市场机制交由具备条件的社会力量承担，并由政府支付费用。三是电子政务，超越时间、空间、部门分隔的限制，面向政府与企业、政府与公民、政府与政府、政府与雇员之间，提供基于网络信息技术的政府服务，推进政府组织结构和工作流程的重组优化。

（3）放松管制。这是政府再造的难点。无论是组织重构还是流程再造，根本的目的都在于推进政府治理边界调整后的结构优化，它有一个前提条件：市场和社会有能力、有条件、有意愿、有效率处理政府治理以外的其他治理工作。现实困难是市场和社会制度力量受政府管制。解决问题的一个重要途径是放松管制：一是减少审批，除非涉及国家安全和生态安全，涉及全国重大生产力布局、战略性资源开发和重大公益，取消投资项目的行政审批，允许地方政府在制定地方政策和执行国家政策方面享有更大的自由空间；二是优化管制，改变传统的事前控制模式，变事前控制为事后监管，特别是在商事登记领域，削减资质认证和前置审批项目；三是健全评估，放松管制并不意味着不需要管制，缺乏事前控制的管制措施需要有健全的评估机制相配套，特别是政策评估，建立包括事前、事中、事后的完整政策评估体系，建立以政府主管部门与综合部门内部评估和政府智库与社会制度力量第三方评估相协同的政府管制体系。

本质上，结构管理属于政府治理中的效率改进范畴，通过优化结构提升政府系统的功效，政府系统结构的解构与重构、政府系统联系的流程再造，乃至政府系统作为制度谱系中的主导制度力量对其他治理主体的管制调适，都应该依法治理。困难来自行政组织法制建设持续性地落后于实践，从而决定了在政府治理结构管理中要"治标"与"治本"相侧重，并及时将治标的经验纳入治本的法治轨道。

（三） 能力建设

在解决了政府治理的功能性和结构性问题之后，剩下的问题就是执行问题了，也就是人的问题了，根本途径是开展治理能力建设。能力建设是当今使用频率很高的词汇，这不仅因为能力建设本身是经济社会发展和国家治理的推动力量，更因为能力建设是检验经济社会发展状况和国家治理状况的重要指标。在国家治理体系中，政府被认定为国家大系统的决定性战略单位，政府失效意味着系统失效。因此，政府能力在国家治理能力建设中居于核心地位。

1. 机构能力建设

政府治理能力建设首先表现为政府机构的能力建设，涵盖决策能力、执行能力、监督能力。

（1） 决策能力。政府治理国家更多表现为公共政策，依靠政策处理系统面临的问题；政策是决策的结果，决策能力决定着公共政策水平。

（2） 执行能力。一般地，政策作为政府系统的产出，通过公务员系统进行政策的分配、流通与消费，实现政策的目标。政府对政策的解读、政府系统的协调机制和政府机构的稳定性都对政府的执行能力产生影响。

（3） 监督能力。对于处在改革过程中的政府，监督能力是政府能力建设的难点。规范地看，政府监督能力建设主要围绕政府系统的功能展开，通过监督保证系统功能的实现。一是能力监督，保证政府系统的功能性要件与结构性要件满足政府治理的需要，集中反映在对政府边界的监督和对政府组织机构设置的监督，反映在对招聘、激励和管理政府公务员的监督以及财政资源使用的监督。能力监督属于政府治理的制度性监督。二是过程监督，通过建立过错追究制度、执行督查制度、无为问责制度，保证政府系统开展国家治理政策产出的科学性与合法性，保证公务员系统执行政府政策的正当性和有效性。过程监督属于政府治理的民主性监督。三是结果监督，通过建立和完善发展成果考核评价体系，开展对政府治理绩效的整体性监督；通过建立和完善第三方政策评估体系，开展对政府公共政策执行情况的绩效评估，为整体性的结果监督提供技术支撑。结果监督属于政府治理的公平性监督。

2. 个人能力建设

决策、执行、监督能力建设构成了政府在国家治理中能力建设的"闭环"，三种能力一起构成了政府治理能力的一个"集合"。由于政府系统是由公务员子系统的个体群组成的，政府能力建设除了机构能力建设外，还要同步推进个人能力建设，从而推进政府治理形态由"管制型政府"向"服务型政府"转变。

（1）能力构成。明确能力构成是开展个人能力建设的前置性工作。政府系统的不同层级、同一层级的不同部门治国理政所需要的能力构成是千差万别的，中央政府、省级政府、县级政府、城市政府开展国家治理对个人的能力要求也是千差万别的，综合管理类、专业技术类、行政执法类公务员所需的能力构成同样也是千差万别的。解决个人能力建设中的能力构成问题，重点处理好三方面的关系。一是领导与管理的关系，将政府治理主体区分为领导者与管理者，领导者一般表现为各级政府及其部门正职，管理者一般表现为各级政府及其部门副职；领导者的能力构成侧重于政治鉴别能力、制度创新能力和沟通协调能力，管理者的能力构成侧重于公务处理能力、公共服务能力和学习调查能力。二是管理与服务的关系，政府治理过程本质上属于政府治理主体对国家现代化的服务过程，涉及对内服务和对外服务；对内服务表现为对政府系统自身的管理，侧重于依法行政能力，对外服务表现为政府对国民经济和社会发展的履职，侧重于行政效能；区别于领导与管理的关系主要发生在决策层，管理与服务的关系主要发生在执行层和监督层。三是服务与服务外包的关系，政府应具备向社会提供公共服务的能力，但政府可以将公共服务的供给者角色细分为服务购买者与服务生产者，将公共服务生产者以服务外包的形式由各类市场主体和社会组织承担，政府仅扮演服务购买者的角色，需要具备基于成本效益分析的市场交易能力和推进公共服务由权力管理模式向契约服务模式转化的能力。

（2）建设方式。在明确了个人能力建设的内容构成之后，接下来的问题就是如何实现了。

（3）激励约束。个人能力建设总体上还需要发挥人自身的主观能动性，其核心是机制，通过机制激发人、规范人、约束人，形成符合国家治理的现代化要求。一是激励机制，包括物质的和精神的激励，具体表现为薪酬激励、晋升激励以及各种物质与精神奖励。二是机会结构，个体在政府治理中的成长性取决于组织为个体提供的参与机会，特别是基层公务员能否直接参与管理决策；由于基层公务员拥有大量的直接面向公众的机会，扩大他们的政策制定参与度是合适的。三是约束机制，个体开展能力建设的意愿应纳入组织的行为规范中来，使个体能力建设的自愿行为转化为组织的规范行为，并通过法律法规等外生性约束机制和组织规章制度等内生性约束机制制度化。

边界管理、结构管理和能力建设，一起构成了政府治理的基本范畴。有效的边界管理保障政府由传统的"全能型政府"向现代的"有限政府"转变，有效的结构管理保障政府由传统的"人治政府"向现代的"法治政府"转变，有效的能力建设保障政府由传统的"管制型政府"向现代的"服务型政府"转变，从而为构建"有限、法治、服务型"的现代化政府，推进政府治理体系和治理能力现代化提供了学理基础。

从现代化治理，到国家治理，再到政府治理的逻辑演进，大体上勾勒出发展治理的三个理论基点：一是系统性，发展治理必须建立在国家大系统及其要素子系统的系统治理基础之上，必须建立在政府治理、公司治理、社会治理的分工协作基础之上；二是整体性，基于并列与层次结构的系统治理，必须建立在国家大系统的整体功能基础之上，要素子系统的功能必须服从服务于大系统的整体功能；三是协同性，基于系统性的发展治理"结构性要件"与基于整体性的发展治理"功能性要件"，必须建立在结构与功能的协同基础之上，必须建立在结构与功能在时间上平衡的基础之上；从而形成了国家治理现代化的理论框架。

一是功能。围绕经济、政治、文化、社会、生态以及人口、技术、国防、外交等功能性要件，构建与国家现代化阶段相适应的"功能治理"理论体系。

二是结构。围绕政府、市场、社会等结构性要件，构建与国家现代化阶段相适应的"结构治理"理论体系。

三是实施机制。创新制度供给、引导制度需求，构建基于政府治理、公司治理、社会治理的现代化治理制度体系，构建与国家治理功能与结构相适应的动态管理体系。

治理主体多元化体现了国家大系统的结构性秩序，治理主体的规模化集聚形成了现代化治理的组织体系，治理主体的规范化构成了现代化治理的制度框架。国家治理能否现代化，从根本上取决于国家大系统的功能性要件与结构性要件能否现代化，并贯穿于决定功能与结构动态演进的实施机制之中。由于国家治理指令集中由政治系统做出，政治系统居于国家大系统的核心位置，对国家大系统的结构与功能起着决定性作用，并决定着经济、社会、文化等其他要素子系统的结构与功能，政治系统的功能与结构问题成为现代化治理理论的第一议题，成为现代化治理理论构建的第一议题，政治系统治理成为现代化治理理论的核心。因此，国家治理能否现代化取决于政治现代化进程。同样，在信息化、网络化的时代背景下，国家治理不可避免地受到国际治理、全球治理的影响，国家治理能否现代化还有赖于治理主体参与全球治理的能力和水平。

第二章 实践问题

2012 年以来，国家调整指导发展的方法论取向，换之以"顶层设计"的行动路线，形成了类似于计算机操作系统的国家操作系统，并通过系统升级和"打补丁"形式不断完善国家操作系统。与计算机操作系统作为后台依托各类应用软件（App）在前台发挥作用相类似，国家操作系统发挥作用的平台和载体是中央和国家机关、地方各级政权组织，由此派生出国家操作系统的应用开发问题。

一是顶层设计的二次开发问题。例如，"五大发展理念"、"五位一体"、"四个全面发展"部署在部门、行业、区域的二次开发，"两个确立"、"四个意识"、"四个自信"、"两个维护"意识形态设计在体制内、体制外的二次开发。

二是上位政策的二次创制问题。例如，科教兴国战略、人才强国战略、创新驱动发展战略、可持续发展战略、新型城镇化战略、乡村振兴战略、军民融合发展战略的二次创制，五年发展规划、空间规划等国家规划的二次创制。

三是应用系统的系统集成问题。例如，针对中央全面深化改革委员会历次会议形成的决策成果，推进改革方案、改革措施、改革力量、改革成果围绕重点区域、重点领域和关键环节进行系统集成。

推进新福建全方位高质量发展，一方面，要充分发挥习近平总书记在福建工作多年的优势；另一方面，创造条件服务和融入国家发展大局，基于国家战略建设新福建。

本章从竞争优势、战略安排、战术设计三个维度探索全方位高质量发展的顶层设计实践问题。

第一，夯实新福建优势。新福建的核心竞争力，典型的如习近平总书记在福建工作期间推进厦门岛湾一体化[①]、开发环三都澳、开发闽江口金三角等，

---

① 中共厦门市委政策研究室：《奋力开辟跨岛发展新天地》，《厦门日报》2022 年 6 月 14 日。

这形成了新时代建设粤港澳大湾区的经验基础；又如习近平总书记在福建工作期间推进生态省、数字福建、海上福建建设，形成了新时代建设美丽中国、数字中国、海洋强国的经验基础。构建新福建优势关键在于打通习近平总书记在福建工作期间开创的一系列重要理念和重大实践。

第二，完善战略执行体系。依托中央与福建共同的意识形态优势和行动一致性优势，福建既拥有独享型、先行型或竞争型的"八大战略"，也拥有全国共有的"七大战略"，当前的根本问题在于战略稳定性与策略灵活性不协调，如海峡西岸经济区与海峡两岸融合发展示范区不协调，海峡西岸城市群与粤闽浙沿海城市群不协调，解决问题重点在于完善战略战役安排，围绕生产力布局、人口布局、人与自然和谐共生打响产业发展、城乡建设、环境保护的三大战役。

第三，优化战斗力组合。全方位高质量发展必须转化为一个个项目、一场场战斗，推进政府推动、市场拉动、社会协同，构建政府推力、市场拉力、社会协力的战斗力组合，打造有为政府、有效市场、有容社会，构建政府强、市场强、社会强的战斗新格局。当前福建的根本问题在于政府不够强，解决问题的关键在于处理好"建与战"的关系，按照"省委抓总、省直主建、市县主战、以战统建"总要求构建战略、战役执行的战斗本部。

第一节　竞争优势

到 2035 年，中国特色社会主义将迎来基本实现现代化的伟大成就，福建发展迎来重大战略机遇期。我们认为，全方位高质量发展需要在中国式现代化的伟大实践中进一步明确发展方向，明确新福建建设如何在总量赶超与全方位超越阶段转换后乘势而上奋力谱写全面建设社会主义现代化国家福建篇章，如何在发展水平迈上新台阶后更好融入新发展格局为全国大局做更多更大贡献，如何在国际力量对比深刻调整后进一步推进两岸关系和平发展与中华民族伟大复兴美好未来。我们认为，这三个问题的解决能力与水平，从根本上决定着新福建的发展进程。

福建是习近平总书记长期工作过的地方，福建发展凝结着习近平总书记的大量心血与汗水。面向未来，我们要紧紧围绕三个伟大成就，立足三个基本问题，坚持结果导向，对未来 15 年的新福建建设进行整体性谋划，将习近平总书记在福建工作期间的治理观念制度化，以更高水平服务全国发展大局问题，以及新福建建设的战略、战役、战术问题，构建格局引导布局、布局引领结局的新福建发展新局面。

一　意识形态优势

新福建的意识形态优势集中反映在习近平总书记在福建工作期间的治理理念上。我们要统筹推进 1985～2002 年习近平总书记在闽工作期间形成的治理成果制度化，统筹推进 2014 年习近平总书记视察福建时亲自擘画建设"机制活、产业优、百姓富、生态美"新福建的实践成果制度化，统筹推进 2020 年以来批示、指示福建全方位推进高质量发展超越的新目标、新任务落实机制制度化，不断夯实新时代奋力谱写福建篇章的意识形态基础，打造习近平新时代中国特色社会主义思想制度化的福建样本。

1. 在闽工作治理成果制度化

习近平总书记在闽工作 17 年半，形成了《习近平在厦门》（1985～1988）、《习近平在宁德》（1988～1990）、《习近平在福州》（1990～1996）、《习近平在福建》（1996～2002）等一系列鲜活文献，在环境治理、空间治理、区域发展、产业发展等领域形成了一系列治理实践成果，需要系统总结转化为支撑新福建发展的制度性成果（见图 2-1）。

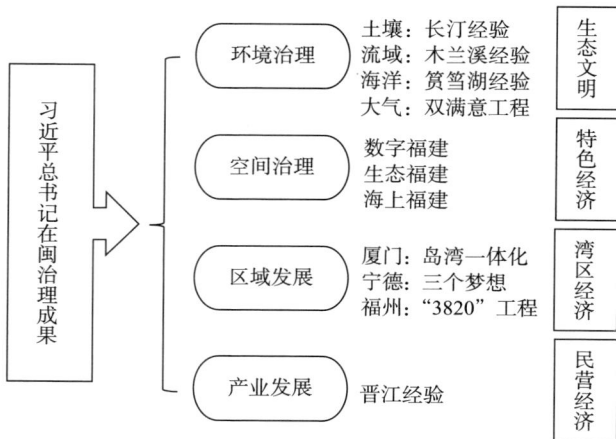

图 2-1　习近平总书记在闽治理成果（一）

（1）环境治理成果制度化。系统总结习近平总书记在闽工作期间围绕蓝天、碧水、碧海、净土开展的环境治理实践，特别是治土的长汀经验、治水的木兰溪经验、治海的筼筜湖经验、治大气的福建电力双满意工程，完善污染防治与生态修复样本谱系，总结凝练可借鉴、可复制、可推广的环境治理经验，为构建人与自然和谐共生的现代化，实现环境治理现代化提供基本发展遵循规律。

（2）空间治理成果制度化。系统总结习近平总书记在闽工作期间的空间战略思想，特别是数字福建、生态福建、海上福建的空间战略思想，指导新福建开发网络虚拟空间、陆地国土空间和海洋国土空间，发展数字经济、绿色经济、蓝色经济，促进形成城市化地区、农产品主产区、生态功能区三大空间格局，为新福建的空间约束与空间协调、培育空间竞争力、实现空间治理现代化提供基本战略遵循。

（3）区域发展治理成果制度化。系统总结习近平在厦门、宁德、福州工作期间的治理成果，特别是厦门岛湾一体化发展、宁德三个梦想、福州"3820工程"科学实践形成的实践成果，指导厦门湾、三都澳、闽江口适应海洋经济发展新趋势培育壮大新时代湾区经济，以此带动海湾资源高水平规模化开发培育形成融合南北、连接东西的台湾海峡湾区经济群，为东部地区与海峡两岸融合发展、一体化发展提供基础行动指南。

（4）产业发展治理成果制度化。创新发展习近平总书记在闽工作期间"七下晋江"总结提炼形成的发展民营经济、做大民营企业的"晋江经验"，为习近平经济思想提供理论素材，推动民营经济全面融入新发展格局，全面融入现代化经济体系，推动民营企业高质量发展，为实现非公经济治理现代化提供福建方案。

习近平总书记在闽工作期间形成的治理成果，展现了习近平治国理政思想在福建萌发的清晰脉络。我们要紧扣新情况新问题，有序进行迭代升级，推进试点试验转化为样板样本、实践成果转化为理论素材、战略思想转化为战术方法、科学思想转化为真理力量，推进习近平总书记治理成果的制度化。

2. 新福建 1.0 治理成果制度化

2014年11月，习近平总书记视察福建，亲自擘画建设"机制活、产业优、百姓富、生态美"的新福建；从此，福建全省上下按照总书记擘画的发展蓝图砥砺前行，2019年经济总量超过台湾，经济发展迈上新台阶，为全方位超越奠定了坚实的物质基础，需要系统总结经验成效，转化为制度性成果（见图2-2）。

（1）"机制活"改革成果制度化。围绕省域治理现代化中心工作，系统总结经济、政治、文化、社会、生态、内政、外交、国防等领域的治理成效；

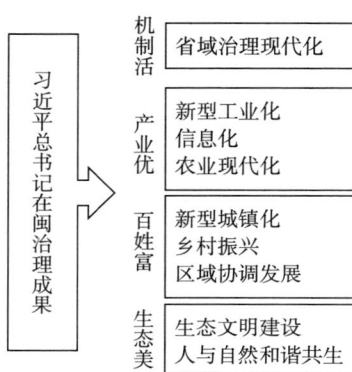

图 2-2　习近平总书记在闽治理成果（二）

重点总结产业体系、市场体系、分配体系、协调发展体系、绿色发展体系、开放发展体系等经济领域的治理成效，执政、行政、监督、民主、法治等政治领域的治理成效，以及生态文明建设、海峡两岸交流合作的治理成效，打造省域治理现代化的福建样本。

（2）"产业优"治理成果制度化。围绕新型工业化、信息化、农业现代化中心工作，系统总结工业、服务业、住建业、农业的治理成果，主导产业、产业龙头、产业链、产业集群的治理成果，以及金融服务实体经济、开发区建设、人才高地建设、数字福建建设的治理成果；重点总结科技强省、制造强省、质量强省、贸易强省等领域的治理成果，工业化与信息化"两化融合"、先进制造业与现代服务业"两业融合"的治理成果，以及绿色发展、数字化发展的推进成果，打造生产力空间布局与现代化的福建样本。

（3）"百姓富"治理成果制度化。围绕新型城镇化、乡村振兴、区域协调发展中心工作，系统总结中心城市、都市圈、城市群等城市领域的治理成果，系统总结制度体系、工作体系、政策体系等农村领域的治理成果，以及山海协作、陆海统筹、对口帮扶、区域一体化等城乡区域协调领域的治理成果；重点总结教育、医疗、住房、养老等基本公共服务领域的治理成果，以及初次分配、再分配、三次分配等共同富裕分配领域的治理成果，打造人口空间布局与现代化的福建样本。

（4）"生态美"治理成果制度化。围绕生态文明建设、人与自然和谐共生中心工作，系统总结空间规划、环境治理、生态价值实现、绿色发展评价等领域的生态文明治理成果，用能权、用水权、排污权、排碳权等领域的市场化治理成果；重点总结流域生态保护补偿、森林生态保护补偿的治理成果，绿色信贷、绿色债券、绿色保险等绿色金融治理成果以及生态产业链金融、生态保护补偿融资等现代金融改革成果，打造人与自然和谐共生"中国式"现代化的福建样本。

机制活与产业优，反映的是经济治理与经济建设的关系。未来 15 年，在"五位一体"治理进程中，经济治理还将居于核心地位，决定着"国家治理体系和治理能力现代化"改革目标的实现进程。在"五位一体"建设进程中，经济建设还将居于核心地位，决定着"中国特色社会主义现代化"发展目标的实现进程；经济治理与经济建设的关系成为经济现代化的主要矛盾。"机制活"面向经济治理，旨在更好发挥政府的作用；"产业优"面向经济建设，旨在更好发挥市场的作用，推动有为政府与有效市场更好结合。机制活、产业优成为经济领域建设新福建的主流意识形态和核心方法论。

百姓富与生态美，反映的是人与自然的关系。习近平总书记指出，人民对美好生活的向往，就是我们的奋斗目标。我们的责任，就是不断解放和发展生产力，不断提高人民生活水平，坚定不移走共同富裕的发展道路。未来 15 年，人与自然的矛盾将更加显性化，生物安全与气候安全矛盾将更加突出，人的发展必须与自然和谐相处，推进实现人与自然和谐共生的现代化。将人与自然视为现代化的有机整体，"百姓富与生态美"成为具有哲学价值的世界观；将"是否有利于实现百姓富与生态美"作为发展的目标和评判各项工作成效的标准，"百姓富与生态美"成为具有哲学价值的方法论，从而具有普遍意义上的哲学属性，并统一于新福建建设的伟大实践中。

我们认为，以"活优富美"为标的的新福建 1.0 治理成果，展现了习近平治国理政思想在八闽大地的伟大实践。在"活优富美"治理理念的引领下，福建有效夯实了全面建成小康社会的"现代化底座"，为全方位超越奠定了坚实的物质基础和制度基础，成为福建开启全面建设社会主义现代化国家新征程的"基本盘"。

"活优富美"治理理念的是习近平新时代中国特色社会主义思想在福建的先行实践，是习近平治国理政在省域层面的成功范式，必须长期坚持。

3. 新福建 2.0 治理成果制度化

2019 年 3 月"两会期间"，习近平总书记在福建代表团发表重要讲话，要求福建统筹做好营造有利于创新创业创造的良好发展环境、探索海峡两岸融合发展新路、革命老区中央苏区脱贫奔小康工作、全面推进新时代党的建设四方面工作；2020 年 5 月，针对 2019 年福建经济总量超越台湾，习近平总书记指示福建要着力补齐科技创新、产业结构、居民收入三个短板，全方位推进高质量发展超越；2021年3月，习近平总书记视察福建，要求福建在建设现代化经济体系、创造高品质生活、服务和融入新发展格局、探索海峡两岸融合发展新路四方面展现更大作为，奋力谱写全面建设社会主义现代化国家福建篇章。从此，新福建建设由"总量赶超"1.0版向"全方位超越"2.0版进阶，谱写现代化的福建篇章成为新时代建设新福建的新使命，这都需要系统研究、深化、细化、具体化，创造性转化为制度成果。

（1）构建现代化经济体系。立足新时代社会新矛盾，以满足人民日益增长的美好生活需要为核心诉求，加快建设创新型省份、深化供给侧结构性改革、推动形成全面开放新格局；以解决不平衡不充分的发展为核心诉求，实施乡村振兴战略、实施区域协调发展战略，推进城乡、区域、陆海统筹发展；以完善产权制度和要素市场化配置为重点，着力构建市场机制有效、微观主体有活力、宏观调控有度的经济体制，加快完善社会主义市场经济体制。以上三方面六项工作，从根本上决定新福建构建现代化经济体系的未来。

（2）创造高品质生活。立足共同富裕新要求，把促进全体人民共同富裕作为为人民谋幸福的着力点，增强区域发展的平衡性、行业发展的协调性、中小企业发展的包容性，形成人人参与的发展环境，给更多人创造勤劳创新致富机会，在高质量发展中促进共同富裕；建立健全初次分配、再分配、三次分配基础制度，扩大中等收入群体比重，增加低收入群体收入，合理调节高收入，取缔非法收入，构建橄榄型分配结构；以普惠性人力资本投入为重点，完善教育、医疗、住房、养老保障体系，推进基本公共服务均等化；统筹物质生活与精神生活，推进经济、政治、文化、社会、生态全方位高水平发展，满足人民日益增长的民主、法治、公平、正义、安全、环境等方面的需要。以上四大发展方向，成为新福建展现创造高品质生活更大作为的行动基础。

（3）融入新发展格局。立足扩大内需战略新基点，以中心城市和城市群为重点，提升创新策源能力和资源配置能力，增强经济和人口承载能力，培育高质量发展新动力源；以基础产业和基础研发为重点，推动形成能源、物流、信息、金融、土地基础成本新优势，推动形成基础技术、工艺、材料、零部件、软件研发新优势，培育高质量发展新底座；以数字化发展和绿色发展为重点，推动经济社会发展全面数字化转型和绿色转型，谱写数字中国与美丽中国福建篇章，培育高质量发展新动能。以上三方面六项工作，是新福建服务和融入新发展格局、实现高质量发展的主攻方向。

（4）引领海峡两岸融合发展。立足推进祖国统一新使命，以两岸同胞福祉为依归，分类推进海峡两岸基础设施融合、公共服务融合、经济融合、文化融合、社会融合、生态文明融合，推动两岸关系融合发展；深化平潭综合实验区、台商投资区、台湾农民创业园等两岸合作平台建设，构建两岸融合发展示范区；加强大陆与台湾产业合作，引领各地的海峡两岸产业合作园区协同发展，打造两岸共同市场，壮大中华民族经济；创造条件让台胞台企分享新福建发展机遇，参与海丝核心区建设和金砖国家创新基地建设，参与国家区域协调发展战略和"一带一路"建设。以上四方面任务，将引领新福建探索海峡两岸融合发展新路。

习近平总书记的三次指示批示，是治理"全方位超越"新福建2.0版的新遵循。我们要按照"理论付诸实践、实践上升理论、理论再付诸实践"的认知路线，推进习近平总书记在闽工作治理成果、新福建1.0治理成果、新福建2.0治理成果的系统化与理论化，推进习近平总书记在闽治理成果的系统集成与迭代升级，打造习近平新时代中国特色社会主义思想的综合实践基地与理论发展基地，打造国家治理体系和治理能力现代化的福建样板，高水平推进省域治理现代化。

二 行动一致性优势

习近平总书记在闽治理成果制度化，是新时代奋力谱写以"全方位超越"为标的的现代化福建篇章的奠基性工作，是建设新福建2.0版的动力源泉和中央与福建共同的意识形态基础。在省域发展百舸争流的新时代，新福建建设还必须在全国发展大局中进行整体性把握：一方面，统之有宗，以习近平新时代中国特色社会主义思想统领新福建建设，坚持把马克思主义基本原理同中国具体实际相结合、同中华优秀传统文化相结合，创造性贯彻落实习近平新时代中国特色社会主义思想；另一方面，会之有元，以现代化为核心元素谱写福建篇章的内篇，更高水平服务数字中国、美丽中国和海洋强国建设，以中国梦为核心元素谱写福建篇章的外篇，更高水平服务祖国统一大业、"一带一路"建设和构建人类命运共同体。

1. 创造性贯彻落实习近平新时代中国特色社会主义思想

伟大时代需要伟大思想，伟大思想需要伟大实践。新福建建设首先要在深入贯彻落实习近平新时代中国特色社会主义思想上更高水平服务全国发展大局：一是指导发展，展现思想引领实践的伟大力量；二是改革创新，为治国理政提供福建素材；三是先行先试，为后进地区提供发展参照。这是一个理论创新与实践创新螺旋演进的过程，需要坚持把习近平新时代中国特色社会主义思想同习近平总书记在闽治理成果制度化有机结合起来，创造性贯彻落实习近平新时代中国特色社会主义思想（见图2-3）。

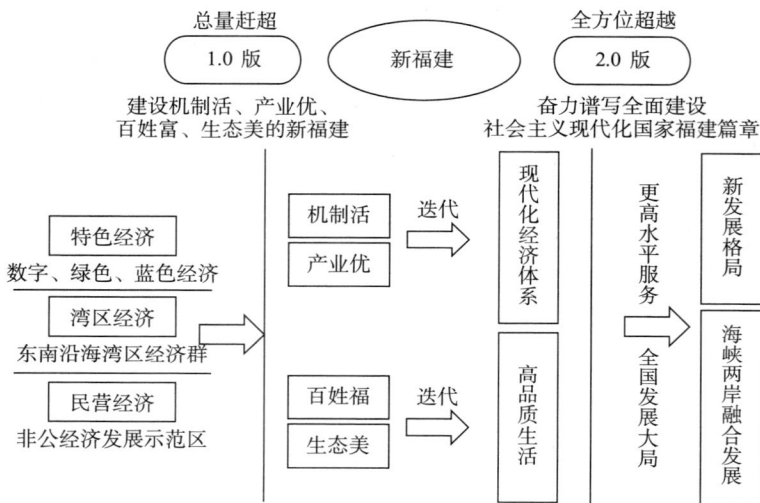

图2-3　习近平总书记在闽治理成果（三）

（1）战略思想转化为战术方法。福建是习近平新时代中国特色社会主义思想的孕育地和实践地，谱写现代化的福建篇章，必须将习近平总书记在福建工作期间开展的治理实践一以贯之、一贯到底，推进生态福建、海上福建、数字福建转化为绿色经济、蓝色经济、数字经济等特色经济，推进厦门湾、闽江口、三都澳湾区经济"由点成线带面"转化为融合两个三角洲的东南沿海湾区经济群，推进以"晋江经验"为主要内容的民营企业、民营经济做大、做强、做优，构建特色经济、湾区经济、民营经济"三位一体"的经济发展新格局，打造具有全国示范意义的习近平新时代中国特色社会主义思想实践样本与行动大本营。

（2）科学思想转化为行动指南。从"总量赶超"到"全方位超越"，在内涵上反映了习近平新时代中国特色社会主义思想在福建的具体实践，在外延上融合了习近平总书记在福建工作的治理成果。从此，新福建建设从"量变阶段"转入"质变阶段"，需要系统研究从"机制活、产业优"到"构建现代化经济体系"的行动路线迭代，系统研究从"百姓富、生态美"到"创造高品质生活"的行动路线迭代，推进习近平新时代中国特色社会主义思想与福建具体实际紧密结合起来，为新福建建设指明战略方向，提供战略指引。

（3）实践结果转化为理论素材。福建省域发展表现出色，面对世界百年未有之大变局和中华民族伟大复兴战略全局，习近平总书记要求福建在服务和融入新发展格局、探索海峡两岸融合发展新路上展现更大作为，党中央国务院先后批准福建成为建设21世纪海上丝绸之路核心区（2015年）、金砖国家新工业革命伙伴关系创新基地（2020年）和两岸融合发展示范区（2021年），福建的地缘价值实现了由东部向两岸延伸，由国内向国际延伸的历史新跨越，福建成为习近平新时代中国特色社会主义思想面向海峡两岸、面向共建"一带一路"国家、面向金砖国家新的实践基地。

创造性贯彻落实新时代中国特色社会主义思想，本质上是习近平总书记在闽治理成果制度化的延续与升华：一是局部到整体的延续，持续回答发展什么（特色经济）、在哪里发展（湾区经济）、怎么发展（民营经济）三个根本问题；二是量变到质变的升华，实现"机制活、产业优"向"现代化经济体系"升华，"百姓富、生态美"向"高品质生活"升华；三是自利到利他的升华，服务全国发展大局，服务祖国统一大业。由此，新福建建设拥有了一以贯之的、强大的思想武器。

2. 服务中国特色社会主义现代化

现代化是中国发展的核心命题。党的十九大报告对中国特色社会主义现代化的发展意象进行了整体性描绘：一方面，建设健康中国、平安中国，推进人的现代化；另一方面，建设美丽中国、数字中国，推进物的现代化；并为"四个中国"具体设计了现代化的强国路径：一是以教育、人才、文化、体育为核心"人的现代化"强国路径；二是以科技、制造、质量、贸易强国为核心"物的现代化"强国路径；三是以交通、海洋、航天、网络强国为核心"空间层面"强国路径。新福建建设还要在实现中国特色社会主义现代化上更高水平服务全国发展大局。福建在数字中国、美丽中国、海洋强国建设等领域具备条件展现更大作为（见图2-4）。

（1）数字中国的福建篇章。福建是数字中国的发源地，拥有数字中国建设峰会国家平台和国家数字经济创新发展试验区，具备条件为数字中国建设探索新路。以数字化转型驱动生产方式、生活方式、治理方式系统性变革，建设数字经济、数字社会、数字政府，打造数字中国建设引领区；以数字化发展驱动数字核心技术、数字基础设施、数字经济、数据红利、数字民生、

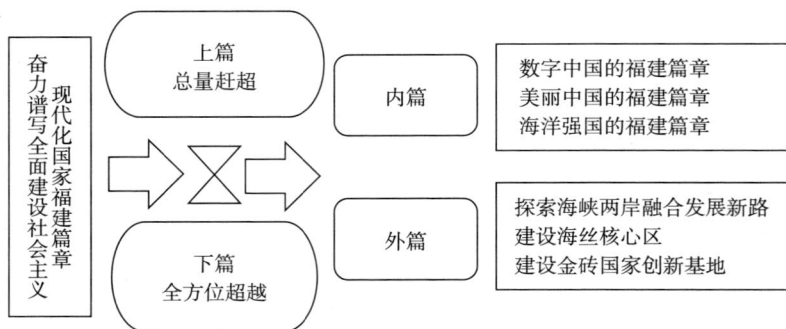

图 2-4 现代化福建篇章基本构成

数字国际合作跨越式发展，培育新技术、新产业、新业态、新模式，培育经济发展新引擎，打造数字经济发展示范区。

（2）美丽中国的福建篇章。福建拥有全国首个国家生态文明试验区，具备条件为美丽中国建设探索新路。以绿色转型驱动发展方式、生活方式、治理方式系统性变革，守住自然生态安全边界，不断改善环境质量，打造福建版生态文明体系和环境治理体系；以绿色发展驱动人与自然和谐共生的现代化，发挥福建绿色能源与生态碳汇资源优势，布局建设碳中和先行示范区，统筹推进绿色经济、低碳经济、循环经济发展，构建经济高质量发展与环境高水平保护新格局。

（3）海洋强国的福建篇章。福建等沿海省份是中华海洋文化的发源地，是建设海洋强国的战略支撑力量，具备条件为海洋强国建设探索新路。以台湾海峡开发推动海岸带、海湾、海岛、海洋有序开发，推进海洋科技、海洋经济、海洋生态、海上安全、海军建设等高质量发展，建设海洋强省；以东海开发推动海洋开发，主动融入、积极服务北部、东部、南部三大国家海洋经济圈，不断壮大东部沿海湾区经济，推进深远海区域布局，拓展蓝色发展新空间，形成海洋发展全球布局的新格局，建设海洋经济强省。

奋力谱写全面建设社会主义现代化国家福建篇章，实现更高水平服务中国特色社会主义现代化建设，新福建建设必须立足自身比较优势，通过奋力谱写数字中国的福建篇章、美丽中国的福建篇章、海洋强国的福建篇章，用自身的"长板"服务全国发展的"短板"，用自身的"长板"构建服务全国的新竞争优势。

3. 服务中华民族伟大复兴中国梦

实现中华民族伟大复兴是近代以来中华民族最伟大的梦想。新福建建设除了要在贯彻落实习近平新时代中国特色社会主义思想上更高水平服务全国发展大局，要在实现中国特色社会主义现代化上更高水平服务全国发展大局，还要在实现中华民族伟大复兴中国梦上更高水平服务全国发展大局。福建在祖国统一大业、"一带一路"建设、构建新型国际关系与人类命运共同体等领域具备条件展现更大作为。

（1）祖国统一大业。解决台湾问题，实现祖国完全统一，是全体中华儿女共同愿望，是中华民族根本利益所在。福建与台湾一水相连，80%以上的台湾同胞祖籍地在福建①，具备条件为祖国统一大业探索新路。我们认为，福建探索海峡两岸融合发展新路，一方面要以"一国两制"推动海峡两岸融合发展，推进粤港澳"一国两制"新实践在海峡两岸创造性延伸，推进海峡两岸科技创新体系、现代产业链融合发展，打造体系化合作发展平台；另一方面要以"和平统一"推动海峡两岸一体化发展，推进海峡两岸联合开发台湾海峡的海湾、海岛、海岸线，将台湾海峡及其两岸打造成为西太平洋的综合交通运输枢纽和国际海洋城市枢纽。

（2）21世纪海上丝绸之路核心区。共建"一带一路"，是丝绸之路现代化的重大举措，是应对世界百年未有之大变局的重大安排。福建是全国重点侨乡，拥有1580多万海外华侨华人，具备条件为丝绸之路建设探索新路。以区域全面经济伙伴关系协定（RCEP）、全面与进步跨太平洋伙伴关系协定（CPTPP）推动丝路海运、丝路飞翔向"海丝班轮"统一品牌提升，推进"海丝班轮"与"中欧班列"协同发展；以国内国际双循环驱动海上丝绸之路，依托强大国内市场，形成共建海丝国家资源要素强大引力场，谱写贸易强国福建篇章。

（3）金砖国家新工业革命伙伴关系创新基地。新工业革命是至关重要的发展机遇，新工业革命伙伴关系是金砖国家战略伙伴关系的优先领域。2020年11月，习近平总书记在金砖国家领导人第十二次会晤上宣布，在福建省厦门市建立金砖国家新工业革命伙伴关系创新基地，开展政策协调、人才培养、项目开发等领域合作，欢迎金砖国家积极参与。由此，福建被赋予了建设金砖国家和"金砖+"国家创新枢纽的新使命，需要统筹三方面的工作。第一，伙伴关系。在国家经济体、次级经济体之间构建双边、多边伙伴关系。这是前提。第二，新工业革命。最大程度把握新工业革命带来的机遇，应对相关

---

① 《同心同行　融在第一家园》，《福建日报》2023年12月24日。

挑战，这是基础。第三，创新基地。围绕金砖国家工业园、科技园、创新中心、工业能力中心、技术企业孵化器、企业网络等合作领域开发互利合作项目，这是关键。

奋力谱写全面建设社会主义现代化国家福建篇章，实现更高水平服务中华民族伟大复兴中国梦，新福建建设必须面向 2300 多万台湾同胞和 1580 多万海外福建人，紧跟国家面向全球构建人类命运共同体的历史机遇，不断扩大"朋友圈"，不断丰富福建篇章的外篇，促进外篇与内篇协同发展。

第二节　战略安排

坚持把习近平新时代中国特色社会主义思想同习近平总书记在闽治理成果制度化有机结合起来，创造性贯彻落实习近平新时代中国特色社会主义思想，新福建建设具备了强大的意识形态优势；坚持把奋力谱写全面建设社会主义现代化国家福建篇章同服务中国特色社会主义现代化、服务中华民族伟大复兴中国梦有机结合起来，更高水平服务全国发展大局，新福建建设具备了强大的央地行动一致性优势。由此，新福建建设将在更高水平融入"全国一盘棋"，需要进一步推进从抽象走向具象，推进宏观谋划、中观策划、微观计划的有机统一，推进长期愿景、中期目标、短期任务的有机衔接，将意识形态优势、行动一致性优势转化为一个个战略、战役、战术，转化为新福建建设的具体行动。

一　战略设计

新福建战略设计围绕两个维度展开：一是地方战略，包括海峡西岸经济区、海峡蓝色经济试验区、中国（福建）自由贸易试验区、21 世纪海上丝绸之路核心区、福厦泉国家自主创新示范区、国家生态文明试验区（福建）、福州新区、平潭综合实验区八个战略；二是国家战略，包括科教兴国战略、人才强国战略、创新驱动发展战略、可持续发展战略、新型城镇化战略、乡村振兴战略、军民融合发展战略，围绕"八七"战略群推进战略迭代、战略细化、战略集成工作。

1. 战略迭代

改革开放以来，福建区域发展战略不断迭代。1981 年，提出大念"山海经"；1992 年，提出加快开放开发闽东南地区；1995 年，提出建设海峡西岸繁荣带；2004 年，提出建设海峡西岸经济区，并于 2009 年上升为国家战略；

2015 年，福建被赋予了海丝核心区的空间定位；2019 年，习近平总书记要求福建探索海峡两岸融合发展新路。至此，福建的发展战略实现了战略势能的顶层迭代，推进海峡两岸融合发展、建设海丝核心区成为新时代建设新福建的新国家使命。

（1）结构型战略迭代。福建与台湾同处台湾海峡，推进海峡一体化发展成为影响福建发展的重要内生变量。中央先后批复海峡西岸经济区发展规划（2011 年）、海峡蓝色经济试验区发展规划（2012 年），分别从陆地和海洋国土开发进行总体谋划，为福建发展融入国家发展进行了顶层设计。新时代，我们要以海峡两岸融合发展为核心诉求推进海峡西岸经济区的战略迭代，以海丝核心区建设为核心诉求推进海峡蓝色经济试验区的战略迭代，同时探索布局网络虚拟空间开发的综合战略，推进结构型发展战略的代际转换。

（2）功能型战略迭代。建设海峡西岸经济区、海峡蓝色经济试验区，中央先后在福建部署建设国家自由贸易试验区（2014 年）、海上丝绸之路核心区（2015 年）和国家自主创新示范区（2016 年），并结合福建的生态优势，部署建设国家生态文明试验区（2016 年），形成了以改革、开放、创新、生态为核心的功能型战略组合。新时代，我们要以技术、投资、贸易三大动力机制为核心推进自主创新示范区、自由贸易试验区的战略迭代，以人与自然和谐共生为核心推进生态文明试验区的战略迭代，以构建人类命运共同体为核心推进海丝核心区的战略迭代，同时探索布局数据驱动领域的功能型战略，推进功能型发展战略的代际转换。

（3）早收型战略迭代。为促进结构型战略和功能型战略形成早期收获，中央先后批准福建设立平潭综合实验区（2011 年）、福州新区（2015 年），期待围绕两个结构型战略和四个功能型战略在福州、平潭的战略叠加与战略集成，形成系统化的战略实施早期收获。新时代，我们要以台胞台企登陆第一家园为核心推进平潭综合实验区的战略迭代，以建设国家中心城市为核心推进福州新区的战略迭代，并探索在厦门、武夷山等地部署一批新的早收型战略，推进早收型战略的代际转换。

战略迭代是保障战略连续性的关键手段。新时代推进福建发展战略的战略迭代，要沿着习近平总书记在闽工作的空间战略思想，以推进海峡两岸融合发展、建设海丝核心区两大国家使命为主题，以科学开发陆地、海洋、网络空间为主线，谋划设计陆上福建、海上福建、网上福建的总体发展战略；同时，围绕创新、改革、开放三大现代化动力机制，完善支撑总体发展战略的战术安排，构建新福建发展战略新生态。

2. 战略细化

改革开放之后，党中央、国务院对中国特色社会主义现代化做出了"三步走"的战略安排：在解决人民温饱问题之后，到建党一百年建成小康社会，到建国一百年建成社会主义现代化国家。党的十九大针对全面建成小康社会后的国家发展做出了"两步走"的战略安排：到 2035 年基本实现现代化，到 2050 年全面建成社会主义现代化强国。由此，党中央国务院统筹推进经济建设、政治建设、文化建设、社会建设、生态文明建设，逐渐形成了涵盖国内、国际两个维度的国家发展战略群，新福建建设必须做好国家发展战略的战略细化工作。

（1）动力型战略细化。围绕教育、人才、科技支撑现代化的三个核心变量，国家先后部署实施了科教兴国战略、人才强国战略、创新驱动发展战略三大动力战略。党中央已明确将创新摆到现代化建设全局的核心位置，将科技自立自强作为国家发展的战略支撑，培育壮大创新第一动力，加快建设科技强国；提出充分发挥人才第一资源作用，全方位培养、引进、用好人才；深入推进科技体制改革，推动重点领域项目、基地、人才、资金一体化配置；建立健全社会主义市场经济条件下新型举国体制，构建以国家实验室为引领的战略科技力量；推进创新要素向企业集聚，构建以企业为主体、市场为导向、产学研用深度融合的技术创新体系。福建是教育小省、人才小省、科技小省，深入实施三大动力战略，要把重点转到提升人力资本水平、拓展人口质量红利轨道上来，统筹人才、人力资源、人口工作，不断壮大支撑新福建建设的人力资本规模与水平。发展动力的战略选择见图 2-5。

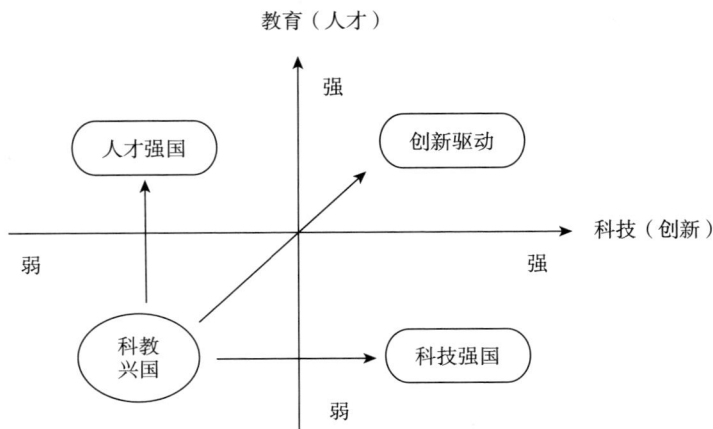

图 2-5　发展动力的战略选择

（2）空间型战略细化。围绕城乡、区域、代际发展问题，国家先后部署实施可持续发展战略、主体功能区战略、区域协调发展战略、区域重大战略、新型城镇化战略、乡村振兴战略六大空间战略，形成了以东部率先发展、中部崛起、西部大开发、东北振兴为核心的区域发展总体战略，以京津冀协同发展、长三角一体化发展、粤港澳大湾区建设、长江经济带发展、黄河流域生态保护和高质量发展为核心的区域重大战略，以及以城市群、都市圈为依托，以中心城市和城市群作为发展要素主要空间组织形式的城市化发展新模式。福建地处东部地区，空间开发面临长三角一体化发展与粤港澳大湾区建设两个国家区域重大战略的南北竞争，未来重点在向东拓展，开发台湾海峡、东海、海洋，同时谋划布局反映国家空间战略要求的福建版区域重大战略，谋划布局应对南北竞争的客家文化圈战略与百越文化圈战略。发展空间的战略选择见图 2-6。

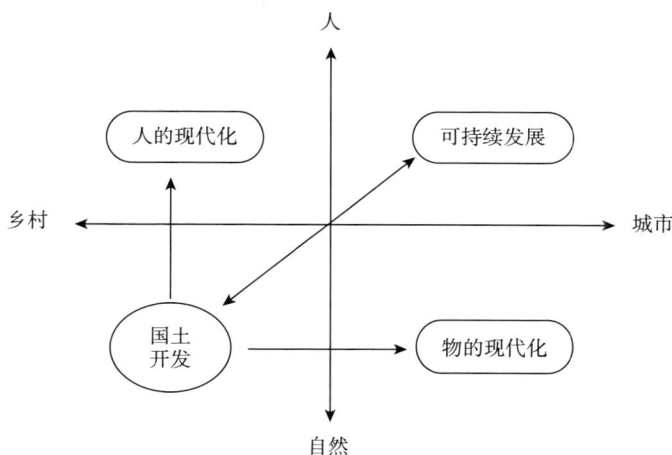

图 2-6　发展空间的战略选择

（3）新动力型战略细化。围绕国际国内两个大局、发展安全两件大事，国家部署实施扩大内需战略，增强消费对经济发展的基础性作用和投资对优化供给结构的关键性作用，促进内需与外需、进口与出口、引进外资与对外投资协调发展，构建以国内大循环为主体、国内国际双循环相互促进的新发展格局；实施自由贸易试验区（FTZ）战略和自由贸易区（FTA）战略，依托超大规模市场优势，深化商品、要素等流动型开放，拓展规则、标准、规制、管理等制度型开放，构建面向全球的高标准自由贸易区网络；实施构建人类命运共同体战略，共建"一带一路"、上海合作组织、金砖国家合作机制、亚洲基础设施投资银行、金砖国家新开发银行等国际合作新平台；部署实施军民融合发展战略，形成富国与强军相统一、军民融合深度发展格局。新动力型战略是传统动力型战略的时代拓展，是内政在外交、国防领域的逻辑延伸，战略细化考验新福建的治省理政能力。

战略细化是保障国家战略实施的关键手段。新时代推进国家发展战略在福建的战略细化，要沿着习近平总书记指引的奋力谱写全面建设社会主义现代化国家福建篇章，以服务社会主义现代化和中华民族伟大复兴为主题，以国家发展战略的福建化为主线，谋划设计支撑福建篇章内篇与外篇的国家战略执行体系，构建新福建发展战略与国家发展战略的战略协同新机制。

3. 战略集成

对区域发展战略的战略迭代、战略演进形成的区域战略群，对国家发展战略的战略细化、战略衍生形成的国家战略群，共同组成了新福建的发展战略群。发展战略是为发展目标服务的；从国情背景看，无论是区域战略还是国家战略，战略实施都是建立在"条块结合"制度分工基础之上的，战略的长周期特性又决定了保持战略定力与历史耐心需要有特殊的制度安排。因此，围绕多元发展战略形成的战略群，要坚持目标导向，围绕"条块"发展目标集成发展战略，构建基于发展目标的战略集成新机制。

建设新福建2.0，是福建人民践行中国共产党为中国人民谋幸福、为中华民族谋复兴初心使命的时代担当，是中国特色社会主义现代化的福建表达，新福建发展战略必须服从服务于奋力谱写全面建设社会主义现代化国家福建篇章的目标要求，面向重点领域、重点区域开展多元战略的系统集成，着力解决多元战略的互联与互操作性问题。

（1）多元发展战略的领域集成。面向产业分工与部门分工形成的"条"，重点围绕新型工业化、信息化、城镇化、农业现代化和治理现代化五个发展目标展开。地方层面，围绕数字、生态、海洋三个结构性要件开展系统集成，推进经济社会数字化转型和绿色转型，支撑谱写福建篇章的内篇；国家层面，围绕内政、外交、国防三个功能性要件开展系统集成，统筹发展与安全两件大事，支撑谱写福建篇章的外篇；动力层面，围绕创新、改革、开放三大动力机制开展系统集成，优化人口结构、拓展人力资源红利、壮大人才第一资源，不断提升人力资本水平，不断提升谱写福建篇章的行动能力。三个层面的领域集成，人是核心因素、重点在动力层面，国家层面的战略集成成为系统集成的难点。

（2）多元发展战略的区域集成。面向行政区划与空间开发形成的"块"，围绕城市、县域、开发区三类行政区划和城市化地区、农产品主产区、生态功能区三类开发空间的发展目标展开。省内层面，谋划布局现代化引领区（厦门）、先行区（泉州）和共同富裕示范区（福州），开展多元战略的空间集聚与系统集成；省际层面，谋划建设百越文化圈、客家文化圈，谋划建设闽浙赣皖长三角"绿心"，开展省际毗邻区域空间开发的战略集成；境外层面，谋划建设南岛语族文化圈，谋划开发台湾海峡，布局建设国际产业合作园区，开展面向境外、国外空间开发的战略集成。三个层面的区域集成，由于中心城市和城市群已成为发展要素的主要空间组织形式，战略集成的重点在城市，难点在不同层面集成区域的甄别与判定以及基于共性文化的文化地理圈层的形成。

（3）战略集成的过程管理。以"条"为服务对象的领域集成和以"块"为服务对象的区域集成，构成了多元战略集成的基本面。现实中，围绕战略使命与发展目标的交互实践，必须有效解决发展战略之间的使命互连问题和不同发展战略服务共同发展目标的互操作性问题，这需要在动态中推进战略集成的过程管理，分类推进不同战略的系统集成：对于竞争型战略，由于具有普惠性，过程管理的重点在有效解决使命互连问题，以结构集成与功能集成为核心快速实现战略成型，突出一个"快"字，抢抓机遇，典型的如人才强国战略、创新驱动发展战略；对于先行型战略，由于具有优惠性，过程管理的重点在有效解决相互操作性问题，以向上集成和向下集成为核心可靠推进战略变现，突出一个"稳"字，创造先机，典型的如建设生态文明试验区、数字经济试验区；对于独享型战略，由于具有排他性，过程管理的重点在有效解决行动互信问题，以向内集成和向外集成为核心有效支撑行动目标，突出一个"信"字，忠实践行，典型的如建设金砖国家创新基地、建设海丝核心区。未来要创造条件推进竞争型战略、先行型战略、独享型战略之间的战略进阶，谋划更多先行型、独享型战略。

战略集成的根本目的在于战略协同，推进分立系统组成大系统，构建新福建建设的工具系统与目的系统战略协同新机制。由于战略谋划是少数人的事，战略管理不仅需要做好战略迭代、战略细化、战略集成三篇文章，我们还需要进一步往前走，推进战略向战役、战术延伸，构建支撑新福建发展战略的实施新机制，实现"少数人"的战略谋划向"多数人"的战略实施演进。

二 战役设计

发展战略的实施机制是建立在科学的战役设计基础之上的，战役是达成战略目的的主要手段，战役直接服务并受制于战略全局，不同程度影响战略的实施绩效；我们已经拥有新福建发展战略群，需要设计一个与之相匹配的发展战役群。与经济社会发展进入高品质生活阶段相适应，战役设计需要始终坚持以高质量发展为主题，以供给侧结构性改革为主线；新福建发展的战役设计，要立足新福建发展战略总体格局，围绕生产力布局、人口布局、人与自然和谐共生三个基本问题展开，打响产业发展、城乡建设、环境保护三大战役。

1. 产业发展

解放和发展生产力，是现代化的永恒主题。未来 15 年，发展生产力的着力点依然在产业经济上，构建实体经济、科技创新、现代金融、人力资源协同发展的现代产业体系，推动经济发展实现质量变革、动力变革、效率变革，提高全要素生产率。这不仅要建立健全产业高质量发展的指标体系、标准体系、统计体系、政策体系以及绩效评价办法、政绩考核办法，完善高质量发展的制度环境；也要围绕高质量发展的重点领域和关键环节，统筹产品质量、企业质量、行业质量工作，构建供给高质量、需求高质量、投入产出高质量、分配高质量、宏观经济高质量协同发展新格局；还要针对制造业、战略性新兴产业、现代服务业、现代农业以及质量基础设施、质量政府服务进行分段部署，构建有效市场与有为政府协同推进高质量发展新机制。基于新福建发展战略的实施需求，产业发展战役主要围绕现代化转型（做什么）、市场化转型（由谁做）、湾区经济转型（在哪做）部署战役力量。

（1）现代化转型。谨慎应对持续 30 多年的基建、住房、外贸三大结构性需求进入衰退期发展环境，推进产业发展现代化转型，培育新的结构性需求，产业化发展的现代化转型有这几项工作：一是创新转型，以创新基础设施建设为重点，构建衔接基础研究、应用开发、试制、中试、小批量生产、工业化大规模生产、商品化的创新链；二是数字化转型，以数据要素赋能产业发展为重点，推进数字产业化和产业数字化；三是绿色转型，以发展控碳生产力为重点，推进绿水青山转化为金山银山；四是双循环转型，以扩大内需为重点，分类推进非耐用消费品、耐用消费品、投资品向价值链高端发展，分类推进满足基础需求、中间需求、最终需求的相关产业转型升级。现代化转型四项工作，构成了新福建产业发展领域供给侧结构性改革的基本面。

（2）市场化转型。遵循市场经济一般规律，处理好政府与市场关系，发挥市场主体在产业发展中的核心作用，推进产业发展的市场化转型：一是现代企业转型，推动国有企业完善现代企业制度，鼓励民营企业建立现代企业制度，鼓励发展混合所有制企业；二是产业链转型，以供应链安全和价值链重构为重点，推进市场竞争模式由单个企业之间的竞争转向供应链联盟之间的竞争；三是产业集群转型，以块状经济和块状品牌为重点，推进以产业龙头为核心组建产业联盟，形成以联盟为主导的产业集群发展新机制；四是政府服务转型，以有效服务市场主体为依归，建设高标准市场体系、一流营商环境和高水平开放新体制。市场化转型的四项工作，构成了新福建产业组织的新方向。

（3）湾区经济转型。主动适应东部地区湾区经济发展新趋势，以海岸线、海湾、海岛为主要载体，陆海统筹推进产业布局向湾区集聚：一是港口群转型，以湾区开发为重点，统筹物流港与客流港、枢纽港与喂给港①、地主港与业主港②建设，推进闽江、九龙江等内河高等级航道扩能升级，建设世界级港口群和台湾海峡国际门户港；二是城市群转型，以海洋城市建设为重点，推进福州、漳州由沿江向沿海城市转型，泉州、莆田由沿海向滨海城市转型，厦门、宁德由滨海向海湾城市转型，培育壮大湾区城市群；三是产业群转型，以开发区为重点，串联起北至福鼎、南至诏安的福诏工业走廊，推进重化工业向海集聚，推进产业群与港口群、城市群协同发展；四是经济腹地转型，以服务中欧班列和海丝班轮为重点，带动南三龙山区经济融入湾区经济，打造中西部出海新通道，打造"一带一路"新通道。湾区经济转型的四项工作，构成了新福建产业布局的新要求。

转型是产业发展战役设计的核心，根本原因在于不转型无法满足高质量发展的要求与高品质生活的需要。产业发展的三方面十二项转型工作，为新福建建设的产业结构调整、产业组织优化、产业布局引导提供了基本遵循。产业发展是经济发展的中心工作，打赢产业发展战役，还需要在现代化经济体系中进行整体性把握，特别要解决好分配问题，鼓励生产性寻利，限制非生产性寻租，构建产业发展新局面。

---

① 喂给港是一种港口类型。

② 地主港、业主港是港口的管理模式。

2. 城乡建设

未来 15 年，中国将基本建成社会主义现代化国家；福建地处东部发达地区，将率先基本实现现代化，新福建 80% 的生产力、80% 的人口将布局在沿海，60% 的生产力、60% 的人口将布局在福、厦、泉三大中心城市。生产力与人口的"8866"空间分布，是新福建城乡建设的基本面。城市和乡村都是美好生活的家园，城乡建设既要积极顺应中心城市和城市群成为发展要素主要空间组织形式的新形势，也要主动迎合全面推进乡村振兴的新要求，打破城乡二元发展格局，推动形成以城带乡、城乡互补、共同繁荣的新型城乡关系。基于新福建发展战略的实施要求，城乡建设战役设计主要围绕城市建设（重点问题）、城乡融合（难点问题）、互联互通（堵点问题）部署战役力量。

（1）中心城市与城市群。主动适应城市竞争由单体竞争向群体竞争转变、城市开发由单体城市向城市共同体转变的新形势，转变城市发展方式，推进城市结构调整，加快构建成熟城市化发展新局面：一是国家中心城市，按照能够代表国家参与国际竞争、能够辐射带动周边地区发展的标准，在"五位一体"和"四个全面"布局清单中仔细甄选中心城市的"中心"内涵，培育全能型或单项型的国家中心城市；二是城市群，以中心城市为核心，以湾区为纽带，加快建设闽江口城市群、晋江口城市群和九龙江口城市群，打造福厦城市连绵带；三是都市圈，按照城市发展规律构建合理的城市群圈层结构，以 1 小时通勤圈为基本范围建设以三大中心城市为核心的都市圈，推进形成纵向的"中心城市—中小城市—小城镇—乡村"与横向的"中心城市—都市圈—城市群"协同发展新格局。城市建设是城乡建设战役的主战场，重中之重在于完善福厦泉三大引擎城市主体功能，从根本上提升福州、厦门、泉州的辐射带动能力和国际化水平。

（2）融合发展与一体化发展。主动适应国土空间开发模式由"点轴开发模式"向"城市群开发模式"转变的新形势，推进以行政区划为边界的行政地理有序向自然地理和经济地理融合发展、一体化发展，构建以文化地理为基础的区域发展新格局：一是行政区划调整，提升城市质量，创造条件推进县域经济融入城市经济，大幅度提升福、厦、泉三大中心城市的规模经济性；二是毗邻区融合发展，以自然地理为纽带，推进鉴江半岛、兴化湾、湄洲湾、围头湾、海沧半岛等市际毗邻区域融合发展，推进闽粤赣客家文化圈、闽浙赣百越文化圈等省际毗邻区域融合发展；三是流域一体化发展，以自然水系为纽带，建设闽江经济带和九龙江经济带，推进闽江流域、九龙江流域等跨区域上下游一体化发展；四是东部一体化发展，以经济地理为纽带，推进福建与长三角、珠三角一体化发展。融合发展与一体化发展是城乡建设战役的一场硬仗，打赢这场硬仗的关键在于跳出行政区发展行政区。

（3）基础设施与公共服务。打造以闽江口、晋江口、九龙江口城市群为主体的湾区城市群和以闽江、九龙江为纽带的区域协调发展新格局，还需要进一步夯实城乡建设的基础底座与可持续的本底条件：一是区域同城化，科学管理公路、铁路、水路、管道、航空等"交通藤"与中心城市、中小城市、小城镇、乡村等"交通藤上的瓜"之间的空间布局，推进"藤瓜融合"系统集成，重点建设轨道上的福建和电动福建，推进实体空间互联互通；二是区域网络化，适应数字化转型与数字化发展新需要，适度超前布局建设互联网与物联网、大数据中心与超级计算中心，重点发展工业互联网和车联网，推进虚拟空间互联互通；三是基本公共服务均等化，推进教育、就业、住房、医疗、养老等领域的基本公共服务在城市群内部基本实现均等化。在城乡建设战役中，基础设施与公共服务属于政府责任，履职的关键在于突破行政区划，实现互联互通。

城乡建设战役的核心目标是优化人口空间布局，建设满足美好生活需要的美丽家园。在人口自由迁徙的发展条件下，围绕城市建设、城乡融合、互联互通布局城乡建设战役，能否实现战役目标从根本上取决于空间竞争力。因此，城乡建设战役的实施要密切关注深圳"中国特色社会主义先行示范区"、上海浦东"社会主义现代化建设引领区"、浙江"共同富裕示范区"的建设动态，完善新福建城乡建设的战役参照系，发挥后发优势培育壮大空间竞争新优势。

3. 环境保护

与产业发展战役旨在优化生产力空间布局、解放和发展生产力，城乡建设战役旨在优化人口空间布局、建设美好生活家园不同，环境保护战役旨在促进人口资源环境相协调、实现人与自然和谐共生的现代化，涉及三方面的内涵：一是整治，对工业化、城市化以来形成的历史欠账进行综合整治，修复国土功能；二是保护，完善生态安全屏障体系，健全自然保护地体系，促进可持续发展；三是提升，提升生态系统质量和稳定性，增强适应气候变化能力和应对突发生态环境事件能力；其中，整治是前提，保护是基础，提升是关键。福建在建设美丽中国方面表现良好，历史欠账少，自然条件优越，环境生态整体良好，环境保护战役设计要与产业发展战役、城乡建设战役协同起来，为生产力和人口发展提供富有吸引力和竞争力的环境本底条件，着力围绕生产环境（保什么）、生活环境（护什么）、生态环境（底线是什么）部署战役力量。

（1）生产环境。环境保护首先要保生产，为产业结构调整和产业布局优化提供发展机会与约束条件。一是循环，以资源高效循环利用为核心，完善污水、垃圾、固废、危废、医废处置环境基础设施，推进废金属、废纸、废塑料、废橡胶、废玻璃等再生资源回收利用，发展静脉产业；健全生产者责任延伸制度，倒逼工业、农业、服务业循环发展，推动形成产业循环耦合。二是低碳，以控制碳源与增加碳汇为核心，面向工业、建筑、交通、公共机构节能以及5G、大数据中心等新兴领域能效提升需求，发展节能服务业；面向陆上风电、海上风电、光伏发电、沿海核电等非化石能源，发展低碳能源产业；面向煤电转化的碳捕捉、碳封存及生态系统碳汇能力建设，发展控碳服务业；完善能源消费总量与强度双控制度，建立碳排放总量与强度双控制度，推动形成低碳发展倒逼机制。三是绿色，以资源节约与环境友好为核心，推进经济社会绿色转型与绿色发展，构建绿色发展模式；推进循环、低碳发展模式融入绿色发展模式，构建"绿色产品—绿色企业—绿色园区—绿色城市"生产服务新体系；加强绿色监管，完善生产者付费、消费者付费、受益者付费绿色成本分担机制，健全绿色收费价格机制。生产环境的绿色转型，是环境保护战役的主战场，福建具备条件为全国提供示范。

（2）生活环境。为美好生活创造舒适的人居环境，是环境保护的最终目标，环境保护要护的就是环境对人才、人力资源、人口的吸引力。一是绿色生活，深入开展绿色生活创建活动，构建一个与生产环境的绿色转型形成的绿色产品与绿色服务相匹配的绿色消费体系，推进城乡生活方式的绿色转型；创造条件为上海、深圳等周边地区提供福建的绿色产品与绿色服务，建立绿色生活"领跑者"服务体系。二是人居环境，坚持尊重自然、顺应自然、保护自然，保护城市人居环境和农村人居环境，建立山水林田湖一体化保护新格局；保护城市绿色空间，建设城市森林、城市绿地、城市绿道、亲水空间，推动城市生态修复与功能完善；保护传统村落，留白、留绿、留旧、留文、留魂，延续人与自然有机融合的乡村空间关系。三是综合整治，深入实施蓝天、碧水、碧海、净土环境治理工程，全面推进水、大气、土壤综合治理，夯实优美环境基底；优化建设用地、基本农田、生态用地布局，推动低效建设用地再开发，把适合建设的土地留出来，把需要保护的土地保护起来；统筹推进城市更新行动和乡村建设行动，整体推进田水路林村综合治理，建设美丽城市和美丽乡村。生活环境的美丽转型，是环境保护战役的主旋律，福建具备条件开展先行先试。

（3）生态环境。长期以来，环境保护这个"环"是以人类为中心的，人类中心主义破坏了人与自然的关系，环境保护战役必须将生产环境、生活环境与生态环境协调起来，实现人与自然和谐共生。一是本底条件，以武夷山—玳瑁山和鹫峰山—戴云山—博平岭两大山脉和闽江、九龙江两大流域为主骨架，陆海统筹完善水源涵养、水土保持、海洋湿地保护、生物多样性保护等生态功能保护体系，高质量提升生态系统服务能力。二是生物安全，统筹传统与新型、境内与境外生物安全工作，统筹生物安全风险防控与生物技术研发应用工作，建立生物技术伦理审查制度，建立生物医药、生物育种、生物防治等领域区域伦理中心，打造国家生物安全战略科技力量，推进生物安全领域科技自立自强，推进生物技术产业化、发展生物产业，化被动为主动，高质量提升生物安全的主动服务能力。三是气候安全，主动融入、积极服务国家实现"双碳"目标，以地缘经济为引领，为上海、广东、浙江等与福建具有地缘优势的区域创造性设计控碳工作压力传导方案；系统布局森林、海洋、湿地等自然系统生态碳汇能力建设，跨越式布局建设海上风电、光伏发电，稳步推进核电规模化发展，建设东南沿海绿电基地，打造生态系统碳汇增量与能源系统碳源减量的新发展格局。生态环境的本质安全，是环境保护战役的主基调，福建具备条件为全国探索新路。

生产环境的绿色转型、生活环境的美丽转型、生态环境的本质安全，构成了新福建环境保护战役的基本面。生产、生活、生态是三位一体的，三者统一于环境保护的全过程。环境保护战役要守住生态安全"底线"，并通过生产环境、生活环境的持续改善，有力、有序支撑新时代高质量发展、高品质生活的新要求，进而为产业发展战役、城乡建设战役创造竞争新优势。

产业发展、城乡建设、环境保护，构成了新福建发展战役群，并成为新福建发展战略群的基本受力面。战役是由战斗组成的，打响新福建发展三大战役，还需要进一步完善战术安排，面向战役的各个战斗任命战将、选调战士、选择战场、设计战法、配置战器，构建基于"战将、战士、战场、战法、战器"的战斗群，推进战役具体化。

第三节 战术设计

　　未来近 15 年，中国特色社会主义转段进入全面建设社会主义现代化国家新时代。新福建建设，既要奋力谱写全面建设社会主义现代化国家福建篇章，又要全方位推进高质量发展超越，现代化福建篇章与全方位超越，成为新福建建设的"一体两面"，涉及三方面的基本内涵。

　　一是制度化，创造性推进习近平新时代中国特色社会主义思想特别是习近平总书记在闽治理成果制度化，全方位超越成为中国特色社会主义制度在福建的先手棋；

　　二是一体化，创造性推进海峡两岸融合发展，推进两岸关系和平发展和祖国统一，全方位超越成为中华民族伟大复兴中国梦在福建的主动仗；

　　三是现代化，率先基本实现现代化，全方位超越成为全面建设社会主义现代化国家在福建的早期收获。

　　因此，我们要在国家治理大局中把握全方位超越，在国家统一大局中把握全方位超越，在国家现代化大局中把握全方位超越，立足意识形态优势和行动一致性优势，统筹谱写现代化福建篇章的内篇与外篇工作。

　　第一，夯实发展优势。一方面，打通习近平总书记在闽治理成果制度化与习近平新时代中国特色社会主义思想，夯实新福建建设的意识形态优势；另一方面，创造性融入全面建设社会主义现代化国家战略全局，夯实新福建建设的行动一致性优势。

　　第二，奋力谱写福建篇章的内篇。按照"机制活、产业优"向"现代化经济体系"迭代，"百姓富、生态美"向"高品质生活"迭代的发展要求，沿着习近平总书记亲自擘画的数字福建、生态福建、海上福建发展路径，奋力谱写数字中国、美丽中国、海洋强国的福建篇章。

　　第三，奋力谱写福建篇章的外篇。统筹中华民族伟大复兴战略全局和世界百年未有之大变局，突出新福建在东部地区、海峡两岸、"一带一路"中的地缘价值，牢记习近平总书记的殷殷嘱托，奋力谱写海峡两岸融合发展、海丝核心区建设、金砖国家新工业革命伙伴关系创新基地建设福建篇章。

　　全方位超越是一个新命题。面对省市竞争发展的新格局，福建要在竞争中胜出，对标的是海峡东岸，竞争的却是东部地区，发挥集中力量办大事的制度优势和超大规模的市场优势对于保障福建的胜出至关重要：一是有为政府，更好发挥政府作用，更好发挥国有企业作用；二是有效市场，充分发挥市场在资源配置中的决定性作用，建设高标准市场体系；三是有容社会，完善社会治理体系，提升人力资本水平和共同富裕能力。因此，全方位超越的战术安排，着力在政府、市场、社会三大制度力量中展开，推进形成发展战略、发展战役的执行新局面和"政府强、市场强、社会强"的战斗新格局。

一　政府推动

政府是全方位推进高质量发展超越的动力源。全方位超越的政府推动力，源于中国共产党领导形成的强大政治力和基于强大政治力培育壮大形成的强大发展力。政府推动的战术安排，着力从政治力和发展力双向建构，从政治建设、环境建设、过程管理、财富分配四个维度进行战术设计，打造有为政府。

（1）政治建设。按照"坚持和完善中国特色社会主义制度"总要求，推进制度优势不断转化为治理效能和发展胜势。一是组织建设，以党的建设为统领，统筹推进执政、行政、监督、民主、法治"五位一体"政治建设工作，不断严密省域治理的组织体系，不断提升党把方向、谋大局、定政策、促改革的水平。二是能力建设，明确政府与市场、政府与社会的边界，明确中央与地方、部门与部门、部门与地方的边界，以决策能力、执行能力、监督能力为核心，统筹机构能力建设与公务员个人能力建设，有效提升政治判断力、政治领悟力、政治执行力，有效提升新福建治理能力。三是制度协同，按照激励相容原则正确处理好决策、执行、监督三者之间的关系，实现决策科学、执行坚决、监督有力；按照中国式现代化要求正确处理好民主与法治的关系，实现全过程人民民主，打造法治国家、法治政府、法治社会的福建样本。四是周期协调，完善省委工作机制，用好省党代会及其年度全会资源，使党代会及其全会成为全省决策的总平台；完善省人大工作机制，用好人民代表大会及其年度会议资源，使人民代表大会成为检验决策执行的总平台；完善国民经济和社会发展五年规划机制，用好规划及其年度计划资源，使规划成为引领发展的总载体。政治建设是实现政府推动的决定性工作；其中，组织建设、能力建设是基础。

（2）环境建设。按照"营造有利于创新创业创造的良好发展环境"总要求，面向自然人、个体工商户和法人，政务、商务、社会、生态"四位一体"推进环境建设。一是政务环境，按照构建"有限、法治、服务型政府"的改革要求，完善经济调节、市场监管、社会管理、公共服务、环境保护职能，建设人民满意政府；按照建设"数字、创新、整体型政府"的发展要求，推进政府服务的数字转型、创新转型，推进政府服务像市场服务一样方便、快捷、可持续。二是商务环境，以产权保护为核心，以诚信文化、契约文化为基础，以中心城市和城市群为主要载体，推进相同类型企业空间集聚"集群化"形成规模优势、壮大产业集群，推进产业上下游合作"链条化"形成范围优势、壮大产业链，构建有利于产业集群和产业链发展的充满活力的区域商务环境。三是社会环境，以公平正义为引领，以人民安全为宗旨，高水平建设公共服务体系，高水平建设平安中国的福建样本，保持社会稳定，确保人民安居乐业、社会安定有序，构建有利于人口集聚、企业集聚、社会组织集聚的富有亲和力的区域社会环境。四是生态环境，以清新福建为引领，坚持生态优先、绿色发展，为高质量发展、高品质生活创造良好的本底条件和充满生机的自然生态环境。

环境建设是实现政府推动的基础性工作，构建以良好的生态环境为背景，以祥和的社会环境为底座，以富有活力的商务环境和富有竞争力的政务环境为两翼的新福建发展环境，全方位超越就拥有了可持续的本质优势。

（3）过程管理。政治建设与环境建设是一个动态过程，需要进行过程管理；政治建设与环境建设又是以发展为中心的，围绕"发展第一要务"展开，发展是过程的产物，同样需要进行过程管理，过程管理成为政府推动需要解决的第三个问题，需要统筹处理四方面的工作。一是发展调度，面向福建篇章的内篇、外篇任务和产业发展、城乡建设、环境保护三大战役，坚持目标导向、结果导向、问题导向，以周、月、季、年为周期，开展经济社会系统运行调度，锻长板、补短板、强弱项，提升"系统修复"能力。二是调度体制，完善省委常委会、省政府常务会调度平台及其他调度平台，科学配置"五位一体"总体布局和"四个全面"战略布局会议议题时间资源，打造发展调度的决策本部。三是执行机制，完善省直部门、国有企业和设区市、县市区执行平台，按照省直部门"主建"、国有企业及市县政府"主战"的总要求，坚持"以战领建"，打造战略与战役执行的"战斗本部"。四是辅助决策，按照"谋与断"适度分离原则和"冗余"研究原则，发挥省委省政府议事协调机构职能作用，培育壮大政策咨询智库群，打造"埋头走路与抬头看路"相得益彰的新福建建设"参谋本部"。

过程管理是实现政府推动的常态性工作；其中，智库的决策服务是基础，福建省委、省政府的决策是核心，省直部门与市县政府、国有企业的执行是关键。借此形成"辅助决策—决策—执行"三位一体的行动共同体，全方位超越就拥有了可持续的内生动力。

（4）财富分配。对发展成果的科学管理，是政府推动全方位超越的重要一环，涵盖分配财富与再造财富两方面四项工作。一是收入分配，按照居民收入增长与经济增长同步、劳动报酬提高与劳动生产率提高同步发展要求，优化收入分配结构，从根本上改变人均可支配收入占人均地区生产总值比重偏低的发展"短板"。二是财富再造，增强消费对经济发展的基础性作用，提升传统消费、培育新型消费、增加公共消费，积极参与国家培育国际消费中心城市；科学管控全社会生产性投资与非生产性投资比重，重点扭转制造业投资占全社会投资比重下挫局面，发挥投资对优化供给结构的关键作用。三是转移支付①，为台湾同胞在闽学习、创业、就业、生活提供与大陆同胞同等的待遇，像为大陆人民服务那样造福台湾同胞，加快建设台胞台企登陆第一家园的发展要求，科学合理划分中央与地方在福建的公共服务提供方面的任务与职责，探索建立两岸融合领域公共服务中央特殊转移支付机制。四是未来财富，科学管理土地资源和房地产资产，建立健全规范的政府举债融资机制，积极构建金融有效支持实体经济的体制机制，创造条件有效提升政策性金融对新福建发展战略的持续服务能力。

财富分配是实现政府推动的策略性工作；其中，居民收入是习近平总书记明确要求福建亟须补齐的"短板"，具有紧迫性；转移支付与未来财富管理，是新福建建设获取外部财富资源的"关键一招"；在此基础上，推进消费与投资协同发展，全方位超越就拥有了可持续的激励手段。

政治建设、环境建设、过程管理、财富分配，构成了政府推动全方位超越的基本受力面。规范地看，政府推力的作用效果，既取决于受力面（力的作用点），也取决于推力的大小和方向。因此，在受力面给定的情况下，提升政府推力的作用效果，宜从政治力和发展力双向推进：一方面，完善政治力的力量构成，统筹省委省政府的决策力、省直部门的建设力、市（区、县）及国有企业的战斗力，形成最强合力；另一方面，发挥发展力的乘数效用，持续提升环境的亲和力、分配的公平力、法治的正义力，形成最强竞争力。

---

① 《我国将推动完善转移支付法律制度》，2023 年 8 月 29 日，中国政府网，https://www.gov.cn/yaowen/liebiao/202308/content_6900783.htm。

二　市场拉动

市场是全方位推进高质量发展超越的主战场。全方位超越的市场拉力，源于超大规模市场优势形成的强大市场力和基于强大市场力培育壮大形成的资本力。市场拉动的战术安排，着力从市场力和资本力双向建构，从市场主体、市场体系、资源配置、利益调节四个维度进行战术设计，打造有效市场。

（1）市场主体。拥有多少市场主体，从根本上决定着经济体产业活动的气象和规模。市场拉动的首要工作，就是培育壮大市场主体，涵盖四方面的工作。一是个体户，包括个体工商户和农村承包经营户，占市场主体总量的九成、从业人员的四成左右，是市场拉动的生力军；其中，服务互联网经济的个体工商户成为个体户的新生力量。二是法人单位，包括营利性法人、非营利法人、特别法人和非法人组织，占市场主体总量的一成、从业人员的六成左右，是市场拉动的主力军；其中，主要拉动力量来自企业法人，"拥有多少强大的公司"已经成为关乎任何规模经济体综合实力的大问题。三是企业谱系，创造条件提升劳动人口的创新创业意愿与能力，创造条件促进个体户转化为企业法人，打造规上规下、限上限下企业群体，重点培育壮大处于价值链顶部，具有产业链号召力的龙头企业，以及行业骨干企业、专精特新中小微企业和平台型企业，培育壮大百亿级、千亿级大企业大集团。四是企业生态，依托龙头企业强势引导产业快速强链补链，打造"猛虎引领"新生态；依托高技术高成长骨干企业引导初创企业快速集聚，打造"狼群抱团"新生态；依托专精特新"小巨人"企业引领生态圈伙伴集群发展，打造"蚁群筑巢"新生态，培育新时代"企业森林"。重点面向未来培育瞪羚企业和独角兽企业，推进一家企业孵化形成一个行业。

市场主体建设是实现市场拉动的决定性工作，围绕个体户、法人单位、企业谱系、企业生态四项工作构建市场力的微观基础，要沿着"个转企、企升规、规转股、股上市"的演进路线，统筹推进企业做多、做大、做强，推进大中小微企业与个体户协同发展。

（2）市场体系。市场主体终归还是要回到市场体系当中来的，因此，市场体系建设成为市场主体培育的"对偶性命题"，涉及四大领域的布局。一是要素市场，统筹土地、劳动、资本等传统要素，管理、技术等现代要素，数据、信息、知识等新兴要素，规则、标准等制度要素市场建设，积极用好全国性、区域性要素市场，主动融入国际性要素市场，创造条件在环境容量、绿色金融、能源数据等领域建设若干个主场市场；重点发挥数据要素的引领作用，构建要素投入市场化新格局。二是产品市场，统筹生产资料市场、生活资料市场、服务市场以及线上线下市场、境内境外市场建设，积极融入强大国内市场，推动进出口协同发展；重点依托食品、纺织、建材等传统优势产业，打造具有全球竞争力的民生消费品市场；依托数字福建工程完善平台、支付、物流体系，打造具有国际影响力的电子商务市场；依托海丝核心区建设以化妆品、药品、医疗器械为主导，打造具有福建特色的进口商品市场，构建产出服务市场化新格局。三是市场运行，统筹价格机制、供求机制、竞争机制、风险机制等市场机制建设，贯通生产、分配、流通、消费各环节，促进资源要素顺畅流动，促进商品服务流通渠道畅通；重点破除地方保护主义、行业垄断和市场分割，建设现代物流体系和现代商贸体系，培育一批具有全球竞争力的现代流通企业和服务贸易企业，构建市场运行新格局。四是政府服务，统筹市场基础制度、市场基础设施等政府服务市场软硬件体系建设，建立健全以公平为原则的产权保护制度，依法平等保护国有、民营、外资等各种所有制企业产权；放宽市场准入、健全市场退出机制，强化竞争政策基础地位，维护公平竞争；健全社会信用体系，推广信用承诺制度，完善失信主体信用修复机制和政府失信责任追究制度，培育具有福建特色的企业征信机构和信用评级机构，构建政府服务市场新格局。

市场体系建设是实现市场拉动的基础性工作，构建以政府服务为基础、市场机制为枢纽、要素市场和产品市场为两翼的市场体系，市场主体就拥有了自由驰骋的可靠空间。

（3）资源配置。立足成熟市场体系中的庞大市场主体队伍，市场拉动具备了稳健的力量源泉。在开放经济条件下，省级经济体基于行政区划形成的市场体系与市场主体，必须用好省内省外、境内境外、国内国外两种资源、两个市场、两类规则，扩大资源配置半径，提升资源配置能力与配置效率，牢牢把握全方位超越的战略主动权与战略主导权。一是服务发展战略，资源配置首先要保障新福建发展战略的实施要求，统筹福建篇章的内篇与外篇工作，以推进海峡两岸融合发展、建设海丝核心区两大国家使命为重点，以项目为载体，积极参与国家资源配置，强化发展战略的财力保障。二是服务发展战役，资源配置要统筹产业发展、城乡建设、环境保护的战役需求，从总体上动态把握资源要素在三大战役中的投向、投量、投放速度，促进新型工业化、信息化、城镇化、农业现代化协同发展，实现人与自然和谐共生现代化。三是服务重点领域，资源稀缺性决定了资源配置要有优先序，坚持效率优先、兼顾公平，围绕生态、海洋、数字三大比较优势，集中优势资源发展绿色经济、蓝色经济、数字经济。四是服务关键区域，按照中心城市和城市群作为发展要素主要空间组织形式发展要求，围绕闽江口城市群、九龙江口城市群、晋江口城市群和闽江经济带、九龙江经济带"3+2"空间布局，集中优势资源壮大福、厦、泉三大中心城市。

资源配置是实现市场拉动的常态性工作，要发挥市场在资源配置中的决定性作用，更好发挥政府作用，重点在改革政府配置资源方式，健全政府代表国家和全民拥有的自然资源、经济资源（主要是经营性国有资产）、社会事业资源（主要是非经营性国有资产）等公共资源的配置体系，更多引入市场机制和市场化手段，着力解决政府配置资源中存在的价格扭曲、效率低下、公共服务供给不足等突出问题，提高资源配置的效率和效益。

（4）利益调节。市场主体是以营利为目的的，不可避免会在不同市场主体之间产生利益矛盾和利益冲突，需要构建面向市场主体内部和外部的利益调节机制。一是市场利益。统筹生产者主权、流通者主权、消费者主权等市场三权的利益关系，按照产业生命周期及市场竞争状况动态推进生产者、流通者、消费者权力再分配；适应供给侧由短缺向过剩转变，需求侧由小康向高品质转变，消费方式由线下向线上转变的新形势，加强互联网平台经济监管，打击垄断和不正当竞争行为，维护生产者与消费者利益。二是产业链利益。统筹产业链、创新链、政策链等链条生态建设，发挥政策链的"药引子"作用，催化产业链、创新链发生链式反应，推进产业链各环节利益再分配；沿着供应链、价值链、战略联盟的产业链演进路线，推进纺织、食品、建材等比较优势产业向价值链高端攀升，推进石化、冶金等连续流程型产业以及电子、高端装备等模块化装配型产业面向发展中国家塑造的"以我为主"的价值链，提升产业链价值分配能力。三是资本利益。准确把握金融在现代经济中的核心地位，完善现代金融监管体系，积极引导金融有效支持实体经济，有效规避金融机构凭借核心地位过度参与市场价值分配；准确把握现代金融体系数字化转型形成的支付集中规律，积极跟进网络支付和数字货币研发，有效规避网络支付平台凭借核心地位过度参与社会财富分配；紧跟现代中央银行制度建设，及时跟进中央货币政策，深化利率汇率市场化改革，有效解决民营企业、中小微企业融资难融资贵问题；深度融入多层次资本市场体系，全面提高直接融资特别是股权融资比重，稳步扩大债券市场规模，有效降低全社会融资成本。四是政府利益。围绕解决中央地方事权和支出责任划分、完善地方税收体系、增强地方发展能力、减轻企业负担、稳定宏观税负等关键问题，加快建立现代财政制度、完善现代税收制度，构建财政与市场主体激励相容新格局。

利益调节是实现市场拉动的策略性工作；其中，市场利益和产业链利益属于市场主体内部的利益调节，伴随财富创造的全过程；资本利益和政府利益属于市场主体外部的利益调节，由于是外部利益集团参与市场主体的财富分配，成为利益调节的敏感地带。

市场主体、市场体系、资源配置、利益调节，构成了市场拉动全方位超越的基本受力面。一般而言，市场拉力由市场主体追求利润最大化的利益驱动，但由于不同市场利益攸关方的利润创造能力与利益分配能力差异悬殊，提升市场拉力的作用效果需要在市场拉力与政府推力之间保持必要的张力：一方面，面向产业链，培育壮大具有价值链控制力的市场主体群落，完善市场力与资本力的力量构成，不断提升以企业力为核心的市场拉力；另一方面，优化推拉关系，以稳定、可预期的政府推力加持市场拉力，形成推进全方位超越的强大合力，借此推动有为政府与有效市场更好结合。

三　社会协同

社会是全方位推进高质量发展超越的活力源。现代人都是社会人，由"政治人"基于政治力和发展力形成的政府推力，与由"经济人"基于市场力和资本力形成的市场拉力，共同作用于社会，需要"社会人"做出协同。全方位超越的社会协力，源于政府推力与市场拉力的推拉作用形成的社会应力[1]，以及政府推力与生产力的张力作用形成的社会弛力[2]；前者反映社会与政府、市场的协同关系，目的是推进社会协力与政府推力、市场拉力形成合力；后者反映社会与政府、市场的包容关系，目的是推进社会、政府、市

---

[1]　应力是物理学名词。物体受外力作用，在物体内部会产生相互作用的内力，以平衡这种作用；单位面积上的内力称为应力。应力会随着外力的增加而增长，但应力的增长是有限度的（称为极限应力）。材料安全使用的前提是在使用期限内应力低于极限应力，否则材料将会发生破坏。此外，即使应力低于极限应力，长期的应力作用同样会引致材料疲劳破坏，加上材料局部存在的位置强度差，材料使用过程中还会产生应力集中，叠加作用将引致产品尺寸变化、变形、开裂。社会应力是仿生名词，是政府推力、市场拉力作用于社会形成的相互作用力，包括正向作用的拉应力和反向作用的压应力。

[2]　社会弛力是社会张力的对偶概念。拉紧弓弦为张、放松弓弦为弛，"张而不弛，文武弗能也；弛而不张，文武弗为也；一张一弛，文武之道也"。张弛之间，蕴藏万千社会气象。

三者之间形成"一张一弛"的制度韧性。社会协同的战术安排，着力从社会应力与社会弛力双向建构，从协同体系、文化认同、民生服务、社会资本四个维度进行战术设计，打造有容社会。

（1）协同体系。社会由每一个人构成，是政府推动与市场拉动的作业平台，社会的组织化程度与政府推力，市场拉力的大小、方向、作用效果密切相关。社会协同的首要工作，就是完善社会与政府、市场的协同体系。一是组织体系，面向社会自治领域、面向政府失灵领域、面向市场失灵领域，建立健全社会组织体系，更好服务政府、服务企业、服务市场、服务民生；在网络成为人类主要生产、生活空间，"社会人"向"数字人"演进的发展趋势下，重点推进网络社会组织体系建设。二是协同方向，统筹"自治、分治、共治"治理分工，以服务"有为政府、有效市场"为先导，推进政府部门与社会组织、市场主体与社会组织的双向协同，全面提升社会的秩序供给能力和制度制衡能力；在城市成为人类主要生产、生活空间，"熟人社会"向"陌生人社会"演进的发展趋势下，重点加强社会预期引导，完善"政府、市场、社会"之间的信任体系，增强社会信心，构建基于"信任、信心、信仰"的协同新机制。三是社会应力，以城市社区、街坊、邻里为重点，重构城市社区、乡村社区、网络社区体系，打造强纽带社区，夯实政府与市场推拉作用的应力基础设施；在高品质生活成为主流价值观，"物质人生"向"文化人生"演进的发展趋势下，重点加强应力管理，全面提升社会作用于政府和市场的拉应力，全面提升社会作为政府失灵与市场失灵的"制度补缺者"的压应力。四是社会弛力，以包容性社会和制度韧性建设为重点，全面提升社会主义的包容性和中国特色社会主义的制度韧性，为政府推动与市场拉动形成的社会张力提供弛力基础设施；在人均预期寿命不断提高、人口老龄化的发展趋势下，重点增强生育政策的包容性，将人的再生产置于优先发展地位，创造条件有效控制"内卷、躺平"等社会疲劳现象蔓延。

协同体系建设是社会协同的决定性工作。社会协同是政府推动与市场拉动的可持续基础，社会协力能否与政府推力、市场拉力形成合力，既取决于社会组织的秩序供给意愿与供给能力，也取决于社会组织面对政府和市场的极限应力，还取决于社会组织对政府推动与市场拉动的包容性；在社会协力的培育、发展、成熟历史进程中，社会组织的体系建设与能力建设是关键的一环，这反过来需要政府和市场为社会提供包容性。

（2）文化认同。物以类聚、人以群分，道不同不相为谋，类群聚分的基础在文化；构建全方位超越的社会协同新格局，需要打造文化认同的新局面，通过文化认同不断扩大新福建的"物类人群"。一是区域文化，对福建区域文化的整体性认知是文化认同的基础。福建是一个移民省份，秦汉以来不同历史时期的移民在福建的集聚形成了具有典型时代烙印的文化群落，典型的如闽都文化、闽南文化、客家文化，这些文化与闽人特有的海洋文化，与闽越人作为百越民族的分支特有的百越文化一起，构成了福建区域文化的本体，在中华文化母体的滋养下枝繁叶茂，代有新枝。二是文化地理，现代的基于行政区划形成的行政地理与历史的基于文化群落形成的文化地理在空间上具有"不一致性"，行政地理与文化地理"犬牙交错"；因此，文化认同必须跨越行政区划，以文化地理为纽带，推进行政地理、自然地理、经济地理融合发展与一体化发展，重点推进闽江流域的闽都文化地理、九龙江流域的闽南文化地理、汀江（韩江）流域的客家文化地理重构。三是文化圈，福建区域文化是中华文化的亚文化，文化认同还必须在中华文化的母体下有序展开，从国内合作、国际合作、路带合作三个维度重塑福建文化圈；重点塑造以禅宗文化为核心的佛教文化圈、以朱子文化为核心的儒家文化圈、以妈祖文化为核心的海洋文化圈，同步推进闽粤赣客家文化圈、闽浙赣百越文化圈、南岛语族文化圈的历史性重塑。四是文化交流，文化认同导源于心灵深处的"心有灵犀"，这是一个潜移默化的过程，根本途径在于交流。既需要道德、宗教等理性领域的交流，也需要文学、艺术等感性领域的交流；既需要诗词、散文、小说、民间文艺的交流，也需要戏剧、舞蹈、曲艺、杂技的交流；既需要电影、电视、摄影的交流，也需要音乐、美术、书法的交流。文化交流在文化认同的培育、发展、形成的历史进程中基于核心地位。

文化认同是社会协同的基础性工作。全方位超越的文化认同，要立足于福建区域文化，以文化交流为纽带，对内重塑福建文化地理，对外打造新时代福建文化圈，构建省内省外、境内境外协力推进新福建建设的文化认同新格局。

（3）民生福祉。社会是由人民组成的，让发展成果更多更公平惠及全体人民，让人民群众有更多获得感、幸福感、安全感，社会协同就会拥有强大的、可持续的内生动力。一是公共服务，按照全生命周期服务总要求，区分基本公共服务和非基本公共服务，补齐基本公共服务短板、增强非基本公共服务弱项，推进"幼有所育、学有所教、劳有所得、病有所医、老有所养、住有所居、弱有所扶"逐步实现"幼有善育、学有优教、劳有厚得、病有良医、老有颐养、住有宜居、弱有众扶"；重点化解育幼、养老公共服务突出矛盾，有效化解医疗、住房突出矛盾。公共服务是民生福祉的"底座"，福建必须按照全方位超越的要求率先实现公共服务海峡两岸无差异化、率先实现公共服务现代化。二是就业服务，深入实施就业优先战略，全面提升劳动者就业创业能力，扩大就业容量，提升就业质量，缓解结构性就业矛盾；完善与就业容量挂钩的产业政策，把服务就业的规模和质量等作为衡量行业发展成效的首要标准，支持吸纳就业能力强的服务业、中小微企业和劳动密集型企业发展；重点完善高校毕业生、农民工、退役军人等重点群体就业支持体系，推进党政机关、国有企事业单位、社会团体管理人才合理有序流动。就业是最大的民生，稳住就业就能够稳住收入和消费，就能够稳住经济社会的"基本盘"。三是共同富裕，坚持优先做大做好"蛋糕"，协同切好分好"蛋糕"，按照居民收入增长与经济增长基本同步、劳动报酬提高与劳动生产率提高基本同步总要求，提高低收入群体收入、扩大中低收入群体，推进共同富裕；完善收入分配秩序，统筹按劳分配与按要素分配，统筹初次分配、再分配与第三次分配，保护合法收入，合理调节过高收入，取缔非法收入，重点提高高校和职业院校毕业生、技能劳动者、农民工等中等收入群体比重。四是保护弱者，以城乡低保对象、特殊困难人员、低收入家庭为重点，健全基本生活救助制度和医疗、教育、住房、就业、受灾人员等专项救助制度，完善社会救助和慈善事业体系；坚持男女平等基本国策和儿童优先发展，提升残疾人保障和发展能力，切实保障妇女、儿童、残疾人等群体的发展权利和机会。

民生福祉是社会协同的常态性工作，其中，公共服务是基础，保护弱者是底线，就业服务与共同富裕是关键。在此基础上，全方位超越将拥有富有竞争力的民生基础。

（4）社会资本。社会协同需要充足的资源，提升社会协力需要广泛配合，推进社会资源向社会资本转化，推进社会资本的系统化重构、结构化治理、功能化布局，推进社会资本现代化。一是系统化，在经济、政治、文化、社会、生态"五位一体"中把握社会资本，优化物质资本、人力资本与社会资本的结构分布，优化经济资本、文化资本与社会资本的功能分布，为多元社会提供秩序基础，为社会协同提供社会资源和社会资本保障。二是结构化，围绕政府、企业、家庭三类社会主体，完善社会资本有机构成；以意识形态、核心价值观以及规则规制、纪检监察为重点，扩充政府社会资本；以企业社会形象、企业社会责任为重点，规范企业社会资本；以科学家教、优良家风、文明家庭为重点，提升家庭社会资本。三是功能化，围绕安全、稳定、诚信三类系统目的，完善社会资本功能体系；统筹发展和安全，统筹传统安全和非传统安全，在平安中国建设进程中维护和塑造国家安全；建立健全社会主义和谐社会体制机制，以政治稳定、经济增长、文化认同维护和塑造社会稳定；以建设社会信用体系为基础，以褒扬诚信、惩戒失信为重点，维护和塑造讲诚实、守信用的公民个人基本道德规范。四是现代化，适应城市化、网络化发展新要求，推进传统的以社会关系为核心的社会资本向现代的公民意义上的社会资本转化，推进传统的以乡村为主要载体的社会资本向现代的以城市为主要载体的社会资本转化，推进传统的以物质资本为核心诉求的社会资本建构向现代的以人力资本为核心诉求的社会资本建构转变，推动社会秩序的自我建构和政府的民主治理。

社会资本是实现社会协同的策略性工作。在社会的汪洋大海中，社会资本不仅是政府推动、市场拉动、社会协同的前提条件，还是产业发展、城乡建设、环境保护的前提条件，厚实的社会资本将为全方位超越提供可靠且可持续的社会稳定基础。

综上，我们大致勾勒出全方位超越的动力模型（见图2-7）。

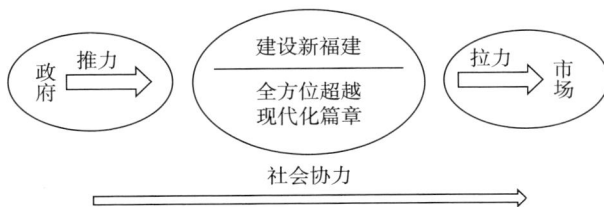

图 2-7　全方位超越动力模型

第三章　空间战略问题

长期以来，我国区域发展是以行政区划为基本单元的，其中，国家层面以省级为基本单元，省级层面以县级为基本单元。由此，历史地形成了区域发展不平衡不充分问题，集中表现在三方面。

一是区域分化问题。我国国土空间幅员辽阔，资源环境承载力和国土空间开发适宜性千差万别，随着京津冀协同发展、长三角一体化发展、粤港澳大湾区建设深入推进，东部地区已成为我国现代化的发展引擎，东中西之间和南北之间发展差距明显，以省域为基本单元的区域发展面临挑战。

二是城乡分化问题。随着我国常住人口城镇化率 2011 年首次超过 50%，达到 51.3%，第三产业占 GDP 比重 2015 年首次超过 50%，达到 50.5%[①]，城市已经成为人口和生产力空间布局的承载主体，以县为基本单元的区域发展面临挑战。

三是贫富分化问题。区域之间、城乡之间收入差距明显，不同从业群体之间、不同社会阶层之间收入差距较大，需要通过先富带后富实现共同富裕。

实践证明，解决区域分化、城乡分化、贫富分化问题，依托现行的以省、县为区域发展基本单元的发展模式是难以为继的。国家层面，必须跳出省域治理窠臼，深入实施区域协调发展战略，重塑新型省域关系，构建新时代国家区域发展基本单元；省域层面，必须健全城乡融合发展体制机制和政策体系，协调推进新型城镇化战略和乡村振兴战略，重塑新型城乡关系，构建以中心城市、都市圈、城市群为主体的区域发展基本单元。

本章在国家大系统边界内探索新福建的区域发展问题。我们认为，新福建的区域发展，必须放在国家发展大局中进行整体性考量。一方面，在区域协调发展战略框架下，立足国家鼓励东部地区加快推进现代化，以地缘经济

---

① 潘家华、魏后凯：《中国城市发展报告 No.5：迈向城市时代的绿色繁荣（2012 版）》，社会科学文献出版社，2012。

为重点，重塑新福建与两个三角洲、海峡东岸的关系，全面提升新福建在国家发展大局中的影响力和贡献力；另一方面，在新型城镇化战略和乡村振兴战略旗帜下，立足国家支持福建全方位推进高质量发展超越，以中心城市和城市群为重点，重塑工农、城乡关系，全面提升新福建在省域竞争中的空间影响力和号召力。

第一，创造性开展新福建空间组织。准确把握新福建空间演进方向，在海峡两岸融合发展与东南沿海区域一体化发展进程中渐进式推进新福建空间组织梯次向海峡西岸经济区、海峡经济区、长台闽大湾区、亚太经济中心进阶。

第二，创造性执行区域协调发展战略。从省内、省际、国内、国际四个维度分类推进：省内着力实施福建版"3+2"区域重大战略；省际着力推进闽粤闽赣闽浙毗邻区域共建共享；国内着力推进苏浙沪闽粤与港澳台"5+3"一体化发展；国际着力推进"一带一路"区域合作。

第三，创造性执行新型城镇化战略。围绕中心城市、都市圈、城市群三大赛道，省内着力构建闽东北、闽西南两大都市圈和闽江口、晋江口、九龙江口三大城市群，打造福厦城市连绵带，全面提升福、厦、泉三大中心城市能级；省外着力构建海峡城市群、东南沿海城市群，在服务和融入新发展格局中实现新型城镇化。

第四，创造性执行乡村振兴战略。准确把握农村人口向城市迁徙、农业小部门化、粮食安全的国家安全基石的战略方向以及农业、农村、农民"三农"问题的主要矛盾变化方向，以农业现代化为核心实施乡村振兴战略。

第一节　区域发展的空间组织[①]

在当代中国，没有什么比"实现中华民族的伟大复兴"更能凝聚人心、激励斗志的了。所谓凝聚人心、激励斗志，反映到国家战略层面上，就是不断提升科技实力、经济实力、综合国力和国际竞争力，不断提升城乡区域协调发展水平，全面建设社会主义现代化国家。本节从历史的纵深探寻中国区域发展的历史脉络，探寻新福建在国家发展大局中的战略定位和战略提升路径。

[①] 本节原发于《东南学术》2009 年第 4 期，题目为《中国区域经济新格局与海西发展战略提升》，文中提出"两线两圈一中心"空间战略；其中，"两线"已被 2013 年习近平总书记提出的"一带一路"替代，"两圈"目前的主要推手是京津冀协同发展、雄安新区和粤港澳大湾区建设，"一中心"目前的主要推手是上海国际中心、长江经济带和长三角区域一体化发展。

一 国土开发的历史脉络

历史地看，中国区域经济的形成是自然因素、文化因素、经济因素和政治因素的综合反映，但受西部青藏高原、东部西太平洋天然屏障的制约，中国区域发展长期处于自我平衡状态。

1. 区域发展的舞台：陆地与海洋

人类社会的发展过程是一个认识自然、改造自然的过程。直到今天，自然作为一种无所不在的力量依然在默默地影响着人类社会的发展。

根据海拔的变化，中国由东部沿海向西到青藏高原连上四个台阶。

首先是海洋。在中国的东部海洋上，有一块不同于大陆国土的海洋国土——内海和领海。按照1996年我国批准的《联合国海洋法公约》的规定，我国管辖的海域包括内海、领海、毗连区、专属经济区和大陆架，总面积约300万平方千米，相当于陆地国土面积的1/3。

紧接着是东部，分布着被称为中国三大平原的东北平原、华北平原和长江中下游平原，海拔多在200米以下。长江以南为低山丘陵，多数地区海拔不超过500米，构成了中国自然地貌陆地三级台阶的最低一级。

素有"世界屋脊"之称的青藏高原平均海拔在4500米以上，是全世界最高的高原，构成中国陆地地貌三级台阶的最高一级。

在最低一级与最高一级之间，是中国地貌陆地三级台阶的中间一级，主要由广阔的高原和盆地组成，自北而南分布着内蒙古高原、鄂尔多斯高原、黄土高原和云贵高原，海拔1000~2000米不等。

相对于基本不具备改造自然能力的远古人类而言，青藏高原并不是适合居住的地方；同样，在人类还使用简单的石器工具时代，面积广大而低湿的东部三大平原也是难以征服的。远古人类首选的居住地是高爽的河谷边缘台地。由于这个原因，中华文明最初是在三级台阶中的第二级发展起来的。直到宋代，中国区域结构的重心才由第二台阶转向第三台阶。

中国地形中的四级台阶自东向西层层抬升，直到西部的世界屋脊青藏高原，青藏高原连同其西北面新疆境内的大沙漠，成为中国与亚欧大陆其他地区的天然障碍；中国的历史就在这个西起沙漠和青藏高原，东达大海的环境中展开，而且主要在第二、第三台地展开。

2. 区域整合的动力：互动与认同

就四级台阶的区域而言，进一步需要明确的问题是：这些区域是如何历史地逐渐凝结为一个整体的？抑或讲，区域整合的动力是什么？

首先，是区域间的互动。基于区域间相互作用、相互促进、相互决定的区域互动，是区域整合的基本范式，涉及三个基本层次：社会文化互动、经济互动和政治军事互动。其中，区域间的社会文化互动由于对技术要求最低而开始得最早，产生互动的范围也最广，属于区域间的最低层次互动，却是区域间经济互动、政治军事互动的前提和基础。只有在进行了充分的社会文化互动基础上，区域间才可能出现经济互动、经济贸易；同样，只有存在经济互动的区域，才有可能出现最高层次的互动：政治军事互动。没有社会文化互动和经济互动的基础，单纯依靠武力征服是难以维持的，由此建立起来的政治上的隶属关系也只能是暂时的、脆弱的。"中国古代各区域间充分的社会文化互动、经济互动以及移民往来，是这些地区建立起政治层面互动、共同隶属于同一政权的有力保障。"①

在中国，区域整合的另一个重要动力存在于观念层面，即认同意识。孔子说："四海之内皆兄弟"②，能产生兄弟般认同的最大范围仅局限在"四海"地区以内。孔子表述的是当时流行的诸夏之国彼此之间的认同意识，将中原地区的华夏族诸国认同为兄弟之国，而将非华夏族视为"豺狼"，与之没有认同感，"尊王攘夷"就是这种认同感的具体反映。到了西汉，汉与匈奴约为兄弟，打破了将少数民族视为"豺狼"的狭隘思想；更为重要的是，周边少数民族也逐渐形成自己是中华民族一员的认同意识，从而形成了多民族认同一个中国、一个中华的认同意识，认同意识成为凝聚区域、促进整合的重要动力，并集中反映在两方面。

其一，文化认同。文化是一个民族和国家区别于其他民族和国家的基本特质和身份象征。在一定民族地域内形成和发展起来的共同文化传统，塑造了该民族成员的共同个性、行为模式、心理倾向和精神结构，并表现为一定的民族心理或我们通常所说的国民性。中华文化是中华民族身份认同的基本依据，"崇尚统一"是这个文化价值体系中最显著的特征之一。

其二，政治认同。政治认同是人们在社会政治生活中产生的一种情感和意识上的归属感，是在一种政治文化的信念下对自己归属组织单位（国家、民族、政党、区域）的认同。政治认同是政治合法性的前提和基础，因而是

---

① 杨军：《区域中国：中国区域发展历程》，长春出版社，2007，第19页。

② 语出《论语·颜渊》，司马牛忧曰："人皆有兄弟，我独亡。"子夏曰："商闻之矣：死生有命，富贵在天。君子敬而无失，与人恭而有礼，四海之内皆兄弟也。君子何患乎无兄弟也？"

统治秩序稳定性的前提和基础，表现为获得了社会成员基于内心自愿的认同、支持与服从。中国古代呈现一种"合久必分、分久必合"的特点，"分"的原因往往在于统治阶级无法解决面临的社会问题，统治缺乏政治合法性，而分裂的各地区之所以能够重新"合"在一起，根本原因在于各地区早已产生了文化认同，无论处于怎样的分裂状态，统一都是各地区共同的追求。

基于文化认同和政治认同的社会文化互动、经济互动和政治军事互动，成为区域经济形成和发展的基本范式。

3. 区域发展的局限：中心与边缘

中国区域由于陆地第三台地"青藏高原"和西部沙漠的阻隔而与欧亚其他地区的交流、互动因自然地理的障碍而减弱；较长时间的闭关锁国又限制了海洋的发展，使得区域发展呈现双重局限性。

其一，海洋发展长期被弱化。就地理而言，中国既是东亚的大陆国家，也是西太平洋的海洋国家。自汉唐起，帝国表现出极强的大陆帝国倾向，更多关注中亚地区而不是距离首都更近的东部海洋。尽管明初郑和"七下西洋"的壮举，就船队的规模、航行的距离、出行的时间而言，在当时都是无与伦比的，但自明代中期倭寇盛行以后，中国已不再向海洋发展了。在中国历史发展进程中，海洋显然未发挥应有的作用。"从16世纪起，英国选择了海洋而中国则选择了陆地。它们在各自选择的领域里所取得的成就都是任何其他国家所没有达到的。"① 但不幸的是，面向海洋的选择为英国带来变革，而面向陆地的选择造成了中国发展的停滞。

其二，陆地发展自我封闭。工业革命以来，能源资源等流动性生产要素成为推动区域经济发展的基础。石油资源分布的不均匀性促使世界各国为获得稳定充足的石油供应而采取种种应对措施和政策，从而形成世界石油的地缘经济及地缘政治格局。地缘政治主要围绕海湾（中东）、里海（中亚）、西西伯利亚（俄罗斯）"能源金三角"展开，各国围绕争夺、控制"能源金三角"的油气资源和跨国通道展开竞争甚至局部战争。中国区域发展长期缺乏跨越"青藏高原"的战略安排，近年来围绕中亚、俄罗斯的石油、天然气管道建设和旨在破解马六甲海峡困局的中缅石油通道（缅甸至中国云南）布局，正在逐步突破陆地的障碍。

探寻产生中国区域经济发展局限性的思想根源，在于中国历代王朝在东

---

① 〔法〕阿兰·佩雷菲特：《停滞的帝国——两个世界的撞击》，王国卿等译，生活·读书·新知三联书店，2013，第75页。

亚地区长期扮演着中心的角色，汉唐宋元明清历代统治王朝，或以其发达的农业经济和强盛的综合国力，或以其辉煌灿烂的科技文明和思想文化，对亚洲和世界曾有过重要的影响，使得国家统治阶级滋长了一种盲目自大的文化心理，以为中国就是普天之下的中心①，但事实远非如此。从 13 世纪开始，中国四大发明陆续传入欧洲，对欧洲的文艺复兴运动乃至资本主义社会的发展起了"催产"作用。西方近现代科学技术的形成与发展，成为生产力不断更新与突破的根本动力。伴随文艺复兴、工业革命和新技术革命，世界经济中心沿着地中海、西欧、北美的区域轨迹完成了三次跨越式的转移，而中国的统治者仍然以天朝大国自居，故步自封。鸦片战争以后，随着帝国主义的入侵和一系列不平等条约的签订，中国逐步沦为列强的半殖民地，一部分中国人失掉了自信力②，到 1921 年中国共产党成立时，中国还是传统小农经济主导，在全球资本主义体系中被欺凌、被奴役的边缘化国家③。

中国谋求实现中华民族的伟大复兴，其根本出路在于独立和改革开放，改革开放策略从根本上解决了发展意识的战略回归问题，即推进世界经济中心再次向中国转移。

二 区域发展的现代实践

中华民族的伟大复兴需要中国区域经济融入全球经济，但时代变了、条件变了，中国区域经济的发展再也不能走自我封闭、自我中心、封疆而治的老路了，也不能简单地重蹈、延续发达国家的演进路径。

1. 区域开发的规律性认知

区域发展格局的形成和发展与区域的经济社会发展阶段密切相关。

在农业社会时期，水资源对于经济社会的发展具有决定性意义，区域发展长期处在"流域主导期"。从孕育古巴比伦王国的两河文明，到古埃及的尼罗河文明、古印度的印度河文明，再到孕育中华民族的黄河文明，都是以流域为主导的。中国河流按水系分，主要有长江、黄河、珠江、松花江、辽河、海河、淮河七大水系，其流域占据中国东部的绝大部分地区，区域经济发展

---

① 林甘泉：《从"欧洲中心论"到"中国中心论"——对西方学者中国经济史研究新趋向的思考》，《中国经济史研究》2006 年第 2 期。

② 《且介亭杂文》，《鲁迅全集》第六卷，人民文学出版社，2005。

③ 江宇：《百年大党 经济中华——中国共产党经济工作的回顾和经验》，《经济导刊》2022 年第 3 期。

在农业社会时期呈现围绕流域展开的格局。①

工业革命以来，推动经济社会发展的主导力量逐渐由农业转向工业，区域发展特征也由"流域主导期"向"产业主导期"转化。其核心是国民经济的工业化，也就是工业（特别是制造业）或第二产业产值在国民生产总值中的占比不断上升，以及工业就业人数在总就业人数中的占比不断上升。工业化的第一阶段往往是轻纺工业为先导产业和支柱产业，到第二阶段进入重化工业化，重工业和石化工业成为先导产业和支柱产业。从 18 世纪 60 年代最早开始工业化的英国，到 19 世纪 60 年代最晚发动工业化的日本，各发达国家都无一例外地选择了劳动密集型工业的典型——纺织工业作为工业化的主导产业，并在此基础上发展了食品、冶金、造纸、煤炭等工业。

工业化的一个典型结果是推进了城市化进程。劳动密集型工业在城市的集中布局，引发了农业劳动力大规模地向城市进行非农化转移，同时也带动农村人口向城市集中，具有现代意义的人口城市化进程开始启动；城市人口的增加引发了以服务业为主体的第三产业的兴起。城市化建设的意义有三：其一，城市化建设可以拉动投资，从而带动整个 GDP 的增长；其二，城市化建设带来的人口积聚效应有助于发展服务业，增加就业机会；其三，有助于改善城乡差异的二元经济结构问题，尤其是城市化后可以改善教育，全面提高人口素质，而人力资源将是发展中最重要的资源。演进的结果是区域发展特征由"产业主导期"向"城市主导期"转化。其中，城市群成为区域经济发展的典型模式。类似于小规模的单体企业走向大规模的企业集团，城市群内部通过城市间的竞争与合作，城市之间的相互作用、相互促进共同构成区域竞争的整体优势，表现为"整体大于局部之和"的倍增功效，成为区域发展的有序系统。

随着工业化进程的不断深化和城市人口的急剧增加，备受空气污染、噪声干扰、交通拥挤所困扰的人们向往到空气清新、环境幽静的地方去亲近自然，亲近自然成为人们提高生活质量的重要内容，也是保持健康身心的重要途径。在环境质量下降并影响生活质量的情况下，人们更向往清新、幽雅、和谐的自然环境，愿意花钱营造或改善环境，愿意为生态消费付出。由此，区域发展特征由"产业主导期、城市主导期"向"生态主导期"转化，中国"十一五"期间（2006~2010 年）的主体功能区规划就反映了这一演进趋势。

---

① 虽然有着漫长的海岸线，但中国历代封建政权都不惜代价地开凿大运河以实现不同流域的连接与互动，却没有发展近海的航运。

历史地看，区域发展呈现从流域主导向产业主导，再向城市主导，最终向生态主导的路径特征，呈现明显的阶段性。必须说明的是，这路径不是线性的，而是"积淀式"发展。由于人类在发展规律认识上的局限性，区域发展的主导力量具有交互性，往往形成协同演进的发展特征和"交错式"的发展路线。

2. 区域开发的功能性建构

中华人民共和国成立以来，中国政府为加快区域经济发展，不断调整区域发展布局。总体上，中国区域经济的格局演变是区域行政决策与区域经济自组织规律交互作用的结果，带有明显的区域行政决策相互博弈的色彩。

历史地看，中华人民共和国政府采纳的、基于国土空间的区域布局安排有五种。

第一种，经济协作区的划分。解放初期，为方便中央统一领导下因地制宜开展工作，在省之上设立华北、东北、西北、华东、中南、西南六大协作区，并一直延续到"文革"前；"文革"期间，大区一级组织机构相继撤销。

第二种，三个经济带的划分。改革开放后，为了在发展战略上采取分片指导、因地制宜的方针，"七五"计划（1986~1990年）把全国划分为东部、中部、西部三大经济带。这种划分方法成为后来实施西部大开发战略的重要依据。

第三种，七大经济区的划分。"九五"计划（1996~2000年）提出要把区域经济协调发展、逐步缩小地区差距作为国民经济和社会发展的重要方针，在全国范围内组建七大经济区域，即东北地区、环渤海地区、长江三角洲及沿海地区、东南沿海地区、中部地区、西南和华南部分省区、西北地区。

第四种，四大主体功能区的划分。"十一五"规划（2006~2010年）根据资源环境承载能力、现有开发密度和发展潜力，统筹未来人口分布、经济布局、国土利用和城镇化格局，将国土空间划分为优化开发、重点开发、限制开发和禁止开发四类主体功能区，实施推进西部大开发，振兴东北地区等老工业基地，促进中部地区崛起，鼓励东部地区率先发展的区域发展总体战略。

第五种，三大空间功能区的划分。2012年以来，区域开发进入新时代，提出开展资源环境承载力评价和国土空间开发适宜性评价，科学布局生产空间、生活空间、生态空间；顺应空间结构变化新趋势，优化重大基础设施、重大生产力和公共资源布局，促进形成城市化地区、农产品主产区、生态功能区三大空间布局。同时，以中心城市和城市群等经济发展优势区域为重点，增强经济和人口承载能力，带动全国经济效率整体提升，开拓高质量发展的重要动力源。

本质上，第一种划分法不属于经济区划，而属于行政区划。因此，区域发展战略布局从根本上讲是改革开放后的事情。改革开放以来，中央政府为了促进国民经济快速发展并适应不同时期的发展形势需要，不断调整区域发展战略。从40多年的改革历程看，调整大体可分为四个战略阶段。

（1）区域非均衡发展战略。其整个战略思想集中反映在邓小平同志的"两个大局"观念中，以东部沿海地区为重点。中央首先对广东、福建两省采取特殊政策，并于1980年先后设立了深圳、珠海、汕头、厦门4个经济特区；1984年进一步开放天津、上海、福州、广州等14个沿海城市；1985年增设长江三角洲、珠江三角洲和闽南厦漳泉三角地区的59个市县为沿海经济开放区；1988年成立海南经济特区及海南建省；1990年开发开放上海浦东，逐步形成了以东部沿海地区为主的对外开放区域发展格局。

（2）区域协调发展战略。为解决"让一部分人、一部分地区先富起来"的区域非均衡发展战略引发的城乡之间、东西部地区之间发展差距而扩大的矛盾，中央于1999年实施"西部大开发"战略，2003年实施"振兴东北地区等老工业基地"战略，并于2006年正式实施"中部地区崛起"战略。以此为标志，国家区域发展战略发生了改革开放以来的首次大转移，逐步形成了区域协调发展的总体战略，形成了东中西互动、优势互补、相互促进、共同发展的新格局。

（3）区域科学发展战略。经过30年持续不断的努力，中国已逐渐由一个典型的农业国家进入工业化中期阶段的现代化国家，困扰中国经济社会的已不是传统的贫困问题，而是发展失衡问题。这失衡不仅表现在城乡发展失衡、地区发展失衡以及贫富的两极分化上，更表现在经济增长与环境承载能力之间的失衡上，财富增长速度超越环境承载能力，资源环境难以承载现有的经济发展模式，需要对其进行"升级改造"。为此，中央提出了科学发展观，并于2005年批准设立"上海浦东新区综合配套改革试验区"，2006年批准设立"天津滨海新区综合配套改革试验区"，2007年又先后批准重庆市和成都市设立"全国统筹城乡综合配套改革试验区"，批准武汉城市圈和长株潭城市群设立"全国资源节约型和环境友好型社会建设综合配套改革试验区"，加上深圳，形成了东（浦东）、西（成渝）、南（深圳）、北（滨海）、中（武汉和长株潭）的"国家综合配套改革试验区"改革试点版图，拉开了和谐社会建设的序幕。

（4）人与自然和谐共生发展战略。与中国特色社会主义发展阶段相适应，建设中国特色社会主义的总体布局经历了经济、政治、文化"三位一体"，经济、政治、文化、社会"四位一体"，经济、政治、文化、社会、生态"五位一体"的阶段演进，人与自然的关系也从开发自然、改造自然、征服自然转向尊重自然、顺应自然、保护自然，实现人与自然和谐共生。国家先后在福建（2016 年）、江西（2017 年）、贵州（2017 年）、海南（2019 年）设立国家生态文明试验区，将生态文明建设融入经济建设、政治建设、文化建设、社会建设的各方面和全过程，坚定走生产发展、生活富裕、生态良好的文明发展道路，努力形成节约资源和保护环境的空间格局、产业结构、生产方式、生活方式，努力开创社会主义生态文明新时代，建设美丽中国，为全球生态安全做出贡献。

区域发展战略是一个国家现代化的空间布局战略，反映在四个区域发展战略背后的是四个不同的目标取向。区域非均衡发展战略的目标取向是效率优先，先行发展具有绝对优势或相对优势和较强带动作用的重点地区和重点部门，以取得较好的经济效率和较快的增长速度，并通过这些地区和部门的发展及其扩散效应带动其他区域共同发展；区域协调发展战略的目标取向是注重效率、兼顾公平，区域政策不再是仅仅立足于局部区域的发展，而是立足于将整个国土区域作为一个经济发展整体，立足于国民经济的空间一体化来制定区域发展战略；区域科学发展战略的目标取向是统筹兼顾，区域政策不再局限于促进经济增长，而是推进经济、政治、文化、社会协调发展，促进现代化建设各个环节、各个方面相协调；人与自然和谐共生发展战略的目标取向是统筹发展与安全，将以人类为中心的区域发展格局调整到人与自然和谐共生的发展大局中来，维护生态安全、优化生态环境，实现人与自然和谐共生的现代化。

新时期中国的区域发展路线如下。一是东部率先发展，围绕"两圈一中心"，通过优化开发，从中心城市主导向城市群主导、生态功能主导方向演进，形成网络化、生态化、城乡一体化的发展格局；二是中部崛起，围绕东北、中原、长江中游（武汉）、中南（长株潭）、北部湾形成以 5 大城市群为核心的区域板块，与东部建立更加方便快捷的网络联系，与西部通过发展轴的形成加强互动，使之成为中国今后 10~15 年的重点开发区域；三是西部开发，以关中、成渝城镇群，兰州、乌鲁木齐、贵阳、昆明中心城市为核心，通过点轴式开发，实现区域协调发展；四是南亚线和西北亚线建设，实现大区域发展的硬链接；以此推进"两线两圈一中心"国家战略布局的形成和发展。

三 新福建的空间演进

在经济全球化、全球经济中心向亚洲转移、向中国转移的历史进程中，基于"两线两圈一中心"的空间布局需要构建以京津冀为主体的东北亚经济圈、以粤港澳为主体的东南亚经济圈、以长台闽为主体的亚太经济中心；其中，构建亚太经济中心是核心工作。由于台湾与大陆目前还没有实现统一，构建亚太经济中心需要提升以福建为主体的海峡西岸经济区的战略地位，以福建的跨越式发展推动海峡经济区的形成和发展。

2020年，京津冀、长三角、粤港澳完成GDP约占中国大陆加港澳台的43.0%；其中，京津冀占7.9%、粤港澳占12.5%、长三角占22.5%。环渤海湾区、长台闽湾区、粤港澳中国三大湾区完成GDP约占中华经济圈的60.3%；其中，环渤海湾区占17.0%、长台闽湾区占30.8%、粤港澳占12.5%。长三角地区、长台闽湾区在中华经济圈中居于核心地位（见表3-1）。

表 3-1　中国区域经济发展比较（2020 年）

区域	GDP		人口	
	数量（亿美元）	占比（%）	数量（万人）	占比（%）
大陆与港澳台合计	157661.3	100.00	144384.7	100.00
中国大陆	147252.9	93.40	141212.0	97.80
东部	76200.4	48.33	56435.0	39.09
中部	32211.4	20.43	36445.0	25.24
西部	30913.7	19.61	38308.0	26.53
东北	7409.8	4.70	9825.0	6.80
中国香港	3444.5	2.18	748.2	0.52
中国澳门	243.4	0.15	68.5	0.05
中国台湾	6720.5	4.26	2356.0	1.63
京津冀	12521.5	7.94	11040.0	7.65
长三角	35467.8	22.50	23538.0	16.30
粤港澳	19741.1	12.52	8640.3	5.98
福建	6363.3	4.04	4161.0	2.88

续表

区域	GDP		人口	
	数量 （亿美元）	占比 （%）	数量 （万人）	占比 （%）
海峡经济区	13083.8	8.30	6517.0	4.51
长台闽湾区	48551.6	30.79	30055.0	20.82
环渤海湾区	26760.6	16.97	25460.0	17.63

注：

（1）东部地区包括北京、天津、河北、山东、江苏、上海、浙江、福建、广东、海南；

（2）中部地区包括山西、河南、安徽、湖北、湖南、江西；

（3）西部地区包括陕西、甘肃、宁夏、青海、新疆、内蒙古和重庆、四川、贵州、广西、云南、西藏；

（4）东北地区包括黑龙江、吉林、辽宁；

（5）京津冀地区包括北京、天津、河北；

（6）长三角地区包括上海、浙江、江苏、安徽；

（7）粤港澳地区包括广东省、香港特别行政区、澳门特别行政区；

（8）海峡经济区包括福建、台湾；

（9）长台闽湾区包括长三角地区、海峡经济区；

（10）环渤海湾区包括京津冀地区、辽宁省、山东省；

（11）2020年度平均汇率：1元人民币＝0.14493美元；1澳元＝0.86303元人民币；1港元＝0.88954元人民币；1台币＝0.23434元人民币。

数据来源：《中国统计年鉴2021》。

从现状看，以长台闽为主体的亚太经济中心的形成和发展主要问题有二：一是占中国大陆加港澳台经济总量4.3%、占长台闽经济总量13.8%的台湾处于分立状态；二是处于台湾海峡西面，雄踞祖国统一战略要塞的福建省经济总量偏小，仅占中华经济圈经济总量的4.0%、长台闽经济总量13.1%。福建省的发展事关祖国统一和亚太经济中心的形成，战略地位突出。20世纪90年代以来，福建省委、省政府围绕党中央、国务院提出的重大发展战略以及重大战略决策，不断调整区域发展战略。1995年，福建省委、省政府提出了"建设海峡西岸繁荣带"区域发展战略，首次提出了"海峡西岸"概念，并将发展战略向闽台合作交流延伸，突出闽台合作在福建发展中的战略地位；2004年，福建省委、省政府创造性地提出了"建设对外开放、协调发展、全面繁荣的海峡西岸经济区"区域发展战略，巧妙地实现了福建省的发展战略与长三角、珠三角的"率先发展战略"，江西省的"中部崛起战略"的战略融合，提升了闽台合作的战略空间，为把海峡西岸经济区建设成为科学发展的先行区、两岸人民交流合作的先行区，建设社会主义现代化强省创造了条件。

从福建到海峡西岸经济区，反映了福建发展战略定位的演进趋势。海峡西岸经济区是属于对台范畴，其要义在于通过两岸之间的社会文化互动、经济互动推进政治互动与祖国统一；海峡西岸经济区又是一个海洋范畴，其要义还在于以福建的率先发展来推进海峡经济一体化与亚太经济中心的形成和发展。从发展趋势看，福建发展的战略定位将呈现阶段性特征。第一步，通过海峡西岸经济区建设拉平福建与台湾的差距，福建 GDP 总量赶超台湾，这个目标已在 2019 年实现；第二步，海峡西岸向海峡演进，福建与台湾实现融合发展、一体化发展，形成海峡经济区，这个过程将伴随两岸的经济文化互动而水到渠成；第三步，海峡经济区与长三角经济区实现融合发展、一体化发展，形成长台闽经济区，以此整合形成亚太经济中心。由于台湾与大陆目前还没有实现统一，构建亚太经济中心需要提升福建的战略地位，促进从福建到海峡西岸经济区，到海峡经济区，到长台闽大湾区，再到亚太经济中心的"四级战略提升"成为新福建空间组织的基本方向。

第二节　区域协调发展战略

新时代，中国特色社会主义的主要矛盾已出现根本性变化，社会主要矛盾由"人民日益增长的物质文化需要同落后的社会生产之间的矛盾"转化为"人民日益增长的美好生活需要和不平衡不充分的发展之间的矛盾"。社会主要矛盾的历史性变化反映到国土空间上，集中表现为区域发展的不平衡不充分与城乡发展的不平衡不充分两方面。新时代的国家空间战略设计，在可持续发展战略、区域协调发展战略、主体功能区战略引领下，主要围绕区域协调发展战略、城乡融合发展战略展开顶层设计，并形成了以京津冀协同发展、长三角区域一体化发展、粤港澳大湾区建设与长江经济带发展、黄河流域生态保护与高质量发展的"3+2"为主体的区域重大战略，以及以新型城镇化战略、乡村振兴战略为主体的城乡融合发展战略，中心城市和城市群成为发展要素的主要空间组织形式。

长期以来，我国的区域发展是以行政区为主导的，在行政边界范围内开展空间战略谋划和空间治理，历史地形成了行政地理与自然地理、经济地理、文化地理之间的矛盾：一是行政地理相对独立，各个行政区以自我为中心，基于自然地理的跨行政区融合发展与一体化发展面临治理约束；二是经济地理规模不经济，以行政区为边界的市场体系与统一开放、竞争有序的国内市场体系不兼容，基于经济地理的跨行政区市场建设面临利益约束；三是文化地理中有文化冲突，经济互动、政治互动普遍缺乏社会文化互动基础，基于文化地理的跨行政区发展合作面临理念约束。

为有效解决行政区空间治理面临的新矛盾新问题，有效解决各行政区"画地为牢"式的发展弊端，从"十一五"开始，国家在区域协调发展战略的引领下逐渐形成了以区域发展总体战略、区域重大战略为主要内容的区域发展战略，提升区域发展的平衡性、协调性与可持续性。

一　区域发展总体战略

区域发展总体战略由东部地区率先发展、中部崛起、西部大开发、东北振兴、特殊类型地区发展五大板块组成。

（1）东部地区。2020年，东部地区实现GDP占全国的48.33%、人口占全国的39.09%。东部地区陆海兼备、经济发达、动力澎湃，是中华民族伟大复兴的战略依托。[1]

从2006年起，国家不断鼓励、支持东部地区率先发展，要求东部地区率先提高自主创新能力、率先转变经济发展方式、率先完善社会主义市场经济体制；2021年，"十四五"规划调整了东部地区的国家预期，鼓励东部地区加快推进现代化，推动东部地区率先实现高质量发展、率先实现产业升级、率先建立全方位开放型经济体系（见表3-2）[2]。

东部地区地处中国第一台地，宋代以来就一直是国家经济的中心、国家行政的中心，未来在中华民族走向世界舞台中央的历史进程中仍将扮演核心角色，发挥关键作用。

（2）中部地区。2020年，中部地区实现GDP占全国（中国大陆）的20.43%、人口占全国的25.24%。中部地区贯通南北、连接东西、底蕴深厚，是中华民族伟大复兴的脊梁，战略地位特殊。

2006年，中共中央、国务院印发《关于促进中部地区崛起的若干意见》，提出中部地区"一枢纽、三基地"的发展定位，即全国综合交通运输枢纽和全国重要粮食生产基地、能源原材料基地、现代装备制造及高技术产业基地；

---

[1]　广义上，东部地区除了中国大陆的10个省市外，还包括香港特别行政区、澳门特别行政区和台湾地区，也就是"10+3"。这里的数据仅包括中国大陆的10个省市。参阅表3-1，下同。

[2]　福建是东部地区的重要组成部分，但由于地处台湾海峡，连续三个五年规划，福建的区域发展战略都是以建设海峡西岸经济区为核心抓手的；2021年，"十四五"规划调整了福建的发展战略，要求福建探索海峡两岸融合发展新路，建设海峡两岸融合发展示范区。

2016 年，国务院印发《促进中部地区崛起规划（2016 至 2025 年）》，规划在继承原有的"一枢纽、三基地"定位基础上，提出"一中心、四区"的战略地位，即全国重要先进制造业中心和全国新型城镇化重点区、全国现代农业发展核心区、全国生态文明建设示范区、全方位开放重要支撑区。经过连续 15 年的战略推进，中部地区作为国家区域发展的重要战略单元，整体跑赢全国大盘，成为区域发展的新引擎（见表 3-3）。

表 3-2　区域发展总体战略（东部）

规划	"十一五"时期（2006~2010 年）	"十二五"时期（2011~2015 年）	"十三五"时期（2016~2020 年）	"十四五"时期（2021~2025 年）
标的	鼓励东部地区率先发展	积极支持东部地区率先发展	支持东部地区率先发展	鼓励东部地区加快推进现代化
核心内容	（1）率先提高自主创新能力（2）率先实现经济结构优化和发展方式转变（3）率先完善社会主义市场经济体制	（1）建设国家创新型城市和区域创新平台（2）推进京津冀、长三角、珠三角一体化发展（3）推进河北/江苏沿海地区、浙江舟山群岛新区、海峡西岸经济区、山东半岛蓝色经济区、海南国际旅游岛建设	（1）加快实现创新驱动发展转型（2）打造全球先进制造业基地（3）推进环渤海地区合作协调发展（4）支持珠三角地区建设开放创新转型升级新高地，深化泛珠三角区域合作	（1）率先实现高质量发展（2）率先实现产业升级（3）率先建立全方位开放型经济体系（4）支持深圳建设中国特色社会主义先行示范区、浦东打造现代化建设引领区、浙江建设共同富裕示范区，山东建设新旧动能转换综合试验区
福建	（1）继续发挥经济特区作用（2）支持海峡西岸和其他台商投资相对集中地区的经济发展	（1）支持海峡西岸经济区建设（2）提升台商投资区功能（3）加快平潭综合实验区开放开发（4）推进厦门两岸区域性金融服务中心建设	（1）推进海峡西岸经济区建设（2）打造台商投资区、平潭综合实验区、福州新区对台合作平台（3）建设厦门对台合作支点	（1）推进海峡两岸产业合作区、平潭综合实验区等平台建设（2）支持福建探索海峡两岸融合发展新路，加快两岸融合示范区建设

表 3-3　区域发展总体战略（中部）

规划	"十一五"时期（2006~2010 年）	"十二五"时期（2011~2015 年）	"十三五"时期（2016~2020 年）	"十四五"时期（2021~2025 年）
标的	促进中部地区崛起	大力促进中部地区崛起	促进中部地区崛起	开创中部地区崛起新局面

续表

规划	"十一五"时期 （2006~2010年）	"十二五"时期 （2011~2015年）	"十三五"时期 （2016~2020年）	"十四五"时期 （2021~2025年）
核心内容	（1）在发挥承东启西和产业发展优势中崛起 （2）支持山西、河南、安徽大型煤炭基地建设 （3）构建综合交通运输体系，加强物流中心等基础设施建设	（1）巩固综合交通运输枢纽地位 （2）有序承接东部和国际产业转移 （3）加快建设沿陇海、沿京广、沿长江中游经济带 （4）重点推进太原城市群、皖江经济带、鄱阳湖生态经济区、中原经济区、武汉城市圈、环长株潭城市群发展 （5）细化落实中部地区比照东北、西部有关政策	（1）制定实施新时期促进中部地区崛起规划 （2）支持中部地区建设现代立体交通体系和现代物流体系 （3）推进鄱阳、洞庭湖生态经济区和汉江、淮河生态经济带建设 （4）加快建设郑州航空港经济综合实验区 （5）支持发展内陆开放型经济	（1）在长江、京广、陇海、京九等沿线，布局建设中高端产业集群 （2）加快武汉、长株潭都市圈建设，推动长江中游城市群协同发展 （3）支持淮河、汉江生态经济带上下游合作联动发展 （4）加快对外开放通道建设，高标准建设内陆地区开放平台

中部地区地处中国第二台地，历史上长期是国家发展的中心，是中华文化的摇篮，未来在国家区域发展格局中仍将扮演战略支撑角色。

（3）西部地区。2020年，西部地区实现GDP占全国的19.61%、人口占全国的26.53%。西部地区幅员辽阔、资源富集、发展滞后，是区域发展不平衡不充分的矛盾主要方面，是中华民族伟大复兴的战略重点。

2000年，国务院就成立了西部地区大开发领导小组，将西部大开发纳入"十五"规划，并于2006年、2012年、2017年印发西部大开发"十一五、十二五、十三五"规划，对西部12个省份的协调发展进行顶层设计；2019年，国家发展改革委印发《西部陆海新通道总体规划》，提出建设北接丝绸之路经济带、南连21世纪海上丝绸之路的西部陆海新通道；2020年，中共中央、国务院印发《关于新时代推进西部大开发形成新格局的指导意见》，促进西部地区经济发展与人口、资源、环境相协调，努力实现不同类型地区互补发展、东西双向开放协同并进、民族边疆地区繁荣安全稳固、人与自然和谐共生，形成大保护、大开放、高质量发展的新格局；"十四五"规划对此进行了落地式的具体谋划（见表3-4）。

表 3-4　区域发展总体战略（西部）

规划	"十一五"时期 （2006~2010 年）	"十二五"时期 （2011~2015 年）	"十三五"时期 （2016~2020 年）	"十四五"时期 （2021~2025 年）
标的	推进西部大开发	推进新一轮西部大开发	深入推进西部大开发	推进西部大开发形成新局面
核心内容	（1）建设出境、跨区铁路和西煤东运新通道，建设电源基地和西电东送工程 （2）依托中心城市和交通干线，以线串点、以点带面，实行重点开发 （3）加强青藏高原生态安全屏障保护和建设	（1）将西部大开发战略置于区域发展总体战略优先位置 （2）加强基础设施建设，扩大铁路、公路、民航、水运网络 （3）发挥资源优势，建设国家能源、战略资源接续地和产业集聚区 （4）以线串点、以点带面，推进重庆、成都、西安区域战略合作 （5）加快发展呼包鄂榆、广西北部湾、成渝、黔中、滇中、藏南、关中-天水、兰州-西宁、宁夏沿黄、天山北坡等经济区	（1）把深入实施西部大开发战略放在优先位置，更好发挥"一带一路"建设对西部大开发的带动作用 （2）加快内外联通通道和区域性枢纽建设 （3）设立一批国家级产业转移园区 （4）加大门户城市开放力度，提升开放型经济水平	（1）积极融入"一带一路"建设，构建内陆多层次开放平台 （2）促进西北地区与西南地区合作联动 （3）推进成渝地区双城经济圈建设 （4）提升关中平原城市群建设水平 （5）支持新疆建设国家"三基地一通道" （6）支持西藏打造面向南亚开放的重要通道 （7）促进 400 毫米降水线西侧区域保护发展

西部地区地处中国三级台地的最高一级，历史上长期是国家行政的中心，是国家资源的战略接续地，在新时代构建新发展格局进程中仍将扮演战略大后方的重要角色。

（4）东北地区。2020 年，东北地区实现 GDP 占全国的 4.7%，人口占全国的 6.8%。东北地区拥有辉煌的历史，是新中国工业的摇篮，是新时代国家粮食安全的"压舱石"。

老工业基地的调整、改造、振兴，是工业化进程中的共性问题，也是世界性难题。进入 21 世纪以来，东北地区作为共和国的老工业基地，面临新问题。振兴东北，政策设计的初始切入点就是振兴东北老工业基地，但由于东北工业以国有企业为主导，市场作用发挥不充分，加上非公有制经济特别是民营经济发展滞后，历经三个"五年规划"推进的振兴东北地区等老工业基地效果不尽如人意。"十四五"规划将振兴东北的战略重点进行重大调整，从国家国防、粮食、生态、能源、产业安全多点入手推进重点突破，以重点突破推动东北振兴取得新突破，并持续引入"战略力量"深化与东部地区对口合作（见表3-5）。①

表3-5 区域发展总体战略（东北）

规划	"十一五"时期（2006~2010年）	"十二五"时期（2011~2015年）	"十三五"时期（2016~2020年）	"十四五"时期（2021~2025年）
标的	振兴东北地区等老工业基地	全面振兴东北地区等老工业基地	大力推动东北地区等老工业基地振兴	推动东北振兴取得新突破
核心内容	（1）加快产业结构调整和国有企业改革改组改造 （2）建立资源开发补偿机制和衰退产业援助机制 （3）抓好阜新、大庆、伊春、辽源等资源枯竭型城市经济转型试点 （4）扩大与毗邻国家的经济技术合作 （5）支持其他地区老工业基地的振兴	（1）深化国有企业改革，大力发展非公有制经济和中小企业 （2）建设稳固的国家粮食战略基地 （3）促进资源枯竭地区转型发展，推进资源型城市可持续发展 （4）推进辽宁沿海经济带和沈阳经济区、长吉图经济区、哈大齐和牡绥地区发展 （5）统筹推进全国老工业基地调整改造	（1）加快市场取向的体制机制改革，加快建设服务型政府，加快发展民营经济 （2）深入推进国资国企改革 （3）支持资源型城市转型发展 （4）加快建设快速铁路网和电力外送通道 （5）支持建设面向俄日韩等国家的合作平台	（1）加快转变政府职能，深化国有企业改革攻坚，大力发展民营经济 （2）打造辽宁沿海经济带、建设长吉图开发开放先导区、提升哈尔滨对俄合作开放能级 （3）筑牢祖国北疆生态安全屏障 （4）打造保障国家粮食安全的"压舱石" （5）深化与东部地区对口合作

东北地区地处东北亚腹地，是中日韩区域合作的桥头堡、中蒙俄战略合作的承载地、中朝传统合作的先行区，在中华民族伟大复兴历史进程中仍将扮演面向东北亚国家区域一体化的"领头羊"角色。

（5）特殊类型地区。理论上，东部、中部、西部、东北四大板块的差异化部署，实现了国土空间的全覆盖，却存在着特殊性关照不足的功能缺陷，无法关照到特殊类型地区的发展（见表3-6）。

---

① 2017年3月7日，国务院办公厅印发《关于东北地区与东部地区部分省市对口合作工作方案的通知》（国办发〔2017〕22号），组织东北地区与东部地区部分省市建立对口合作机制，明确辽宁省与江苏省、吉林省与浙江省、黑龙江省与广东省建立东北三省与东部三省对口合作关系，明确沈阳市与北京市，大连市与上海市，长春市与天津市，哈尔滨市与深圳市建立东北四市与东部四市对口合作关系，推进东北振兴与"三大战略"对接融合。

表 3-6　区域发展总体战略（特殊类型地区）

规划	"十一五"时期（2006~2010 年）	"十二五"时期（2011~2015 年）	"十三五"时期（2016~2020 年）	"十四五"时期（2021~2025 年）
标的	支持革命老区、民族地区和边疆地区发展	加大对革命老区、民族地区、边疆地区和贫困地区支持力度	扶持特殊类型地区发展	支持特殊类型地区发展
核心内容	（1）加大财政转移支付力度和财政性投资力度（2）发展民族特色产业、民族特需商品、民族医药产业（3）推进兴边富民行动（4）继续实行支持西藏、新疆、新疆生产建设兵团发展的政策	（1）加强基础设施建设，强化生态保护修复，提供公共服务水平，切实改善老少边穷地区生产生活条件（2）深入推进兴边富民行动，陆地边境地区享有西部开发政策（3）实施扶贫开发工程，重点推进南疆地区、青藏高原东缘地区、武陵山区、乌蒙山区、滇西边境山区、秦巴山—六盘山区等集中连片特殊困难地区发展（4）实行地区互助政策，开展多种形式对口支援	（1）支持革命老区开发建设，大力推动赣闽粤原中央苏区、陕甘宁、大别山、左右江、川陕等重点贫困革命老区发展（2）推动少数民族地区健康发展，加大对西藏和四省涉藏州县支持力度，支持新疆南疆四地州加快发展，加强跨省区对口支援和对口帮扶工作（3）推进边疆地区开发开放，新疆建成向西开放重要窗口、西藏建成面向南亚开放重要通道、云南建成面向南亚东南亚辐射中心、广西建成面向东盟国际大通道，支持黑吉辽蒙建成向北开放重要窗口和东北亚区域合作中心枢纽（4）促进困难地区转型发展，促进资源枯竭、产业衰退、生态严重退化等困难地区发展接续替代产业	（1）统筹推进革命老区振兴，支持赣闽粤原中央苏区高质量发展示范（2）推进生态退化地区综合治理和生态脆弱地区保护修复（3）推动资源型地区可持续发展示范区和转型创新试验区建设（4）推进老工业基地制造业竞争优势重构，建设产业转型升级示范区（5）改善国有林场林区基础设施（6）实施促进边境地区发展工程，建设边境城镇、抵边村庄、延边抵边公路、边境机场、边境口岸

　　从"十一五"规划开始，国家对革命老区、民族地区、边疆地区的发展进行专门部署；"十二五"规划又增加对贫困地区的发展部署；"十三五"规划开始，将上述四类区域统称为特殊类型地区，并将资源枯竭、产业衰退、生态退化地区纳入困难地区管理，将老工业、独立工矿区、采煤沉陷区、国有林场和林区纳入困难地区管理；"十四五"规划进一步将高海拔地区发展纳入困难地区进行专门部署，从社会主义共同富裕的高度对特殊类型地区进

行了转段式的升级部署。从而形成了东、中、西、东北之外的区域协调发展"第五板块"。

特殊类型地区涵盖东、中、西、东北各个板块，是区域协调发展的短板和弱项，也是区域发展不平衡不充分的集中体现，是新时期实施区域协调发展战略的难点和痛点，是新时代全面建设社会主义现代化国家进程中需要花大力气解决的重点领域和关键环节。

坚持实施推进西部大开发，振兴东北等老工业基地，促进中部地区崛起、鼓励东部地区率先发展的区域发展总体战略，是改革开放以来国家空间战略的"底色"。区域发展总体战略是区域协调发展战略在国土空间上的映射，战略设计的初衷是按照发挥比较优势、加强薄弱环节、享受均等化基本公共服务的要求，逐步形成主体功能清晰、东中西良性互动、公共服务和人民生活差距趋向缩小的区域协调发展格局。从战略实施效果看，基本实现战略目的。中国生产力与人口空间分布见图 3-1。

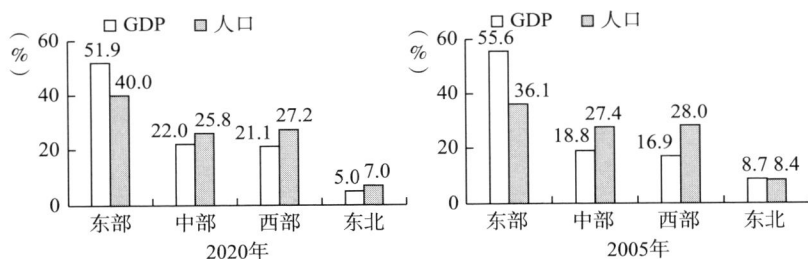

图 3-1 中国生产力与人口空间分布（2020 年与 2005 年比较）

第一，实现了人口向海集聚，东部地区人口占全国的比重由 2005 年的 36.1% 提升到 2020 年的 40.0%；

第二，缩小了中西部与东部的发展差距，中西部 GDP 占全国的比重由 2005 年的 35.7% 提升到 2020 年的 43.1%；同期，人口占比由 55.4% 下降到 53.0%。

第三，唯一的遗憾在东北地区，发展差距不但没有缩小，反而扩大，东北地区 GDP 占全国的比重由 2005 年的 8.7% 下降至 2020 年 5.0%；同期，人口的占比由 8.4% 下降至 7.0%，形成了 GDP 与人口的占比双降、GDP 占比降速快于人口降速的不利发展局面。

总体上，区域发展总体战略是有效的，战略实施缩小了中西部与东部的发展差距，促进形成了东中西协同发展的新格局。面向未来，区域发展总体战略亟须在两方面的战略提升。

一是东部地区的战略突破，东部地区是中国生产力和人口空间布局的主体，是中国特色社会主义的优质资产和中国特色社会主义现代化的关键所在，期待新的战略部署。①

二是东中西的空间融合，现行的基于财政转移支付、区域对口帮扶和产业梯度转移的制度安排不足以全面实现区域融合发展与一体化发展，期待新的战略安排。

鉴于此，党的十八大以来，党中央、国务院逐渐形成了新时代的区域重大战略，作为区域发展总体战略的战略延伸，促进区域间融合互动、融通补充。

二　区域重大战略

区域重大战略主要围绕东部地区、长江流域、黄河流域开展顶层设计。其中，东部地区立足中国第一台地，面向中国海，筑牢中国特色社会主义现代化的战略基础；长江流域、黄河流域立足长江、黄河中华文明"母亲河"，夯实中西部与东部融合发展的空间基础；从而形成了以京津冀协同发展、长三角区域一体化发展、粤港澳大湾区建设为核心的东部地区区域重大战略，以及以长江经济带建设、黄河流域生态保护和高质量发展为核心的东中西融合发展区域重大战略，形成了"3+2"区域重大战略新格局（见表3-7）。

（1）东部地区区域重大战略。东部地区是我国经济发展最活跃、开放程度最高、创新能力最强的区域，在国家现代化建设大局和全方位开放格局中战略地位特殊。东部地区区域重大战略着力围绕东部地区三大增长极展开。

首先是北京，2015年，中共中央、国务院印发《京津冀协同发展规划纲要》，要求以疏解北京非首都功能推动京津冀协同发展，调整区域经济结构和空间结构，推动河北雄安新区和北京城市副中心建设，探索超大城市、特大城市等人口经济密集地区有序疏解功能，有效治理"大城市病"的优化开发模式，并将雄安新区定位为继深圳特区、浦东新区第三个具有全国意义的新区。

其次是上海，2018年，习近平总书记在首届中国国际进口博览会上宣布支持长江三角洲区域一体化发展并上升为国家战略；2019年，《长江三角洲区域一

---

① 区别于中部、西部、东北乃至特殊类型地区的统一部署，国家对东部地区没有统一部署，而是分段部署。在中国特色社会主义现代化的历史进程中，东部地区自身的一体化至关重要，期待打造从北京到海南、从渤海（黄海）到南海，陆海统筹、融合发展的国土空间成熟开发新格局。

体化发展规划纲要》发布，上海被推到了长江三角洲区域发展的"龙头"地位。

最后是深圳，作为新时代珠江三角洲的领头羊，如何推进提升深圳在世界经济格局中的能级和水平，推进珠江三角洲与香港、澳门两个特别行政区一体化发展，成为新时代新课题；2019年，中共中央、国务院印发《粤港澳大湾区发展规划纲要》，推进香港、澳门融入国家发展大局，深化内地与港澳合作，进一步提升粤港澳大湾区在国家经济发展和对外开放中的支撑引领作用。

（2）长江黄河流域区域重大战略。长江、黄河是串联东部与中西部国土空间的桥梁和纽带，是支撑东中西区域协调发展的战略资源（见表3-8）。

2016年，中共中央、国务院发布《长江经济带发展规划纲要》，提出充分发挥长江经济带横跨东中西三大板块的区位优势，以共抓大保护、不搞大开发为导向，以生态优先、绿色发展为引领，依托长江黄金水道，推动长江上中下游地区协调发展和沿江地区高质量发展。

2021年，中共中央、国务院印发《黄河流域生态保护和高质量发展规划纲要》，提出将黄河流域生态保护和高质量发展作为事关中华民族伟大复兴的千秋大计，统筹谋划上中下游、干流支流、左右两岸的保护和治理，保障黄河安澜；强化全流域协同合作，有效支撑"缩小南北方发展差距、促进民生改善"的战略需要。

综上，通过对国土空间布局的系统性重构，国家层面逐渐形成了以东部、中部、西部、东北四大板块为基础，以京津冀协同发展、长三角区域一体化发展、粤港澳大湾区建设等重大战略为引领的空间开发新格局，通过长江经济带发展、黄河流域生态保护和高质量发展等重大战略推进国内东中西和南北方融合发展，并通过"一带一路"建设等重大战略推进境内外、国内外融合发展，形成"四三二一"空间开发新格局，区域协调发展进入新阶段，国土空间开发进入新时代。

表3-7　区域重大战略（东部地区）

战略	京津冀协同发展	长三角一体化发展	粤港澳大湾区建设
目标	（1）疏解北京非首都功能 （2）探索人口经济密集地区优化开发模式 （3）培育新增长极	（1）探索区域一体化发展新模式，引领长江经济带发展 （2）引领全国高质量发展、建设现代化经济体系 （3）引领全国参与全球合作和竞争	（1）推动形成全面开放新格局 （2）推动"一国两制"新实践 （3）建设一流湾区和世界级城市群

续表

战略	京津冀协同发展	长三角一体化发展	粤港澳大湾区建设
"十四五"重点工作	（1）实施一批非首都功能标志性疏解项目 （2）高标准高质量建设雄安新区 （3）高质量建设北京城市副中心 （4）推动天津滨海新区高质量发展 （5）基本建成轨道上的京津冀	（1）加快建设 G60 科创走廊和沿沪宁产业创新带 （2）加快基础设施互联互通 （3）打造虹桥国际开放枢纽 （4）高水平建设长三角生态绿色一体化发展示范区（上海青浦、江苏吴江、浙江嘉善）	（1）完善广深港、广珠澳科创走廊和深港河套、粤澳横琴科创极点"两廊两点"架构体系，推进综合性国家科学中心建设 （2）加快城际铁路建设 （3）统筹港口和机场功能布局 （4）优化航运和航空资源配置

表 3-8　区域重大战略（长江黄河流域）

战略	长江经济带建设	黄河流域生态保护和高质量发展
区域	上海、江苏、浙江、安徽、江西、湖北、湖南、重庆、四川、云南、贵州 11 省市，流域面积约 205 万平方千米，人口约 6.0 亿（2019 年）	青海、四川、甘肃、宁夏、内蒙古、山西、陕西、河南、山东 9 省区，流域面积约 130 万平方千米，人口约 1.3 亿（2019 年）
空间布局	一轴两翼三级多点 一轴：长江黄金水道 两翼：沪瑞、沪蓉南北两通道 三级：长三角城市群、长江中游城市群、成渝城市群 多点：其他城市	一轴两区五级 一轴：新亚欧大陆桥 两区：粮食、能源主产区 五级：山东半岛城市群、中原城市群、关中平原城市群、兰州－西宁城市群和黄河"几"字湾都市圈
"十四五"重点工作	（1）围绕建设长江大动脉，整体设计综合交通运输体系 （2）加快沿江高铁和货运铁路建设 （3）推动长江全领域按单元精细化分区管控，实施城镇污水垃圾处理、工业污染治理、农业面源污染治理、船舶污染治理、尾矿库污染治理工程 （4）实施长江十年禁渔	（1）提升上游水源涵养能力，创新中游水土流失治理方式，推动下游悬河治理 （2）合理控制煤炭开发强度 （3）优化中心城市和城市群发展格局 （4）建设黄河流域生态保护和高质量发展先行区

三　新福建的区域战略

协调发展是新时代的五大新发展理念之一，涉及城乡、区域、经济与社会、人与自然、国内与国际等核心范畴。按照协调程度的梯度进阶要求，政策设计已经形成了协调、协同、融合、一体化的迭代路线，以及行政地理、自然地理、经济地理、文化地理的迭代路线。新福建实施区域协调发展战略，要沿着协调发展的迭代路线完善战略细化工作。一是山海协作，以都市圈、流域上下游、革命老区合作为重点，推进沿海与山区协调发展；二是陆海统筹，以城市群、产业群、港口群合作为重点，推进陆地与海洋协调发展；三是海峡两岸融合发展，不断探索海峡两岸融合发展新路，全方位推进海峡两岸融合发展示范区建设；四是东南沿海区域一体化发展，全方位推进福建与长三角、珠三角一体化发展，推进苏浙沪闽粤一体化发展。

（1）从省内看，着力实施福建版"3+2"区域重大战略。福建的国土空间几乎是中国内陆国土空间的"镜像"。西部武夷山脉将福建国土与中国内陆国土隔开，中部的鹫峰山、戴云山将福建切割出闽江和九龙江两条"大动脉"，形成了山区、沿海、海洋三大空间板块，具备条件构建"缩小版"的国家区域重大战略。一是以京津冀协同发展为蓝本，推进闽江口区域协同发展，建设福州国家中心城市；二是以长三角一体化发展为蓝本，推进晋江口区域一体化发展，建设泉州国际工业城市；三是以粤港澳大湾区建设为蓝本，推进九龙江口融合发展与一体化发展，建设厦门大湾区；四是以长江经济带建设为蓝本，推进闽江经济带建设；五是以黄河流域生态保护和高质量发展为蓝本，推进九龙江流域生态保护与高质量发展；以此构建新福建"3+2"区域重大战略。

（2）从省际看，着力推进跨界区域共建共享。按照行政地理与自然地理相协调原则，推进闽粤、闽赣、闽浙跨界区域协调、协同、融合、一体化发展。一是推动省际毗邻区域协调发展，加强省际交界地区合作，以客家文化为纽带，推进闽粤赣毗邻区域协同发展，以百越文化为纽带，推进闽浙赣毗邻区域协同发展，构建省际毗邻区域协同发展新机制。二是加强省际交界地区城市间交流合作，建立健全跨省城市政府间联席会议制度，完善省际会商机制，探索建立统一规划、统一管理、合作共建、利益共享的合作新机制。三是共建省际产业合作园区，在漳州建设闽粤产业合作园区，有序推动深圳产业跨区域转移和生产要素双向流动，推动产业深度对接、集群发展；在宁德建设闽浙产业合作园区，闽浙联手共同打造上海配套功能拓展区和非核心功能疏解承载地。四是联合推动跨界生态文化旅游发展，以闽浙赣皖毗邻区域生态旅游合作为重点，强化跨界丘陵山地的开发管控和景观协调，共同打造长三角绿色美丽大花园、打造长三角美好生活的"生态绿心"。

（3）从国内看，着力构建"5+3"一体化发展新格局。发挥台湾海峡的战略枢纽作用，统筹推进海峡两岸融合发展与东南沿海区域一体化发展。一是以探索海峡两岸融合发展新路为总抓手，以建设海峡两岸融合发展示范区为引领，创造性吸收、借鉴香港、澳门"一国两制"的成功经验，推进福建与台湾融合发展；二是紧跟国家推进长江三角洲区域一体化发展、粤港澳大湾区建设，推进福建融入和服务两个三角洲，推进苏浙沪闽粤东南沿海五省市一体化发展；三是以台湾海峡为纽带，推进长江三角洲、海峡两岸、粤港澳大湾区一体化发展，打造苏浙沪闽粤与港澳台"5+3"东南沿海一体化发展新格局。

第三节　新型城镇化战略

工业革命以来的经济社会发展史表明，一国要成功实现现代化，在工业化发展的同时必须注重城镇化发展。城镇化是伴随工业化发展，非农产业在城镇集聚、农村人口向城镇集中的自然历史过程，是人类社会发展的客观趋势，是国家现代化的重要标志。随着1964年确立的工业、农业、国防、科学技术现代化被2012年确立的工业化、信息化、城镇化、农业现代化迭代[①]，特别是2013年中央城镇化工作会议、2015年中央城市工作会议的历史性重启，渐进式形成了城镇化与城市工作的新平台。

一是2006年开始实施的主体功能区战略，将国土空间划分为城市空间、农业空间和生态空间，划分为城市化地区、农产品主产区和重点生态功能区，城市化地区以提供工业品和服务产品为主体功能。

二是2013年开始实施的新型城镇化战略，提出以人的城镇化为核心，有序推进农业转移人口市民化；以"两横三纵"为城镇化战略格局主体，以城市群为主体形态，推动大中小城市和小城镇协调发展，形成以工促农、以城带乡、工农互惠、城乡一体的新型工农、城乡关系。

三是2018年开始实施的乡村振兴战略，指出农业农村农民问题是关系国计民生的根本性问题，要按照产业兴旺、生态宜居、乡风文明、治理有效、生活富裕的总要求，建立健全城乡融合发展体制机制和政策体系，推动农业全面升级、农村全面进步、农民全面发展，让农业成为有奔头的产业，让农民成为有吸引力的职业，让农村成为安居乐业的美丽家园。

在主体功能区战略的牵引下，新型城镇化战略和乡村振兴战略成为新时

---

① 中华人民共和国成立以来，"四化"经历了两次迭代：第一次是1964年的工业、农业、国防、科学技术现代化迭代1954年的工业、农业、交通运输业、国防现代化；第二次是2012年的工业化、信息化、城镇化、农业现代化迭代1964年的工业、农业、国防、科学技术现代化。

代优化人口空间布局的主赛道。

一 城镇化的战略演进

我们党是从乡村起家的。1949 年 3 月，党的七届二中全会在西柏坡召开，全会着重讨论了党的工作重心由乡村移到城市的问题。毛泽东指出，从 1927 年到现在，我们的工作重点在乡村，用乡村包围城市，然后取得城市，从现在起开始了由城市到乡村并由城市领导乡村的时期，党必须用极大的努力去学会管理城市和建设城市。遗憾的是，此后 30 年我国城市化进程缓慢，1978 年末常住人口城镇化率仅为 17.9%，与 1949 年末的 10.6% 基本上处在同一发展阶段，直到改革开放后特别是 21 世纪以来才逐步实现加快城市化进程。大体上，1949~2020 年我国的城市化进程可分为五个阶段（见图 3-2）。

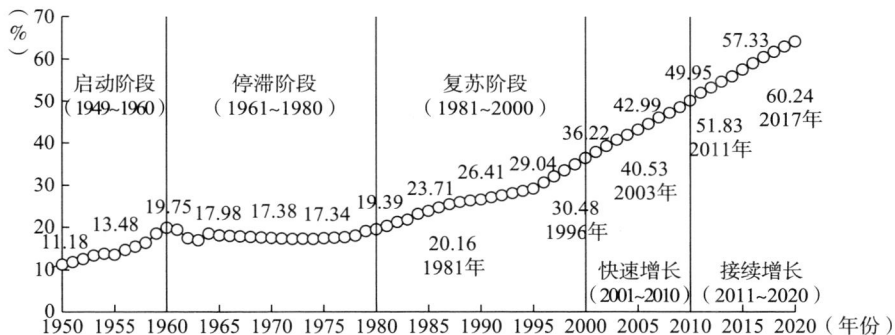

图 3-2 我国城镇化率的历史演进（1949~2020 年）

（1）启动阶段（1949~1960 年）。城镇化率由 1949 年的 10.64% 提升到 1960 年的 19.75%，提升了 9.11 个百分点。

（2）停滞阶段（1961~1980 年）。城镇化率不升反降，最低降至 1963 年的 16.84%，二十年间城镇化率基本上是一条水平线，长期维持在 17% 左右。

（3）复苏阶段（1981~2000 年）。城镇化率受工业化的激励自然增长，由 1981 年的 20.16% 提升到 2000 年的 36.22%，二十年间提升了 16.06 个百分点。

（4）快速增长阶段（2001~2010 年）。通过实施城镇化战略，城镇化率由 2001 年的 37.66% 提升到 2010 年的 49.95%，十年间提升了 12.29 个百分点。

（5）接续增长阶段（2011~2020 年）。通过实施新型城镇化战略，城镇化率先后跨过 50%、60% 门槛，由 2011 年的 51.83% 提升至 2020 年的 63.89%，十年间提升了 12.06 个百分点。

总体上，21 世纪以来的城市化进程全面提速。常住人口城镇化率从 2000

年的 36.22% 起步，20 年间连续跨越 40%、50%、60% 的门槛，逐步形成了具有中国特色的新型城镇化发展道路。

截至 2020 年底，我国拥有 4 座直辖市、293 座地级以上城市、388 座县级市，合计 685 座城市；同时，我国还拥有 1429 个县、29966 个乡镇，城市、县、乡镇呈现"百千万"不同数量级，县和乡镇在数量上远大于城市。城市化进程必须兼顾以县城为重要载体的城镇化建设，这是长期城乡二元结构格局下推进城市化进程必须补齐的短板和弱项，也是我国强调城镇化而不是城市化的根本原因。我国的城市化必须在城镇化的大格局下整体推进①。二十年来，尽管经历了小城镇与大城市的路线之争，尽管城镇化过程中带来了农村转移人口市民化的制度性问题，但伴随着 2011 年常住人口城镇化率历史性地超过 50%，城市超过乡村成为我国人民生产、生活的主要载体，2022 年城镇化率已提升至 65.22%，新型城镇化战略的顶层设计在五个"五年规划"梯次迭代中逐渐成熟、定型，逐渐形成了"两横三纵"的城镇化空间意象，头部城市、腰部城市、基础城市与中心城市、都市圈、城市群协调推进的城镇体系。关于城镇化顶层设计见表 3-9。

表 3-9 城镇化顶层设计（2001~2025 年）

计划规划	"十五"时期（2001~2005 年）	"十一五"时期（2006~2010 年）	"十二五"时期（2011~2015 年）	"十三五"时期（2016~2020 年）	"十四五"时期（2021~2025 年）
标的	实施城镇化战略促进城乡共同进步	促进城镇化健康发展	积极稳妥推进城镇化	推进新型城镇化	完善新型城镇化战略提升城镇化发展质量
核心内容	（1）形成合理的城镇体系（2）有重点地发展小城镇（3）消除城镇化的体制和政策障碍	（1）分类引导人口城镇化（2）形成合理的城镇化空间格局（3）加强城市规划建设管理（4）健全城镇化发展的体制机制	（1）构建城市化战略格局（2）稳步推进农业转移人口转为城镇居民（3）增强城镇综合承载能力	（1）加快农业转移人口市民化（2）优化城镇化布局和形态（3）建设和谐宜居城市（4）健全住房供应体系（5）推动城乡协调发展	（1）加快农业转移人口市民化（2）完善城镇化空间布局（3）全面提升城市品质

1. 空间意象

我国从"十一五"规划开始谋划城镇化的空间意象，逐渐形成了"两横

---

① 数据来源：《中国统计年鉴 2021》。

三纵"的城镇化空间格局。

"十一五"规划提出，把城市群作为推进城镇化的主体形态，逐步形成以沿海和京哈京广线为纵轴，长江及陇海线为横轴，若干城市群为主体，其他城市和小城镇点状分布的城镇化空间格局。

①"十二五"规划提出，构建以陆桥通道、沿长江通道为两条横轴，以沿海、京哈京广、包昆通道为三条纵轴，以轴线上若干城市群为依托，其他城市化地区和城市为重要组成部分的城市化战略格局。

②"十三五"规划提出，加快构建以陆桥通道、沿长江通道为横轴，以沿海、京哈京广、包昆通道为纵轴，大中小城市和小城镇合理布局、协调发展的"两横三纵"城市化战略格局。

③"十四五"规划提出，以促进城市群发展为抓手，全面形成"两横三纵"城镇化战略格局。

国家"两横三纵"城镇化发展格局的形成，战略依托于国家综合立体交通网络。根据《国家综合立体交通网规划纲要》（2021—2035年），国家综合立体交通网连接全国所有县级及以上行政区、边境口岸、国防设施、主要景区等，着力完善铁路、公路、水运、民航、邮政快递等基础设施网络，构建以铁路为主干，以公路为基础，水运、民航比较优势充分发挥的国家综合立体交通网，推进交通与国土空间开发保护、产业发展、新型城镇化协调发展，促进军民融合发展，有效支撑国家重大战略；重点建设国家综合立体交通网主骨架、国家综合交通枢纽系统和全球运输网。

国家综合立体交通网主骨架由国家综合立体交通网中最为关键的线网构成，是我国区域间、城市群间、省际以及连通国际运输的主动脉，是支撑国土空间开发保护的主轴线，也是各种运输方式资源配置效率最高、运输强度最大的骨干网络。依据国家区域发展战略和国土空间开发保护格局，结合未来交通运输发展和空间分布特点，将重点区域按照交通运输需求量级划分为3类。

①极。京津冀、长三角、粤港澳大湾区和成渝地区双城经济圈4个地区。

②组群。长江中游、山东半岛、海峡西岸、中原地区、哈长、辽中南、北部湾和关中平原8个地区。

③组团。呼包鄂榆、黔中、滇中、山西中部、天山北坡、兰州-西宁、宁夏沿黄、拉萨和喀什9个地区。

按照极、组群、组团之间交通联系强度，打造由6条主轴、7条走廊、8

条通道组成的国家综合立体交通网主骨架；同步打造 7 条陆路国际运输通道和 4 条海上国际运输通道。

国家综合交通枢纽系统①由综合交通枢纽集群、枢纽城市、枢纽港站组成，建设京津冀、长三角、粤港澳大湾区、成渝地区双城经济圈 4 大国际性综合交通枢纽集群，建设约 20 个国际性综合交通枢纽城市、约 80 个全国性综合交通枢纽城市，建设一批国际性枢纽港站、全国性枢纽港站。

福建地处"两横三纵"城镇化格局中的纵线"沿海通道"，在国家综合立体交通网主骨架中处在长三角、粤港澳大湾区两极之间，拥有 2 条主轴和 2 条通道。

①京津冀-粤港澳主轴。路径 1：北京经雄安、衡水、阜阳、九江、赣州至香港（澳门）；支线：阜阳经黄山、福州至台北。

②长三角-粤港澳主轴。路径 1：上海经宁波、福州至深圳；路径 2：上海经杭州、南平至广州。

③福银通道。福州经南昌、武汉、西安至银川；支线：西安经延安至包头。

④厦蓉通道。厦门经赣州、长沙、黔江、重庆至成都。

在国家综合交通枢纽系统中，厦门纳入国际性综合交通枢纽城市建设，厦门港纳入国际枢纽海港建设，打造厦门东南国际航运中心。强化国际航运中心辐射能力，完善经日韩跨太平洋至美洲，经东南亚至大洋洲，经东南亚、南亚跨印度洋至欧洲和非洲，跨北冰洋的冰上丝绸之路等 4 条海上国际运输通道。

综合交通运输网络是"两横三纵"城镇化空间布局的先行工程，在城镇化建设过程中居于优先地位。

2. 城镇体系

在"两横三纵"城镇化战略格局中，由大中小城市和小城镇组成的城镇体系的布局、形态等结构性特征，从根本上决定城市化的功能与效用。"十一五"以来，围绕优化城镇化布局和形态，促进大中小城市与小城镇协调发展中心议题，一以贯之推进大中小城市和小城镇持续、健康成长。

①"十一五"规划②提出，坚持大中小城市和小城镇协调发展，鼓励农村人口进入中小城市和小城镇定居，特大城市要控制人口过快增长。

②"十二五"规划③提出，按照统筹规划、合理布局、完善功能、以大

---

① 《国家综合立体交通网规划纲要》。
② 《中华人民共和国国民经济和社会发展第十一个五年规划纲要》。
③ 《中华人民共和国国民经济和社会发展第十二个五年规划纲要》。

带小的原则，遵循城市发展客观规律，以大城市为依托，逐步形成辐射作用大的城市群，促进大中小城市和小城镇协调发展。

③"十三五"规划①提出，加快城市群建设发展，发展一批中心城市，增强中心城市辐射带动功能，加快发展中小城市和特色镇，符合条件的县和特大镇可有序改市，优化城镇化布局和形态。

④"十四五"规划②提出，发展壮大城市群和都市圈，分类引导大中小城市发展方向和建设重点，形成疏密有致、分工协作、功能完善的城镇化空间布局；优化提升超大城市特大城市中心城区功能，完善大中城市宜居宜业功能，推进以县城为重要载体的城镇化建设，稳步有序推动符合条件的县和镇区常住人口 20 万以上的特大镇设市。

经过连续 20 年的加快城市化进程，我国的城镇常住人口从 2000 年的 4.59 亿人增长至 2020 年的 9.02 亿人，20 年间有 4.43 亿人从乡村进入城市，年均超过 2200 万人，不仅成就了一批新生中小城市，也造就了一批超大特大城市和大中城市，形成了具有中国特色的城镇体系，中国 7 座超大城市与 14 座特大城市概况见表 3-10。

表 3-10　七座超大城市与十四座特大城市（2020 年）

区域	名称		人口数（万人）	城区人口数（万人）	城市类型	城市属性
东部	1	北京	2189	1775	超大城市	直辖市
	2	天津	1387	1093	超大城市	直辖市
	3	济南	920	588	特大城市	副省级省会城市
	4	青岛	1007	601	特大城市	计划单列市
	5	上海	2487	1987	超大城市	直辖市
	6	南京	931	791	特大城市	副省级省会城市
	7	杭州	1194	874	特大城市	副省级省会城市
	8	广州	1868	1488	超大城市	副省级省会城市
	9	深圳	1749	1744	超大城市	计划单列市
	10	东莞	1047	956	特大城市	地级市
	11	佛山	950	854	特大城市	地级市

① 《中华人民共和国国民经济和社会发展第十三个五年规划纲要》。
② 《中华人民共和国国民经济和社会发展第十四个五年规划和 2035 年远景目标纲要》。

区域		名称	人口数 （万人）	城区人口数 （万人）	城市类型	城市属性
中部	1	武汉	1245	995	特大城市	副省级省会城市
	2	郑州	1260	534	特大城市	省会城市
	3	长沙	1005	555	特大城市	省会城市
西部	1	重庆	3205	1634	超大城市	直辖市
	2	成都	2094	1334	超大城市	副省级省会城市
	3	昆明	846	534	特大城市	省会城市
	4	西安	1218	928	特大城市	副省级省会城市
东北	1	哈尔滨	1001	550	特大城市	副省级省会城市
	2	沈阳	907	707	特大城市	副省级省会城市
	3	大连	745	521	特大城市	计划单列市

数据来源：2020 年第七次全国人口普查。

①头部城市。以 4 个直辖市、5 个计划单列市、10 个副省级省会城市为主体，发育形成了北京、天津、上海、重庆、成都、广州、深圳 7 座城区人口超过 1000 万的超大城市，以及济南、青岛、南京、杭州、东莞、佛山、武汉、郑州、长沙、昆明、西安、哈尔滨、沈阳、大连 14 座城区人口超过 500 万的特大城市。其中，东莞、佛山以地级市成功晋级，郑州、长沙、昆明以省会城市成功晋级。头部城市是我国城镇体系的"第一方阵"，是国家城市化引擎，承担全球资源配置、科技创新策源、高端产业引领功能。

②腰部城市。以城区常住人口 100 万以上 500 万以下的近百座大城市为主体，包括长春、厦门、宁波等副省级城市，石家庄、福州、海口、太原、合肥、南昌、南宁、贵阳、拉萨、兰州、银川、西宁、乌鲁木齐、呼和浩特等省会城市，以及苏州、无锡、南通、泉州等新兴工业城市。腰部城市是我国城镇体系的"第二方阵"，是区域城市化引擎，部分城市具备成长为头部城市的条件和能力。

③基础城市。以城区常住人口低于 100 万的中小城市、由县和特大镇成长起来的新生中小城市，以及县城和特大镇为主体，量多面广。基础城市是我国城镇体系的"第三方阵"，是城市化的民生基础，部分城市具备条件成长为腰部城市。

头部城市、腰部城市、基础城市组成了我国城镇体系的"城市森林"。按照 2035 年基本实现现代化时常住人口城镇化达到 75% 测算，未来十几年我国还将有超过 1.56 亿乡村人口进入城市，年均超过 1000 万，"城市森林"还将进一步发育、成长、壮大、优化组合。

3. 育成模式

为全面优化"城市森林"的"林分结构"与"林相层次"，增强城镇综合承载能力，国家层面逐渐建构了基于中心城市、城市群、都市圈的"城市森林"育成模式。

（1）中心城市。中心城市在国家城市体系中居于最高层级，属于"塔尖"城市，一般居于国家战略要津，肩负国家使命，代表国家形象，引领区域发展，参与国际竞争；国家中心城市以直辖市、省会城市、计划单列市和重要节点城市为主体，统筹沿海中心城市、内陆中心城市、区域重要节点城市功能分布。目前已明确北京、天津、上海、重庆以及广州、武汉、郑州、成都、西安 9 个城市为国家中心城市，并支持深圳建设全球海洋中心城市。在国家中心城市赛道上，目前有东部的济南、青岛、南京、杭州、福州、厦门，中部的合肥、长沙、南昌，西部的昆明、乌鲁木齐，东北的沈阳、长春，合计 13 个城市提出争创国家中心城市。此外，北京、天津、上海以及大连、青岛、宁波、广州、香港 8 个城市在全球海洋中心城市中排名靠前。

（2）城市群。城市群是在特定地域范围内集中分布的若干城市集聚而成的庞大的、多核心、多层次的城市集团，是高度同城化和高度一体化的城市群体；城市群的发展目标是构建以中心城市引领城市群发展、城市群带动区域发展的新模式。重点建设京津冀、长三角、珠三角世界一流城市群，优化提升成渝、长江中游城市群的国际影响力；发展壮大山东半岛、粤闽浙沿海（海峡西岸）、北部湾、中原、关中平原等城市群，使之成为带动全国发展的重要增长极；培育发展哈长、辽中南、山西中部、黔中、滇西、呼包鄂榆、兰州-西宁、宁夏沿黄、天山北坡等城市群，使之成为促进区域协调发展的重要支撑。

（3）都市圈。都市圈是城市群内部依托辐射带动能力较强的中心城市，以 1 小时通勤圈为基本范围的城镇化空间形态；都市圈的发展目标是促进中心城市与周边城市、集镇同城化发展，为城市群高质量发展、经济转型升级提供重要支撑，在中心城市辐射带动作用强、与周边城市同城化程度高的地区，培育发展一批现代化都市圈；重点培育东部的广州、深圳、福州、厦漳泉、杭州、宁波、南京、苏锡常、济南、青岛、石家庄等都市圈，中部的太原、郑州、合肥、武汉、南昌、长株潭等都市圈，西部的重庆、成都、西安、乌鲁木齐、贵阳、南宁、昆明等都市圈，以及东北的哈尔滨、长春、沈阳等都市圈。2021 年 2 月以来，国家发展改革委已先后批复南京、福州、成都、长株潭、西安都市圈发展规划，并明确到 2035 年形成若干具有全球影响力的现代化都市圈。从而形成了以头部城市、腰部城市、基础城市等 685 座城市组成的城镇体系，以及以中心城市带动都市圈、都市圈串联城市群、城市群支撑区域协调发展的城镇体系育成机制。

二 城市工作的发展逻辑

在国家综合立体交通网络的牵引下，"两纵三横"城镇体系和中心城市、都市圈、城市群城镇体系育成机制成为城镇化的主赛道。中国的中心城市、都市圈、城市群基本构成见表 3-11。

表 3-11 中心城市、都市圈、城市群基本构成（2020 年）

区域	9 个国家中心城市	27 个都市圈	19 个城市群		
			头部城市群	腰部城市群	基础城市群
东部	北京 天津 上海 广州	广州都市圈 深圳都市圈 福州都市圈 厦漳泉都市圈 杭州都市圈 宁波都市圈 南京都市圈 苏锡常都市圈 济南都市圈 青岛都市圈 石家庄都市圈	京津冀城市群 长三角城市群 珠三角城市群	山东半岛城市群 粤闽浙沿海城市群	
中部	武汉 郑州	太原都市圈 郑州都市圈 合肥都市圈 武汉都市圈 长株潭都市圈 南昌都市圈	长江中游城市群	中原城市群	山西中部城市群
西部	重庆 成都 西安	重庆都市圈 成都都市圈 西安都市圈 乌鲁木齐都市圈 贵阳都市圈 昆明都市圈 南宁都市圈	成渝城市群	关中平原城市群 北部湾城市群	黔中城市群 滇中城市群 呼包鄂榆城市群 兰州-西宁城市群 宁夏沿黄城市群 天山北坡城市群

续表

区域	9 个国家中心城市	27 个都市圈	19 个城市群		
			头部城市群	腰部城市群	基础城市群
东北		沈阳都市圈 哈尔滨都市圈 长春都市圈			哈长城市群 辽中南城市群

1. 实践逻辑

"十二五"（2011～2015 年）以来，围绕"两横三纵"城镇化空间布局，国家层面逐渐形成了横向的中心城市、都市圈、城市群布局方向和纵向的头部城市、腰部城市、基础城市布局方向，分类推进中心城市、中小城市、小城镇协同发展，在城市竞争中迎来了城市发展的黄金时期，各类城市"颗粒度"不断壮大，迭代形成了以发展意象、发展方式、城市现代化为基础范式的城市发展路径。

（1）发展意象。以建设新型城市为标的，《国家新型城镇化规划（2014—2020 年）》提出，建设绿色、智慧、人文城市；"十三五"规划提出，建设绿色、智慧、创新、人文、紧凑城市，打造和谐宜居、富有活力、各具特色的城市；"十四五"规划提出，建设宜居、创新、智慧、绿色、人文、韧性城市，全面提升城市品质；从而历史地形成了以以人为本、城市让生活更美好的宜居城市为主题，以反映人与自然和谐共生、现代与传统相得益彰的绿色、人文、智慧城市为主线，以反映新时代新要求的创新、韧性城市为两翼的新型城市发展意象（见表 3-12）。

表 3-12　新型城市发展意象

关键特征		核心诉求	主要内涵
主题	宜居城市	城市让生活更美好	城市住房体系 市政公用设施 城市公共服务 城市更新改造
主线	绿色城市	人与自然和谐共生	城市绿色生产 城市绿色生活 城市生态空间 城市环境保护

关键特征		核心诉求	主要内涵
主线	人文城市	城市人文化	优秀传统文化 新型现代文化 文化公共设施 体育休闲设施
	智慧城市	城市现代化	新型基础设施 城市数字经济 城市数字政府 城市数字社会
两翼	创新城市	城市创新转型	创新生态体系 创新平台载体 创新发展策源 创新产业孵化
	韧性城市	统筹发展和安全	城市安全体系 城市防灾减灾 城市资源储备 城市可持续性

（2）发展方式。以城市高质量发展为主题，加快转变城市发展方式。《国家新型城镇化规划（2014—2020年）》提出，培育密度较高、功能混用、公交导向的集约紧凑型城市开发模式，人均城市建设用地严格控制在100平方米以内；"十三五"规划提出，科学划定中心城区开发边界，推动城市发展由外延扩张式向内涵提升式转变，建设密度较高、功能融合、公交导向的紧凑城市；"十四五"规划提出，按照资源环境承载力合理确定城市规模和空间结构，统筹安排城市建设、产业发展、生态涵养、基础设施和公共服务，推行功能复合、立体开发、公交导向的集约紧凑型发展模式。划定城市开发边界、公交导向、内涵式开发逐渐成为城市发展的主流模式。

（3）城市现代化。以满足人民日益增长的美好生活需要为标的，提高城市可持续发展能力。《国家新型城镇化规划（2014—2020年）》提出，统筹中心城区改造和新城新区建设，统筹生产区、办公区、生活区、商业区等功能区规划建设，推进功能混合和产城融合，推动特大城市和大城市形成以服务经济为主的产业结构和创新创业乐园。"十三五"规划提出，实施棚户区改造行动，将棚户区改造与城市更新、产业转型升级更好结合起来，加快推进集中连片棚户区和城中村改造。"十四五"规划提出，实施城市更新行动，改造2000年底前建成的城镇老旧小区，改造大城市老旧厂区，改造一批大型老旧街区和城中村，并提出开展城市现代化试点示范。总体上，基于新型城市的发展意象推进城市化现代化还处在加快发展阶段。

　　城市工作一半靠发展，一半靠治理，城市发展与城市治理是城市工作的一体两面，是生产力与生产关系的矛盾运动规律在城市工作的具体表达。但受城市化发展阶段的制约，从1996年常住人口城镇化率首次超过30%，达到30.48%，到2021年达到64.72%，根据世界城镇化发展规律，我国城镇化率长期处在30%~70%的快速发展区间，城市发展长期超越城市治理成为城市工作的中心任务，城市治理的工作内容主要围绕城市发展过程中的人口城镇化、住房体系、城市病展开，城市治理服从服务于城市发展，1991年至2021年户籍人口与常住人口城镇化率的差距见图3-3。[①]

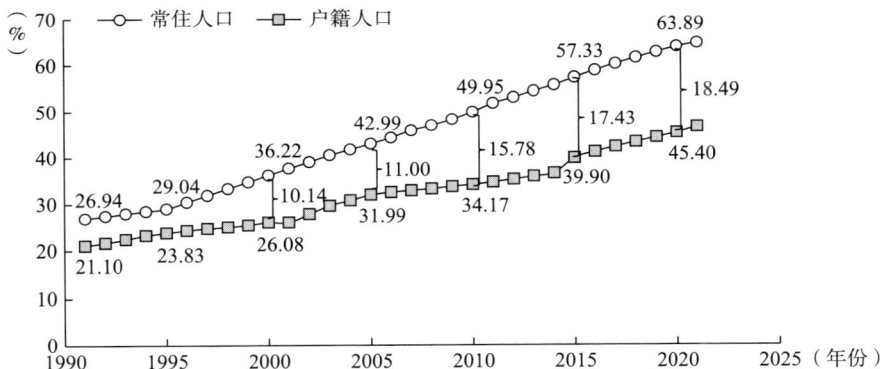

图3-3　户籍人口与常住人口城镇化率的差距（1991~2021年）

　　（4）人口城镇化。改革开放前30年，我国实行农村集体化制度、农产品统购统销制度和城乡户籍制度，有效支撑了工业发展，历史地形成了工业化与城市化畸重畸轻的发展局面。改革开放以来，城市规模快速增长，但受户籍制度的制约，人口城镇化滞后于土地城镇化，并历史地形成了农民进城务工的农民工阶层；由于农民工户籍在农村，由此历史地形成了"春运现象"，人口城镇化成为城市治理的中心议题。"十一五"规划提出，分类引导人口城镇化；"十二五"规划提出，稳步推进农业转移人口转为城镇居民；"十三五"规划提出，统筹推进户籍制度改革和基本公共服务均等化，健全常住人

---

　　① 见历年的《中国统计年鉴》。

口市民化激励机制，实施"三个1亿人"城镇化建设重大工程①，推动更多人口融入城镇；"十四五"规划提出，坚持存量优先、带动增量，健全农业转移人口市民化配套政策体系，统筹推进户籍制度改革和城镇基本公共服务常住人口全覆盖，加快推动农业转移人口全面融入城市。遗憾的是，由于人口基数庞大，加上庞大的户籍制度惯性，户籍人口与常住人口城镇化率缺口不减反增，2000年、2005年、2010年、2015年、2020年缺口依次为10.14个、11.00个、15.78个、17.43个、18.49个百分点，呈现逐年递增的状态。2020年末全国人口14.126亿人，18.49个百分点缺口意味着约有2.61亿人需要通过户籍改革转化为城镇人口。人口城镇化还有很长的路要走。

（5）住房体系。尽管人口城镇化长期滞后于土地城镇化，但城镇常住人口还是从1980年的1.914亿人增长至2020年的9.022亿人②，年均增长1777万人，相当于每年新增一个超大城市。人进城了，必须有地方住，住房问题成为城市治理的另一个中心议题，长期处在短缺状态、有效供给不足，并历史性地产生了城市工作的新问题：一是利益问题，庞大的住房需求催生了长链条的房地产业和房地产金融服务业，住房演变为投资品乃至投机品，形成了房地产业过度套利、金融业过度分利的不利局面；二是财政问题，地方政府过度依赖土地出让收入和土地抵押融资推进城镇建设，容易引发耕地安全风险和地方政府性债务风险；三是农村问题，城镇住房的价格水平与进城农民工的收入水平不匹配，进城农民工买不起城镇住房，不断回乡建设新房，农村居民点用地没有因农民工进城而减少，相反，农村人口减少了、农村居民点用地却增加了。问题的产生是长周期的，解决问题同样需要长周期。"十三五"规划提出，构建以政府为主提供基本保障、以市场为主满足多层次需求的住房供应体系；"十四五"规划提出，坚持房子是用来住的，不是用来炒的定位，建立住房与土地联动机制，加强房地产金融调控，发挥住房税收调节作用，支持合理自住需求，遏制投资投机性需求，加快建立多主体供给、多渠道保障、租购并举的住房制度，加快培育和发展住房租赁市场，完善住房市场体系和住房保障体系，让全体人民住有所居、职住平衡。解决城镇化过程中的住房问题依然任重而道远。

---

① "三个1亿人"城镇化指推进1亿左右农业转移人口和其他常住人口在城镇落户；加快推进约1亿人居住的棚户区和城中村改造；依托中西部地区城市群，以中小城市为重点，以县城和重点城镇为支撑，引导约1亿人在中西部地区就近城镇化。
② 历年的《中国统计年鉴》。

（6）城市病。城市是一个生命系统，城市病是城市化过程中的普遍现象。宏观上，城市病表现为城镇空间结构不合理，城市是交通藤上的瓜，国家综合立体交通网络与"两横三纵"城镇化空间布局形成的"藤瓜关系"联系不紧密；中观上，城市病表现为城镇体系功能不协调，横向的"中心城市-都市圈-城市群"与纵向的"头部城市-腰部城市-基础设施"分工协作不充分；微观上，城市病表现为城市服务水平不匹配，城市规划建设、运行管理与公共服务供给能力不足，人口膨胀、交通拥堵、环境恶化、资源短缺，建设性破坏与破坏性建设并存。治理城市病是一项系统工程，要进一步转变城市发展方式，完善城市治理体系，提升城市治理能力，推进城市治理现代化。

2. 理论逻辑

进入 21 世纪以来，我国以年均进城超过 2200 万人的速度经历了世界历史上规模最大、速度最快的城镇化进程，城市成为我国经济、政治、文化、社会活动的中心，城市发展成为中国特色社会主义现代化的重要引擎。但是，人莫不饮食，鲜能知味也。由于城市发展是一个自然历史过程，是一个多元主体迭代发展的过程，是一项系统工程，尊重城市发展规律必须建立在对城市发展规律的科学认知基础上，端正城市发展的认知秩序。新时代，城市发展要立足国情，坚持系统观念，框定总量、限定容量、盘活存量、做优增量、提升质量，认识、尊重、顺应城市发展规律，不断提升城市发展的平衡性、协调性、可持续性。

（1）统筹规模、功能、结构三大要素，提升城市发展的平衡性。根据资源环境承载能力和国土空间开发适宜性评价、合理限定城市开发边界，根据国土开发强度和人均城市建设用地标准、合理确定城市规模；按照经济、政治、文化、社会、生态文明"五位一体"发展要求完善城市功能，科学确定新城新区功能，优化旧城旧区功能，提升中心城区功能，推进开发区的城市功能改造；合理划定城市"三区四线"[①]，科学设计城市空间意象、城市中轴线和城市天际线，科学设计城市建筑风貌、环境景观和城市公共空间，科学设计城市地面公共交通系统和地下轨道交通系统，构建公交导向的城市机动化出行系统，形成城市结构支撑城市功能、城市功能引领城市结构的新发展格局，全面提升城市发展的平衡性。

[①]　"三区四线"是《国家新型城镇化规划（2014—2020 年）》提出的城市规划管理方式，将城市开发边界内的国土空间划分为禁建区、限建区、适建区三类区域，并围绕绿地、水面、历史文物、基础设施用地分别划定绿线、蓝线、紫线、黄线四条控制线。

（2）统筹生产、生活、生态三大空间，提升城市发展的协调性。城市发展要把营造良好人居环境作为中心目标，把握好生产空间、生活空间、生态空间的内在联系，努力把城市发展成为人与人、人与自然和谐共生的美丽家园，实现生产空间集约高效、生活空间宜居适度、生态空间山清水秀。分类建构城市空间育成机制，头部城市有序疏解中心城区一般性制造业、区域性物流基地、专业市场等功能和设施，以及过度集中的医疗和高等教育等公共服务资源，加快形成以现代服务业为主体、先进制造业为支撑的产业结构；腰部城市主动承接头部城市的产业转移和功能疏解，推动制造业规模化集群化发展，因地制宜建设商贸物流中心和区域专业服务中心，布局建设三级医院和高等院校；基础城市加强产业和公共服务布局引导，依托优势资源发展特色产业，布局建设高等院校和职业院校，布局设立优质教育和医疗机构的分支机构。各城市要结合资源禀赋和区位优势，明确主导产业和特色产业，强化大中小城市和小城镇产业协作协同，逐步形成横向错位发展、纵向分工协作的发展格局。安居才能乐业，城市发展要坚持产城融合、职住均衡原则，统筹居住和就业，优化居住空间布局；要以自然为美，把好山好水好风光融入城市，将生态文明理念全面融入城市发展，构建绿色生产方式、生活方式和消费模式。

（3）统筹城市、乡村、区域三大集合，提升城市发展的可持续性。将城市发展纳入城市群总体布局，推进中心城区功能向 1 小时交通圈地区扩散，培育形成通勤高效、一体发展的都市圈；以城市群为主要平台，推动跨区域城市间产业分工、基础设施、环境治理等协调联动；统筹城市群之间、城市群内部、城市内部综合交通运输网络建设，统筹区域、城乡基础设施网络和信息网络建设，深化城市间分工协作和功能互补，推进城市群融合发展与一体化发展；坚持城市现代化与农业农村现代化同步发展，统筹城乡发展，推进城乡基础设施一体化和基本公共服务均等化，让广大农民平等参与现代化进程、共同分享现代化成果，形成城乡发展一体化的新格局；坚持转变城市发展方式，从根本上改变主要依靠农村廉价劳动力，主要依靠土地资源粗放消耗，主要依靠非均等化公共服务推动城镇化的发展模式，打破城乡区域利益固化格局，推进城乡区域协调发展。

几千年的城市发展史不断证明，造城和治城同等重要。当前，中国特色社会主义已进入全面建设社会主义现代化国家阶段，高质量发展与高品质生活成为城市工作的主题，城市治理要适应经济社会发展现阶段，顺应城市工作新形势、改革发展新要求、人民群众新期待，完整准确全面贯彻新发展理念，坚持以人民为中心的发展思想，遵循城市发展规律，尊重自然、顺应自然、保护自然，敬畏历史、敬畏文化、敬畏生态，不断提升城市经济发展质量、人民生活质量、城市环境质量，不断提升城市竞争力和可持续发展能力，不断提升城市治理的系统性、整体性、协同性。

（1）统筹规划、建设、管理三大环节，提升城市治理的系统性。城市治理要树立系统思维，从构成城市的功能、结构、要素入手，统筹推进城市的规划、建设、管理工作。城市规划是一项技术活，更是一项艺术活，既要强调"专业的人做专业的事"，更要强调"人民城市为人民"，科学谋划城市的"成长坐标"，防止换一届领导改一次规划，让少数人的"规划供给"与多数人的"规划需求"协调起来；规划经过批准后要严格执行，一茬接着一茬干，统筹安排城市建设、产业发展、生态涵养、基础设施和公共服务，严格建筑市场管理和建筑质量管理，大力发展绿色建筑、绿色交通，推动城市发展方式的绿色转型；完善"城市—组团—社区—邻里—街坊"管理体系，加快建设现代社区，推广街区制，不断提升城市治理科学化、精细化、智能化水平，推动城市治理方式的数字化转型。

（2）统筹政府、市场、社会三大制度，提升城市治理的整体性。城市治理要调动政府、市场、社会各方面的积极性、主动性、创造性，尽最大可能推动政府、市场、社会同心同向行动，使政府有形之手、市场无形之手、市民勤劳之手同向发力，集聚形成促进城市治理的正能量。政府要完善城市管理和执法体制，加快培养一批懂城市、会管理的干部，用科学态度、先进理念、专业知识去规划、建设、管理城市，将公众参与、专家论证、风险评估等确定为城市重大决策的法定程序，增强城市可持续能力；市场要发挥资源配置的决定性作用，促进更多农民和其他居民通过转移就业成为市民，促进生产性服务业和生活性服务业在城市集中、集聚、集群发展，促进城镇化与工业化、信息化、农业现代化协同发展，促进城市间专业化分工协作，增强城市经济承载力；社会要发挥市民的主人翁作用，不断提高市民文明素质，尊重市民对城市发展的知情权、参与权、监督权，鼓励市民通过各种方式参与城市规划、建设、管理，参与市域社会治理，真正实现城市共管共治、共建共享，增强城市包容能力。

（3）统筹创新、改革、开放三大动力，提升城市治理的协同性。城市治理要完善创新、改革、开放城市现代化动力机制，依靠创新、改革、开放三轮驱动，推进城市现代化和城市治理现代化。坚持创新在城市现代化全局中的核心地位，深入实施科教兴国战略、人才强国战略、创新驱动发展战略，发挥城市创新载体作用，完善科技创新体制机制，激发人才创新活力，主动融入国家战略科技力量，全面提升企业技术创新能力，推动城市发展的创新转型；坚持改革在城市治理现代化全局中的引领地位，围绕人口城镇化中心任务，统筹规划、建设、管理改革，统筹户籍制度、城市管理体制改革，统筹科技、文化等领域改革，统筹土地、财政以及教育、就业、医疗、养老、住房等领域配套改革，更好服务城市发展。坚持以开放促创新、以开放促改革，以都市圈、城市群为主要平台，完善对内开放体制机制，统筹流动型开放和制度型开放、全面提高对外开放水平，开拓合作共赢新局面。

3. 转变城市发展方式

城镇化是现代化的必由之路。2020 年末，我国常住人口城镇化率已达到 63.89%、户籍人口城镇化率也达到 45.40%[①]；在 685 个城市中，"两横三纵"城镇化战略格局基本形成，中心城市和城市群成为带动全国和区域发展的动力源。预计到 2035 年，我国将基本实现现代化，基本实现新型工业化、信息化、城镇化、农业现代化，城镇化将逐渐进入成熟期，从持续快速增长后期逐渐转入平台发展期，城镇化速度将逐渐放缓，城镇人口总规模将逐渐达到峰值，城市发展进入存量竞争新时代。提升城市竞争力，要统筹城市发展与城市治理，转变城市发展方式，推进城市治理体系和治理能力现代化。

第一，抓住人口城镇化"牛鼻子"。培育开放包容的城市文化，构建与收入水平相匹配的城市住房体系，提升农业转移人口融入城市能力，促进农业转移人口和其他非户籍人口在城市落户。

第二，全面提升城市品质。创新营城模式，以宜居城市为主题，以绿色、人文、智慧城市为主线，以创新、韧性城市为两翼，推动城市高质量发展，打造健康城市，率先实现城市现代化。

第三，融入城市集团化发展新格局。认识、适应、融入城市竞争由单体城市向群体城市转变的新格局，在中心城市、都市圈、城市群的城市体系中找准位置，发挥比较优势，培育竞争优势。

预计到 2035 年基本实现新型城镇化，我国将形成以沿海、沿长江为主轴的"T 型"城镇化核心区，京津冀城市群、长三角城市群、珠三角城市群与

---

① 《中国统计年鉴 2021》。

山东半岛城市群、粤闽浙沿海（海峡西岸）城市群将融合一体化，形成"沿海城市连绵带"；长三角城市群与长江中游城市群、成渝城市群在长江经济带发展区域重大战略牵引下，将连线成片形成"长江城市连绵带"；其中，长三角城市群派江吻海，在我国城市群发展格局中将居于核心地位。

三　新福建的城镇化战略

2022 年，福建拥有 9 座设区市（31 个市辖区）、11 座县级市、42 个县，常住人口 4188.0 万，城镇化率为 70.1%，分别比 2021 年增加 1 万人，提高 0.4 个百分点，总体上进入人口总量、常住人口城镇化率平台期。[①]

第一，福厦泉领跑全省。2021 年，福厦泉常住人口 2255 万，占全省常住人口的 53.9%，城镇化率为 75.7%，高于全省均值 6 个百分点；其中，福州 842.0 万人、城镇化率为 73.0%，福州市（指市辖区，下同）415.6 万人、城镇化率为 91.5%；厦门 528.0 万人，城镇化率为 90.1%，厦门与厦门市已一体化；泉州 885.0 万人、城镇化率为 69.7%，泉州市 176.3 万人城镇化率为 85.6%。泉州拥有庞大人口总量，但泉州市规模太小。

第二，漳宁莆、南三龙跑输全省。2021 年，漳宁莆、南三龙常住人口 1932 万人，占全省常住人口的 46.1%，城镇化率为 62.7%，比全省均值低 7 个百分点，人口净流出 235.5 万，净流出率为 10.9%；其中，漳州市、莆田市市辖区常住人口超过泉州市，漳州常住人口达到 507.0 万，具备条件发展成为Ⅰ型大城市（见表 3-13、3-14）。

第三，11 座县级市差别显著。2021 年，11 座县级市常住人口 842.2 万，占全省常住人口的 20.1%，城镇化率为 65.6%，比全省均值低 4.1 个百分点；其中，晋江市、南安市、福清市常住人口超过 100 万，居于领跑地位，但南安市、福清市城镇化滞后，城镇化率分别只有 63.6%、53.8%，均低于全省均值（见表 3-14）。

第四，42 个县城镇化滞后[②]。2021 年，42 个县常住人口 1454.8 万，占全省常住人口的 34.7%，城镇化率为 54.9%，比全省均值低 14.8 个百分点，人口净流出 283.1 万，净流出率为 16.3%。其中，惠安县、闽侯县、安溪县常住人口超过 100 万，仙游县、漳浦县、连江县、诏安县常住人口超过 50 万，具备条件融入中心城市或撤县建市，发展成为新兴城市（见表 3-15）。

---

① 《福建统计年鉴 2023》。
② 注：县级行政单位包括金门县，《福建统计年鉴 2022》。

第五，市县城镇化分化明显。宁德市、三明市、南平市3个设区市常住人口低于晋江、南安、福清3个县级市，也低于惠安、闽侯、安溪、仙游、漳浦5个县；泉州市作为设区市常住人口低于晋江市，平潭综合试验区（平潭县）常住人口39.0万，户籍人口45.3万，常住人口城镇化率为56.6%，人口净流出率13.9%，矛盾突出；德化县、罗源县城镇化率分别达到78.6%、71.7%，成效显著（见表3-13、3-14、3-15）。①

表3-13 福建省城镇化发展现状（2021年）

区域	户籍人口（万人）	常住人口（万人）	常住人口城镇化率（%）
全省	3943.8	4187.0	69.7
厦门	281.7	528.0	90.1
福州	723.4	842.0	73.0
泉州	771.3	885.0	69.7
三明	286.8	248.0	63.7
龙岩	317.0	273.0	63.6
莆田	366.7	322.0	63.5
漳州	526.2	507.0	62.9
宁德	355.7	315.0	62.2
南平	315.1	267.0	60.0

表3-14 福建省9座设区市11座县级市城镇化发展现状（2021年）

区域	户籍人口（万人）	常住人口（万人）	常住人口城镇化率（%）
全省	3943.8	4187.0	69.7
设区市			
福州市	300.9	415.6	91.5
厦门市	281.7	528.0	90.1
泉州市	123.2	176.3	85.6
三明市	57.0	65.9	84.4
龙岩市	108.5	117.2	76.8
漳州市	181.5	213.4	75.4

———————

① 《福建统计年鉴2023》。

续表

区域	户籍人口 （万人）	常住人口 （万人）	常住人口 城镇化率（%）
宁德市	53.8	63.2	69.5
南平市	85.4	79.4	67.8
莆田市	248.7	231.2	67.6
县级市			
石狮市	36.6	68.9	86.1
邵武市	30.0	27.3	79.8
永安市	32.6	34.5	72.1
晋江市	123.2	206.9	69.5
福安市	67.4	61.0	66.2
福鼎市	60.5	55.4	64.7
南安市	166.6	152.7	63.6
武夷山市	24.8	26.1	61.7
漳平市	29.0	25.3	58.7
福清市	140.0	141.0	53.8
建瓯市	54.2	43.1	52.4

表 3-15　福建省 42 个县城镇化发展现状（2021 年）

区域	户籍人口 （万人）	常住人口 （万人）	常住人口 城镇化率（%）
全省	3943.8	4187.0	69.7
惠安县	105.5	104.1	58.3
闽侯县	72.1	101.5	60.4
安溪县	120.7	100.2	52.4
仙游县	118.0	90.8	53.2
漳浦县	94.9	85.0	56.5
连江县	67.6	64.6	50.9
诏安县	68.4	56.1	48.2
霞浦县	54.9	47.7	61.9
平和县	60.7	45.3	48.5
永春县	59.8	42.2	61.9
云霄县	46.8	41.2	55.3

续表

区域	户籍人口 （万人）	常住人口 （万人）	常住人口 城镇化率（%）
长汀县	54.7	39.9	53.9
平潭县	45.3	39.0	56.6
上杭县	51.5	37.7	51.7
尤溪县	44.7	34.2	50.3
德化县	35.6	33.7	78.6
古田县	42.1	32.2	50.8
南靖县	35.4	30.6	54.2
大田县	41.2	30.0	54.1
浦城县	41.9	29.6	48.5
永泰县	38.2	28.5	43.8
武平县	39.3	27.8	53.6
宁化县	36.9	26.2	48.2
罗源县	26.9	25.9	71.7
闽清县	32.2	25.9	44.1
连城县	33.9	25.1	51.3
东山县	22.3	22.1	65.6
顺昌县	22.7	17.8	51.8
政和县	23.6	17.8	52.4
寿宁县	26.0	17.6	50.9
周宁县	21.1	14.8	53.9
将乐县	18.6	14.3	59.3
屏南县	18.8	13.9	50.7
华安县	16.3	13.4	53.6
松溪县	16.5	13.0	49.7
光泽县	16.0	12.9	50.7
清流县	15.2	11.6	51.5
建宁县	15.3	11.4	50.1
泰宁县	13.7	10.3	59.5

续表

区域	户籍人口 （万人）	常住人口 （万人）	常住人口 城镇化率（%）
明溪县	11.6	9.7	53.6
柘荣县	11.0	9.2	64.2

注：县级行政单位统计不包括金门县。

资料来源：《福建统计年鉴2022》。

总体上，新时代推进新福建城镇化进程，要准确把握城镇化发展新阶段新特点，主动适应社会主要矛盾历史性变化新需求，以城市现代化治理为主题，以城市高质量发展为主线，科学设计中心城市、城市群、都市圈三大赛道，省内构建福厦泉三大中心城市，闽江口、晋江口、九龙江口三大城市群，闽东北、闽西南两大都市圈，省外构建海峡城市群、东南沿海城市群，在服务和融入新发展格局中实现新型城镇化。

第一，空间意象。省内，以综合立体交通网络为牵引，建设福厦城市连绵带和环八闽高铁城市带。省际，南北方向依托粤闽浙沿海城市群贯通长三角城市群和珠三角城市群，建设东南沿海城市连绵带；东西方向依托海峡西岸城市群和台湾海峡开发，建设台湾海峡城市群；推进长三角城市群、台湾海峡城市群、珠三角城市群一体化发展，形成东南沿海城市群。

第二，中心城市。在国家中心城市赛道上建设福厦泉三大中心城市；推进福州建设海丝核心区国家中心城市、厦门建设台湾海峡全球海洋中心城市、泉州建设民生消费品国际工业城市。

第三，城市群。在湾区经济赛道上建设"三江口"城市群；推进以福州市为中心建设闽江口城市群、以厦门市为中心建设九龙江口城市群、以泉州市为中心建设晋江口城市群。

第四，都市圈。在流域上下游协作赛道上建设都市圈；以闽江经济带为纽带建设以福州串联三明、南平、宁德、莆田、平潭的闽东北都市圈；以九龙江经济带为纽带建设以厦门串联泉州、漳州、龙岩的闽西南都市圈。

第五，城市高质量发展。准确把握城市发展的平衡性、协调性、可持续性。在主体功能区战略和综合立体交通网络牵引下，完善宜居、人文、绿色、智慧、创新、韧性六大赛道，全面提升福厦泉三大中心城市的辐射带动能力和代表国家参与国际竞争能力。

第六，城市现代化治理。准确把握城市治理的系统性、整体性、协同性。在海峡两岸融合发展和东南沿海一体化发展牵引下，完善中心城市、都市圈、城市群三大赛道，全面提升福建城市在台湾海峡城市群、东南沿海城市群的贡献力和竞争力。

第四节　乡村振兴战略

解决农业、农村、农民"三农"问题，是全党工作的重中之重。改革开放前，农民固化在农村发展农业，又通过工农产品价格"剪刀差"支持工业化发展；改革开放后，随着户籍制度的逐步松绑，农民从封闭的农村解放出来，形成了进城的农民工，国家通过农村廉价劳动、城乡土地价格"剪刀差"、城乡非均等公共服务支持城市化发展。农业、农村、农民发展的不平衡不充分问题成为国家发展的核心问题。

2004 年以来，中央年年印发"一号文件"（见表 3-16），部署解决农业、农村、农民问题，形成了体系化的"三农问题"认知资源和中国化的"三农问题"实践范式，认知资源与实践范式成为解决"三农问题"的政策本底。2021 年，我国开启全面建设社会主义现代化国家新征程，新发展阶段解决"三农问题"，需要系统总结"中央一号文件"的认知路径，按照立足新发展阶段，贯彻新发展理念，构建新发展格局总要求，系统凝练新时代解决"三农问题"的认知秩序，为研究提出新的思路、新的战略、新的举措夯实认知基础。

表 3-16　改革开放以来中央一号文件[①]

序号	年份	文件名称
1	1982	《全国农村工作会议纪要》
2	1983	《当前农村经济政策的若干问题》
3	1984	《关于一九八四年农村工作的通知》
4	1985	《关于进一步活跃农村经济的十项政策》
5	1986	《关于一九八六年农村工作的部署》
1	2004	《关于促进农民增加收入若干政策的意见》
2	2005	《关于进一步加强农村工作提高农业综合生产能力若干政策的意见》
3	2006	《关于推进社会主义新农村建设的若干意见》
4	2007	《关于积极发展现代农业扎实推进社会主义新农村建设的若干意见》

---

①　1982～2023 年的中央一号文件。

序号	年份	文件名称
5	2008	《关于切实加强农业基础建设进一步促进农业发展农民增收的若干意见》
6	2009	《关于2009年促进农业稳定发展农民持续增收的若干意见》
7	2010	《关于加大统筹城乡发展力度进一步夯实农业农村发展基础的若干意见》
8	2011	《关于加快水利改革发展的决定》
9	2012	《关于加快推进农业科技创新持续增强农产品供给保障能力的若干意见》
10	2013	《关于加快发展现代农业进一步增强农村发展活力的若干意见》
11	2014	《关于全面深化农村改革加快推进农业现代化的若干意见》
12	2015	《关于加大改革创新力度加快农业现代化建设的若干意见》
13	2016	《关于落实发展新理念加快农业现代化实现全面小康目标的若干意见》
14	2017	《关于深入推进农业供给侧结构性改革加快培育农业农村发展新动能的若干意见》
15	2018	《关于实施乡村振兴战略的意见》
16	2019	《关于坚持农业农村优先发展做好"三农"工作的若干意见》
17	2020	《关于抓好"三农"领域重点工作确保如期实现全面小康的意见》
18	2021	《关于全面推进乡村振兴加快农业农村现代化的意见》
19	2022	《关于做好2022年全面推进乡村振兴重点工作的意见》
20	2023	《关于做好2023年全面推进乡村振兴重点工作的意见》

　　乡村是城市的对偶命题。早在2006年的"中央一号文件"中就提出，按照"生产发展、生活宽裕、乡风文明、村容整洁、管理民主"的总要求建设社会主义新农村。2018年，"中央一号文件"将农村调整为乡村，旨在改变城乡二元的发展格局、推进城乡融合发展，按照"产业兴旺、生态宜居、乡风文明、治理有效、生活富裕"的总要求实施乡村振兴战略，并将乡村振兴战略作为新时代"三农"工作的总抓手，按照集聚提升、融入城镇、特色保护、搬迁撤并的思路，分类推进乡村振兴。作为配套，2022年中共中央办公厅、国务院办公厅印发《关于推进以县城为重要载体的城镇化建设的意见》，将县城分为大城市周边县城、专业功能县城、农产品主产区县城、重点生态功能区县城、人口流失县城五类，分类引导县城发展，以县城衔接城市和乡村，支撑城乡融合发展。

　　2022年，我国常住人口城镇化率为65.2%，未来人口空间布局还将进一步由乡村向城市转移，将有更多人口由农村向城市迁徙。保障粮食初级产品安全，将中国人的饭碗牢牢端在自己手里，发展农业，建设供给保障强、科技装备强、经营体系强、产业韧性强、竞争能力强的农业强国，成为实施乡村振兴战略的首要任务。

农业是现代化的基础，农业现代化是全面建设社会主义现代化的基础性现代化，主要围绕两个基点展开：一是面向人民日益增长的美好生活需要，深化农业供给侧结构性改革，更好服务高品质生活；二是准确把握新发展阶段，深入贯彻新发展理念，加快构建新发展格局，推动农业高质量发展。高品质生活与高质量发展成为农业现代化的一体两面，公共政策实践着力从农业发展条件、农业发展体系、农业发展能力三个维度展开，接续回答靠什么、做什么、怎么做等农业发展基本问题。本节以"中央一号文件"为基本遵循，系统化分析农业现代化公共政策的演进脉络，体系化研究新时代农业现代化的认知秩序。

一　农业发展条件

农业现代化首先必须夯实农业发展条件。国家公共政策实践主要从耕地、水利、资金三个维度展开。耕地是农业之母，是农业发展的基础资源；水利是农业的命脉，是农业发展的基础设施；资金是农业的血液，是农业发展的基础要素；基础资源、基础设施、基础要素，共同构成了农业发展的基本条件。

1. 耕地

基于我国大国小农、人多地少的基本国情，政策设计主要围绕耕地、永久基本农田、高标准农田展开，形成了保护耕地、保护永久基本农田、建设高标准农田、推进耕地可持续发展的认知路径。

（1）保护耕地。一方面，从国土空间开发和土地用途管制两个维度，构建耕地的外部保护制度；另一方面，从耕地数量保护和质量提升两个维度，构建耕地的内部保护制度。一是完善主体功能区制度，统筹布局生态、农业、城镇等功能空间，科学划定各类空间管控边界，逐步形成城市化地区、农产品主产区、生态功能区三大空间格局；二是将土地分为农用地、建设用地和未利用地，规定土地用途，控制建设用地总量，严格限制农用地转为建设用地，将保护耕地纳入基本国策，对耕地实行特殊保护；三是采取"长牙齿"措施，严守18亿亩耕地红线，严格实行耕地占补平衡制度，遏制耕地"非农化"，防止"非粮化"；四是大规模推进农村土地整治，积极挖掘潜力增加耕地数量，持续推进中低产田改造，稳步提升耕地质量。

（2）保护永久基本农田。永久基本农田是耕地的精华，把最优质、最精华、生产能力最好的耕地划为永久基本农田，集中资源、集中力量实施特殊保护，是耕地保护的重大举措：一是划定永久基本农田，将永久基本农田划定作为土地利用总体规划的规定内容，先行核定并上图入库、落地到户，记载到农村土地承包经营权证书上；二是守住永久基本农田控制线，划定生态保护红线、城镇开发边界原则上不得突破永久基本农田边界，已经划定的永久基本农田特别是城市周边的永久基本农田不得随意占用和调整；三是补划永久基本农田，对重大建设项目、生态建设、灾毁等占用或减少永久基本农田的，开展补划永久基本农田工作；四是建设永久基本农田整备区，开发耕地后备资源，划入永久基本农田整备区，用于补充占用或减少的永久基本农田，整备区规模原则上不低于永久基本农田保护目标任务的 1%。

（3）建设高标准农田。建设高标准农田，是稳定耕地数量、提升耕地质量的重要举措，是巩固和提高粮食生产能力、保障国家粮食安全的关键举措。一是科学布局高标准农田，以永久基本农田为基础，优先在粮食生产功能区、重要农产品生产保护区建设高标准农田，筑牢国家粮食和重要农产品安全阵地；二是大规模建设高标准农田，根据全国高标准农田建设总体规划和全国土地整治规划的安排，2022 年、2025 年、2030 年分别建成 10 亿、10.75 亿、12 亿亩高标准农田，分别稳定 1.0 万亿、1.1 万亿、1.2 万亿斤粮食产能；三是细化建设内容，因地制宜确定建设重点与内容，统筹推进"田土水路林电技管"综合治理，实现综合配套，满足现代农业发展需要。全国高标准农田建设亩均投资一般应逐步达到 3000 元左右。

（4）推进耕地可持续发展。稳数量、提质量、保生态，提高耕地资源可持续利用能力：一是开展全国土地调查和全国土壤普查，查清全国国土利用状况，准确掌握土壤质量、性状和利用状况，2021 年已完成第三次全国土地调查，2022 年开启为期四年的第三次全国土壤普查；二是实施沃土工程，全面推进建设用地占用耕地耕作层剥离再利用，开展退化耕地综合治理、土壤污染治理与修复，实施测土配方施肥，提高土壤肥力和耕地产能；三是统筹推进耕地休养生息，实施保护性耕作制度，有序开展退耕还林还草，积极稳妥推进耕地轮作休耕，实现用地与养地相结合；四是统筹推进绿色农田与数字农田建设，将绿色发展理念贯穿耕地保护与建设全过程，依托信息技术、数字技术推进耕地保护与建设的数字化转型。

2. 水利

基于人多水少、水资源时空分布不均匀的基本水情，政策设计从经济社会发展全局出发，形成了水资源开发、水安全保障、农田水利建设、水土保持的认知路径。

（1）水资源开发。水是万物之源，水利建设首先必须保障水资源的有效供给，从工业化、城市化、农业现代化的发展全局中把握水资源。一是建立健全国家水权制度，发挥市场机制在水资源配置中的决定性作用，更好发挥政府作用，推进用水权交易；二是编制水功能区划，统筹生活、生产、生态用水，优先满足城乡居民生活用水，兼顾农业、工业、生态环境用水，统筹开发利用水能资源和水运资源；三是保护水资源，加强水源地保护，统筹地表水与地下水保护，建立水资源储备制度，科学开发雨洪资源和云水资源，积极开展海水淡化利用，推进微咸水、污水处理回用；四是优化水资源战略配置格局，布局建设跨流域跨区域调水工程、骨干水源工程和水系连通工程，有效解决资源性缺水和工程性缺水，提高水资源调控能力和供水保障能力。

（2）水安全保障。兴水利、除水害，是水利工作的一体两面，以保护水资源和水环境为基础，推进水资源承载力、水环境承载力相协调，推进人与自然和谐共生。一是把水利作为国家基础设施建设的优先领域，持续推进黄河、长江、淮河、太湖、洞庭湖、鄱阳湖等大江大河大湖治理，持续推进中小河流治理和大中小型水库、水闸除险加固、灌排泵站更新改造，开展小流域综合治理；二是水源涵养区保护修复，建设水源工程，建设城市应急备用水源工程、抗旱应急水源工程，划定饮用水水源保护区，保证城乡居民饮用水安全；三是水污染防治与水生态修复，统筹水资源保护与水污染防治，统筹推进水资源、水生态、水环境、水文气象建设；四是防洪救灾，统筹流域防洪与区域防洪，统筹江河、湖泊防洪与城市防洪，统筹洪泛区、蓄滞洪区、防洪保护区防洪工程与沿海防御风暴潮工程建设。

（3）农田水利建设。农业是用水大户，约占全国用水总量的70%，要把农田水利作为农业基础设施建设的重点任务。一是引调水，将农业用水纳入水资源供给和储备能力建设的优先领域，完善南北调配、东西互济、河库联调的水资源调配体系，构建多水源互联互调、安全可靠的城乡区域用水安全保障网；二是建设大中型灌区，以粮食生产功能区、重要农产品生产保护区有效灌溉为重点，以节水改造为核心，以田间工程为抓手，完善灌排体系和末级渠系建设，推进大中型灌区建设和现代化改造；三是建设小型农田水利，以县为单位推进小型农田水利建设，重点建设田间灌排工程、小型灌区、非灌区抗旱水源工程，持续提升农田有效灌溉面积，提高抗旱防洪除涝能力；

四是发展节水农业，农业用水的 90% 是灌溉用水，从需求侧引导是农田水利建设的重要方向，重点依托高标准农田建设和旱作节水农业项目，推进田间节水灌溉。

（4）水土保持。处理好水资源与土地资源的关系，科学管理自然因素和人为活动引发的水土流失，保护水土资源。一是水土保持区划，以国家主体功能区规划为主要依据，定期开展全国水土流失调查，开展全国水土保持区划工作，科学合理进行水土流失防治总体布局，明确水土流失的重点预防区和重点治理区；二是从源头上有效控制水土流失，以重要江河源头区、重要水源地、水蚀风蚀交错区为预防重点，采取封育保护等措施，充分发挥生态自然修复作用，扩大林草植被覆盖，维护和增强水土保持功能；三是统筹自然因素和人为活动造成水土流失的预防和治理，加强生产建设项目水土保持监督管理，生产建设项目可能造成水土流失的，应当编制水土保持方案并报批；四是实施水土保持重点工程，在水土流失地区，开展以小流域为单元的山水田林路综合治理，加强坡耕地、侵蚀沟及崩岗的综合整治。

3. 资金

基于小农经营、投资缺口大的基本农情，政策设计主要围绕财政性资金、债权性资金、股权性资金展开，形成了以财政资金、土地出让金和金融资本、社会资本为核心的认知路径。

（1）财政资金。财政资金是农业发展的"天使基金"，具有兜底性、导向性。2006 年在全国范围取消农业税以来，多予、少取、放活，不断加大各级财政支农力度。一是调整国民收入分配结构和财政支出结构，建立健全财政投入优先保障制度，确保财政投入持续增长；二是优化财政供给结构，建立涉农资金统筹整合长效机制，提高财政资金使用效益；三是发挥财政资金的引导作用，支持以市场化方式设立农业产业发展基金，撬动金融和社会资本更多投向农业；四是压实地方政府投入责任，支持地方政府发行一般债券和专项债券用于现代农业设施建设。

（2）土地出让金。土地出让金属于城市化红利，属于城市化过程中的土地增值收益。长期以来，土地增值收益"取之于农，主要用之于城"，对农业农村发展的支持作用发挥不够。新时期，政策设计着力于调整土地出让收益城乡分配格局，"取之于农，主要用之于农"，稳步提高土地出让收入用于农业农村比例：一是量化目标，以省为核算单位，土地出让收益用于农业农村的比例在"十四五"末期达到 50% 以上；二是明确使用主体，建立市县留用为主、中央和省级适当统筹的资金调剂机制，土地出让收入用于农业农村的资金主要由市、县政府安排使用；三是明确使用方向，农业领域重点用于耕地及永久基本农田保护、高标准农田建设、农田水利建设、现代种业提升；四是明确使用方式，打破分项计提、分散使用方式，允许对土地出让收入进行整合使用。

（3）金融资本。金融资本是农业发展的市场化资金来源，由金融服务业提供。由于农村金融具有普遍服务属性，在金融服务市场化的发展条件下，农业发展的金融服务经历了一系列专门的制度安排。一是优化配置金融资源，引导金融资源向农业农村倾斜，持续增加农业农村投入，确保银行业金融机构涉农贷款增速高于全部贷款平均增速，确保农业信贷总量持续增加；二是完善农村金融服务体系，统筹银行、证券、保险、信托、基金等金融业务服务农业，统筹商业性金融、政策性金融、合作性金融涉农服务的组织体系、市场体系、产品体系建设，引导社会资本参与设立新型农村金融机构，创新金融产品和服务，优先满足农户、新型农业生产经营主体的信贷需求；三是明确金融机构在县及县以下机构、网点新增存款用于支持当地农业和农村经济发展的比例，完善县域内银行业金融机构新吸收存款主要用于当地发放贷款政策；四是鼓励符合条件的涉农企业开展直接融资，通过多层次资本市场筹集发展资金。

（4）社会资本。社会资本是农业发展的社会化资金来源，由工业化、城市化先行者提供。由于投资农业总体上还难以获取社会平均利润，农民的组织能力也不足以与资本下乡实现制度制衡，农业发展的社会资本投入也经历了一系列专门的制度安排。一是制定鼓励社会资本参与农业农村建设目录，制定引导和规范工商资本投资农业农村的指导意见，制定鼓励引导工商资本参与乡村振兴的指导意见；二是综合运用税收、贴息、补助等多种经济杠杆，采取政府购买服务、政府和社会资本合作等方式，引导和鼓励工商资本下乡，切实保护好企业家合法权益；三是制定工商资本租赁农地的准入和监管办法，完善工商资本流转农村土地审查审核和风险防范制度，保护农民利益；四是发挥政府和市场、中央和地方、国有资本和社会资本多方面作用，推动政府和社会资本合作模式规范发展，引导社会资本参与农业发展。

二　农业发展体系

耕地、水利、资金，共同构成了农业生产力的前置性条件。接下来，公共政策实践致力于农业生产力的体系性建构，主要从现代农业的产业体系、生产体系、经营体系三个维度展开。

农业产业由种植业、畜牧业、渔业、林业等多行业组成，产业体系从"纵向"建构农业发展体系，形成农业系统的"条状"子系统，重点在于推进农业供给侧结构性改革，提高农业综合生产能力；农业生产受土地、水、气候等自然条件制约，生产体系从"横向"建构农业发展体系，形成农业系统的"块状"子系统，重点在于推进农业高质量发展，提高土地产出率、资源利用率、劳动生产率；农业现代化离不开工业化、城市化、信息化，经营体系从"四化"同步建构农业发展体系，重点在于推进农业系统融入国民经济和社会发展大系统，提高农业抗风险能力和市场竞争力；产业体系、生产体系、经营体系是"三位一体"的，共同推进形成农业"系统内"条块结合、"系统外"融合发展的新发展格局，全面提升农业发展的平衡性、协调性、可持续性。

1. 农业产业体系

基于保障粮食安全、保障初级产品供给的发展要求，政策设计主要围绕产品、产业、产业链展开，形成了产品结构、产业结构、农业全产业链、新产业新业态新模式的认知路径。

（1）产品结构。正确认识和准确把握初级产品供给保障，增强国内农产品生产保障能力。一是粮食产品，面向稻谷、小麦、玉米三大粮食品种，牢牢守住保障国家粮食安全底线，保护农民群众务农种粮积极性和地方政府重农抓粮积极性，确保谷物基本自给、口粮绝对安全，把中国人的饭碗牢牢端在自己手中；二是重要农产品，面向大豆、棉花、油料、糖料、猪肉、牛羊肉、乳制品、天然橡胶等大宗农产品，科学确定国内重要农产品保障水平，健全保障体系，提高国内安全保障能力；三是特色农产品，面向园艺产品、畜产品、水产品、林产品，因地制宜大力发展特而专、新而奇、精而美的地方特色农产品，增品种、提品质、创品牌，培育发展特色明显、类型多样、竞争力强的专业村、专业乡镇；四是生态友好型农产品，突出优质、安全、绿色导向，开展绿色食品、有机农产品和地理标志农产品认证，引导企业开展国际有机农产品认证，全面提升粮食产品、重要农产品、特色农产品质量和食品安全水平。

（2）产业结构。尽管第一产业占 GDP 比重已由 2000 年的 14.7% 下降至 2020 年的 7.7%，但农业内部的产业结构相对稳定；其中，种植业占 50% 左右，畜牧业占 30% 左右，渔业占 10% 左右，林业占 5% 左右（见图 3-4）；与产品结构相联系，产业结构重点要解决的就是产品的行业实现问题。一是种植业，分业推进粮食、棉花、油料、糖料、蔬菜、水果行业以及茶业、食用菌、中药材等特色行业发展，推动种植业质量变革、效率变革、动力变革，推动种植业现代化；二是畜牧业，分业推进生猪、肉牛、肉羊、家禽、奶畜行业以及马、蜂、鸽、兔等特色行业发展，构建现代养殖体系、现代加工流通体系和动物防疫体系，推动畜牧业现代化；三是渔业，分业推进淡水养殖、海水养殖、捕捞业以及远洋渔业发展，稳住水产品安全有效供给基本盘，提升水产品供给体系适配性，推动渔业现代化；四是林业，分业推进经济林、木材加工、林下经济以及苗木花卉、生物质能源、森林碳汇等特色行业发展，建设国家特色林产品优势区，做优做强林产业，推动林业现代化。

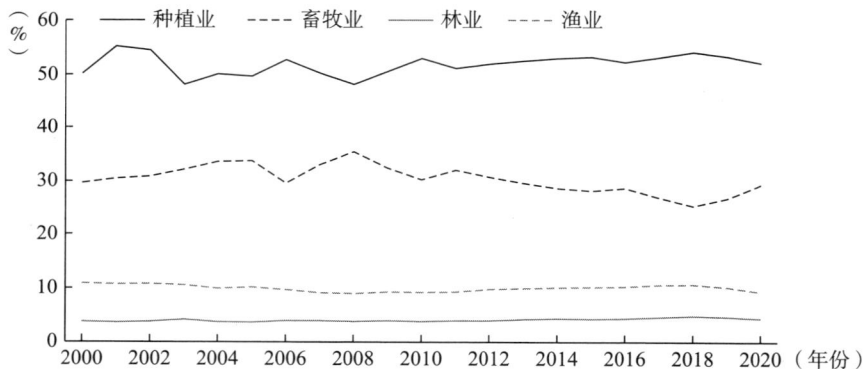

图 3-4 全国农业产业结构（2000～2020 年）

（3）农业全产业链。现代农业已经脱离了靠天吃饭、自给自足的发展环境，产品的实现、产业的发展建构在农业全产业链发展基础之上，构建农业的产前、产中、产后全产业链：一是产业关联，面向种植业、畜牧业、渔业、林业，分行业推进产业间形成前向关联、后向关联和旁侧关联，打造农业全产业链体系；二是供应链，依托工业化形成的先进生产力，围绕生物育种、绿色投入品、农业机械化、智慧农业等领域，加快突破农业关键核心技术，打造以工补农的农业产业链发展新机制；三是需求链，依托城市化形成的庞大市场，大力发展电子商务，大力推广"生产基地+中央厨房+餐饮门店""生产基地+加工企业+商超销售"等产销模式，打造以城带乡的农业产业链发展新机制；四是价值链，完善农业产业链与农民的利益联结机制，推动资源变资产、资金变股金、农民变股东，通过保底分红、股份合作、利润返还等多种形式，让农民共享产业融合发展的增值收益，让农民合理分享全产业链增值收益。

（4）新产业新业态新模式。突破种植业、畜牧业、渔业、林业板块化发展格局，构筑产业体系新支柱。一是第六产业，改变农业仅提供初级产品的发展格局，改变一二三产业的分工格局，以农业为主体，紧扣粮头食尾、农头工尾、乡头城尾，产加销、科工贸、农文旅一体化发展，让第二、第三产业融入农业，让作为第一产业的农业转型升级为融合一二三产业的综合产业；二是都市农业，依托城市、服务城市，合理配置农产品服务功能，科学开发生活、生态功能，建设市民农园、休闲农场、民宿农庄、森林公园，推进大中城市郊区率先实现农业现代化；三是数字农业，依托数字技术和数据资源，发展数字种植业、数字畜牧业、数字渔业、数字林业，发展定制农业、认养农业、众筹农业、共享农业、云农场，推进农业的数字化转型和数字化发展；四是未来农业，依托生物技术、信息技术以及海洋技术、空天技术，发展分子育种、合成生物、无人农场，发展蓝色农业、白色农业、太空农业，打造未来技术应用场景，培育形成未来农业产业。

2. 农业生产体系

基于转变农业发展方式，推进农业高质量发展的发展要求，政策设计主要围绕产业体系的落地实现展开，形成了产业布局、要素保障、生产主体、生产方式的认知路径。

（1）产业布局。依据资源环境承载力和国土空间开发适宜性，将农业产业体系按照自然地理与行政地理相协调原则布局到不同尺度的国土空间。一是农业区划，开展农业资源调查，依据主体功能区规划，完善全国、省级、市级、县级农业区划，科学划定粮食生产功能区、重要农产品生产保护区、特色农产品优势区，科学划定粮食主产区、主销区、产销平衡区；二是产业带，突破行政区划限制，编制优势农产品区域布局规划，推进优势农产品生产向优势产区集中，建设优势农产品产业带，建设粮食安全产业带、优质粮食产业带，建设特色农产品产业带；三是产业园，发挥产业在园区集中发展的优势，建设国家、省、市、县级现代农业产业园，建设国家农业科技园和国家农业高新技术产业示范区，建设电商产业园，建设农业产业强镇、产业综合体，培育优势特色产业集群；四是示范区，发挥示范区先行先试、经验、做出示范的作用，建设农业标准化示范区、农业产业化示范区等性示范区，建设国家现代农业示范区、现代林业产业示范区等结构性示范区，建设农业现代化示范区、农业绿色发展先行区、国家农业可持续发展试验示范区等系统性示范区。

（2）要素保障。经济系统的资源要素由土地、劳动、资本等传统要素，技术、管理等现代要素，知识、信息、数据等现代要素以及制度等基础要素四部分组成，农业系统由于受自然、市场风险双重约束，要素保障具有特殊性，除了夯实耕地、水利、资金三大发展条件外，政策实践主要从"农技、农资、农信、农气"展开。一是农业科技创新，依托社会主义市场经济条件下新型举国体制，以农产品为单元，以产业需求为导向，以产业链为主线，以种业科技创新为引领，建立健全农业基础研究体系、农业产业技术体系、农业技术推广体系，打造农业创新链条；二是农业生产资料，依托农用工业，积极发展新型肥料、低毒高效低残留农药兽药、多功能农业机械及可降解农膜等新型农业投入品，推进化肥农药减量化、零增长、负增长；三是农业信息服务，依托信息技术和信息产业，以智慧农业为核心，建设农业信息基础设施、农业数据中心和计算中心、农业信息服务平台，用信息化手段推进现代农业建设，推进农业全产业链信息化改造，加快农业信息化；四是农业气象服务，依托"精密监测、精准预报、精细服务"国家气象体系，以智慧气象为核心，趋利避害并举，围绕粮食产品、重要农产品、特色农产品，分品种建立健全现代气象为农服务体系，为农业生产主体提供直通式气象服务。

（3）生产主体。农业生产必须落实到自然人和法人，立足小农户家庭经营基本国情，正确处理好适度规模生产与小农户家庭生产的关系，推进家庭生产、集体生产、合作生产、企业生产共同发展。一是农村承包经营户，是农业生产的自然人主体，全国有近2亿户，坚持和完善以家庭承包经营为基础、统分结合的双层经营体制，保持农村土地承包关系稳定并长久不变，不断赋予双层经营体制新的内涵；二是家庭农场，是农业生产的新型主体，引入现代生产要素改造小农户，引导有长期稳定务农意愿的小农户稳步扩大规模，培育发展规模适度、生产集约、管理先进、效益明显的农户家庭农场、家庭林场、家庭牧场；三是农民专业合作社，是小农户和现代农业有机衔接的中坚力量，引导农民以土地、林权、资金、劳动、技术、产品为纽带，开展多种形式的合作与联合，积极发展生产、供销、信用"三位一体"综合合作，依法组建农民专业合作社；四是农业产业化龙头企业，是带领小农户走向市场的法人主体，发挥国有林场林区、农垦垦区、供销系统对小农户的带动示范作用，引导工商资本发展适合企业化经营的现代种植业、畜牧业、渔

林业，完善"农户+公司"利益联结机制，建立产业协会和产业联盟，培
发展农业产业化联合体。

（4）生产方式。转变农业发展方式，关键在于转变农业生产方式，主动
城市化、工业化、信息化新发展格局，推进农业生产方式的现代转型，
传统农业向现代农业转型。一是标准化。实施农业标准化战略，构建农
质量发展的标准体系，分品种、分行业建设标准化生产基地，建设农业
化整体推进示范县和国家、省、市级农业标准化示范区，促进农业发展
量规模型向质量效益型转变。二是规模化。引导小农户通过"土地小块
块"逐步形成一户一块田，引导小农户以不转让经营权方式将农业生产
部或部分环节进行生产托管，引导小农户通过经营权有偿转让方式推进
向专业大户、家庭农场、农民合作社流转，发展多种形式的适度规模经
三是机械化。依托农机工业，以解决"谁来种地、怎样种好地"为引领，
发挥农业机械集成技术、节本增效、推动规模经营的牵引作用，不断拓
业机械作用领域，推进种植业、畜牧业、渔业、林业建立全程机械化生
式。四是数字化。持续推进"互联网+农业"和农业物联网的示范应用，
推进重要农产品全产业链大数据建设，通过数字化手段将农业的生产、
、流通、消费各环节有机衔接起来，构建基于物联网、大数据、精准农
智慧农业的现代农业新生态。

3. 农业经营体系

基于提高农业抗风险能力、提高农业市场竞争力的发展要求，政策设计
围绕以工补农、以城带乡展开，形成了生产性服务、流通性服务、市场
、农业保险的认知路径。

（1）生产性服务。引入现代生产要素改造小农户，有效满足一家一户办
、办不好、办起来不合算的服务需求，完善公益性服务，发展经营性服
形成服务型规模经营，促进小农户和现代农业发展有机衔接。一是市场
。围绕农业生产主体决策需求，构建农产品供求、竞争、价格、风险等
信息的采集、分析、发布与服务体系，引导小农户和新型经营主体调整
产业结构，合理安排农业生产，有效化解市场风险。二是物化成本。围
地、农资、农技等农业生产投入需求，集中采购农业生产资料，构建区
集中配送、连锁经营等服务模式，有效降低农业生产的物化成本。三是
成本。围绕农机、农疫、农品等农业生产的产中、产后服务需求，推进
生产托管、肥料统供统施、病虫害统防统治、农产品初加工商品化，有

效降低农业生产的作业成本。四是自然风险。围绕农水、农污、农废等与自然和谐共生服务需求，推进重点水源、灌区、蓄滞洪区建设和现代化改造，推进农业面源污染防治，推进农业废弃物资源化再利用，有效化解自然风险。

（2）流通性服务。以农产品向商品转化为主线，围绕农产品销售中的突出问题，建立健全农产品现代流通体系，促进农业生产与消费有效衔接。一是最初一公里。围绕农产品产地源头分级、商品化处理，建设农产品产地冷等冷链物流基础设施，建设产地公益性农产品市场体系，建设鲜活农产品冷链物流体系，打通农产品出村进城的最初一公里。二是最后一公里。围绕农产品进城、市场化销售，建设销售地非营利性农产品市场体系，推进农产品向城市超市、社区菜市场、便利店直接配送，建设农产品城市批发、零售市场网络。三是物流网络。编制全国农产品流通设施布局规划，建设覆盖城乡的农产品流通网络，推进重点产区和集散地农产品批发市场、集贸市场流通基础设施建设，推进重要农产品仓储物流和冷链物流基础设施建设，推进农产品绿色通道网络建设，有效衔接最初一公里与最后一公里，减少流通环节、降低流通成本。四是市场组织。建立重要农产品储备体系，完善农产品市场调控，稳定供给、稳定预期，重点发挥期货市场引导生产、稳定市场、规避风险作用，建设农产品期货期权市场，重点发挥网货、网商、网客、网规、网络协同作用，发展农产品电子商务。

（3）市场合作。将农业经营纳入国民经济和社会大系统，纳入全球农业经营体系，有效提升农业市场容量。一是"米袋子"省长负责制。明确中央和地方的粮食安全责任与分工，把国家粮食安全战略真正落到实处，持续增强粮食生产能力、储备能力、流通能力和粮食安全保障能力，深化主产区和主销区合作，保证主销区口粮自给率，促进产销衔接，促进实现全国粮食总量平衡和区域粮食总量平衡。二是"菜篮子"市长负责制。围绕产品生产能力、市场流通能力、质量安全监管能力，调控保障能力建设，建好菜园子、管好菜摊子，推进区域化布局、标准化生产、规模化种养，提升"菜篮子"产品整体供给保障能力和质量安全水平。三是国际合作。适应生产方式、产销格局和资源环境的变化，科学确定重要农产品国内保障水平，统筹利用两个市场、两种资源，巩固农产品出口传统优势，优化重要农产品进口全球布局，推进农业走出去，建立境外生产基地和加工、仓储物流设施，提高农业对外合作水平和国际竞争主动权。四是产业救济。完善大宗农产品进口管理和贸易救济预警制度，健全贸易救济和产业损害补偿机制，健全农产品贸易反补贴、反倾销和保障措施，依法对进口农产品开展贸易救济调查，打击走私行为，防止部分品种过度进口冲击国内市场，保护农民利益，维护国内生产和市场稳定。

（4）农业保险。把农业保险作为支持农业、完善农业经营体系的重要内容，扩大农业保险覆盖面，增加保险品种，提高风险保障水平。一是自然风险保障。针对种植业、畜牧业、林业、渔业的不同特点，开展主要粮食作物生产保险、优势农产品生产保险、种子生产保险、设施农业保险、农机保险、畜产品保险、森林保险、渔业保险、洪水保险、农业大灾保险保障，构建农业巨灾风险转移分担机制。二是市场风险保障。开展农产品完全成本保险、收入保险、目标价格保险、价格指数保险、出口信用保险，开展农户信用保证保险、土地流转履约保证保险、涉农贷款保证保险保障，开展食品安全责任保险。三是农业保险供给体系。建立健全政策性农业保险，鼓励在农村发展互助合作保险和商业性保险业务，发展农业再保险业务，完善农业保险保费补贴政策，合理提高保费补贴比例，抓好农业保险保费补贴政策落实，敦促保险机构及时足额理赔，中央财政补贴险种的保险金额应覆盖直接物化成本。四是完善农业保险实现机制。鼓励和支持保险资金开展支农融资业务，建立农业补贴、涉农信贷、农产品期货、农业保险联动机制；鼓励银行与保险合作，开发保证保险贷款产品，开展农业保险保单质押贷款；推进农产品期货、期权市场建设，以"保险＋期货"为主要模式，引导涉农企业利用期货、期权管理市场风险。

三 农业发展能力

夯实耕地、水利、资金三大发展条件，培育产业体系、生产体系、经营体系三大发展体系，构成农业生产力的发展蓝图，回答农业生产力靠什么、做什么两个基本问题。紧接着，公共政策实践致力回答怎么做，政策重点落在能力建设上，主要围绕农业综合生产能力、农业创新驱动能力、农业可持续发展能力三个维度展开，推进农业生产力由隐性向显性转化、由静态向动态转化，持续提升农业发展能力。

1. 综合生产能力

农业生产力是农业发展能力建设的核心命题，政策设计主要围绕提高土地产出率、资源利用率、劳动生产率展开，形成了资源环境承载能力、粮食生产能力、市场主体能力、政府服务能力的认知路径。

（1）资源环境承载能力。优越的自然条件、良好的生态本底，是农业综合生产能力的物质基础。资源环境承载能力建设，要从资源和环境两个维度展开，不断改善人口、资源、环境与农业生产的关系。一是本底条件。面向种植业、畜牧业、渔业、林业等农业生产，以水资源、土地资源、气候、生态、环境、灾害等要素为重点，开展资源环境承载能力和国土空间开发适宜性评价，陆海空一体识别、巩固、提升农业生产的自然本底。二是再生能力。编制实施农业环境突出问题治理总体规划，持续推进重金属污染耕地修复和农业面源污染综合治理。完善农业资源休养生息制度，编制实施耕地、草原、河流湖泊休养生息规划，持续推进耕地轮作休耕制度、休渔禁渔制度和天然林保护制度，分类有序退出超载的边际产能，持续推进退耕还林、退耕还草、退耕还湿、退牧还草、退养还滩，打造山水林田湖草沙生命共同体。三是配置能力。主动适应生产方式、产销格局、资源环境的变化，科学确定国内重要农产品保障水平，编制实施农业对外合作规划，统筹用好国际国内两种资源、两个市场，利用国际资源和市场缓解国内资源环境压力。四是治理能力。将农业资源环境治理纳入国家资源环境承载能力监测预警体系，围绕水资源、土地资源、环境、生态、海域等资源环境超载、临界超载、不超载等级，实施动态监测和红色、橙色、黄色、蓝色、绿色五级预警管理。

（2）粮食生产能力。粮食安全是国家安全的基石，手中有粮、心中不慌。农业综合生产能力的主要矛盾在粮食生产能力，粮食生产能力建设始终处在农业综合生产能力建设的核心地位。一是目标导向。立足国内保障粮食基本自给，实施"藏粮于地、藏粮于技"战略，实施全国新增千亿斤粮食生产能力规划，粮食种植面积稳定在 1.1 亿公顷以上，粮食综合生产能力稳定在 5 亿吨以上。二是主产区建设。集中力量支持粮食主产区发展粮食产业，划定 0.6 亿公顷水稻、小麦、玉米粮食生产功能区，实施粮食丰产科技工程和优质粮食产业工程，建设大型商品粮生产基地和粮食产业带，保护和提高主产区的粮食生产能力，稳住全国粮食生产大局。三是市场调控。合理确定中央储备粮和地方储备粮的功能定位和储备规模，完善政策性储备和商业性储备，扩大销售区粮食储备；建设现代粮食物流体系，合理布局粮食应急供应保障体系，在大中城市建立 10~15 天应急成品粮储备、配送体系。四是大食物观。适应小康社会向高品质生活发展阶段转换新要求，适应居民人均直接粮食消费减少、非粮食食物消费增加的新形势，树立大食物观，面向整个国土资源全方位、多途径开发食物资源，满足日益多元化的食物消费需求，有效释放粮食生产压力。

（3）市场主体能力。市场经济条件下，农业综合生产能力由市场主体能力集中表达，并在涉农市场主体与非农市场主体之间形成竞合关系，能力建设按照更好发挥市场机制作用取向，围绕"有没有"和"能不能"展开，培育新型农业市场主体，提升农业市场主体竞争能力。一是职业农民。以解决"谁来种地、如何种好地"和务农劳动力"兼业化、老龄化、低文化"问题为重点，种植业、畜牧业、渔业、林业分业推进，构建一支有文化、懂技术、善经营、会管理的新型职业农民队伍，推动新型职业农民创办家庭农场、农民合作社等新型农业经营主体，推动农民由身份向职业转变，逐步成为体面职业。二是内生动力。实行工业反哺农业、城市支持农村和"多予少取放活"的方针，取消农业税，取消牧业税、生猪屠宰税、农林特产税，完善农产品特别是粮食价格形成机制和农业支持保护政策，保障投资农业获取社会平均利润，保障从事农业获取社会平均工资，保护职业农民务农种粮积极性。三是资源配置能力。围绕土地、资金、人才、技术、管理、信息、数据等资源要素，发挥市场在资源配置中的决定性作用，推动城乡要素自由流动、平等交换，持续提升新型职业农民、新型农业经营主体、涉农企业参与资源配置的能力和水平，保障农业生产经营的要素投入。四是价值分配能力。以农业生产资料价格为重点，持续提升农业市场主体议价能力，形成合理比价关系。以农产品价格为重点，发挥价格对农业生产的激励作用，坚持市场定价原则，推进农产品价格形成机制与政府补贴脱钩，政府补贴围绕农产品目标价格展开，价格过高补贴低收入消费者，价格过低补贴农业生产经营者，保障农业市场主体利益。

（4）政府服务能力。社会主义条件下，农业综合生产能力由政府服务能力集中引领，能力建设按照更好发挥政府作用取向，围绕全党工作和政府全部工作的重中之重展开，在领导分工、干部配备、机构设置、工作安排、财力分配上全面体现重中之重的要求。一是工作体系。省市县乡村"五级书记"抓"三农"工作，县委书记主要精力抓"三农"工作，构建一支懂农业、爱农村、爱农民的"三农"工作队伍，发挥国有农场垦区、国有牧场牧区、国有林场林区在建设现代农业在保障国家粮食安全等方面的积极作用，发挥供销合作社在农产品流通和生产资料供应等方面的作用，引导国有企业参与和支持农业发展。二是内生动力。以取消农业税后地方政府重农抓粮的激励相容为重点，调整财政收入分配格局，建立财力与事权相匹配的财政管理体制，建立县乡财政基本财力保障制度，建立粮食主产区利益补偿制度，保护地方政府特别是县乡政府重农抓粮积极性。三是制度供给能力。以推进农业生产关系适应农业生产力发展状况为主线，以完善产权制度和要素市场化配置为重点，创新调整工农、城乡、区域和国际国内关系的制度性供给，激活主体、激活要素、激活市场。提升地方政府对顶层设计的二次开发、上位政策的二次创制能力，推进制度供给向实施机制转化。四是支持保护能力。坚持农业优先发展，优先考虑干部配备、优先满足发展要素配置、优先保障资金投入、优先安排公共服务；完善农业政策工具和手段，调整改进"黄箱"支持政策，扩大"绿箱"支持政策的实施范围和规模，建立新型农业支持保护政策体系。

2. 创新驱动能力

创新驱动是农业生产能力建设的关键一招，政策设计主要围绕质量变革、效率变革、动力变革、提高全要素生产率展开，将先进技术、现代装备、科学管理引入农业，推进农业发展方式转到依靠科技进步和提高劳动者素质上来，形成了农业创新体系、种业创新能力、成果转化能力、创新服务能力的认知路径。

（1）农业创新体系。紧紧围绕国家实施科教兴国战略、人才强国战略、创新驱动发展战略，整合优化科技资源配置，构建农业基础研究体系、产业技术体系、科技推广体系。一是创新人才。紧紧抓住人才第一资源，培育一批包括战略科学家、科技领军人才、企业家人才在内的高端人才，壮大一批涵盖初级、中级、高级技能人才在内的劳动者大军，形成以科技人才为主体，企业家为主导，技能人才为支撑的创新型人力资源体系，推动专家、企业家、职业农民协调发展。二是创新主体。围绕农业创新链的不同环节明确各类创新主体的功能定位，发挥高校在人才培养、学科建设、科技研发中的基础作用，发挥科研院所在基础前沿研究、共性技术开发、先发优势培育中的支撑作用，发挥新型研发机构在先进技术研发、成果转化、产业孵化中的引领作用，发挥企业在把握创新方向、凝聚创新人才、筹措创新资金、整合创新链中的主导作用。三是创新载体。面向粮食生产功能区、重要农产品生产保护区、特色农产品优势区服务需求，建设一批创新人才、创新主体规模化集聚的创新基地和创新高地，培育以基础研究基地为依托，企业创新基地为主体，行业创新基地为引领的创新基地体系，壮大以国家农业科技园区、国家农业高新技术产业示范区为主体，发展农业高科技、培育农业新产业的创新高地体系。四是创新生态。围绕"基础研究—应用研究—中试熟化—小规模商品化—大规模产业化"创新五阶段,打通高校科研院所"申请课题—开展研究—通过评审—再申请课题"的创新内环和企业"引进技术—生产产品—技术落后—再引进技术"的创新外环,完善创新风险的政府分担机制和市场化风险分担机制,提升创新主体的风险防范能力和风险承担能力。

(2)种业创新能力。农业现代化,种子是基础。科技兴农,良种先行,切实把农业科技创新的重点放在良种培育上,着力实施种业自主创新工程,着力实施现代种业建设工程、现代种业提升工程,推进种业科技自立自强、种源自主可控。一是种质资源。实施国家农业种质资源保护利用工程,开展农作物、微生物、畜禽、水产、林木种质资源普查,开展种质资源收集、鉴定、登记、保护,建设国家作物、畜禽和海洋渔业生物种质资源库,建设种质资源圃(场、区)。二是创新攻关。创新育种理论方法和技术,创新改良育种材料,建设种业领域国家重大创新平台,实施生物育种重大科技项目,开展种源关键核心技术攻关,开展农作物、畜禽、水产、林木良种联合攻关,提升种业自主创新能力,保障国家种业安全。三是种业基地。综合考虑生态类型、物种类型、种质资源条件、育种能力,建设国家南繁育种基地,建设四川水稻、甘肃玉米、黑龙江大豆等国家级育种基地,建设一批区域性良种繁育基地,全面提升供种保障能力,确保农业生产用种需要。四是种业企业。强化企业育种创新主体地位,一体化配置项目、资金、人才、技术等创新要素,建立以企业为主体的育种创新体系、商业化育种体系、良种繁育推广体系,培育一批育繁推一体化大型骨干企业和"专精特新"小"巨人"企业,培育一批具有国际竞争力的现代种业企业。

(3)成果转化能力。发挥科学技术第一生产力作用,加强科技成果中试、工程化、产业化开发及应用,为种植业、畜牧业、渔业、林业提供科技服务,促进农业科技成果转化为现实生产力。一是中试熟化。发挥中试在农业基础研究应用研究与小规模商品化大规模商业化之间的创新衔接作用,建立健全农业科技创新中试基地体系,支撑已有科研成果开展中试,推进通过可行性论证、小试的农业技术成果进一步熟化配套。二是创新集成。面向农业生产,组装集成项目、人才、基地、资金等创新要素,组装集成优良品种、先进适用技术以及农机、化肥、农药等技术创新成果,在重点产区实行整建制推进,促进良种良法相配套、农机农艺相结合,有效提升农业技术集成能力。三是推广示范。强化公益性职能、放活经营性服务,建立与农业产业带相适应的农业技术推广体系;发挥高校、科研院所、龙头企业、农民合作组织、家庭农场等在农业科技推广中的带动作用；深入实施农业科技入户工程，培育科技示范户、科技大户，建立农业试验示范基地、产业化示范基地、新品种引进示范场，熟化、集成、推广农业技术成果。四是技术市场。引入市场机制，发挥市场在创新资源、创新要素、创新成果配置中的决定性作用，构建市场化的农业技术转移与成果转化新机制；稳步发展农业技术交易市场，探索建立农业科技成果交易中心；加强农业领域知识产权保护，健全种业等领域科研人员以知识产权明晰为基础，以增加知识价值为导向的分配政策。

（4）创新服务能力。综合考虑农业科技创新主阵地在城市，成果转化主阵地在乡村，应用主体是农户，农户接受新事物能力不足的基本国情基本农情。改革农业科技创新治理体系，推动政府职能由研发管理向创新服务转变。一是制度环境。适应农业基础研究、应用研究、成果转化融通发展，创新链与产业链深度融合发展新形势，转变政府职能，强化政府在农业创新战略、创新规划、创新政策、创新生态、公共服务、监督评估、重大任务实施等方面的职能，营造有利于创新的政务、商务、社会、生态环境。二是财政投入。提升农业领域参与国家财政性资金支持的国家自然科学基金、国家科技重大专项、国家重点研发计划、技术创新引导专项、基地和人才专项的资源配置能力，提升国家富民强县科技专项资金、农业科技成果转化资金、国外先进农业技术引进资金规模。三是人力资本。把人力资本开发放在首要位置，实施新型职业农民培育工程，引导新型职业农民通过弹性学制参加中高等农业职业教育，引导新型职业农民参加城镇职工养老、医疗等社会保障制度，开展职业农民职称评定工作，全面建立职业农民制度，促进小农户与现代农业有机衔接。四是过程服务。面向农业创新主体、创新载体，以服务创新人才、创新成果转化、创新生态建设为重点，发挥科技特派员、科技入户技术指导员、农业推广教授推广型研究员的引领作用，构建农业全产业链创新服务体系。

3. 可持续发展能力

可持续发展能力是农业发展能力建设的内在要求，政策设计主要围绕生态保护修复、环境污染治理、资源永续利用展开，统筹兼顾社会、经济、环境的可持续发展问题，形成了人与自然和谐共生、包容性发展、体面发展、共同发展的认知路径。

（1）人与自然和谐共生。人与自然是命运共同体，尊重自然、顺应自然、保护自然，人与自然的关系成为农业可持续发展的认知前提。一是生态保护修复。坚持山水林田湖草沙系统治理，修复耕地生态，建设田园生态系统，增强林业生态功能，保护修复森林生态系统和草原生态系统，恢复修复水生生物、海洋生物生态系统，保护生物多样性，守住农业生态安全边界，提升农业生态系统质量和稳定性。二是环境污染治理。系统治理工业化、城市化对农业产地形成的外源性污染和农膜、化肥、农药、兽药、饲料、饲料添加剂等农业投入品以及秸秆、畜禽粪污、包装物等农业废弃物对农业产地形成的内源性污染，科学使用农业投入品，推进农业投入品减量化，循环利用农业废弃物，推进农业废弃物资源化，推进农业清洁生产。三是资源永续利用。保护耕地资源、水资源和农业生物资源，防控外来物种入侵，守住生态保护红线、环境质量底线、资源利用上线，在城市化地区、农产品主产区、生态功能区三大国土空间开发保护格局中一体化推进农业资源可持续利用，推进农业生产向粮食生产功能区、重要农产品生产保护区、特色农产品优势区集聚。四是农业绿色发展。面向农业全产业链，持续优化农业生态系统，提升产地环境质量，提高资源利用效率，持续提升农业生产适应气候变化能力，发展绿色农业、循环农业、低碳农业，加快农业生产方式和农产品消费方式绿色转型，推进农产品品种培优、品质提升、品牌打造和标准化生产，不断满足高品质生活需要。

（2）包容性发展。现代化过程是一个农业小部门化的过程，农业的 GDP 占比下降、增长贡献下降、资源配置能力下降，包容性发展成为农业可持续发展的认知基础。一是农业多产业。农业面向种植业、畜牧业、渔业、林业，为草原畜牧业由传统游牧向现代畜牧转变提供包容性，为海洋一产由传统讨海捕捞向现代海洋牧场转变提供包容性，推进农业发展空间由陆地向海洋、空天、网络延伸，推进农耕文明、游牧文明、海洋文明、数字文明包容性发展。二是农业多功能。统筹农业的产品、要素、外汇、市场贡献和生态贡献，兼顾农业的生产性功能、生态性功能和经济缓冲功能，为农业的绿色服务、能源服务、舒适性服务、生态贸易、环境容量提供包容性，为农业释放或吸收劳动力、减缓经济危机或加速经济复苏提供包容性，推进农业与经济、社会、环境包容性发展。三是现代化协同。在中国特色社会主义现代化战略全局中把握农业现代化，为工业化、信息化形成的先进生产力服务农业发展提供包容性，为城市化形成的庞大市场服务农业发展提供包容性，推进农业现代化与新型工业化、信息化、城镇化包容性发展，推进农业治理现代化与国家治理现代化包容性发展。四是支持与保护。在中华民族伟大复兴战略全局中把握农业现代化，为政府履行公共服务职能、夯实农业在经济社会中的基础性地位和作用提供包容性，为政府履行经济调节职能、提升农产品在国际贸易中的竞争优势和竞争能力提供包容性，推进政府对农业的国内支持与国际保护包容性发展。

（3）体面发展。农业可持续发展本质上是人的可持续发展，坚持以人为本，以农业就业与非农就业无差别化、农业投资与非农投资"等量要素投入获取等量收益"为重点，引导农业体面发展。一是体面就业。持续提升存量农民，良好教育增量农民，贯通农业就业与非农就业的联系渠道，推进"保护农民务农种粮积极性"向非粮农民延伸，推进农民成为体面的身份、体面的职业，推进农业生产成为体面的劳动、体面的工作，推进农民通过农业实现体面的生存、体面的发展。二是体面服务。以能力建设为核心，统筹组织能力和个人能力建设，兼顾政府服务能力和涉农高校科研院所、社会组织、市场主体服务能力建设，推进"保护地方政府重农抓粮积极性"向涉农组织和农业全产业链延伸，更好发挥政府作用，推进政府服务农业的体面转型。三是可持续增长。将农民的体面就业、涉农组织和个人的体面服务建立在农业可持续增长基础上，引导资本、技术、数据等生产要素投入农业，为农业投入提供工业化市场供给，为农业产出提供城市化市场需求，保障农业增长与经济增长基本同步，农民报酬提高与劳动生产率提高基本同步。四是负责任生产和消费。深化农业供给侧结构性改革，强化需求侧管理，建立健全"保护者受益、使用者付费、破坏者赔偿"的利益导向机制，拓展生产者责任延伸制度覆盖范围，深入开展绿色生活创建行动，推动生产、分配、流通、消费各环节有机衔接，形成可持续的消费和生产模式。

（4）共同发展。在农业还是弱势产业，农民还是弱势群体的发展条件下，实现农业发展的人与自然和谐共生，实现农业的包容性发展与体面发展，需要提升农业可持续发展的执行力。一是议题设置。农业可持续发展是一个长期的过程，既需要解决耕地、水利、资金等功能性议题，也需要解决产业体系、生产体系、经营体系等结构性议题，既需要解决投资、贸易、技术、能力建设等发展议题，也需要解决食物安全、资源安全、生态安全等安全议题，议题选择的优先序与执行力密切相关。二是共同富裕。农业可持续发展是经济社会可持续发展的基础，农业生态保护、农业资源保护、产地环境保护、农业多功能的价值实现、农业投资与农业就业的无差别化，需要在社会主义共同富裕制度环境下协同推进，离开"先富带后富、实现共同富裕"的发展环境，农业可持续发展将难以为继。三是国内伙伴关系。坚持和完善"米袋子省长负责制"和"菜篮子市长负责制"，以投资、贸易、技术、能力建设为重点，推进粮食生产功能区、重要农产品生产保护区、特色农产品优势区与经济发达地区建立共同富裕伙伴关系，建立稳定的农业可持续发展生产关系。四是全球伙伴关系。以项目为纽带，统筹发达国家、发展中国家、新兴市场国家伙伴关系，兼顾公共伙伴关系、公私伙伴关系、民间社会伙伴关系以及南北伙伴关系、南南伙伴关系，构建支撑农业可持续发展的高质量全球伙伴关系。

四　农业现代化认知秩序

至此，我们梳理了基于"中央一号文件"的农业现代化政策实践，勾勒了农业现代化认知资源的学习曲线和农业现代化实践范式的经验曲线，形成了基于元认知、认知表征、模式识别、认知发展的农业现代化认知秩序。

（1）元认知。农业现代化要科学认知农业发展条件、农业发展体系、农业发展能力的内涵和外延，夯实耕地、水利、资金等农业发展条件，培育产业、生产、经营等农业发展体系，开展综合生产能力、创新驱动能力、可持续发展能力等农业发展能力建设，不断完善农业现代化的基本认知单元。

（2）认知表征。农业现代化的元认知可以帮助我们梳理知识，使之有序化，但仅仅对元认知的理解并不会自动引领我们对农业现代化的系统理解；元认知形成的三个方面、九大领域农业现代化概念体系，帮助我们建立了农业现代化的知识等级，为我们提供了认知的"容器"，从而使我们有能力进行分类，建立基于三个方面、九大领域的 36 个大项、144 个小项的农业现代化分类体系，把我们遇到的东西归类进去，帮助我们处理没有遇到的东西或者对未来进行预测并采取行动，形成基于概念体系和分类体系的农业现代化认知表征与学习曲线。

（3）模式识别。实践中，需要系统掌握农业现代化元认知与认知表征的人群属于极少数人群，在部门分工与产业分工的发展背景下，无论是政策制定者还是政策相对人，他们需要的远非农业现代化认知体系的全部，他们需要的可能只是某个区域、某个领域的部分或环节，36 个大项、144 个小项分类体系形成了公共政策实践的选择性注意集群。围绕 144 个小项建构起来的农业现代化范式体系，能够帮助我们有效配置认知资源，系统解决注意分散问题，形成基于范式体系的农业现代化模式识别与经验曲线。

（4）认知发展。农业现代化三个方面、九大领域的 36 个大项、144 个小项组成了农业现代化的"问题空间"，解决问题的过程就是一次次推进初始状态经由中间状态不断向目标状态逼近的过程，由于在初始状态和目标状态之间存在大量的中间状态，绝大部分中间状态又属于备选路径，中间状态在备选方案中胜出是决策的结果，结果导向超越问题导向，目标导向成为制约农业现代化认知的主要矛盾，通过中间状态的政策安排将初始状态、目标状态的认知过程有机连接起来，促进农业现代化的认知迭代与认知发展，成为农业现代化认知秩序的有序化新方向。

"中央一号文件"记录了中国式解决农业、农村、农民问题的历史轨迹。当前，我国已从全面建成小康社会进入全面建设社会主义现代化国家，谱写"中央一号文件"崭新篇章，推进农业现代化，期待三方面的突破。一是认知革命。立足统筹国内国际两个大局、办好发展安全两件大事，准确把握新时代农业现代化的认知秩序，科学管理选择性注意引致的注意分散。二是范式革命。突破农业、农村、农民"三位一体"的"中央一号文件"政策范式，突破"中央一号文件"的年度政策模式，建立"中央一号文件"五年政策周期新模式。三是边际革命。推进"中央一号文件"政策周期与执政周期、行政周期、规划周期相协调，推进基于问题导向、目标导向的中央顶层设计与基于结果导向的地方实施方案相协调，赋予地方政府更多的顶层设计边际改革权限和上位政策边际创制权限。我们期待，基于元认知、认知表征、模式识别、认知发展的农业现代化认知秩序，能够为农业现代化的认知革命、范式革命、边际革命提供有益的意识形态基础和基本认知框架。

第四章　区域空间战略问题

福建地处台湾海峡西岸，在中华民族伟大复兴的历史进程中，福建在服务祖国统一大业方面具有重要战略地位。国家先后在福建布局建设厦门经济特区、海峡西岸经济区、海峡蓝色经济试验区、台商投资区、台湾农民创业园、平潭综合实验区、海峡两岸融合发展示范区，福建由曾经的海防前线成为我国对外开放前沿①、东部沿海的"发展高地"②，但由于起点低，在东南沿海发达地区面临挑战。

一是两岸协同问题。福建与台湾一水相连，地缘近、血缘亲、文缘深、商缘广、法缘久，但闽台发展水平差距显著，国家在福建布局的面向台湾的政策措施，在台湾响应度不高，还难以形成促进福建发展的有效力量，典型的如平潭综合实验区，其"共同家园"的发展定位还任重而道远，根本原因在于福建尚未形成引领海峡两岸发展的空间号召力。

二是两洲虹吸问题。福建地处长三角、珠三角之间，在苏浙沪闽粤东南沿海五省市中发展相对滞后，长期处在"东南凹陷"状态。改革开放以来，福建人发挥"敢拼会赢"精神奋起直追，不断缩小与两个三角洲的发展差距，但由于福建"缺位"长三角一体化发展和粤港澳大湾区建设国家区域重大战略，再度面临南北挤压、上下虹吸。

三是东海开发问题。福建与台湾、上海、浙江共同拥有东海海洋国土，但由于海峡两岸的分治状态，国家开发东海的战略重点放在东海北部，建设浙江舟山群岛新区和浙江海洋经济发展示范区，并通过"岛屿出租"模式建设洋山港，推进上海发展成为国际航运中心。福建"缺位"东海开发，台湾

---

① 《开放发展　风起帆张——习近平总书记在福建的探索与实践·开放篇》，《福建日报》2017年7月20日。

② 《从海防前线到发展高地的历史奇迹——聚焦福建70年砥砺奋进壮阔历程》，新华社，2019年8月18日，中国政府网，https://www.gov.cn/xinwen/2019-08/18/content_5422152.htm。

海峡作为未来连接两岸、两洲、东西、南北、路带的黄金水道，开发既不协调也不充分。

党的十八大以来，福建经济总量连升三级：2013年跨越2万亿元；2017年突破3万亿元；2019年登上4万亿元；达到42395亿元。2019年福建经济总量相当于台湾的100.5%，实现了对台湾经济的反超，总量超越为全面超越奠定了坚实的物质基础。未来15年，中国特色社会主义进入全面建设社会主义现代化国家新时代，新福建建设也进入全方位超越时代。全方位超越是一个系统工程，本章从国土空间开发入手，坚持目标导向、结果导向、问题导向，从空间意象、空间开发、空间竞争力、空间拓展四个维度研究提出新时代新福建的空间战略，服务全方位高质量发展。

第一，坚持目标导向。围绕制度化、一体化、现代化目标体系，省内按照保育山区模块、重点开发沿海模块、科学开发海域模块总要求，推进新时代山海协作和陆海统筹；省外统筹国土空间对内开放和对外开放，推进海峡区域一体化和东南沿海区域一体化，构建全方位空间开放新格局。

第二，坚持结果导向。围绕服务全国发展大局、服务祖国统一大业、服务伟大复兴中国梦，发挥基础设施的硬连接作用和信息空间的软连接作用，完善国土空间功能化布局、网络化开发、战略性互联互通架构体系，构建人口和生产力空间布局新形态。

第三，坚持问题导向。围绕两岸协同问题、两洲虹吸问题、东海开发问题，推进海峡两岸融合发展、东南沿海区域一体化发展和海洋强国建设，从根本上补齐海峡两岸无差异化、东部断裂带、东海开发短板；以开发台湾海峡为重点，推进长台闽大湾区建设和冰上与海上丝绸之路战略性互联互通，构建空间竞争力育成新机制。

第一节　空间意象

建设新福建，是习近平总书记亲自为福建擘画的发展蓝图。当前，福建已经实现经济总量赶超，转而进入全面赶超阶段，进入推进高质量发展全方位超越新时代，新福建建设进入2.0发展新阶段。一方面，发展环境出现重大变化，国家经济循环由"外循环"为主向"内循环"为主转变；另一方面，发展条件出现重大变化，福建作为发达经济体具备条件服务国家发展大局。打造新福建2.0版，必须搞清楚建设新福建的发展环境、发展阶段与发展条件，坚持目标导向，科学设计新时代新福建的发展愿景。

一 发展目标

经过长期的努力，中国特色社会主义进入新时代，进入逐步实现全体人民共同富裕的新时代、奋力实现中华民族伟大复兴的新时代、全面建设社会主义现代化国家的新时代、日益走进世界舞台中央的新时代，这是人民、民族、国家、天下发展新的历史方位，中华民族迎来了从站起来、富起来到强起来的历史飞跃。然而，树欲静而风不止，和平与发展的时代主题已发生变化，战略机遇期也发生变化，我们必须善于在危机中育新机、在变局中开新局，把握建设新福建的发展大势。

（1）大变局。世界面临百年未有之大变局，集中表现在世界经济新旧动能加速转换，国际格局和力量对比加速演变，全球治理体系加速重塑；中国要统筹国内国际两个大局，发展安全两件大事，需把国家安全置于中国特色社会主义事业全局中来把握。这是新时代建设新福建必须直面的问题，新福建建设必须吃透这一实际问题，找准发展的历史方位。

（2）大思想。国内迎来中国特色社会主义新时代，社会主要矛盾出现历史性新变化，以"10个明确14个坚持"为核心的习近平新时代中国特色社会主义思想，站在战略和全局的高度回答了新时代中国特色社会主义坚持和发展什么、怎样坚持和发展这两个基本问题；其中，"10个明确"对局势进行了解构和重构，明确了新时代中国特色社会主义的本质特征、主要矛盾和总任务，明确了新时代中国特色社会主义的总体布局与战略布局，明确了新时代中国特色社会主义内政、外交、国防总目标，形成了格局引导布局、布局引领结局的科学理论体系；"14个坚持"以全新的视野深化对共产党执政规律、社会主义建设规律、人类社会发展规律的认识，设计了以三大规律为核心的新时代坚持和发展中国特色社会主义的技术路线图，为"10个明确"描绘的发展蓝图设计实现的基本方略。[①] 新时代建设新福建必须学懂弄通上述思想理念，夯实发展的思想基础。

（3）大循环。"外循环"为主导的外向型经济发展模式面临保护主义挑战，充分发挥国内超大规模市场优势和集中力量办大事的制度优势，坚定实施扩大内需战略，补齐"内循环"短板，构建以国内大循环为主体、国内国

[①] 《十九大报告辅导读本》编写组：《党的十九大报告辅导读本》，人民出版社，2017。

际双循环相互促进的新发展格局，成为完善"双循环"体系的最后一块拼图，其核心是以中心城市和城市群作为发展要素的主要空间组织形式，以产业基础高级化和产业链现代化为重点，全面落实深化供给侧结构性改革，加快建设创新型国家，推动形成全面开放新格局，实施区域协调发展战略，实施乡村振兴战略，加快完善社会主义市场经济体制六大任务，建设以产业体系、市场体系、分配体系、协同发展体系、绿色发展体系、开放发展体系六大体系为主要内容的现代化经济体系。这是建设新福建必须直面的顶层设计，新福建建设必须主动融入国内大循环，推进发展的动能转换。

当前，新福建建设进入全方位超越新时代。全方位超越是中国特色社会主义制度在福建的先手棋，是中华民族伟大复兴在福建的主动仗，是全面建设社会主义现代化强国在福建的早期收获。因此，我们要在国家治理大局中把握全方位超越，在国家统一大局中把握全方位超越，在国家现代化大局中把握全方位超越，科学设计全方位超越的目标体系。

一是制度化。围绕高质量发展全方位超越总要求，统筹推进习近平经济思想、生态文明思想、外交思想、强军思想以及其他一系列重要论述制度化，统筹推进 1985~2002 年习近平总书记在福建工作期间形成的治理成果制度化，统筹推进 2014 年习近平总书记视察福建时亲自擘画建设"机制活、产业优、百姓富、生态美"新福建制度化，统筹推进 2019 年十三届人大二次会议中习近平总书记在参加福建代表团审议时提出的探索海峡两岸融合发展新路制度化，打造习近平新时代中国特色社会主义思想综合实践的福建范例，率先实现治理体系和治理能力现代化。①

二是一体化。围绕海峡两岸融合发展建设台胞台企登陆第一家园总布局，统筹推进中央与福建财政事权和支出责任划分改革，研究出台"两岸融合领域"中央与福建财政事权和支出责任划分改革方案，将海峡两岸公共服务无差异化确认为中央与福建共同事权，由中央与福建共同承担支出责任；统筹推进科技创新、产业结构、居民收入三方面的补短板强弱项工作，牢牢把握两岸关系的战略主动权、主导权，打造解决国内矛盾的福建范例，率先实现海峡两岸一体化发展。

三是现代化。围绕全面建设社会主义现代化强国总任务，统筹建设教育、

---

① 《中共中央关于坚持和完善中国特色社会主义制度 推进国家治理体系和治理能力现代化若干重大问题的决定》，2019 年 11 月 5 日，中国政府网，https://www.gov.cn/zhengce/202203/content_3635422.htm。

人才、文化、体育强国，推进人的现代化；统筹建设科技、制造、质量、贸易强国，推进物的现代化；统筹建设交通、海洋、航天、网络强国，推进空间治理现代化，打造美丽中国、数字中国、健康中国、平安中国的福建范例，率先实现新型工业化、信息化、城镇化和农业现代化。

二　发展意象

福建国土负陆面海，西部"武夷山脉"将福建与华夏大地隔开，中部"闽中大山带"被闽江、九龙江截为鹫峰山、戴云山、博平岭三部分，河海的交互堆积形成沿海的冲积平原和海积平原，地理上形成了海洋、沿海、山区三大国土板块。

（1）空间特征。福建位于中国东南部，踞东海和南海的交通要冲，是连接长江三角洲和珠江三角洲的战略枢纽，也是连接东南亚与东北亚的战略中心，还是扼住第一岛链，跨越第二岛链的重要载体，国土空间具有重要的地缘经济、地缘政治与地缘文化价值。

（2）资源特征。福建陆域面积总体上呈现"八山一水一分田"，人地关系紧张，能源、矿产资源总量不足与结构性缺失并存，省内的能源、矿产资源不足以支撑全省现代化发展的需要。海洋国土资源具有"港、岛、涂、能、景"五大优势，这成为福建省的战略性接续资源。

（3）环境特征。福建省森林覆盖率为 66.8%，湿地和海洋生态系统生物资源富集，水、大气、土壤环境质量良好，具备建设生态文明的物质基础，省内自然灾害频发，沿海受台风、洪涝、风暴潮危害较为严重，山区受洪涝、山体滑坡、泥石流影响较大。

（4）开发特征。省域经济分布向沿海集聚，人口分布向沿海集中；2021年，福厦泉三地实现的 GDP 占全省的 60.8%，人口占全省的 53.9%，成为福建省域开发的三大引擎。省域开发进入空间重组期，进入生产、生活、生态功能重组期，进入行政区、开发区、自然文化保护区结构重组期。

总体上，福建省地理空间呈现三大特征。一是沿海区位优势明显。沿海区域人口集聚程度高，水土资源相对丰富，生态环境较好，是福建经济发展条件最好的区域，总体适宜开发。二是山区生态优势明显。山区人口集聚程度低，是沿海水源涵养区，土地资源相对匮乏，总体不适宜开发，宜以生态保育为主，局部具备条件开发区域宜以点状城镇化为主，限制高强度开发。三是海洋资源优势明显。福建省拥有丰富的海岸带、海湾、海岛、海峡、海洋国土空间与国土资源，开发潜力大，是沿海城市化工业化的战略接续区，总体适宜开发。新时代福建省域空间开发要立足三大特征，培育新竞争优势。

第一，充分发挥沿海模块发展基础较好、资源环境承载力较强的有利条件，突出沿海平原走廊在福建全省经济社会发展中的地位和作用，引导沿海繁荣带核心竞争力的空间形成，全面提升沿海模块的综合竞争力，构建"健康城市化"发展格局。

第二，充分发挥海域模块湾区岸线资源比较优势和后发优势，按照加快工业化进程和科学开发海洋国土的发展要求，引导工业项目向湾区集聚，构建"适度重工业化"发展格局。

第三，充分发挥山区模块的生态环境优势，构建以基本农田为依托，以绿色农业为导向的现代农业发展格局，构建以国土生态保护与环境整治为依托的生态安全保障格局。

按照保育山区模块、重点开发沿海模块、科学开发海域模块的国土功能分区要求，调整优化生产力空间布局，统筹各类开发区、海关特殊监管区、城市新区、自然保护区和境外国外空间拓展区工作，引导服务业向城市集聚，引导工业发展向园区集聚，引导重化工业逐步向港口群集聚；调整优化人口空间布局，统筹建设城市、集镇和乡村三种人类聚居方式，引导人口向沿海集聚；优化海洋国土开发秩序，由近及远阶梯式开发海洋国土，将海洋国土空间发展成为陆地国土空间的战略接续区和战略补给区；统筹不同地区生产、生活、生态国土功能，建立符合可持续发展要求的国土空间开发秩序。

三 空间协调

充分发挥福建地处海峡两岸、长三角、珠三角"十字路口"的空间优势，从山海协作、海峡区域一体化、东南沿海区域一体化三个维度完善空间协调的体制机制。一是协调沿海与山区空间布局，推进山区与沿海的协作发展，促进形成各具特色、功能互补的区域分工格局。二是协调陆域与海域国土空间布局，拓展海洋国土空间优势，构建功能互补、职能清晰的海洋国土空间开发与保护格局。三是协调行政区域与经济区域、自然地理区域的不一致性，促进闽粤、闽赣、闽浙毗邻区域基础设施、产业布局、城市功能和生态建设的有机衔接。四是协调福建与台湾的空间合作，以海洋国土为纽带，建设服务两岸"三通"，促进祖国统一的战略平台。

（一）山海协作

1. 补齐山区发展短板

根据新型工业化、信息化、城镇化、农业现代化的总要求，牢牢把握优化全省生产力和人口空间布局的协作主题，突出基本公共服务帮扶、资源要素合作、产业集群配套的协作主线，通过"输血"改善山区的生产生活生态条件，通过"造血"提升山区的自我发展能力。重点发挥沿海在资金、人才、技术方面的优势，挖掘山区在特色资源、生态环境、要素成本方面的潜在优势，推动资源要素跨区域合理流动，促进革命老区、原中央苏区、民族地区、贫困地区等跨越式发展。

2. 国土资源合作

统筹现代农业、先进制造业、现代服务业园区共建工作，完善山海协作共建产业园区发展规划，鼓励山海协作在现有开发平台上以加挂模式或扩容模式共建园区；鼓励山区与沿海合作共同开发海洋国土资源，在沿海建设"飞地港"；鼓励山区按照"占一补一"原则为沿海代保林地、耕地；鼓励沿海产业转移到山区后用原地盘活的增值收入有偿投资山区共建产业园区的基础设施；推进山区与沿海新增建设用地指标、城乡建设用地增减挂钩指标、基本农田指标补划以市场方式进行交易。

3. 生态资源合作

完善流域生态保护补偿机制，妥善处理流域上下游之间、生态保护者和受益者之间的利益关系，建立覆盖全省、统一规范的全流域生态保护补偿机制；完善生态保护区域财力支持机制，切实加大对限制开发区域、禁止开发区域特别是重点生态功能区的财力支持力度，使绿水青山的保护者有更多获得感；完善森林生态保护补偿机制，有效化解生态保护与林农利益间的矛盾，促进重点生态区位生态公益林集中连片、森林生态服务功能增强和林农收入稳步增长，实现社会得绿、林农得利；完善生态产品价值实现方式，推进山区特色农产品规模化种植、养殖、深加工，发展食品工业和生态旅游业；统筹山区与沿海的环境容量，在符合环境承载力要求的前提下，允许山区与沿海调剂使用主要污染物排放指标。

（二）海峡区域一体化

1. 闽台地域空间合作

围绕产业发展平台、居民定居点、台湾海峡海底隧道、海洋资源开发等领域，完善闽台地域空间合作发展规划，在国土规划、国土资源勘探、国土保育保安、国土美学等方面开展全方位的合作；完善台商投资区、台湾农民创业园等台湾民众在闽发展平台载体，促进闽台产业深度合作；建设"台胞台企登陆第一家园"，推进在闽定居落户实现"愿落尽落"①。

2. 闽台经贸深度融合

将香港在两岸关系中体现的贸易中转、物流中介、客流中介、金融中介和服务中介等功能置换出来，同时将平潭建设成为新时期的深圳，以香港在珠江三角洲中的功能定位为蓝本，按照海峡经济区发展要求，在产业分工与协作的进程中推进福建与台湾的经济融合。支持福建企业与在闽台企共建企业合作联盟。支持建设多层次两岸金融市场，创新两岸社会资本合作方式，推动设立两岸产业融合发展基金，支持海峡股权交易中心"台资板"创新升级，加强与新三板合作对接，推动更多符合条件的在闽优质台企在大陆上市，鼓励更多台企参与大陆金融市场发展②。

（三）东南沿海区域一体化

1. 推进区域合作

依托国土开发轴带，打破行政区划限制，鼓励和支持开发集聚区在国土③开发保护、基础设施建设、市场体系构建等重点领域开展合作，促进产业承接转移，实现要素跨区域自由流动与优化组合；发挥国土开发轴带的集聚与连通作用，加快构建东南沿海综合运输通道，促进国土开发轴带沿线地区要素流动与产业协作，推进形成沿海开发轴带的城镇、产业密集带；发挥重点地区的引领带动作用，推进国家级新区、国家级综合配套改革试验区、重点开发开放试验区等各类重点功能平台建设，主动融入经济全球化和区域一体化，全面参与国际分工与合作。

2. 海峡西岸经济区一体化发展

协调行政区域与经济区域、自然地理区域的不一致性；以福建省 9 地市为主体，整合海峡西岸经济区浙江省 3 地市、广东省 4 地市和江西省 4 地市国

---

① 《中共中央 国务院关于支持福建探索海峡两岸融合发展新路 建设两岸融合发展示范区的意见》，2023 年第 27 号，中国政府网，https://www.gov.cn/gongbao/2023/issue_10726/202309/content_6906519.html。

② 《中共中央 国务院关于支持福建探索海峡两岸融合发展新路 建设两岸融合发展示范区的意见》，2023 年第 27 号，中国政府网，https://www.gov.cn/gongbao/2023/issue_10726/202309/content_6906519.html。

③ 《国土开发与保护的行动指南》，中华人民共和国国土资源部，https://www.mnr.gov.cn/dt/ywbb/201810/t20181030_2285820.html。

土资源，实现基础设施、产业布局、城市功能和生态建设的有机对接；消除体制机制障碍，统筹推进闽东北与浙西南、闽西北与赣东南、闽南粤东和闽粤赣边区国土开发，促进海峡西岸经济区一体化。

3. 与两个三角洲一体化发展

发挥国土开发轴带的集聚和连通作用，建立海峡西岸经济区与长三角、珠三角国土开发与保护高层磋商机制，促进能源、交通、环境等基础性、稀缺性资源在三地的均衡、有效布局，逐步实现区域内交通运输一体化和能源资源的优势互补；发挥福建国土的生态质量优势和环境容量优势，面向两个三角洲提供生态消费服务和综合能源消费服务；以核电为重点，建设"闽电外送"输电通道，构建面向两个三角洲的电力服务体系；以生态服务和能源服务推进东南沿海一体化发展。

第二节 空间开发

建设新福建，承担着海峡两岸融合发展与 21 世纪海上丝绸之路核心区建设的国家使命。福建拥有生态、海峡、海洋三大优势，福建的空间优势转化为发展胜势需要补齐东部断裂带、东海开发、中心城市建设短板，围绕全方位超越新要求和空间开发新格局，坚持结果导向，准确把握新福建的历史方位，科学设计新福建的空间战略。

一 空间方位

外部格局的变化必须以内部格局的调整来应对。改革开放以来，福建实现了由海防前线、开放前哨到发展前锋的华丽转身。福建区位独特，在东部沿海地区、海峡两岸、西太平洋具有明显的战略优势。

（1）从省内看，东西和南北"坐标系"形成了以沿海繁荣带为基点，东西走向的山海协作、南北走向的陆海统筹发展格局，福建最大的优势在生态。习近平总书记深刻指出，生态资源是福建最宝贵的资源，生态优势是福建最具竞争力的优势，生态文明建设应当是福建最花力气抓的建设。2015 年，福建成为首个国家生态文明试验区，围绕国土空间开发、生态产品价值实现、环境治理体系改革、绿色发展评价四个领域开展试验，探索率先实现生态治理现代化，为建设美丽中国做贡献。

（2）从国内看，东西和南北"坐标系"形成了以台湾海峡为基点，东西走向的海峡两岸融合发展、南北走向的两个三角洲一体化发展格局，福建最大的优势在海峡。福建与台湾同处台湾海峡，习近平总书记要求福建积极探索海峡两岸融合发展新路，服务祖国和平统一进程。2011 年、2012 年，国家先后批复福建建设海峡西岸经济区、海峡蓝色经济试验区，开发海峡、海湾、海岛，建设两岸人民交流合作先行区、服务周边地区新的对外开放综合通道、东部沿海地区先进制造业基地、国家重要的自然和文化旅游中心。作为海峡西岸经济区的先行先试突破口与早期收获，2011 年国家批复福建建设平潭综合实验区，目标是把平潭建设成为台胞共同家园。

（3）从国际看，东西和南北"坐标系"形成了以东海为基点，东西走向的"路带"融合发展（连通印度洋、太平洋）、南北走向的东亚融合发展（连通东北亚、东南亚）格局，福建最大的优势在海洋。福建拥有漫长曲折的海岸线，人民长于舟楫，擅于航海，作为海上丝绸之路的起点，在宋元时期就是中国海洋经济最发达的地区之一。2015 年，国家赋予福建 21 世纪海上丝绸之路核心区的发展定位，致力于推进海上丝绸之路沿线国家的互联互通，打造从福建沿海港口南下，面向印度洋的西线合作走廊和面向南太平洋的南线合作走廊，以及从福建沿海港口北上，面向东北亚和北美地区的北线合作走廊。台湾海峡有望取代马六甲海峡成为新的重要枢纽。

围绕生态、海峡、海洋三个"坐标系"，福建具备服务全国发展大局、服务祖国统一大业、服务伟大复兴中国梦的空间能力。服务全国发展大局、服务祖国统一大业、服务伟大复兴中国梦，成为新时代新福建的历史新方位。

二 空间架构

新福建的空间战略设计，要立足于生态、海峡、海洋三个"坐标系"，面向东部断裂带、东海开发、中心城市建设三个短板，推动形成服务全国发展大局、服务祖国统一大业、服务伟大复兴中国梦的国土空间架构体系。[①]

（1）功能化布局。新时代，新福建要保育闽西北山区模块，重点开发闽东南沿海模块，科学开发东部海洋模块。海洋是福建省的优势所在、潜力所在、未来所在，我们要牢牢把握台湾海峡开发的主动权、主导权，牢牢把握海丝核心区建设的主动权、主导权，融入东海开发体系。

（2）网络化开发。以三大模块为基础，完善和发展福厦泉沿海发展轴、

---

① 朱四海：《国土开发的历史脉络与国土规划的基本逻辑》，《发展研究》2010 年第 9 期。

南三龙山区发展轴以及闽西南、闽东北、闽中三条山海协作发展轴，形成"两纵三横"省内开发轴带。提升沈阳至海口、北京至台北两条国家纵向综合运输通道在福建融入两个三角洲、海峡两岸融合发展领域的服务能级，主动推进福州至银川、厦门至喀什两条国家横向综合运输通道在服务中西部发展、服务路带合作领域的服务能级，形成"两纵两横"省际开发轴带。以航路为核心，建设面向大洋洲—南太平洋国家的南线合作走廊，面向东北亚—北冰洋国家的北线合作走廊以及面向东南亚—印度洋的西线合作走廊，形成"三线"国际开发轴带。围绕省内、省际、国际 12 条开发轴带，构建多中心网络型的国土开发新格局。

（3）战略性互联互通。从福建沿海、台湾海峡、东海三个层面，科学布局海峡两岸互联互通的通道，中西部地区出海的通道，连接长三角与珠三角的通道，连接东北亚与东南亚的通道，连接丝绸之路经济带与 21 世纪海上丝绸之路的通道，建设连接两岸、两洲、东西、南北、路带五条通道，培育新福建的空间竞争新动力源。新时代，建设上述五条通道福建不具备唯一性，主要竞争来自长三角和珠三角，需改变竞争关系为合作关系，要以传统基础设施和新型基础设施建设为重点，主动推进东部沿海地区互联互通，补齐东部断裂带、东海开发短板。

三 空间布局

在福建省发展的空间布局上要适应新时代空间开发模式由点轴开发模式向城市群开发模式转变的新形势，推进点轴开发模式下人口、生产力在交通干线上集聚分布形成的城市、县域、开发区这些"交通藤"上的瓜实现"藤瓜融合"，形成空间开发稳定的藤瓜关系和可持续的本底条件。①

1. 城市发展格局

（1）彰显海洋文明本色，发展壮大沿海中心城市。统筹推进沿海发展轴"海滨城市"建设，重点推进福州、漳州由沿江型城市向沿海型城市转型，推进泉州、莆田由沿海型城市向滨海型城市转型，推进厦门、宁德由滨海型城市向海湾型城市转型，形成从福鼎至诏安的海滨城市带。

（2）彰显生态文明本色，优化调整山区中心城市。调整延平区功能定位，建设成为符合环境容量要求的生态工业城，为南平市建设以崇阳溪为纽带的

---

① 杨益生、朱四海：《中国区域经济新格局与海西发展战略提升》，《东南学术》2009 年第 4 期。

闽北中心城市创造条件；以沙溪为纽带，全面推进三明市中心城区与沙县、永安市一体化进程，建设闽中中心城市；加快推进上杭县、永定区融入龙岩市主城区，建设闽西中心城市。

（3）完善福厦泉三大引擎城市主体功能，引导城市合理分工。加快撤县撤市设区步伐，推进福州建设"国家中心城市"；加快海湾型城市建设步伐，推进厦门建设"国际旅游城市"；以佛山市为样本，加快推进泉州建设"国际工业城市"；从根本上提升福厦泉的发展带动能力。

（4）加快县级市发展方式由县域经济向城市经济转型。推进晋江、石狮、南安市整体融入泉州中心城市，推进福安市与宁德中心城区一体化发展，推进武夷山市、建瓯市与南平新中心城区一体化发展，推进永安市与三明中心城区一体化发展；统筹推进福清市、福鼎市、邵武市、漳平市新型城市化进程。

（5）统筹都市圈与城市群建设。推进以福州为核心的"闽东北都市圈"、以厦门为核心的"闽西南都市圈"的建设，以都市圈引领海峡西岸闽江口城市群、晋江口城市群、九龙江口城市群的形成和发展，培育由两大都市圈、三大城市亚群组成的海峡西岸城市群；加强与海峡东岸城市群的互动与合作，推进海峡城市群的形成和发展；加强与长三角、珠三角城市群的融合与一体化发展，推进东南沿海城市连绵带的形成与发展。

2. 县域发展格局

（1）重点开发沿海县。推进平潭、罗源、连江、闽侯县融入闽江口城市群，推进仙游、惠安县融入晋江口城市群，推进漳浦、云霄、东山、诏安县融入九龙江口城市群；创造条件推进平潭、罗源、霞浦、漳浦、东山、诏安撤县设市（区），以点连线培育沿海城市连绵带。

（2）突出沿海山区县的城市服务功能。提升平和、南靖、华安、长泰县服务九龙江口城市群能力，提升安溪、永春、德化县服务晋江口城市群能力，提升永泰、闽清、古田、屏南、周宁、寿宁、柘荣服务闽江口城市群能力。

（3）突出山区县的生态服务功能。完善政和、松溪、浦城、光泽、顺昌、将乐、建宁、宁化、清流、明溪、连城、武平等武夷山脉山区县的"城市菜园"功能，推进上杭县融入龙岩市中心城区，提升大田县服务晋江口城市群能力；创造条件推进长汀、泰宁、尤溪撤县设市，培育新兴旅游城市。

（4）加快撤县撤市设区步伐和县级市建设。按照大城市特大城市发展规律推进地级市所辖县改为市、县级市改为市辖区和行政区划调整进程，建立符合福建国土特点的县市区城镇化演进新机制；调整充实县级市和市辖区，稳步扩大沿海和山区中心城市规模。

3. 空间协同

（1）三大引擎。按照海丝核心区"国家中心城市"功能定位，拓展福州市发展新空间，推进鼓楼、台江、仓山、晋安、马尾5个"旧城区"与闽侯、长乐、连江3个"新城区"区域分工功能优化，重点疏解"旧城区"的非省会功能，促进"新城区"由县域经济向城市经济转型。按照"国际旅游城市"功能定位，拓展厦门市发展新空间，重点疏解厦门岛的经济功能，以厦门翔安国际机场、厦漳海底公铁隧道为抓手开发跨界增长区，开发建设厦门与漳州毗连区"临港区域"，开发建设厦门与泉州毗连区"临空区域"，培育经济发展新增长极。按照"国际工业城市"功能定位，拓展泉州市发展新空间，推进鲤城、丰泽、洛江、泉港4个"旧城区"与晋江、石狮、南安、惠安4个"新城区"区域分工功能优化，重点疏解泉州湾两岸的经济功能，拓展湄洲湾南岸、围头湾东岸的经济功能，创新"制造强国"样板城市发展空间。

（2）工业城市群。发挥泉州的龙头作用，科学设定建设泉州"国际工业城市"的战略步骤，带动漳宁莆、南三龙加快工业化进程，带动福鼎、福清、邵武、漳平等传统工业城市和霞浦、罗源、漳浦、诏安等新兴工业城市加快工业化进程，推进工业在泉州、漳宁莆、南三龙以及福鼎、霞浦、罗源、福清、漳浦、诏安、漳平、邵武等工业城市集聚，配套建设富有福建特色、引领世界制造业发展的国家制造业创新发展基地。

（3）旅游城市群。发挥"世遗"的引领作用，发挥厦门的龙头作用，科学设定建设厦门"国际旅游城市"的战略步骤，带动南平（武夷山）建设"新兴国际旅游城市"，带动平潭、东山建设"国际旅游岛"，带动泰宁、尤溪、长汀建设"新兴旅游城市"，推进旅游及其相关服务业在厦门、南平（武夷山）、平潭、东山、长汀、泰宁、尤溪等旅游城市集聚，配套建设富有福建特色和国际竞争力的国家自然和文化旅游中心。

四 空间联系

（1）发挥基础设施的硬连接作用。完善市政、水利、环保等基础设施，促进福州市、泉州市旧城区与新城区一体化发展，促进其他区域中心城市和工业、旅游功能城市融入海峡西岸城市群；完善交通、能源、信息基础设施，通过交通能源信息基础设施的互联互通提升海峡西岸经济区的经济社会融合度，提升与中西部、两个三角洲、台湾外岛本岛的经济社会融合度；推进教育、科技、文化、卫生、体育、养老等社会基础设施优势资源向福州、厦门集聚，促进闽东、闽南都市圈的形成和发展。

（2）发挥信息空间的软连接作用。以电子商务为核心，平衡网商、网民、网络、网货、网规市场主体利益，促进城市与农村、山区与沿海、境内与境外、线上与线下协调发展；以电子政务为核心，平衡地方利益与部门利益，促进中央与地方、地方与地方协调发展；规范完善网上社区建设，发挥网上社区的新人类家园功能，弥合城乡数字鸿沟，推进网上社区与城乡居民社区融合发展。

（3）发挥国土开发集聚区的辐射带动作用。突出福厦泉三大中心城市的龙头地位，推进开发集聚区及其周边地区的城镇发展、产业布局、资源开发利用、生态环境保护和基础设施建设，推进海洋、沿海、山区三大模块一体化发展进程；突出飞地经济、山海协作园区的平台载体地位，加强跨区域和全流域合作，扶持老少边贫地区跨越发展，支持资源型地区转型发展；突出各类开发区的功能平台地位，主动融入经济全球化和亚太经济一体化，全面参与国际分工与合作，培育和提升经济发展的国际化能力与水平。

（4）发挥国土开发轴带的纵深连通作用。配合"中巴经济走廊"建设，加快建设厦门至喀什国家综合运输大通道，推进福建、新疆"一带一路"两个核心区有机连接，推进印度洋与太平洋综合运输通道建设；配合"中国-阿拉伯国家合作论坛"和"中国-阿拉伯国家博览会"，加快建设福州至银川国家综合运输大通道，推进福建与阿拉伯、伊斯兰国家的交流合作；配合"中欧班列"西部（阿拉山口、霍尔果斯），中部（二连浩特），东部（满洲里、绥芬河）三条班列运行线建设和中蒙俄经济走廊建设，加快建设厦门海沧、福州渔溪铁路编组站，发展海铁联运，推进福建与欧洲的交流合作；依托台湾海峡黄金水道，加强与北冰洋沿线国家的战略合作，开发北冰洋航线。

第三节　空间竞争力

全方位超越是一个新命题，是一个动态过程，福建要在竞争中胜出，对标的是海峡东岸，竞争的却是中国大陆东部地区，发挥集中力量办大事的制度优势对于保障福建的胜出至关重要，着力创新福建省域开发服务全方位超越的空间竞争力育成机制。

一　竞争态势

建设新福建，打造社会主义现代化的福建范例、打造习近平新时代中国特色社会主义思想综合实践的福建范例，实现全方位超越，开创社会主义事业新局面，我们要增强问题意识，坚持问题导向，正视问题、分析问题、发现问题，抓住在竞争中发展的重要问题。

1. 融入区域发展总体战略

十八大以来，中央对全国区域进行了系统性重构，形成了以东部、中部、西部、东北四大板块为基础，以京津冀协同发展、长三角区域一体化发展、粤港澳大湾区建设等重大战略为引领的空间开发新格局，并通过长江经济带发展、黄河流域生态保护和高质量发展等重大战略推进国内东中西和南北方融合发展，通过"一带一路"建设等推进境内外融合发展，形成"四三二一"空间开发新格局，区域协调发展进入新阶段，国土空间开发进入新时代。

（1）陆地发展战略。从1980年开始的东部地区率先发展，2000年实施的西部大开发，2003年出台的振兴东北到2006年推出的中部地区崛起，在全国逐渐形成了东、中、西、东北四大板块协调发展的陆地开发格局。党的十八大以来，国家深耕东部地区，先后部署京津冀协同发展、长三角区域一体化发展、粤港澳大湾区建设，并通过长江经济带建设、黄河流域生态保护与高质量发展，将国土空间东中西部串联起来，形成了由长江、黄河与东部沿海地区构成的"π"字形国土空间开发结构。福建地处东部地区，处在长三角与珠三角之间，是机遇与挑战并存。

（2）海洋发展战略。中国历史上属于大陆文明国家，主要挑战来自北方大陆，但近代以来的国家灾难主要来自东部海洋，亟须通过海洋空间开发补齐海洋文明短板、重构大国海权。党的十八大做出了建设海洋强国的战略部署，围绕内水、领海及毗连区、专属经济区及大陆架海洋国土空间，统筹推进渤海、黄海、东海、南海空间开发，统筹推进海洋经济、海洋科技、海洋生态以及海上安全、海军建设、蓝色伙伴六项工作，构建陆海协调、人海和谐的海洋空间开发格局。福建地处东海，与上海、浙江、台湾共享东海国土空间，福建作为海防前线长期游离于东海的开发体系之外。

（3）国际发展方略。集中体现在"一带一路"倡议上。历史上，丝绸之路就是连接东方文明与西方文明的桥梁纽带，是东西方文明交融互鉴的渠道平台。新时代，提出"一带一路"倡议，是以政策沟通、设施联通、贸易畅通、资金融通、民心相通为核心发展模式的国际合作路径，是构建命运共同体的使命担当。福建被赋予了 21 世纪海上丝绸之路核心区①的功能定位，但空间竞争力还处在基础培育期。

2. 东部开发

东部地区是实现社会主义现代化和中华民族伟大复兴的战略依托。2012 年以来，中央对"东部地区率先发展战略"进行了新一轮的顶层设计和分段部署，围绕东部地区的北段、中段、南段形成了以京津冀协同发展、长三角区域一体化发展、粤港澳大湾区建设为核心的区域发展战略群。

（1）北段：京津冀协同发展。打破"一亩三分地"思维定式，有序疏解北京的高耗能高耗水企业、区域性物流基地和专业市场、部分教育医疗和培训机构、部分行政事业性服务机构和企业总部等非首都功能，探索人口经济密集地区优化开发新模式，建设以首都为核心的世界级城市群，辐射带动环渤海地区和北方腹地发展。作为早期收获，中央决定设立河北雄安新区，打造北京非首都功能疏解集中承载地，雄安新区被赋予了深圳经济特区、上海浦东新区的历史期待，定位为千年大计、国家大事。②

（2）中段：长三角区域一体化发展。发挥上海的龙头带动作用，有序疏解上海的一般制造等非大都市区核心功能，提升上海配置全球资源能力和创新策源能力，提升上海在世界经济格局中的能级和水平；着眼于一盘棋整体谋划，苏浙皖各扬所长，推动区域一体化发展从项目协同走向区域一体化制度创新，推动城乡区域融合发展和跨界区域合作，探索省际毗邻地区和跨界区域一体化发展，为全国其他区域一体化发展提供示范。作为早期收获，中央决定设立以上海青浦、江苏吴江、浙江嘉善为长三角生态绿色一体化发展示范区和以上海临港等地区为中国（上海）自由贸易试验区新片区，引领长三角一体化发展。③

（3）南段：粤港澳大湾区建设。定位于全面开放的新尝试和"一国两制"的新实践，建设世界级城市群和国际一流湾区，建设世界新兴产业、先

---

① 国家发展改革委、外交部、商务部联合发布《推动共建丝绸之路经济带和 21 世纪海上丝绸之路的愿景与行动》，2015 年。

② 《中共中央、国务院关于支持河北雄安新区全面深化改革和扩大开放的指导意见》，中国政府网，https://www.gov.cn/gongbao/content/2019/content_5366472.htm，2019 年 1 月。

③ 《中共中央、国务院关于印发长江三角洲区域一体化发展规划纲要的通知》，2019 年 12 月 1 日，中国政府网，https://www.gov.cn/zhengce/2019-12/01/content_5457442.htm？eqid=f9006 385000006d600000003645efddf。

进制造业和现代服务业基地，建设全球新兴产业策源地和国际科技创新中心，重点建设深圳前海、广州南沙、珠海横琴三个粤港澳合作平台。作为早期收获，深圳被赋予了中国特色社会主义先行示范区的功能定位，增强核心引擎功能，探索全面建设社会主义现代化强国的新路径，打造现代化国际化创新城市和全球标杆城市，打造全球海洋中心城市，建设社会主义现代化强国的城市范例。①

北、中、南三个区域发展战略的顶层设计，客观上形成了北—中段之间的"山东断裂带"和中—南段之间的"福建断裂带"。山东断裂带的发展方向在渤海大湾区，推进京津冀与辽东半岛、山东半岛以及辽东湾、渤海湾、莱州湾一体化发展，建设面向"东北亚经济圈"的世界级湾区；福建断裂带的发展方向在长台闽湾区，以台湾海峡为枢纽，统筹推进长三角区域一体化发展和海峡两岸区域一体化发展，进而推进长三角与海峡一体化发展，建设面向太平洋时代引领全球发展的长台闽大湾区。

3. 城市开发

坚定实施扩大内需战略、补齐内循环短板，最大潜力在城镇化。城镇化是现代化的必由之路，城镇化对于承载工业化和信息化的发展空间，带动农业现代化加快发展发挥着不可替代的融合作用。当前，中国区域发展的空间结构正在发生深刻变化，中心城市和城市群成为承载发展要素的主要空间形式，以中心城市引领城市群发展成为新时代中国特色新型城镇化的主导模式。

（1）中心城市。中心城市处在国家城镇体系的头部，承担着代表国家参与国际竞争、辐射带动区域发展、推进产业城市集群发展的历史使命。新时代，中心城市已发展成为区域竞争的主导平台，在现有的9个国家中心城市中，北京、天津、上海、广州分别引领环渤海、长三角、珠三角区域发展，武汉、郑州支撑中部崛起，重庆、成都、西安是西部大开发的重要平台；此外，深圳、南京、杭州3个区域中心城市也在努力跻身国家中心城市。福建拥有福州、厦门、泉州3个区域中心城市，承担着海峡两岸融合发展与海丝核心区建设的国家战略使命，但城区人口均不足500万，城市能级有待提升。

（2）都市圈。新时代，都市圈已发展成为城镇化的核心单元，在现有的中心城市城区人口超过300万的38个都市圈中，东部地区占有21个，长三角

---

① 《中共中央、国务院于支持深圳建设中国特色社会主义先行示范区的意见》，2019年8月18日，中国政府网，https://www.gov.cn/zhengce/2019 - 08/18/content_5422183.htm? ivk_sa = 1024320u。

中以上海、南京、苏州、无锡、常州为中心的都市圈，珠三角中以广州、深圳为中心的都市圈发展相对成熟。福建拥有以福州、厦门为中心的 2 个都市圈，中心城市虽然已经具有一定体量，但辐射能力不强、辐射范围偏小，人口和经济活动集聚能力有待提升。

（3）城市群。城市群是适应城市竞争由单体竞争向群体竞争转变、城市开发由单体城市向城市共同体转变而形成的城市发展新模式，一般由若干个都市圈组成，以一个或多个中心城市为核心，依托发达的基础设施网络，融合形成现代城市集团。新时代，城市群已发展成为中心城市带动区域发展的新模式，在现有的 19 个国家级城市群中，东部地区城市群发展相对成熟，形成了由北京、天津引领的京津冀城市群，上海引领的长三角城市群，香港、澳门、广州、深圳引领的珠三角城市群等 3 个世界级城市群；中西部城市群总体上处在培育阶段，重庆/成都引领的成渝城市群、西安引领的关中城市群、武汉引领的长江中游城市群、郑州引领的中原城市群 4 个城市群处于领先地位。福建拥有海峡西岸城市群，与山东半岛城市群以及 3 个世界级城市群一起组成东部地区城市群，但规模小、一体化程度低，城市群竞争力有待提升。

二　育成路径

全方位超越是和平大计、国家大事。上述基于目标导向、结果导向、问题导向的系统分析，粗线条勾勒出新时代新福建的发展愿景。

（1）发展意象。立足生态、海峡、海洋三大比较优势，率先实现物的现代化和人的现代化，率先实现治理现代化，率先实现海峡两岸无差异化，服务全国发展大局、祖国统一大业、伟大复兴中国梦。

（2）空间意象。保育山区模块、重点开发沿海模块、科学开发海洋模块，依托 12 条省内、省际、国际开发轴带，建设福州国家中心城市、厦门国际旅游城市、泉州国际工业城市，打造连接海峡两岸、长三角与珠三角、东部与中西部、东北亚与东南亚、陆上丝绸之路与海上丝绸之路的互联互通枢纽。

（3）主要矛盾。福建在国家"π"字形国土空间开发架构面临"东部塌陷"风险。当前，在东部地区与港澳台"10＋3"发展格局中，广东与港澳国家已布局建设粤港澳大湾区，福建与台湾的融合发展需要面向东海、设计反映国家意志的空间战略，以海峡两岸融合发展、长三角区域一体化发展为阶梯，打造长台闽大湾区。

新时代建设新福建，打造新福建 2.0 版，实现国土空间开发更高质量、更高水平服务全方位超越，需要突出海峡两岸融合发展和海丝核心区建设这两个在全国具有唯一性的元素。一方面，通过推进国土空间的战略提升与品质提升，进一步夯实全方位超越的本质优势；另一方面，通过推进人口生产力向海集聚、东部地区战略性互联互通以及海峡两岸公共服务无差异化，全面提升新福建的空间竞争力；同时，以开发台湾海峡为重点，从根本上补齐东部断裂带、东海开发、中心城市建设短板。

1. 提升福建空间竞争力

福建空间竞争力的提升呈现阶段性特征。通过大力推进新福建建设，缩小和拉平福建与台湾的差距，实现福建对台湾的全方位超越；通过两岸经济文化互动实现福建与台湾区域一体化，形成海峡经济区；通过海峡经济区与长三角经济区的互动、融合与一体化，形成长台闽大湾区；进而整合长台闽大湾区，形成亚太经济中心；从而形成福建至海峡西岸经济区、海峡经济区、长台闽大湾区、亚太经济中心的四级空间竞争力提升发展轨迹。

长台闽大湾区是在祖国统一、台湾海峡成为中国内海和中国海走廊的发展背景下，整合上海、浙江、台湾、福建四个行政区陆海空间资源打造的世界级湾区，比肩彼时的纽约大湾区，突出上海的国际"五个中心"地位[①]和杭州、台北、福州的副中心地位，打造以上海为龙头的中国门户和以台湾海峡为枢纽的太平洋通道。

提升福建在长台闽大湾区中的空间竞争力，要以服务全国发展大局、祖国统一大业、伟大复兴中国梦为核心诉求，科学设计海洋开发战略，从台湾海峡、东海、海洋三个层面"由近及远"重塑空间格局，打造长台闽区域一体化的东海门户、海峡区域一体化的发展中心、海上丝绸之路的发展中心，依托"一门户两中心"完善和发展福建服务国家的新能力。

2. 推进福建空间品质的提升

福建的地理环境本底条件优越。沿海区位优势明显，是经济发展条件最好的区域之一，总体上适宜开发；山区生态优势明显，是水源涵养区，宜以生态保育为主；海洋资源优势明显，是沿海城市化工业化的战略接续区。我们要尊重自然、顺应自然、保护自然，以资源环境承载力和国土空间开发适

---

① 《习近平在上海考察时强调　聚焦建设"五个中心"重要使命　加快建成社会主义现代化国际大都市　返京途中在江苏盐城考察》，2023 年 12 月 3 日，中国政府网，https://www.gov.cn/yaowen/liebiao/202312/content_6918294.htm？version＝slh。

宜性评价为基础，划定城镇、农业、生态空间开发管制边界，分类保护人居生态、自然生态与海洋生态，综合整治人居环境、自然环境与海洋环境，维护好、发展好福建的国土空间品质优势，实现经济高素质与生态高颜值的有机统一。

以基础设施现代化为抓手，全面提升国土空间的品质优势向发展胜势转化的本底条件。实施新一轮基础设施先行工程，统筹推进交通、市政、环保、水利、防灾减灾基础设施现代化，统筹推进信息、能源基础设施现代化，全面推进基础设施的数字化转型。重点实施新一轮交通先行工程，完善省内快速交通体系，形成沿海 1 小时和全省 2 小时交通圈；完善与两个三角洲、中西部和台湾的交通体系，形成 3 小时交通圈；完善对外交通网络，建设面向东北亚、东南亚的航空与海运枢纽，形成 4 小时交通圈。

重点依托数字福建工程，完善信息空间开发与治理顶层设计，拓展互联网、物联网信息空间，拓展智慧城市、智慧社区信息空间，拓展智慧交通、智慧物流信息空间，拓展智慧园区、智慧企业信息空间。

3. 推进人口生产力向海积聚

顺应生产力空间布局的趋海性和生产要素空间配置的向海性发展新趋势，综合运用国土空间用途管制、资源配置、环境准入、重大基础设施建设等手段，突出人口空间布局与生产力空间布局的协同性，调整优化人口空间布局和生产力空间布局，推进人口向沿海集聚、向城市集聚，推进生产力向沿海集聚、向城市集聚，实现 80% 的人口和生产力在沿海集聚、在城市集聚，60% 的人口和生产力在福厦泉三大中心城市集聚，打造集聚开发的国土空间新格局。

（1）打造福厦城市连绵带。实施"轨道上的福建"建设工程，以通勤同城化为抓手，加快推进福州至平潭、宁德至莆田"X 型"城际轨道交通，加快推进厦门至东山、厦门至泉港"Y 型"城际轨道交通，串联起以福州为中心的闽江口城市群、以厦门为中心的九龙江口城市群、以泉州为中心的晋江口城市群，形成福厦泉区域一体化发展新格局。

（2）打造福诏工业走廊。实施沿海综合运输通道提升工程，串联起北至福鼎，南至诏安，由 6 个设区市、5 个县级市、9 个沿海县、56 个开发区组成的福诏工业走廊，实现 80% 的工业经济布局在福诏工业走廊。重点推进漳宁莆大开发，拓展漳州、宁德工业发展的国土空间，形成"放大中间、开发两边"的工业走廊发展新格局。

4. 推进东部地区战略性互联互通

福建身处东部发达地区，在东部 10 个省级行政区中，福建 GDP 总量和人均 GDP 位列东部第 5 位；作为人口小省，城市竞争力不足，福州、厦门两个首位城市难以与北上广津等国家中心城市相竞争；随着长三角一体化发展、粤港澳大湾区建设，东部地区经济地理格局面临重塑。福建要抓住新一轮空间重组战略机遇期，主动融入长三角，全面对接粤港澳，推进东部地区战略性互联互通和东部沿海区域一体化发展，塑造"一肩挑两洲"的发展新格局。

（1）一肩挑两洲。主动融入长三角，重点处理好中心-外围关系，以上海为中心，甘当配角，基于上海的龙头带动效应，主动承接上海市资本、技术的规模化溢出，承接上海市疏解的一般制造等非大都市核心功能，为上海市量身定制能源服务基地与城市中央厨房；全面对接粤港澳，重点对接广东与港澳的"一国两制"新实践，以深圳市为主要对接标的，全面对接粤港澳科技创新体系，全面对接粤港澳现代产业链，全面对接粤港澳合作发展平台建设。

（2）战略性互联互通。一是交通。围绕将台湾海峡打造成为新时代的马六甲海峡、建设国际交通物流枢纽的功能定位，推进港口群、机场群互联互通。二是能源。以核电、海上风电为主体，完善电网主干网架结构，打造连接两个三角洲的特高压电力枢纽，建设海峡电力基地外送网络。三是数据。以数据中心、计算中心为主战场，打造能源、生态、医疗、旅游、气象等领域东南大数据中心。四是生态服务。通过农业将生态价值转化为产品和服务送出去，通过旅游业将生态价值转化为产品和服务引进来，为上海、深圳提供福建特色生态服务。

5. 推进海峡两岸公共服务无差异化

建设新福建，打造全方位超越的新福建 2.0 版，核心任务是推进海峡两岸融合发展。两岸融合体现的是国家主权，是新时代中央部署的重要工作任务，受益范围覆盖全国，目前主要的短板和弱项在公共服务，依托现行的财政体制难以实现全方位超越。我们要充分发挥社会主义集中力量办大事的制度优势，将两岸融合领域的公共服务纳入中央和地方共同事权，增强实施两岸融合发展国家重大战略任务的财力保障，集中财力解决两岸融合领域的突出问题。

（1）推进公共服务领域全方位超越。为台湾同胞在闽学习、创业、就业、生活提供与大陆同胞同等的待遇，像为大陆人民服务那样造福台湾同胞，加快建设台胞台企登陆第一家园的发展要求，科学合理划分中央与地方在公共服务提供方面的任务和职责，形成科学合理、职责明确的财政事权和支出责任划分体系，为在公共服务领域实现全方位超越提供更好保障。

（2）建立特殊转移支付机制。针对新时代建设新福建的特殊战略使命，在一般性转移支付、共同财政事权转移支付、专项转移支付基础上，建立两岸融合领域公共服务特殊转移支付机制，资金来源于中央一般公共预算、国有资本经营预算、中央财政赤字、海峡两岸融合发展特别国债等，资金规模相当于 2019 年福建省和厦门市上缴中央的税性收入扣减转移支付后的净额；两岸融合领域公共服务中央与地方共同财政事权的支出责任，参照中西部标准执行。

6. 开发台湾海峡

台湾与祖国统一后，台湾海峡将成为中国内海、成为东海走廊。台湾海峡战略价值的提升将从根本上改变福建的地缘价值，台湾海峡的海湾、海岛、海岸线成为新时代建设新福建的战略性稀缺资源，开发台湾海峡成为新时代福建国土空间开发的战略性任务。

（1）推进海峡两岸互联互通。建设福州至台北、厦门至高雄海底隧道，与东岸的台北至高雄、西岸的福州至厦门交通体系形成环海峡综合交通网，推进台湾海峡的"硬连接"，形成福州与台北、厦门与高雄半小时经济圈；依托海峡综合交通体系，以自由贸易区、自由贸易港为主要载体，建设海峡自由贸易区，促进台湾海峡的"软连接"。通过软硬连接推进海峡两岸融合发展，推进长台闽区域一体化发展。

（2）推进福州和厦门的新发展。整合福州、平潭、马祖、乌丘屿陆海空间资源，将福州打造成为香港那样的城市；整合厦门、金门、澎湖、高雄陆海空间资源，打造"东海门禁"，将厦门建设成为新加坡那样的城市；全方位提升福州、厦门的空间竞争力。

福建地处东部地区，处在长三角与珠三角之间，发展机遇与挑战并存。新时代建设新福建，打造新福建2.0版，推进海峡两岸融合发展，推进海上丝绸之路核心区建设，是和平大计、国家大事，国土空间开发必须服从服务于高质量发展全方位超越新要求，突出生态、海峡、海洋比较优势，突出社会主义集中力量办大事的制度优势，以开发台湾海峡为重点，科学设计面向东海、反映国家意志的空间战略，创新空间竞争力的育成机制。

第五章　发展战略问题

战略是全局、长远的。发展战略是从全局上对战略目的、战略方针、战略力量、战略措施的选择、规划及策略。进入新时代以来，福建逐渐形成了两组发展战略群。一是地方发展战略群，包括海峡西岸经济区、海峡蓝色经济试验区、福厦泉国家自主创新示范区、中国（福建）自由贸易试验区、21世纪海上丝绸之路核心区、国家生态文明试验区、福州新区、平潭综合实验区八个发展战略；二是国家发展战略群，包括科教兴国战略、人才强国战略、创新驱动发展战略、可持续发展战略、新型城镇化战略、乡村振兴战略、军民融合发展战略七个发展战略；由此组成了自下而上与自上而下相向发力的新福建"八七"雁群战略。从战略实施进程看，新福建发展战略存在两方面的典型问题。

一是战略协同问题。由于战略多元化，战略协同问题成为"集群化"战略实施的普遍性难题。典型的如福州市马尾区，不仅拥有除平潭综合实验区以外的七个牌照①，还拥有福州经济技术开发区、福州台商投资区、国家城乡融合发展试验区等牌照，形成了"多区叠加"的战略推进格局，加上国家发展战略群的落地要求，多元发展战略在互联、互操作性乃至系统集成性等方面都面临挑战。

二是战略迭代问题。新时代发展战略引领的系统生成模式出现了范式变革：由传统的以试点、试验、示范等为典型特征的"生核"模式向现代的产业链、供应链、价值链等为典型特征的"链条"模式转变；由传统的依托交通、能源、市政等基础设施串联的"点轴"模式向现代的依托综合立体交通网络、互联网、物联网互联互通串并协同的"网络"模式转变；由传统的城市、县域、开发区等行政区"单体"模式向现代的中心城市、都市圈、城市

---

① 七个牌照：海峡西岸经济区、海峡蓝色经济试验区、福厦泉国家自主创新示范区、中国（福建）自由贸易试验区、21世纪海上丝绸之路核心区、国家生态文明试验区、福州新区。

群等发展区"群体"模式转变，"链、网、群"替代"区"成为战略设计的主流，"多区叠加"战略向"多链、多网、多群叠加"方向迭代。

到 2035 年，我国将基本建成社会主义现代化国家，新福建将基本实现全方位高质量发展，设计新福建发展战略要准确把握新时代的战略特征。福建从建设好海峡西岸经济区出发，逐渐推进海峡西岸经济区向海峡两岸融合发展示范区进行战略迭代，在此基础上，推进实施新福建雁群战略。

第一，海峡西岸经济区。在中华民族伟大复兴的战略全局中，福建的重要使命在于服务祖国统一大业，这成为引领福建发展的核心因素。海峡西岸经济区是新福建建设的战略起点，当前已战略迭代为海峡两岸融合发展示范区，重点探索海峡两岸融合发展新路。

第二，新福建雁群战略。建设"机制活、产业优、百姓富、生态美"的新福建，与新福建雁群战略一起，构成新福建的"四梁八柱"。在全方位推进高质量发展进程中，福建将努力做好战略细化、战略集成、战略实施工作。

第一节　海峡西岸经济区①

海峡西岸经济区是一个泛行政区概念，是应经济全球化、区域一体化而提出的，概念提出的根本目的在于淡化行政界线，促进区域融合，实现共同发展；海峡西岸经济区又是一个涵盖经济、政治、文化、社会等各个领域的综合性概念，概念提出的根本目的在于强化对台工作，推动两岸"三通"，促进祖国统一。并进一步带动全国经济走向世界。建设对外开放、协调发展、全面繁荣的海峡西岸经济区，是以长江三角洲、珠江三角洲为增长极推进东南沿海地区率先发展的逻辑延伸，是实施中部崛起战略、为赣湘等中西部地区构建出海通道的客观要求，是服务两岸"三通"、促进祖国统一的现实需要。实现率先发展、促进中部崛起、服务两岸"三通"，成为建设海峡西岸经济区的基本目标。本节围绕"实现率先发展、促进中部崛起、服务祖国统一"的目标框架，探索海峡西岸经济区发展战略问题。

---

① 本文原发于《福建行政学院学报》2008 年第 5 期，题目为《从改革开放 30 年看海峡西岸经济区的发展战略》。2009 年 5 月，国务院出台了《关于支持福建省加快建设海峡西岸经济区的若干意见》（国发〔2009〕24 号）；2011 年 3 月，国务院正式批复《海峡西岸经济区发展规划》，海峡西岸经济区建设进入新阶段。

一　战略使命

建设海峡西岸经济区本质上属于区域发展战略。由于两岸尚未统一，推进海峡两岸经济文化交流也就成为重中之重。作为海峡西岸经济区的主体，福建提出把海西建设成为科学发展的先行区、两岸人民交流合作的先行区，建设成对外开放、协调发展、全面繁荣的海峡西岸经济区①。

1. 实现率先发展

福建是海峡西岸经济区的主体。改革开放以前，国家从国防需要出发，根据各个区域在国防战略位置上的重要性，在区域经济发展和布局上将全国分为一线、二线、三线三类区域，经济建设和工业布局的重点放在三线地区。福建地处一线，国家在福建的投资和建设几乎是空白。改革开放后，由于福建是著名侨乡，靠近台湾，具有独特的地理条件和历史文化，福建被中央列为改革开放的先行区，希望通过福建的先行先试带动东南地区发展和对台工作，但这目标受福建在交通基础设施方面的劣势所限制。

福建经济发展的最大自然障碍就是多山。绵绵群山造成两个直接的结果。一是交通受阻。千百年来落后的交通一直是阻隔福建与外部联系的重要因素。二是发展受限。多山导致福建的河流都属于短小山地型，不但航运价值不高，而且下游没有大规模的冲积平原，使得经济腹地狭小，直接制约了沿海港口城市的发展。面对珠江三角洲、长江三角洲的南北挤压、虹吸，福建区域经济发展有被边缘化的危险。

"十五"时期以来，福建交通基础设施取得了长足的进展，基本实现了从严重滞后向有效缓解阶段的转变。"十一五"期间，福建提出"为海峡西岸经济区建设提供先行保障、为两岸'三通'提供充分准备"的综合交通体系建设目标，目前，已建成"两纵四横"综合运输大通道。未来的关键是在国家区域发展总体战略框架下推进海峡西岸经济区与长江三角洲、珠江三角洲、中西部地区以及台湾地区的协同发展。

（1）区域一体化发展。海峡西岸经济区要实现率先发展离不开周边地区。通过构建强有力的区域政府合作机制，依靠政府间的合作积极推动区域经济一体化，是实现率先发展的可行途径。海峡西岸经济区经济一体化涉及三个层面：一是福建与长江三角洲、珠江三角洲的经济一体化，目标是使福建经

---

① 2007 年 11 月，中共福建省委八届三次会议提出，努力把海峡西岸经济区建设成为科学发展的先行区、两岸人民交流合作的先行区。

济融入两个三角洲的产业分工体系，形成相互联系、相互依赖的发展格局；二是福建与中西部地区的经济一体化，目标是发挥福建在海峡西岸经济区建设过程中的龙头作用，促进福建经济向纵深推进；三是福建与台湾地区的经济一体化，目标是在密切两岸人员往来和经济文化交流过程中，促进闽台经济发展，推动两岸关系朝着和平稳定方向发展。

（2）经济腹地建设。提高福州在闽江口城市群中的城市首位度，提高厦门在九龙江口城市群中的城市首位度，提高泉州在晋江口城市群中的城市首位度，提高中心城市的辐射带动能力，建设区域经济中心。同时，向北（浙江）、向南（广东）、向西（江西）拓展经济腹地。没有经济腹地，经济中心将失去赖以存在的基础；没有经济腹地，也就无所谓经济中心。以上海为例，其狭域经济腹地是上海市域，而其广域经济腹地则是整个长江三角洲地区以及长江经济带。经济腹地是产业链赖以形成的基础，二者相互支撑。

（3）互联互通。福建在地理上最大的优势就是傍海，拥有辉煌的海洋开拓史，作为海上丝绸之路的起点，在宋元时期是中国最发达的地区之一。未来在两岸统一后所增加的投资、贸易和航运的市场份额中福建能获得多少，很大程度上取决于海洋交通运输能力。

2. 促进中部崛起

随着连接长三角、珠三角和中部地区高速公路网、快速铁路网的建成、开通，由"时间换空间"引发的时空效应使得福州、厦门、泉州及其周边地区不同空间的城市处在同一"时间序列"上（所谓1小时经济圈、2小时经济圈），进而推动海峡西岸经济区"区域同城化"，因多山阻碍福建发展的交通屏障将不复存在，为促进中部崛起、西部开发提供快捷顺畅的对外开放战略通道，并不断发挥海峡两岸经济区的核心优势。从地理上看，福建的核心优势在海洋，有漫长曲折的海岸线，人民长于舟楫，擅于航海，造船业长期居全国领先地位。600年前，郑和下西洋所用船队几乎皆造于福建；100多年前，福建诞生了中国现代船舶工业——马尾造船厂（时称"福建船政"），为当时远东地区之最；今天，适逢海峡两岸实现"三通"战略机遇期，在打通陆路后要着手开辟海路，做足海洋文章，以海洋优势培植海西的核心竞争力，其核心是发展海洋经济，为中西部提供出海新通道。

（1）发展海洋运输业。以发展海运来发挥福建海洋交通枢纽的地理优势，其要点有三：一是发挥深水港湾和岸线资源优势，扩大港口建设，以"港口先行"开辟海路、发展海运业；二是建设与海西发展、两岸"三通"要求相适应的海运船队，优先发展集装箱运输和客货滚装运输；三是整合台湾既有的海洋交通运输资源（特别是航线资源），形成内接腹地、外连五洲的全球海运网络。

（2）拓展海运腹地。发展海洋交通运输业有两个基本前提。一是与运输能力相匹配的经济社会发展基础，保障正常运输所需要的业务量；二是便捷的交通，能迅速组织货物转口，形成完备高效的物流体系。前者需要拓展港口的经济腹地，这随着海西陆路交通的逐步完善已不是问题。后者需要建设疏港公路、铁路和口岸联检等公共服务设施，这是政府未来必须加强的工作。

（3）发展海洋产业。海洋经济是一个多产业体系的综合体，发展海洋经济同样需要发挥比较优势。未来的重点是朝两方向延伸：一是向航运业的上游延伸，发展船舶工业。船舶工业是福建省"十一五"规划重点发展的七大临港工业战略产业之一；二是向航运业的下游延伸，依托发达的海洋运输比较优势，建设煤炭中转储备基地和石油储备基地，发展能源产业。具体而言，就是推进区域融合发展。

第一，产业融合。2008年的"南方雪灾"引发的交通运输灾难和电力供应灾难让人们看到了福建在连接长江三角洲和珠江三角洲中的战略地位，看到了福建在向华东、华南提供电力服务的潜在机会。前者随着温福、福厦、厦深铁路的建成、运营将使福建在两个三角洲之间发挥作用，彻底改变了"两头不到岸"的"东南凹陷"不利局面，为福建产业融入两个三角洲扫清了障碍。后者暴露了华东、华南地区依托"西电东送"填补电力短缺的巨大风险，在节能减排的宏观刚性约束下，为福建发挥生态环境承载力较强的有利条件、建设海峡能源电力基地创造了难得的战略机遇。

第二，金融合作。两岸的贸易量和台商对大陆投资的持续增长，衍生出加强两岸金融合作的强烈需求。部分台资银行通过在香港设立的财务公司或分行，多年来在海峡两岸暨香港金融市场扮演着对台资企业融资的重要角色。未来的关键是推动海峡两岸银行、保险、证券等服务业合作，发挥福建在促进台湾金融市场化、金融创新与管理、人才培养和金融机构内部控制等方面的优势，为海峡两岸投资者和企业构建融资桥梁，为"海峡自由贸易区"提供资本支撑和资本要素市场服务。

第三，主体功能区建设。"十一五"规划根据资源环境承载能力、现有开发密度和发展潜力，将国土空间划分为优化开发、重点开发、限制开发和禁止开发四类主体功能区，统筹工业化、城市化进程。这为福建的海峡西岸经济区"区域一体化"提供了外生动力。一是产业转移。长三角、珠三角的部分不符合主体功能定位的产业面临"重新洗牌"。二是要素限制。主要是建设土地，由于对优化开发区域实行更严格的建设用地增量控制，适当扩大重点开发区域建设用地供给，严格对限制开发区域和禁止开发区域的土地用途管制，为海西与两个三角洲的合作创造了机会。三是公共财政。主体功能区打破了长期以来把做大一个地区的经济总量作为唯一目标来缩小区域差距的观念，强调缩小地区差距主要不是缩小地区间经济总量的差距，而是缩小地区间人民享有的基本公共服务的差距，以实现基本公共服务均等化为目标。这为不适宜开发、不适宜工业化城市化的区域实现"共同发展"创造了机会，通过"分配财富"而不是"创造财富"来实现共同发展。

未来的关键是进一步明确海峡两岸经济区的区域分工，在与长三角、珠三角的区域协作过程中推进产业集聚和市场互补，在为赣湘等中西部地区创建出海通道过程中培育福建在海西的"龙头"地位，在与台湾客流、物流有效对接的融合过程中推动"海峡自由贸易区"的形成和发展。

3. 服务祖国统一

台湾问题是历史遗留问题。长期以来，台湾问题一直是亚洲与太平洋地区的一个不稳定因素。中国的统一，不仅有利于大陆和台湾的稳定和发展，也有利于中国同各国进一步加强友好合作关系，有利于亚太地区乃至全世界的和平与发展。维护台湾海峡地区和平稳定，维护国家主权和领土完整，就是维护中华民族的根本利益。一方面，14亿大陆同胞和2300万台湾同胞是血脉相连的命运共同体。建设海峡西岸经济区，是促进大陆与台湾经济文化交流的重大举措，是中央对台工作的战略组成部分。从全国角度看，建设海峡西岸经济区有利于构建中央政府对台工作前沿平台、全国对台经济联系平台和台湾居民大陆发展平台；从福建角度看，建设海峡西岸经济区有利于构建福建与台湾合作双赢、优势互补的协作平台，有利于从"环海峡"着眼统筹海峡两岸的优势资源，构建闽台两地海洋合作的战略平台。由此，海峡西岸经济区将成为中央政府推动两岸人员往来、经济贸易合作、社会文化交流、解决台湾问题的重要平台。另一方面，建设海峡西岸经济区是维护两岸人民根本利益的重要途径。随着两岸经贸合作与分工的进一步深化，台湾对祖国大陆的贸易依存度不断提高。大陆已经成为台湾最大贸易伙伴、出口市场和最大贸易顺差来源地。2019年，有超过1100万人次的台湾同胞往返于海峡两岸，随着大陆国内生产总值及个人收入不断上涨，中国正快速发展成为全球主要的旅游市场之一，每年出境游人次以 25% 的速度持续增长，大陆将成为台湾最大的旅游客源地。两岸经贸合作和人员往来已成为维系两岸同胞情感的重要纽带和两岸关系稳定发展的重要因素，海峡西岸经济区由于特殊的地理条件，将在服务两岸物流、客流方面发挥不可替代的作用。

当前，大陆经济持续高速增长令全球瞩目。在全球化背景下，渴望经济繁荣的国家和地区都希望分享中国经济增长的红利，但台湾民进党当局囿于"台独"意识形态的思考，在两岸关系方面采取了政治封闭、经济封闭的政策，造成台湾社会失意、"朝野"对立、认同混淆，经济上快速被边缘化。这种政策导向，不但无助于提升台湾经济竞争力，也无助于提升台湾人民的福祉。

两岸经贸往来、两岸"三通"是大势所趋。台湾贸易顺差主要来自对大陆贸易，而经济成长动力亦来自大陆贸易顺差，两岸经贸合作对台湾经济愈来愈重要。"三通"的实施，可以使台湾经济在两岸经济交流与合作中优化产业结构，转型发展服务业，提升企业竞争力，与大陆一起应对经济全球化和区域一体化形成的机遇和挑战。多年来的实践证明，两岸经济合则两利，通则双赢，"三通"成为台湾经济社会发展的外生动力。

海峡西岸经济区在两岸"三通"中占尽地利、人和与天时。从地利角度看，台湾与福建仅一水之隔，地缘近、血缘亲、文缘深、商缘广、法缘久，特殊的地理条件和历史文化因素是其他地区无法代替的；从人和角度看，建设海峡西岸经济区已成为中央决策，中共十七大报告明确提出"支持海峡西岸和其他台商投资相对集中地区经济发展"，和平发展被确定为两岸关系的主题。因此，建设海峡西岸经济区是推进祖国统一大业的具体实践，是维护两岸人民根本利益的内在要求，是实现两岸"三通"的重要步骤。

二　先行发展

为推进海峡西岸经济区建设，福建省委、省政府提出把海峡西岸经济区建设成为科学发展的先行区、两岸人民交流合作的先行区，以"两个先行区"为抓手，推进海峡西岸经济区"又好又快"发展。

"先行"的根本要求是领先一步，核心是率先发展，根本方法是取得发展主动权，借此构建科学发展的先行区和两岸人民交流合作的先行区。因此，如何取得发展主动权成为建设"两个先行区"的关键。

首先，中央政府的支持，这是取得发展主动权的基础。建设海峡西岸经济区（简称海西）已经成为中央决策和国家战略的重要组成部分，并有 50 多个国家部委和央属企业与福建签署了支持海西发展的协议及备忘录，分别从政策措施、规划布局、项目安排等方面支持海西。未来的关键是进一步明确中央政府的决策责任，以国家名义建设海峡西岸经济区。

其次，周边地区的协作，这是取得发展主动权的关键。海峡西岸经济区北承长三角、南接珠三角、西连赣湘等内陆地区、东临台湾海峡，随着福建"三纵八横"高速公路网、"两纵三横"快速铁路网以及以海峡西岸港口群为核心的海上运输大通道的集约式发展，决定企业发展区位选择的运输费用将不再是瓶颈，海西从此将走向与长三角、珠三角"经济一体化"，并为实现"中部崛起"、祖国统一提供战略支撑。未来的关键是融入两个三角洲，推进海峡无差异化发展。

最后，两岸人民的响应，这是取得发展主动权的根本。以"两个先行区"为抓手建设海峡西岸经济区，主体是人民。当前，海西的思路基本清晰、海西的目标基本明确、海西的布局基本廓清、海西的氛围开始形成，未来的关键是行动，将决策转化为海西人民的具体行动、转化为两岸人民的共同行动，推进两岸关系和平发展。

三　特别安排

建设对外开放、协调发展、全面繁荣的海峡西岸经济区，是以长江三角洲、珠江三角洲为增长极推进东南沿海地区率先发展的逻辑延伸，是实施中部崛起战略、为赣湘等中西部地区构建出海通道的客观要求，是服务两岸"三通"、促进祖国统一的现实需要。实现率先发展、促进中部崛起、服务两岸"三通"，成为建设海峡西岸经济区的基本目标。

中央政府已经明确提出"支持海峡西岸和其他台商投资相对集中地区经济发展"。上述表述在"十一五"规划中是放在第十九章（实施区域发展总体战略）第四节（鼓励东部地区率先发展）；在"十七大"报告中则放在第十部分（推进"一国两制"实践和祖国和平统一大业）。因此，不能将海峡西岸经济区与西部大开发、振兴东北、中部崛起等区域发展政策等量齐观，也不能要求海峡西岸经济区具备与长江三角洲、珠江三角洲和环渤海地区同样的推动大陆经济发展的"引擎作用"。海峡西岸经济区具有特殊性，建设海峡西岸经济区包含着政治使命，即促进祖国和平统一。

建设海峡西岸经济区是贯彻东部率先发展区域发展战略的需要。如果将来希望通过海峡西岸经济区建立"海峡自由贸易区"，进而拉平福建与台湾的经济社会发展差距，构建"海峡无差异区"，实现社会和谐和祖国统一，那么，现有的政策措施显然是不够的。

为了"又好又快"地推进海峡西岸经济区建设，福建省委、省政府做了大量工作，"自下而上"同 50 多个中央部委和中央企业建立协作关系，为将海峡西岸经济区建设上升为国家战略奠定了基础。

建设海峡西岸经济区，仅仅中央号召是不够的。未来的关键是进一步明确中央政府的决策责任，在中央的统一部署下，实现海峡无差异化发展，以高度发展的福建来推动海峡两岸人民的交流与合作，促进祖国统一。

第二节 新福建雁群战略[①]

"海峡西岸经济区"是新福建"四级战略提升"的逻辑起点。基于此，党中央、国务院先后支持福建建设平潭综合实验区（2011 年）、海峡蓝色经济试验区（2012 年）；2014 年 11 月，习近平总书记视察福建，提出建设"机制活、产业优、百姓富、生态美"的新福建，党中央、国务院又陆续支持福建建设自由贸易试验区（2014 年）、海上丝绸之路核心区（2015 年）、福州新区（2015 年）、国家生态文明试验区（2016 年）、国家自主创新示范区（2016 年）；从而形成了以海峡西岸经济区发展战略为先导，其他区域发展战略协同推进的"雁群战略"推进格局。新福建的"四个基本内涵"与建设新福建的"八大区域发展战略"，成为新时期决定福建经济社会发展的"四梁八柱"。

一 "活优富美"新福建

习近平总书记指出，人民对美好生活的向往，就是我们的奋斗目标。我们的责任，就是坚持以经济建设为中心，围绕现代工业、现代服务业、现代农业构建现代产业体系，加快产业的创新转型和绿色转型，加快产业的总量升级和结构升级，打造福建产业升级版。产业发展的关键在人，由谁做、怎么做，其核心是机制，发挥市场在资源配置中的决定性作用和更好发挥政府作用，着力解决市场体系不完善、政府干预过多和监管不到位问题。只有机制活，才会产业优，只有产业优，才会百姓富，但百姓富必须建立在生态美的基础之上。习近平同志指出，生态资源是福建最宝贵的资源，生态优势是

[①] 朱四海：《新福建的雁群战略及其推进机制探析》，《发展研究》2017 年第 3 期。

福建最具竞争力的优势，生态文明建设也应当是福建最花力气抓的建设。我们的责任，就是把人的生存与发展同资源的消耗、环境的退化、生态的胁迫联系起来，逐步形成与生态相协调的生产和生活方式，形成人与自然和谐发展的新福建，"机制活、产业优、百姓富、生态美"成为新时期指导新福建全局的战略目标与战略路径。

进一步看，"机制活与产业优"反映的是生产关系与生产力的和谐，生产关系适应生产力发展水平规律是人类社会发展的基本规律。当前，在生产力与生产关系的矛盾运动中，生产关系成为决定"建设新福建"的矛盾主要方面，要把工作重点转移到改革生产关系不适应生产力发展的部分和环节上来，通过"机制活"促进"产业优"。"百姓富与生态美"反映的是人与自然的和谐，将人与自然视为新福建的有机整体，"百姓富与生态美"是具有哲学价值的世界观。将"是否有利于实现百姓富与生态美"作为发展的目标和评判各项工作成效的标准，"百姓富与生态美"是具有哲学价值的方法论，具有普遍意义上的哲学属性，并统一于新福建的建设实践中。"机制活、产业优、百姓富、生态美"成为新时期指导新福建全局的认知基础与主流意识形态。

从国情背景看，建设"机制活、产业优、百姓富、生态美"的新福建，需要统筹推进实现战略目标的发展战略。2011年以来，党中央、国务院先后在福建形成了"八大区域发展战略"：2011年批复建设海峡西岸经济区、平潭综合实验区；2012年批复建设海峡蓝色经济试验区；2014年批复建设中国（福建）自由贸易试验区；2015年批复建设21世纪海上丝绸之路核心区、福州新区；2016年批复建设国家自主创新示范区、国家生态文明试验区。形成了以海峡西岸经济区发展战略为先导、其他区域发展战略协同推进的"雁群战略"格局。新福建八大区域发展战略概况见表5-1。

表5-1 新福建八大区域发展战略

战略类型	战略名称	战略诉求	战略周期（年）	主要文件
综合型	海峡西岸经济区	顶层设计	2011~2020	2009年《关于支持福建省加快建设海峡西岸经济区的若干意见》 2011年《海峡西岸经济区发展规划》
	海峡蓝色经济试验区	顶层设计	2012~2020 2012~2015	2012年《福建海峡蓝色经济试验区发展规划》 2012年《福建海洋经济发展试点工作方案》

续表

战略类型	战略名称	战略诉求	战略周期 （年）	主要文件
功能型	自由贸易试验区	改革	2015～2018 2018～2020	2015 年《中国（福建）自由贸易试验区总体方案》 2018 年《进一步深化中国（福建）自由贸易试验区改革开放方案》
	海上丝绸之路核心区	开放	2015	2015 年《推动共建丝绸之路经济带和 21 世纪海上丝绸之路的愿景与行动》 2015 年《福建省 21 世纪海上丝绸之路核心区建设方案》
	国家自主创新示范区	创新	2016～2025	2016 年《福厦泉国家自主创新示范区建设实施方案》
	国家生态文明试验区	生态	2016～2020	2015 年《中共中央国务院关于加快推进生态文明建设的意见》 2015 年《生态文明体制改革总体方案》 2016 年《国家生态文明试验区（福建）实施方案》
早收型	平潭综合实验区	战略集成	2011～2020 2016～2025	2011 年《平潭综合实验区总体发展规划》 2016 年《平潭国际旅游岛建设方案》
	福州新区	战略集成	2015～2030	2015 年《国务院关于同意设立福州新区的批复》 2015 年《福州新区总体方案》

二　综合型战略

区域发展融入国家发展的程度，取决于区域发展战略与国家发展诉求的契合程度。从中央层面看，福建发展与全国发展的最大公约数是台湾，台湾成为影响福建发展的重要外生变量[①]；从地方层面看，福建与台湾同处台湾海峡，推进海峡一体化发展成为影响福建发展的重要内生变量。福建发展的意义，就在于跨越海峡实现两岸融合发展，助力祖国统一大业。2011 年、2012年中央先后出台《海峡西岸经济区发展规划》《海峡蓝色经济试验区发展规划》，为福建发展融入国家发展进行了顶层设计。新福建综合型发展战略见表5-2。

[①]　历史上，台湾长期隶属于福建。1684 年，清政府设立台湾府，台湾隶属于福建省；1885 年，台湾从福建省析出，升格为台湾省；1895 年，台湾被割让给日本；1945 年，台湾回归祖国；1949年，台湾与大陆处于分治状态，福建成为海防前线；1979 年，"和平与发展"逐渐成为两岸关系的主题，福建成为开放前哨。

表 5-2　新福建综合型发展战略

项目	海峡西岸经济区	海峡蓝色经济试验区
战略定位	两岸人民交流合作先行先试区域 服务周边地区发展新的对外开放综合通道 东部沿海地区先进制造业的重要基地 我国重要的自然和文化旅游中心	深化两岸海洋经济合作的核心区 全国海洋科技研发与成果转化重要基地 具有国际竞争力的现代海洋产业集聚区 全国海湾海岛综合开发示范区 推进海洋生态文明建设先行区 创新海洋综合管理试验区
空间布局	一带五轴九区 一带：沿海发展带 五轴：以福州、厦门、泉州、温州、汕头为龙头的五条沿海向内地辐射发展轴 九区：厦门湾、闽江口、湄洲湾、泉州湾、环三都澳、温州沿海、粤东沿海发展区和闽粤赣、闽浙赣互动发展区	一带双核六湾多岛 一带：海峡蓝色产业带 双核：福州都市圈、厦漳泉都市圈 六湾：环三都澳、闽江口、湄洲湾、泉州湾、厦门湾、东山湾 多岛：平潭岛、东山岛、湄州岛、琅岐岛、南日岛等
两岸合作	建设两岸经贸合作的紧密区域 建设两岸文化交流的重要基地 建设两岸直接往来的综合枢纽 建设两岸合作的平潭综合实验区	全面推进闽台海洋开发合作 构建两岸海洋经济合作示范区域 加强闽台海洋环境协同保护 深化闽台海洋综合治理领域合作
基础设施	加强综合交通运输网络与对外通道建设 建设海峡西岸能源基地 加强信息网络体系建设 提高防灾减灾能力	加快港口群整合建设 加快综合运输大通道建设 加强空港服务能力建设 加强能源保障体系和水利设施建设 加强海岛基础设施建设
产业发展	大力发展现代农业 建设海峡西岸先进制造业基地 加快发展现代服务业 建设现代化海洋产业开发基地 加强海峡西岸区域创新体系建设	提升发展现代海洋渔业 培育发展海洋新兴产业 加快发展海洋服务业 集聚发展高端临海产业 提升海洋科技创新能力
改革开放	积极合理有效利用外资 加快转变外贸发展方式 深化经济体制改革 充分发挥经济特区改革开放先行作用	提升海洋经济开放水平 深化闽港澳海洋经济合作 加强与周边地区涉海领域合作 创新海洋综合管理体制
生态文明	加强资源节约利用 加强生态建设和保护 强化环境综合整治 大力发展循环经济	加强陆源和海域污染控制 加强海洋保护区建设和生态修复 加强滨海湿地生态保护 加强海岛生态保护

1. 海峡西岸经济区发展战略

东南沿海是国家发展的战略重点。福建虽然地处东南沿海，但由于长期处于海防前线，很长一段时间内福建发展滞后于东南沿海其他地区。改革开放后，中央逐渐将福建发展纳入国家发展大局中，1980 年批准厦门与深圳、珠海、汕头一起建设经济特区；1985 年又决定把闽南三角地区与长江三角洲、珠江三角洲一起开辟为沿海经济开放区。但由于福建基础差、底子薄，经济特区建设总体上落后于广东，闽南三角地区发展更是远远落后于其他两个三角洲；1992 年，中共福建省委五届七次全会将闽南概念扩展到闽东南，提出加快闽南三角地区、湄洲湾和闽江口地区开放开发，建设海峡西岸繁荣带，战略重点由闽南向闽东转移；2003 年，又进一步将空间概念由海峡西岸繁荣带拓展到海峡西岸经济区，战略重点由点向线和面延伸；2007 年出台《福建省建设海峡西岸经济区纲要》，提出把海峡西岸经济区建设成为科学发展的先行区、两岸人民交流合作的先行区；2009 年，海峡西岸经济区获得中央支持，国务院出台《关于支持福建省加快建设海峡西岸经济区的若干意见》（国发〔2009〕24 号），为海峡西岸经济区进行顶层设计，将海峡西岸经济区战略定位为"两岸人民交流合作先行先试区域、服务周边地区发展新的对外开放综合通道、东部沿海地区先进制造业的重要基地、我国重要的自然和文化旅游中心"，标志着海峡西岸经济区建设进入新阶段；2011 年，国务院批复《海峡西岸经济区发展规划》，为海峡西岸经济区描绘了发展路线图，为 2020 年以前的福建发展锚定了历史新坐标，并将海峡西岸经济区范围由福建全省扩展到福建周边浙江、江西、广东的 11 个地市。

从厦门经济特区，到闽南三角地区，到海峡西岸繁荣带，再到海峡西岸经济区，福建发展实现了由点、到线、再到面的次第展开与梯度推进，海峡西岸经济区发展战略成为新世纪引领福建发展的综合型战略，成为福建区域发展战略的龙头战略，具体表现在四方面。

①两岸交流合作。《海峡西岸经济区发展规划》针对"构筑两岸交流合作的前沿平台"功能定位，从经贸合作、文化交流、通道建设三方面进行总体部署，赋予福建对台先行先试政策的权利，并提出设立平潭综合实验区、开展两岸区域合作综合实验、建设两岸共同家园，从而为福建发展融入国家发展提供了制度化保障。

②区域协调发展。《海峡西岸经济区发展规划》针对福建发展滞后于东部沿海其他地区的客观实际，从基础设施、产业发展、区域合作三方面进行总体部署，赋予福建在海峡西岸经济区的主体地位，构建现代产业体系、建设现代化基础设施、建设海峡西岸城市群，打造海峡西岸经济区成为我国新的

经济增长极，从而为福建发展融入国家发展提供了系统化的解决方案。

③改革开放创新。《海峡西岸经济区发展规划》针对福建发展动力不足的客观实际，发挥海峡西岸经济区对外开放的先行作用，从经济体制、外资外贸、区域创新体系三方面进行总体部署，并就充分发挥厦门经济特区的改革开放示范带动作用进行了具体部署，推动海峡西岸经济区实现跨越式发展，从而为福建发展融入国家发展提供了动力来源。

④文化生态建设。《海峡西岸经济区发展规划》针对福建发展的自然和文化资源的比较优势，从资源节约与环境友好型社会建设、生态保护与生态产业发展、文化基础设施建设与文化产业发展三方面进行总体部署，努力使海峡西岸经济区成为人居环境优美、生态良性循环的可持续发展地区，成为全国重要的文化产业基地，从而为福建发展融入国家发展提供了实现路径。

2. 海峡蓝色经济试验区发展战略

海峡西岸经济区发展战略总体上是以陆域为发展舞台的。福建省域陆海兼备，总体上12.4万平方公里陆域面积呈现"八山一水一分田"格局，若加上13.6万平方公里的海洋面积，则呈现"三山六水一分田"的新格局，"山水福建"是以水为主导的。福建是海洋大省，在推进国家海洋发展战略、建设海洋强国中肩负重要历史使命。《海峡西岸经济区发展规划》为此留下一个"口子"，支持福建开展国家海洋经济发展试点工作，建设海峡蓝色经济试验区。基于此，继2011年出台《海峡西岸经济区发展规划》后，2012年国务院又批准《海峡蓝色经济试验区发展规划》，海峡蓝色经济试验区发展战略成为新世纪引领福建发展的另一个综合型战略。

海洋是福建发展的优势所在、潜力所在、未来所在。福建是我国海洋文化的重要发源地，拥有五千年的海洋文化史，又拥有3752公里海岸线、125个海湾、2215个海岛，雄踞台湾海峡，海洋优势明显，海洋国土资源成为陆地国土资源的战略性接续资源，海峡、海湾、海岛开发潜力大，成为沿海工业化、城市化的战略接续区。基于此，《海峡蓝色经济试验区发展规划》从陆海统筹、海峡开发、海湾开发、海岛开发四方面对福建建设"海洋强省"先行谋划。

①陆海统筹。以海岸带综合利用为核心，建立海洋功能区规划与城乡规划、港口规划、土地规划、产业规划等相关规划的综合协调机制，推进海岸带及邻近陆域、海域的重点开发与优化开发，推进港口、产业、城市之间的有机衔接与互动发展，并推动海峡蓝色经济试验区与浙江海洋经济发展示范

区、广东海洋经济综合试验区的发展联动与一体化发展，借此推动海峡西岸经济区又好又快发展，提升海峡西岸经济区综合竞争力。

②海峡开发。以建设"两岸海洋经济合作核心区"为主线，充分发挥福建对台交往的独特优势，围绕台湾海峡及附近海域海洋资源开发利用、涉海基础设施建设、现代海洋产业体系培育、海洋科技创新、海洋公共服务、海上运输通道安全、海洋生态文明建设等领域，推动建立两岸海洋开发合作长效机制，并构建以厦门经济特区、平潭综合实验区和福州、泉州、漳州等台商投资区为依托的海洋经济合作圈。

③海湾开发。海湾是福建建设"海洋强省"的战略性资源，《海峡蓝色经济试验区发展规划》以福建沿海六地市为行政主体，将可建20万~50万吨级超大型泊位的海湾，由北至南划分为"环三都澳、闽江口、湄洲湾、泉州湾、厦门湾、东山湾"六大湾区，进行一次性开发，推动形成以六大湾区为依托的临海经济密集区，并提出把福州都市圈、厦漳泉都市圈建设成为提升海洋经济竞争力的两大核心区，以此打造海峡蓝色产业带。

④海岛开发。海岛是开发海洋的天然基地，是大陆经济走向海洋的"桥头堡"，是海洋经济走向大陆的"岛桥"。《海峡蓝色经济试验区发展规划》按照"科学规划、保护优先、合理开发、永续利用"原则，由近及远开发利用陆连岛、沿岸岛、近岸岛、远岸岛，重点推进乡镇级建制以上海岛的保护性开发，并对平潭岛、东山岛、湄州岛、琅岐岛、南日岛等特色海岛的保护性开发具体部署，构建以平潭综合实验区为龙头的海岛开发开放新格局，为全国海岛开发积累经验、提供示范。

由此，基于陆域发展舞台的海峡西岸经济区发展战略和基于海域发展舞台的海峡蓝色经济试验区发展战略，双双上升为国家级战略项目，福建发展拥有了支撑的陆海双舞台，这在全国是绝无仅有的。

三 功能型战略

建设海峡西岸经济区、建设海峡蓝色经济试验区，绝不是轻轻松松就能实现的。结合海峡西岸经济区、海峡蓝色经济试验区的建设实际，围绕创新、改革、开放这三个决定生产力与生产关系矛盾运动的功能型变量，中央在福建部署建设国家自主创新示范区、中国自由贸易试验区和21世纪海上丝绸之路核心区，并结合福建的生态优势，部署建设国家生态文明试验区（见表5-3）。

表 5-3　新福建功能型发展战略（一）

	自主创新示范区	自由贸易试验区	海上丝绸之路核心区
主要诉求	科技创新	制度创新	人类命运共同体
发展定位	两岸协同创新示范区 海丝技术转移核心区 科技改革创新先行区 产业转型升级示范区	两岸投资贸易自由化示范区 海丝开放合作新高地 综合改革与系统集成试验区 营商环境改革创新试验田	人文交流重要纽带 制度创新先行区域 互联互通重要枢纽 经贸合作前沿平台
实施范围	福州高新技术产业开发区 厦门火炬高技术产业开发区 泉州高新技术产业开发区	平潭片区（43.00 平方公里） 厦门片区（43.78 平方公里） 福州片区（31.26 平方公里）	福建全省 泉州先行区 福州、厦门、平潭战略支点

1. 自主创新示范区发展战略

国家自主创新示范区是实施创新驱动发展战略的行动载体，通常以国家级高新技术产业开发区或国家创新型城市为基本单元进行建设，并形成五种推进模式：一是一区多园模式，如北京中关村、上海张江国家自主创新示范区；二是双区叠加模式，在高新区上建设自创区，如成都、西安、重庆国家自主创新示范区；三是多区联合模式，由多个高新区联合组建自创区，如长株潭、合芜蚌国家自主创新示范区；四是城市单元模式，以国家创新型城市为基本单位建设自创区，如深圳国家自主创新示范区；五是城市群模式，由高新区与创新型城市联合组建自创区，如苏南、珠三角国家自主创新示范区。

自从 2009 年国务院批准北京中关村建设第一个国家自主创新示范区以来，国家自主创新示范区建设在全国各地有序展开，在自主创新和高技术产业发展方面进行了一系列的先行先试与经验探索，对于完善科技创新体制机制、加快发展战略性新兴产业，推进创新驱动发展、加快转变经济发展方式等方面发挥了重要的引领示范作用，并探索出了两种新发展模式：一是模式输出，如北京中关村；二是平台升级，如广深科技创新走廊。

福厦泉国家自主创新示范区是国务院批准建设的第 14 个国家自主创新示范区，地处海峡西岸繁荣带，由福州高新技术产业开发区、厦门火炬高技术产业开发区、泉州高新技术产业开发区三区联合组建，旨在四方面取得突破：一是两岸科技合作，推进海峡两岸协同创新；二是海丝科技合作，构建海丝技术转移平台；三是体制机制创新，优化科技创新政策制度供给；四是产业转型升级，打造"中国制造 2025"福建样板，建设周期为 2016~2025 年，目标是打造具有较强产业竞争力和国际影响力的科技创新中心。

2. 自由贸易试验区发展战略

中国自由贸易试验区（FTZ）是实施自由贸易区战略的国内行动载体。国际上，自由贸易区是国家之间实施双边或多边合作的战略手段，既可表现为国家之间缔结的地区性贸易安排（自由贸易协定，FTA），也可表现为特定的海关特殊监管区，典型的如中国-东盟自由贸易区、中日韩自由贸易区、北美自由贸易区、加勒比自由贸易区。我国实施自由贸易区战略的目标任务，是通过加快自由贸易区谈判进程，力争与所有毗邻国家和地区建立自由贸易区，积极同共建"一带一路"国家和地区商建自由贸易区，争取同大部分新兴经济体、发展中大国、主要区域经济集团和部分发达国家建立自由贸易区，逐步形成全球自由贸易区网络，梯度构建周边大市场、"一带一路"大市场、金砖国家大市场、新兴经济体大市场和发展中国家大市场。

与自由贸易区战略相匹配，从 2013 年开始，国家陆续在上海、广东、天津、福建等地分别划出 120 平方公里左右的土地建设中国自由贸易试验区，把对外自由贸易区谈判中具有共性的难点、焦点问题，在自由贸易试验区内先行先试，通过在局部地区"压力测试"中积累的防控和化解风险经验，为对外谈判提供实践依据；同时，把已经生效的"自由贸易协定"在自由贸易试验区等区域先行实施，打造"协定实施"的示范地区和行业，从而为加快培育国际经济合作和竞争新优势、推动形成全面开放新格局做好、做足思想准备、制度准备、人才准备。因此，中国自由贸易试验区是实施自由贸易区战略的"先手棋"，是我国主动参与适应引领国际投资贸易规则新变化的"试验田"。

中国（福建）自由贸易试验区作为国务院批准建设的第二批自由贸易试验区，由平潭片区、厦门片区、福州片区组成，总面积 118.04 平方公里，旨在构建开放型经济新体制、探索闽台经济合作新模式、建设法治化营商环境等方面率先挖掘改革潜力、破解改革难题，重点在四方面开展先行试验：①两岸经贸合作，率先推进与台湾地区投资贸易自由化进程；②海丝经贸合作，率先推进与海丝沿线国家和地区投资贸易自由化进程；③体制机制创新，率先营造国际化、市场化、法治化、便利化的营商环境；④改革系统集成，率先建立同国际投资贸易通行规则相衔接的制度体系。

其中，自贸试验区内的海关特殊监管区域重点探索以贸易便利化为主要内容的制度创新，开展国际贸易、保税加工、保税物流等业务；非海关特殊监管区域重点探索投资体制改革，推动金融制度创新，发展现代服务业和高端制造业，建设周期为 2015~2020 年，目标是把中国（福建）自由贸易试验区建设成为两岸合作示范区、海丝合作新高地、综合改革试验区。

3. 海上丝绸之路核心区发展

"一带一路"倡议，是新时代我国参与全球开放合作、改善全球经济治理体系、促进全球共同发展繁荣、推动构建人类命运共同体的中国方案。以共建"一带一路"为实践平台推动构建人类命运共同体，符合中国人怀柔远人、和谐万邦的天下观，符合中华民族秉持的天下大同理念，占据了国际道义制高点。共建"一带一路"，以政策沟通、设施联通、贸易畅通、资金融通、民心相通为主要合作内容，着力布局建设"中蒙俄、新亚欧大陆桥、中国－中亚－西亚、中国－中南半岛、中巴、孟中印缅"六大经济走廊，有效推动我国开放空间从沿海、沿江向内陆、沿边延伸，形成陆海内外联动、东西双向互济的开放新格局。自 2013 年倡议提出以来，共建"一带一路"完成了总体布局，绘就了一幅"大写意"，进入绘制"工笔画"的新时代，要着力解决好重大项目、金融支撑、投资环境、风险管控、安全保障等关键问题，集中力量、整合资源，以基础设施等重大项目建设和产能合作为重点，形成更多可视性成果。①

21 世纪海上丝绸之路是"一带一路"倡议的两大组成部分之一，重点方向是从中国沿海港口过南海到印度洋，延伸至欧洲，从中国沿海港口过南海到南太平洋。由于东盟地处海上丝绸之路的十字路口和必经之地，成为 21 世纪海上丝绸之路的首要战略发展目标。根据《推动构建丝绸之路经济带和 21 世纪海上丝绸之路的愿景与行动》，福建被中央赋予"21 世纪海上丝绸之路核心区"功能，充分发挥海峡西岸经济区、海峡蓝色经济试验区、平潭综合实验区的带动作用，充分发挥台湾同胞和海外侨胞的独特作用，加强福州、厦门、泉州等沿海城市港口建设，努力成为 21 世纪海上丝绸之路建设的排头兵和主力军。

21 世纪海上丝绸之路核心区发展战略，是中央赋予福建的战略重任。根据《福建省 21 世纪海上丝绸之路核心区建设方案》，建设核心区坚持"走出去与引进来相结合"。其中，"走出去"重点方向是从福建沿海港口南下、过南海至印度洋，延伸至欧洲（即西线合作走廊）；从福建沿海港口南下、过南海至南太平洋（即南线合作走廊）；从福建沿海港口北上、过黄海至东北亚，延伸至俄罗斯和北美地区（即北线合作走廊）。"引进来"重点方向是支持泉州市建设 21 世纪海上丝绸之路先行区，支持福州、厦门、平潭等港口城市建

---

① 国家发展和改革委员会、外交部、商务部：《推动构建丝绸之路经济带和 21 世纪海上丝绸之路的愿景与行动》，2015 年 3 月；习近平：《在推进"一带一路"建设工作 5 周年座谈会上的讲话》，新华社，2018 年 8 月 27 日。

设海上合作战略支点。核心区建设重点深化与东南亚国家和地区合作，看准选好优先领域和关键项目，稳步推进形成早期收获。

4. 生态文明试验区发展战略

生态文明建设是中国特色社会主义事业的重要内容，关乎人民福祉和民族未来，关乎"两个一百年奋斗目标"和中华民族伟大复兴中国梦的实现。近代三百年的工业文明以人类"征服自然"为主要特征，导致环境污染、生态退化、气候变化，产生了一系列生态危机，地球作为人类的共同家园已无法支持工业文明的持续发展，需要开创一个新的文明形态来延续人类生存，这就是生态文明。生态文明成为继物质文明、精神文明、政治文明之后我国建设中国特色社会主义的第四项战略选择，强调在处理人口、资源、环境与发展的关系上，要"尊重自然、顺应自然、保护自然"，把人的生存与发展同资源的消耗、环境的退化、生态的胁迫联系在一起，将生态文明建设融入经济建设、政治建设、文化建设、社会建设各方面和全过程，协同推进新型工业化、信息化、城镇化和农业现代化，实现人与自然的协调发展。

建设生态文明是一个制度变迁的过程，通过有效的制度供给将基于工业文明的制度体系成功转换为基于生态文明的制度体系，涵盖四项相互依存的制度建构。

（1）自然产权。工业文明之所以能够任性"征服自然"，根本原因在于自然资源资产的产权主体缺位，对水流、森林、山岭、草原、荒地、滩涂等自然资源资产，既未进行统一确权，也没有明确所有者、监管者及其责任，自然资源资产变成了"唐僧肉"任人宰割，健全自然资源资产产权制度成为制度建构的首要工作。

（2）资源配置。生态文明之所以能够自觉"尊重自然、顺应自然、保护自然"，根本原因在于自然空间的用途管制和自然资源的总量强度监管，健全国土空间开发保护制度、完善自然资源总量管理和全面节约制度成为制度建构的第二项工作。

（3）市场监管。推进文明方式由工业文明向生态文明转化，既需要基于自然产权、资源配置的源头预防，也需要基于市场监管的过程控制，建立健全环境治理体系、市场化推进机制和资源有偿使用与生态补偿制度成为制度建构的第三项工作。

（4）发展评价。基于源头预防的前馈控制和基于市场监管的过程控制总体上是"开环"的，因而是不完善的、也是不稳定的，需要引入基于发展结果的反馈控制形成"闭环"。完善生态文明绩效评价考核制度，构建源头预防、过程控制、损害赔偿、责任追究"四位一体"的生态文明制度体系成为制度建构的第四项工作。

遵循试点试验、复制推广的制度变迁路径，党中央、国务院于2016年决定在东部、中部、西部分别选择福建省、江西省、贵州省、海南省布局建设国家生态文明试验区，以体制创新、制度供给、模式探索为重点，集中开展生态文明体制改革综合试验，形成一批可在全国复制推广的重大制度成果，为建设美丽中国提供有力的制度保障①（见表5-4）。

表5-4 新福建功能型发展战略（二）

区域		战略定位	试验内容
国家生态文明试验区	福建省	国土空间科学开发的先导区 生态产品价值实现的先行区 环境治理体系改革的示范区 绿色发展评价导向的实践区	建立健全国土空间规划和用途管制制度 健全环境治理和生态保护市场体系 建立多元化的生态保护补偿机制 健全环境治理体系 建立健全自然资源资产产权制度 开展绿色发展绩效评价考核
	江西省	山水林田湖草综合治理样板区 中部地区绿色崛起先行区 生态环境保护管理制度创新区 生态扶贫共享发展示范区	构建山水林田湖草系统保护与综合治理制度体系 构建严格的生态环境保护与监管体系 构建促进绿色产业发展的制度体系 构建环境治理和生态保护市场体系 构建绿色共治共享制度体系 构建全过程的生态文明绩效考核和责任追究制度体系
	贵州省	长江珠江上游绿色屏障建设示范区 西部地区绿色发展示范区 生态脱贫攻坚示范区 生态文明法治建设示范区 生态文明国际交流合作示范区	开展绿色屏障建设制度创新试验 开展促进绿色发展制度创新试验 开展生态脱贫制度创新试验 开展生态文明大数据建设制度创新试验 开展生态旅游发展制度创新试验 开展生态文明法治建设创新试验 开展生态文明对外交流合作示范试验 开展绿色绩效评价考核创新试验
	海南省	生态文明体制改革样板区 陆海统筹保护发展实践区 生态价值实现机制试验区 清洁能源优先发展示范区	构建国土空间开发保护制度 推动形成陆海统筹保护发展新格局 建立完善生态环境质量巩固提升机制 建立健全生态环境和资源保护现代监管体系 创新探索生态产品价值实现机制 推动形成绿色生产生活方式

① 中共中央、国务院：《关于加快推进生态文明建设的意见》（2015年）、《生态文明体制改革总体方案》（2015年）、《关于设立统一规范的国家生态文明试验区的意见》（2016年）。

福建是生态大省，生态环境质量位居全国前列，"清新福建"成为享誉全国的金字招牌，建设国家生态文明试验区实至名归。根据《国家生态文明试验区（福建）实施方案》，福建省将为国家生态文明改革探路，以率先推进生态文明领域治理体系和治理能力现代化为目标，将在四方面取得突破。一是空间治理。构建以空间规划为基础、以用途管制为主要手段的国土空间治理体系。二是环境治理。围绕城市、乡村、流域、海洋构建差别化的环境治理体系。三是绿色发展评价。编制自然资源资产负债表，构建生态文明绩效评价考核体系。四是生态价值实现。推进绿水青山向金山银山转化，把生态优势转化为竞争优势、转化为生产力。其中，生态产品的价值实现是福建省特有的试验内容。

以上 2 个综合型战略和 4 个功能型战略形成了新时代建设新福建的战略组合，并由此形成了三个维度的战略任务架构，新福建区域发展战略的任务架构见图 5-1。

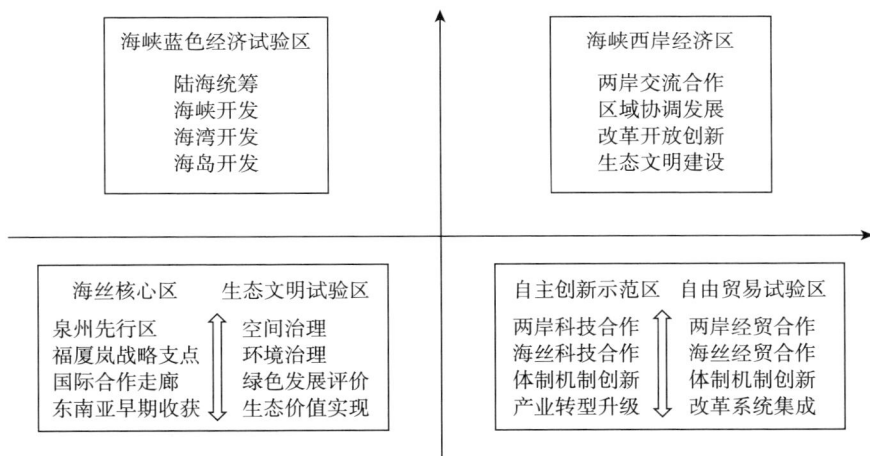

图 5-1　新福建区域发展战略的任务架构

一是海峡，以海峡两岸交流合作为主线，推进福建与台湾融合发展，这是新时代福建区域发展战略"灵魂之所系"。

二是海洋，以建设 21 世纪海上丝绸之路核心区为主线，统筹陆海建设海洋强省，这是新时代福建区域发展战略"潜力之所在"。

三是生态，以推进生态治理体系与治理能力现代化为主线，统筹陆海建设生态文明，这是新时代福建区域发展战略"优势之所托"。

总体上，海峡、海洋、生态"三位一体"战略任务群的实现是立基于技术、投资、贸易三大动力机制之上的。其中，技术的战略抓手是自主创新示范区、投资和贸易的战略抓手是自由贸易试验区。"双自"的战略绩效决定着战略任务群的"内生动力"来源；从福建发展融入国家发展的战略态势看，落实"三位一体"的新福建战略任务还需要用足、用好、用活"外生动力"来源，将福建发展融入国家的内政、外交、国防发展大局之中，融入推进祖国统一大业之中、融入构建人类命运共同体之中、融入军民融合发展战略之中，形成战略推进的"内外双动力"机制。

四　早收型战略

无论是海峡西岸经济区、海峡蓝色经济试验区等综合型发展战略，还是自由贸易试验区、自主创新示范区、海上丝绸之路核心区、生态文明试验区等功能型发展战略，战略实施周期都很长，布局战略实施的早期收获，成为保持战略定力和历史耐心的重要制度安排。围绕以海峡西岸经济区发展战略为"领头雁"的新福建"雁群战略"（见图5-2），中央先后批准福建设立平潭综合实验区（2011年）、福州新区（2015年），期待围绕2个综合型战略和4个功能型战略开展战略集成，形成系统化的战略实施早期收获。

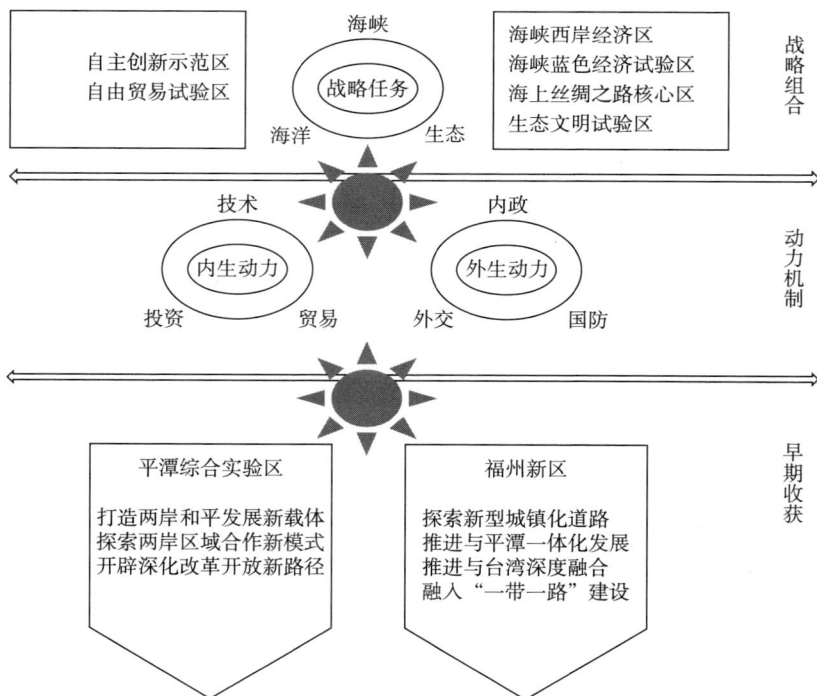

图5-2　新福建雁群战略

1. 平潭综合实验区发展战略

平潭综合实验区在福州市平潭县行政区域基础上组建。平潭县是一个海岛县，地处闽江口南部、台湾海峡中北部，是祖国大陆距台湾岛最近的地区，是中国东南海疆的重要窗口，由126个岛屿及海域组成，陆域面积392.92平方公里，海域面积6064平方公里；其中，主岛（海坛岛）面积267.13平方公里，是福建第一大岛、全国第六大岛，比厦门岛大70%。

设立平潭综合实验区，是建设海峡西岸经济区的特别安排，事关两岸关系和平发展大局，旨在以平潭综合实验区为突破口，率先实施更加灵活特殊的政策措施，逐步向海峡西岸经济区其他地区推广成功经验，形成重点突破、以点带面、协同推进的对台交流合作新格局。根据《平潭综合实验区总体发展规划》（2011年），平潭综合实验区承担三大战略任务：一是打造两岸和平发展新载体，构建两岸同胞共同生活、共创未来的特殊区域；二是探索两岸区域合作新模式，积累两岸经济合作、文化交流、社会管理经验；三是开辟深化改革开放新路径，统筹推进平潭在两岸交流合作中的综合实验工作。从而形成了围绕政治、经济、文化、社会和改革开放全方位的对台交流合作综合实验任务框架，目标是把平潭综合实验区建设成为两岸同胞共同家园，为建设海峡西岸经济区、推进两岸关系和平发展和祖国统一大业做出先行性贡献。

平潭综合实验区于2010年2月由福州（平潭）综合实验区设立。2016年，平潭综合实验区建设两岸同胞共同家园的"实验工作"面临挑战。为有效化解综合实验的建设风险，中央从两方面对平潭综合实验区进行战略修正：一是战略转型，在平潭划出43平方公里建设中国（福建）自由贸易试验区平潭片区；二是功能转型，在平潭综合实验区全域建设"国际旅游岛"。根据《中国（福建）自由贸易试验区总体方案》，平潭片区围绕推进服务贸易自由化、推动航运自由化、建设国际旅游岛三方面开展自由贸易试验，在投资贸易和资金人员往来方面实施更加自由便利的措施。根据《平潭国际旅游岛建设方案》，平潭国际旅游岛重点发挥平潭连接两岸的桥梁纽带作用，将平潭至台湾打造成为游客往来两岸的重要走廊和通道，借此构建以旅游业为支柱的特色产业体系，到2025年基本建成平潭国际旅游岛。该《方案》对海坛岛的坛南湾、海坛湾和坛北、坛东进行了旅游功能区划设计，并将主岛的附属岛屿进行了以旅游为核心的功能调整，特别是将兴化湾口的草屿岛（陆域面积15.47平方公里）由《平潭综合实验区总体发展规划》功能定位为"台湾海峡海上补给基地"调整为"离岛生态休闲区"。由此，平潭综合实验区由

"一区"变成"两区一岛"，实验内容也由"两岸同胞共同家园"转变为"两岸共同家园和国际旅游岛"，从根本上改变了作为海峡西岸经济区早期收获的战略初衷。

2. 福州新区发展战略

福州新区设立于 2015 年，是国务院批复设立的第 14 个国家级新区。新区位于福州市滨海地区，初期规划范围包括马尾区、仓山区、长乐区、福清市部分区域，规划面积 800 平方公里。福州新区叠加了海峡西岸经济区、海峡蓝色经济试验区和海上丝绸之路核心区、自主创新示范区、自由贸易试验区、生态文明试验区，是习近平总书记 2014 年亲自擘画建设"机制活、产业优、百姓富、生态美"的新福建发展蓝图后党中央、国务院在福建部署的第一个早期收获型发展战略，战略实施条件异常优越，在全国已批复的国家级新区中独一无二。

福州市是国务院设立的 14 个首批沿海开放城市之一（1984 年），拥有包括经开区、高新区、各类海关特殊监管区在内的全系列开发区牌照，工业化与城市化土地矛盾突出，城市空间增长亟须由内涵式增长（旧城改造）向外延式增长（新区开发）演进，设立福州新区为福州市城市空间增长提供了可持续发展的新平台。

福州新区肩负着贯彻落实国家支持福建省经济社会发展一系列重大政策的政治责任。根据《福州新区总体方案》（2015 年），福州新区"由近及远"承担四大战略任务：一是探索新型城镇化道路，按照绿色循环低碳模式指导新区开发建设，率先探索新型城镇化道路；二是推进与平潭一体化发展，承接、放大平潭综合实验区功能，发挥对平潭发展的腹地作用；三是推进与台湾深度融合，推进与台湾在经济、社会、文化等领域深度对接；四是融入"一带一路"建设，打造海上丝绸之路核心区中心城市。

伴随着长乐市撤市设区（2017 年），福州新区建设形成了"双城记"发展新动向。

一是福州市六辖区的功能整合，重点建设以长乐区为核心的滨海新城，同步推进建设以三江口为核心的马尾新城，形成福州新区核心区，与福州旧城区形成市域双核。

二是福清市的功能整合，以海坛海峡为纽带，加快福清工业化进程，推进福清市与平潭综合实验区融合发展、一体化发展。

八大区域发展战略是建设新福建的"八根柱子"，是架起"机制活、产业优、百姓富、生态美"四条主梁的"顶梁柱"。

五 战略实施

从战略定位看，八大区域发展战略的功能是不一样的。海峡西岸经济区、海峡蓝色经济试验区分别从陆地国土开发和海洋国土开发进行总体谋划，属于综合型发展战略；中国（福建）自由贸易试验区、21世纪海上丝绸之路核心区和国家自主创新示范区、国家生态文明试验区分别从对外贸易、对外开放和自主创新、生态文明进行专项谋划，属于功能型发展战略；平潭综合实验区、福州新区分别围绕2个综合型发展战略和4个功能型发展战略进行具体实践，形成"多区叠加"的战略乘数效应，属于早收型发展战略。由于中国（福建）自由贸易试验区、国家自主创新示范区和平潭综合实验区、福州新区"四根柱子"都有具体的区域指向，新福建的"八根柱子"无法涵盖全部地级市发展的实际需要（见表5-5），加上八大区域发展战略基本上以2020年为战略终点，实现2020年以后的战略转换、战略延伸、战略细化面临不确定性。保持战略定力，做好战略管控，处理好国土规划的战略预见问题与战略意外问题，完善战略储备，成为新时期新福建发展战略的首要挑战。

表5-5 新福建区域发展战略分布

区域 批准时间	海峡西岸经济区（2011年3月）	平潭综合实验区（2011年11月）	海峡蓝色经济试验区（2012年9月）	中国（福建）自由贸易试验区（2014年12月）	21世纪海上丝绸之路核心区（2015年3月）	福州新区（2015年8月）	国家生态文明试验区（2016年8月）	国家自主创新示范区（2016年9月）
福州	★		★	★	★	★	★	★
厦门	★		★	★	★		★	★
泉州	★		★		★		★	★
漳州	★		★		★		★	
莆田	★		★		★		★	
宁德	★		★		★		★	
龙岩	★				★		★	
三明	★				★		★	
南平	★				★		★	
平潭	★	★	★	★	★	★		

从战略实践看，"立柱架梁"需要做好全面统筹。战略实施的重点在体制机制：建立台账、挂图作战，使各级各部门对各自的工作任务、检查要求、考评办法和完成时间等事项一目了然，推进"雁群战略"实施"纵向到底"。同时，实行部门牵头负责制和参与部门责任制，让牵头单位负责组织落实，制定具体的推动方案，细化工作任务并分解落实到参与单位，汇总工作进展情况，让参与单位积极支持和配合。推进"雁群战略"实施"横向到边"。通过纵向到底、横向到边的制度安排，实现"雁群战略"实施的全覆盖。着力做好战略管控，保持战略定力，避免由于"战略透支"引致"战略疲劳"和战略口号化。

第三节　新福建战略①

在新福建战略的实施过程中，需要强调战略管控，保持战略定力，避免"战略透支"或"战略赤字"导致的"战略疲劳"或战略口号化。同时，需要准确把握新福建的发展特征、发展条件和发展愿景。

一　战略态势

准确把握新福建的发展特征、发展条件和发展愿景，是谋划新福建发展战略的前置性工作。

1. 发展特征

（1）工业化城市化进入快速发展期。一是经济发展进入工业化中后期。福建产业结构进入以劳动密集型、轻纺加工业为主的工业化初中期阶段向以资金技术密集型、重化工业为主的工业化中后期转换的重要时期，工业主导作用日益突出，土地资源和支柱性矿产资源成为制约工业发展的主要外生力量。二是社会发展进入城市化中期。2012年，福建的城市化率为59.6%；之后的5年是福建人口空间分布由农村为主向城市为主转变的重要时期，每年有超过50万农村居民迁入城市，国土人口分布将进一步向沿海城镇密集带集

---

① 本文由两篇文章组合而成，主题分别为战略细化、战略延伸：其一，原发于《发展研究》2012年第6期，题目为《海峡西岸经济区顶层设计后的战略细化问题》；其二，2013年省委重点课题《关于福建发展空间和潜力的研究》子课题，题目为《未来5年福建发展战略建议——当前福建经济发展阶段性特征、机遇挑战以及战略建议》，该文获福建省委2013年度重点课题优秀调研成果一等奖（2014年6月颁发）。

聚、向中小城镇集聚，山区与沿海、城市与农村的建设用地进入矛盾凸显期。

（2）交通基础设施建设进入成熟期。一是交通基础设施由相对落后向逐步协调和适度超前转变。尽管目前全省深水港口设施、通达的省际铁路和高速公路网配套水平还不够，但全省交通基础设施建设正以前所未有的速度在加速推进。之后5年福建形成"三纵八横"高速公路网、"三纵六横"快捷铁路网、"两散两集"港口群以及以福州、厦门国际机场为主的干支线空港群，综合交通运输网络和对外通道建设将步入成熟期，点状、线状交通基础设施建设对国土资源、国土空间的需求逐步减少。二是以城市内道路路网为主的面状交通基础设施建设进入扩张期。福建省的汽车保有量翻两番，达到每百户40辆，推进城市土地从地表、地上到地下的三大空间综合利用，并推进福州、厦门、泉州等城市轨道交通的发展。

（3）国土开发进入空间重组期。一是不断加快的城市化进程引发城乡建设用地一增一减矛盾，需要推进以"三旧改造"（旧城镇、旧村庄、旧厂房）和城市土地二次开发（存量开发）为主要内容的城乡建设国土空间重组；城镇建成区"退二进三"功能转换、工业发展向重化工业转型引发沿海劳动密集型产业向山区梯度转移，需要推进以工业园区土地整治为主要内容的产业发展国土空间重组；二是城市化、工业化、农业现代化带来环境副作用，国土空间开发逐步向关注生产空间与关注生活空间、生态空间并重转型，需要推进以平衡生产、生活与生态国土需求为主要内容的国土功能重组。

（4）两岸合作进入战略机遇期。一是十六大以后，特别是2005年国共两党发表《两岸和平发展愿景》后，和平发展成为两岸关系发展的主题，与台湾的特殊关系为福建提供了宽松的发展环境和难得的发展机会。两岸"三通"凸显福建国土地缘价值。福建是以长江三角洲、珠江三角洲为增长极推进东部地区率先发展的战略枢纽，是促进江西湖南等中部地区崛起的战略通道，两岸"三通"将重现福建作为中国海洋经济门户的历史地位，并在地缘上承载着海峡两岸经济一体化的通道和桥梁作用。二是《海峡两岸经济合作框架协议》及其后续协议的签署，为福建实现早期收获提供了战略机遇。协议签署后，福建在对台经贸、航运、旅游、邮政、文化、教育等方面均取得早期收获，并在光电、石化等领域的闽台产业对接和平潭岛、古雷半岛等区域的闽台合作开发上实现先行先试。

（5）福建成为国家区域发展重点。一是国家鼓励东部地区率先发展。福建是东部地区的重要组成部分，在全国区域经济发展布局中处于重要位置。

作为全国改革开放先行区，福建在过去的发展中取得了丰硕成果。二是国家也支持福建加快建设海峡西岸经济区，这一战略已成为国家区域发展战略的重要组成部分，为福建在更高起点上实现又好又快发展创造了条件。

2. 发展条件

（1）国家战略实施为福建提供了目的性价值。国家建设海峡西岸经济区的根本目的，在于发挥福建地缘优势开展两岸交流合作、促进国家统一。由此，福建的发展整体融入了国家发展战略中，为福建发展战略上升为国家战略创造了条件。在《海峡西岸经济区发展规划》旗帜下，已细化出台了《平潭综合实验区总体发展规划》、《厦门市深化两岸交流合作综合配套改革试验总体方案》、《福建海峡蓝色经济试验区发展规划》和《福建省泉州市金融服务实体经济综合改革试验区总体方案》。福建围绕重点区域、重点领域、关键环节以及周边三省11地市研究出台了新的发展与改革顶层设计和总体规划，并上升为国家战略，形成了建设海峡西岸经济区的战略群；二是国家战略的实施为福建提供了工具性价值。在国家现行资源配置方式下，以福建为主体建设海峡西岸经济区需要发挥国家部委、中央所属企业的作用。累计已有46个国家部委、49家央企与福建签署合作协议，国家部委出台支持政策、央企进驻福建投资项目，成为海峡西岸经济区战略实施的主导模式之一。福建坚持"以我为主"，实施有管理的省部合作策略，突出部委支持福建政策的整体性、系统性、协同性；有效引导央企产业布局的区域性偏好，从福建需求角度系统分析央企群体的投资重点和战略布局，推进央企群体性投资福建。同时，将国家战略进一步引向民企、外企，提升央企进驻福建的竞争性。

（2）消费导向的经济转型机遇。随着世界经济格局的调整，传统的经济发展模式不再适应新的形势，我国的经济增长方式需要从投资出口主导型向消费型转变。福建可以依托岸线和港口资源优势，实施进口发展战略，推动经济结构转变，实现以服务业为主的经济结构。

（3）生态文明发展机遇。工业革命后，人类居住的地球发生了三个具有深远影响的变化：一是经济规模空前扩大，经济增长达到了人类历史上前所未有的程度；二是人口的爆炸式增长，全球每年新增人口速度很快；三是自然环境面临巨大压力，经济和人口增长导致资源短缺、环境污染和生态破坏，生态服务稀缺性与人口、经济同步增长，生态环境成为稀缺资源。福建国土开发强度低，自然生态环境优良，森林覆盖率达到63.1%、连续35年保持全国第一，是全国唯一"水、大气、生态环境质量"全优的省份，生态环境成为福建最具竞争力的优势，具备先行现代化的环境容量和建设宜居国土的生态容量。在全国普遍存在人口资源环境承载力不足的背景下，"清新福建"为新型工业化、信息化、城镇化、农业现代化提供了崭新的发展机遇。

（4）多元文化的挑战。福建素有"中原汉文化坚守者、多元文化聚合体"之称，历史地形成了福州、宁德的闽东方言和闽都文化，厦门、泉州、漳州的闽南方言和闽南文化，莆田、仙游的莆仙方言和莆仙文化，三明、永安、沙县的闽中方言和闽中文化，南平、建瓯的闽北方言和闽北文化，以及龙岩、漳州的客家方言和客家文化；其中，闽都文化、闽南文化、客家文化共同处于福建多元文化的主导地位。福建未来的大发展，机遇有了，却没有主流文化。没有主流文化，就没有发展的主流力量。闽都文化、闽南文化、客家文化等多元文化形成的"文化冲突"制约着福建的发展，发展战略设计必须充分顾及多元文化的影响。

（5）多变台湾的挑战。改革开放以前，福建由于地处国防前线，国家在福建的投资和建设几乎是空白；改革开放后，福建由于是著名侨乡，又与台湾隔海相望，80%台湾同胞祖籍地在福建，具有独特的历史条件和地理优势，被中央列为改革开放的先行区，期待通过先行先试带动东南地区发展和对台工作，这目标客观地受到多变台湾的限制，福建的发展依然受制于两岸关系。台湾政党轮替、意识形态多元。尽管福建与台湾地缘相近、血缘相亲、文缘相承、商缘相连、法缘相循，具有对台交往的独特优势，但这些优势受两岸政治形势所左右。福建对台优势的工具性价值取决于两岸的和平状态，两岸关系越紧张就越能凸显"五缘"价值。

3. 发展愿景

在当代中国，没有什么比"实现中华民族的伟大复兴"更能凝聚人心、激励斗志的了。展望中华民族伟大复兴之路，具有三个重要的战略节点：初级阶段、中级阶段和高级阶段。

初级阶段是指到2020年，全面建设小康社会。这个阶段的标志性时间就是2021年中国共产党成立100周年。尽管在2002年中国人民生活总体上达到小康水平，但由"小康生活"向"小康社会"演进，任务依然艰巨。

中级阶段是指到2030年左右，基本实现工业化。这个阶段的标志性时间就是实现现代化进程中"物的现代化"。这期间，人民生活将从小康向富裕转型，物质文明和生态文明基本实现，但精神文明和政治文明还需一步完善。

高级阶段是指2050年左右，基本实现现代化。这个阶段的标志性时间就是迎接中华人民共和国成立的 100 周年。这期间，人民生活将从富裕向追求高品质转型，基本形成了与现代化相适应的"物的现代化"（物质文明与生态文明）和"人的现代化"（精神文明与政治文明）。

全面建设小康社会、基本实现工业化、基本实现现代化，构成了实现中华民族伟大复兴的三个重要战略节点，成为区域发展战略顶层设计后战略细化的"基准点"。

区域发展战略的关键，在于发挥区域的比较优势和竞争优势，创造多样化的发展环境，以促进各区域协同向现代化的目标迈进。

2009 年 5 月，国务院发布了《关于支持福建省加快建设海峡西岸经济区的若干意见》，2011 年 3 月，国务院正式批复了《海峡西岸经济区发展规划》，这两份文件为海峡西岸经济区的发展提供了顶层设计，但囿于文件自身的时效限制，没有涵盖后两个战略节点。因此，需要对海峡西岸经济区的发展战略目标进一步细化。

从省情和国情背景看，为了不断增强海峡西岸经济区在全国大局中的战略地位，需要进一步明确福建在全国现代化进程中的战略定位。展望未来福建的现代化进程，可以细分为三个战略目标。

第一，现代化先行区。这是福建地处中国大陆东南沿海地区、实施东部率先发展战略的内在要求。通过先行现代化，缩小福建与台湾的发展差距，实现海峡无差异化发展，对于促进福建与台湾一体化发展具有重要的战略意义。

第二，和平统一载体。这是福建先行现代化的基石。通过平潭综合实验区、厦门两岸交流合作综合配套改革试验区以及遍布全省的台湾农民创业园、台商投资区建设，实现福建与台湾经济、社会、文化的"硬连接"，实现福建与台湾的相互绑定。

第三，生态文明范本。这是福建先行现代化的另一块基石。资源环境约束是实现中华民族伟大复兴的主要约束条件之一，福建具备生态建设条件与基础，先行现代化必须能够给"后进者"提供一套可借鉴的人与自然和谐相处的发展范式。

由此，我们形成了以"和平统一载体和生态文明范本"为基石的先行现代化战略目标。由于维护国土完整统一是实现中华民族伟大复兴的内在要求，福建现代化的"先行量"不仅取决于福建人民的努力程度，还取决于台湾问题的紧迫性以及中央对台的战略决策，但总体上必须有效把握基于三个战略节点的进程节奏，留有足够余量。

二　战略细化

实现先行现代化的战略目标，需要解决战略实施问题。顶层设计的战略细化工作必须有效解决战略实施过程中的战略重点问题、战略抓手问题和战略突破问题，抓住实现发展愿景的主要矛盾和矛盾主要方面。

1. 战略重点

现代化进程是一个人类文明演进的过程，涉及物质文明、精神文明、政治文明，以及生态文明，并兼容于工业化、城市化、农业现代化进程中。因此，福建"先行现代化"首先要统筹"三化"进程、实现"三化"并举。

（1）工业化。工业化是现代化的核心内容，涉及两方面的内涵：一是工业增长对国民经济增长的贡献，工业长期支撑国民经济增长，并受到信息化的强力加持；二是工业发展模式对第一产业、第三产业的渗透，形成工业化的农业发展模式和工业化的服务业发展模式。

（2）城市化。城市化是继工业化后推动经济社会发展的新引擎，涉及三方面内涵：一是人口向城市集聚，城市人口占总人口比重不断攀升并超过农村人口成为人类主流聚居方式；二是以服务城市生活和工业发展为主要诉求的第三产业快速发展，服务业最终超过工业成为支撑国民经济增长的主导力量；三是城市生活方式向农村渗透，逐步实现城乡生活服务无差异化（包括基本公共服务均等化）。

（3）农业现代化。农业现代化是现代化的难点，涉及三方面的内涵：一是农业发展模式的工业化演进，用现代工业装备农业、现代科技改造农业、现代方法管理农业；二是农村发展模式的城市化演进，农村人口集镇化、农村生产与生活方式集镇化；三是农民的现代化，农民的科学文化素质不断提升，与工业化、城市化进程相适应。

统筹"三化"进程的关键，在于按照全国三阶段推进现代化的进程和福建先行现代化的需要，统筹社会资源，把握科技、人才、土地、资本等要素资源在"三化"的配置时机、重点、节奏和力度，把有限资源用到重点项目、重点领域上，实现科学配置资源、合理利用和保护资源。

必须强调的是，"三化"进程从根本上讲属于"物的现代化"进程，对"人的现代化"还缺乏整体性的制度安排。因此，福建"先行现代化"还需要在"三化"进程中适时统筹解决生产、生活、生态"三生"问题、实现"三生"并重。

（1）生产。统筹平衡物质生产、精神生产和人自身生产，其关键是避免物质生产"单兵推进"，在工业化中期后同步推进精神财富的生产，满足人们精神文化生活的需要。这期间，把握好三类社会生产重心转换的时机、节奏和力度至关重要，适时将社会生产的重心转移到精神生产与物质生产并重的轨道上来，并特别关注人自身生产的结构性问题。

（2）生活。生活问题本质上属于民生问题，是生产的根本目的，其关键是把握好人民生活水平由温饱到小康、到富裕、再到追求高品质进程中生产与生活的匹配度，把满足人民物质和精神生活需要作为各类社会生产的出发点。这期间，进入工业化中期以后以分配为核心的社会管理是民生问题的焦点。

（3）生态。生态问题本质上属于可持续发展问题，以生产、生活为核心的人类征服自然、改造自然的活动必须与自然和谐共处，其关键是把人们的生产生活活动建立在环境保护和生态改善上，提高生产力发展与生态建设的联动效应，实现生产发展、生活富裕、生态良好。生态文明建设在工业化、城市化中期后必须与物质文明建设同步推进。

由此，我们形成了以"三化""三生"为核心的福建"先行现代化"战略实施重点。其中，在工业化、城市化中期以后同步推进"三生"工作是战略实施的关键。

2. 战略抓手

战略抓手问题属于战略实施过程中的战术问题，目标是解决战略实施的操作性问题。操作性问题是区域发展顶层设计后战略细化的中心工作，必须能够为"物的现代化"和"人的现代化"设计出符合区域特点的战略抓手。

从发达国家的发展经验看，在工业化、城市化进程中驱动经济发展的核心力量经历了三个层次的螺旋演进：一是要素驱动；二是效率驱动；三是创新驱动。在发展初期，由于经济规模小、总量少，驱动经济发展主要靠要素（主要是资本），通过构建有利于要素集聚的制度环境、实施项目带动战略促进经济发展；当要素集聚到一定程度时，效率问题开始成为制约经济发展的主要矛盾，通过改进效率、实施效率带动战略成为驱动经济发展的主导力量；随着经济的发展、产业的升级，经济结构逐步向服务化演进，创新成为驱动经济发展的主导力量。在这个过程中，以资本形成为核心的要素驱动是前提和关键。

以项目带动集聚生产要素、以项目带动促进投资增长、以项目带动转变政府职能是推进工业化、城市化进程的主要战略抓手。从所有制形式看，基于项目的战略抓手可以进一步细分为国有企业（主要是央属企业）、外资企业（主要是港澳台侨资企业）和民间资本企业，统称"三维"企业。围绕三维企业形成的三维项目成为现代化进程中实现"三化"并举、"三生"并重的主要抓手。

（1）央企项目。发挥央企的资本配置优势与人才资源优势，推动国有资本重点投放在关系国民经济命脉的重要行业和关键领域；重点推进央企从事交通、能源等基础设施项目和石化、冶金等重化工业项目，推进现代物流、金融等生产性服务业项目和城市基础设施建设项目。对于福建而言，要坚持以我为主，有效引导央企产业布局的区域性偏好，从需求角度系统分析央企群体的投资重点和战略布局，有选择地选拔一批重点三维项目，定期或不定期举办招商活动，推进央企群体性投资福建。

（2）民企项目。发挥民企量多面广的人脉优势，全方位引进民企，引导民营经济投向实体经济；重点推进民企从事先进制造业、战略性新兴产业和高新技术产业、海洋产业项目，推进生产性服务业和生活性服务业项目，推进农业现代化项目。对于福建而言，要系统分析省内福建人、省外福建人、海外福建人的投资需求，根据三维项目建设需要，量身定制三维解决方案，开展民企项目对接；系统分析全国500强民企的发展规划、战略布局，推进省外民企参与三维项目建设。

（3）外企项目。发挥外企在技术和管理领域的比较优势，统筹引进港澳台侨企业项目和外资企业项目；坚持以我为主、择优选资的原则，促进引资与引智、融资与融智相结合；重点推进外企从事先进制造业、战略性新兴产业等工业项目，以及从事信息服务业、商务服务业等生产性服务业项目。对于福建而言，要完善闽港、闽澳、闽台合作机制以及侨务工作机制，推进港澳台侨同胞投资三维项目，特别是台企项目。同时，要系统分析世界500强境外企业的战略布局和产品优势，引导外国企业投资三维项目。

三维项目涉及央企、民企、外企等不同投资主体，以及城市与农村、沿海与山区、新增长区与传统发展区等不同利益主体；实施项目带动战略的关键在于统筹协调三维项目的要素需求，根据不同投资主体的资源配置能力与不同利益主体的发展需求，统筹项目用地、用林、用海供给，项目建设资金筹措，以及项目投产的能源（电力）保障和主要污染物排放指标控制，避免要素畸形分配。

进一步看，推进现代化需要优化项目空间布局优化，促进城乡、区域协调发展。从福建省情看，关键在于发挥海洋国土资源比较优势，推进产业群、城市群、港口群"三群"联动，推进人口、经济向沿海集聚。

（1）产业群。按照新型工业化发展要求，做大做强传统产业、培育壮大新兴产业、加快发展生产性服务业，引导工业项目向园区、湾区集聚，引导重化工业向港口集聚，统筹推进先进装备制造业、原材料工业、消费品工业、电子信息产业和军工业"集群化"发展。构建以沿海城镇密集带为依托的先进制造产业聚集带（即"一带"），以三沙湾、罗源湾、兴化湾、湄洲湾、厦门湾、东山湾六大湾区为依托的临港工业区（即"六湾"）和内陆山区以南三龙山区发展轴为核心的特色产业集中区。

（2）城市群。以沿海城镇密集带为脊梁，发展壮大福州省会城市、厦门经济特区和泉州侨乡三大中心城市，逐步形成与东岸台北、高雄、台中相对称的海峡城市群；发挥福州、厦门、泉州三大门户城市的海峡西岸经济区"引擎"功能和带动山区模块发展的"山海协作"功能，以三条山海协作发展轴为纽带，推进闽东北福州、宁德、南平三地市协同发展，推进闽西南厦门、漳州、龙岩三地市协同发展，推进闽中泉州、莆田、三明三地市协同发展，以沿海模块的跨越式发展推进山区模块的城市化进程，全面开发漳州、宁德、莆田，使其成为对接两个三角洲和台湾地区、推动海峡西岸经济区跨越式发展的"新引擎"。

（3）港口群。建设海峡西岸北部、南部、中部三大港口群；北部港口群以福州港为主体，覆盖三沙湾、罗源湾、福清湾和兴化湾北岸等主要港湾；南部港口群以厦门港为主体，覆盖厦门湾、东山湾；中部港口群以湄洲湾港为主体，覆盖湄洲湾、泉州湾、围头湾和兴化湾南岸。这些港口群的建设需要满足临港工业发展要求，以及沿江城市向沿海城市转型、沿海城市向滨海城市、海湾城市转型的发展需要，以及中西部地区新的出海通道建设需要。同时，也需要完善联动的"耦合"机制，设计联动的具体操作方案。具体可以从三个方面入手。

（1）推进港城联动。例如，以福州港为依托，促进福州由沿江型城市向国际化滨海型城市转变，全面推进宁德大开发，建设海西北翼沿海经济繁荣带；以厦门港为依托，促进厦门由海岛型城市向国际化海湾型城市转变，全面推进漳州大开发，建设海西南翼沿海经济繁荣带；以湄洲湾港为依托，推进泉州由沿海型城市向现代化滨海城市转型，全面推进莆田滨海新城建设，促进湄洲湾两岸经济一体化。

（2）推进港业联动。例如，以港口物流为依托，以临港工业为抓手，发挥湄洲湾、古雷半岛、溪南半岛湾区资源优势，建设海峡西岸石化基地；发挥沿海厂址资源优势，推进大型港口燃煤电厂、燃气电厂、核电站以及风能、海洋能电站建设，建设海峡西岸能源基地；以九龙江口、湄洲湾、闽江口、环三都澳四大海洋经济区为载体，建设东南沿海船舶制造基地；根据六大湾区的比较优势和开发节奏，引导冶金、汽车、林产品加工、海产品加工业有序布局。

（3）推进城业联动。例如，优化沿海城市中心城区产业结构和商业业态，全面实施"退二进三"战略。福州重点推进罗源至福清沿海一线的一体化发展，全面推进平潭综合实验区建设；漳州重点推进龙海至诏安沿海一线一体化发展，全面推进古雷半岛建设；厦门重点推进岛内外一体化发展，并带动南太武经济区发展；宁德重点推进环三都澳一体化发展，全面推进溪南半岛建设；泉州重点整合环泉州湾国土资源，建设滨海型城市；莆田重点整合湄洲湾北岸湾区岸线资源，全面开发秀屿区，建设滨海新城。

（4）推进港口群与城市群、产业群协同发展，完善三大港口群与三大城市群的空间布局，促进城市群与港口群协同发展；完善三大港口群与六大湾区临港工业区的空间布局，促进港口群与产业群协同发展；优化沿海六地市中心城区产业结构，通过城市土地二次开发，优化和完善中心城区国土空间的生产、生活、生态功能分布，促进产业群与城市群协同发展。

综上，我们形成了以"三维"项目带动、"三群"空间协同为核心的福建"先行现代化"战略实施抓手。

3. 战略突破

考虑到战略实施的时间跨度，福建先行现代化需要寻求有效的战略突破，设计战略突破口，通过集中投入人力、物力和财力来实现重要的战略目标，为全面实现先行现代化创造条件并提供基础范式。

（1）平潭综合实验区。这是实现"和平统一载体"战略目标的突破口。围绕"两岸交流合作先行区、体制机制改革创新示范区、两岸同胞共同生活宜居区、海峡西岸科学发展先导区"的发展定位，将平潭建设成为两岸同胞合作建设、先行先试、科学发展的共同家园，通过经济、文化、社会的深度融合与一体化，为实现"海峡无差异化"积累经验。

（2）生态省。这是实现"生态文明范本"战略目标的突破口。统筹不同地区生产、生活、生态国土功能，保育山区模块、重点开发沿海模块、科学开发海域模块；推广"长汀经验"，通过城乡建设用地整治、山系整治、重点流域整治、海湾综合整治、自然与文化保护区国土整治以及生态保护区、生态示范区、生态农业示范县、可持续发展实验区建设，为实现"生态文明"积累经验。

（3）海峡西岸繁荣带。这是实现"先行现代化"战略目标的突破口。1995年，福建提出了"建设海峡西岸繁荣带"区域发展战略；2004年，福建创造性地提出了"建设对外开放、协调发展、全面繁荣的海峡西岸经济区"区域发展战略，巧妙地实现了福建省的发展战略与长三角、珠三角的"率先发展战略"、江西省的"中部崛起战略"的战略融合，提升了闽台合作的战略空间。从发展趋势看，海西发展的战略定位将呈现阶段性特征：第一步，通过海峡西岸繁荣带建设拉平福建与台湾的差距，福建GDP赶超台湾，实现海峡无差异化；第二步，海西向海峡演进，福建与台湾实现经济一体化，形成海峡经济区，这个过程将伴随于两岸的经济文化互动而水到渠成；第三步，海峡经济区与长三角经济区经济总量分别超过4万亿美元，借此整合形成亚太经济中心。从福建到海西、到海峡经济区、再到亚太经济中心，勾画出海西发展战略定位"四级提升"的基本路径。建设北起温州、南至汕头的海峡西岸繁荣带，成为福建"先行现代化"的战略突破口。

战略细化问题是中央"区域发展战略"顶层设计后地方必须有效跟进的基础性工作。需要强调的是，以上分析我们隐含了一个基本假设：政府有能力组织战略实施。现在看来，这一假设是有局限性的。一个典型的例子是福建省的政府机构设置中依然没有一个部门为"工业化"工作整体负责，尽管工业化工作在整个现代化进程中将长期处于核心位置。

三 战略决策储备

上述基于战略重点、战略抓手、战略突破的战略细化顶层设计，解决了发展战略的战略延伸问题。随着发展环境、发展条件的变化和经济社会发展阶段的演进，还需要进一步解决发展战略的战略转换问题，做足战略决策储备工作。

1. 战略群设计

围绕实施海峡西岸经济区发展战略，目前福建已有"三规划两方案"，但仅此显然不够。要从三个层面构建海峡西岸经济区"战略群"。

（1）空间战略。山区模块中，在海峡西岸经济区框架下深度参与《赣闽粤原中央苏区振兴发展规划》，在中央的加持下实现山区同步建成小康社会；海域模块中，以开展全国海洋经济发展试点工作、实施《福建海峡蓝色经济试验区发展规划》为核心，实施"海洋文明复兴战略"，再造一个福建；沿海模块中，习近平总书记主政福建时提出的海峡西岸繁荣带需要进一步整合沿海六地市和平潭综合实验区发展战略，拉平福建与台湾的发展差距，建设"现代化先行区"。

（2）区域战略。结合国家系统推进综合配套改革试验区建设，"一市一策"完善九地市改革与发展的顶层设计。以综合配套改革为核心，推进泉州民营经济综合配套改革和莆田城乡一体化综合配套改革，研究在福州推进新型城镇化综合配套改革，在漳州推进新型工业化综合配套改革，在宁德推进海洋经济综合配套改革，在南平推进生态文明建设综合配套改革，在龙岩、三明推进资源节约型环境友好型社会建设综合配套改革，与厦门两岸交流合作综合配套改革、平潭综合实验区一起，形成覆盖全省的改革试验总体方案。

（3）央地战略。实施有管理的省部合作战略，在已有政策中针对实施海峡西岸经济区发展战略所需的公共政策进行系统梳理，构建系统完善、科学规范、运行有效的政策体系，使各项政策更加成熟；实施有管理的央企合作战略，围绕经济建设、政治建设、文化建设、社会建设、生态文明建设总体布局，以项目建设为中心，提升福建对央企入驻项目的过程控制力。实施有管理的区域合作战略，突出海峡西岸经济区周边11个地级市的价值，使之成为福建的经济腹地和能源资源市场拓展地。

2. 比较优势培育

（1）"海洋文明"复兴战略。民族复兴是中华民族近代最伟大的中国梦，走向海洋是民族复兴的根本途径之一。福建地处台湾海峡"黄金水道"，有漫长曲折的海岸线，人民长于舟楫、擅于航海，历史上造船业长期居全国领先地位，未来还是连接东南亚自由贸易区和东北亚自由贸易区的战略枢纽，具备"走向海洋、复兴海洋文明"的基础和条件。一是海洋文化复兴。建设海洋强省，不仅需要高精尖的海洋科技、繁荣的海洋经济、科学规范的海洋管理，还需要从基础做起，在全体人民中普及海洋知识，引导人们认识海洋、重视海洋、亲近海洋，找回福建先民热爱、探索、开发与保护海洋的热情，形成全社会共同关注海洋、科学开发海洋、有效保护海洋的良好氛围。海洋文化是海洋文明的基石，是建设海洋强省的战略基础。二是海洋贸易复兴。创造条件与相关国家和地区签署自由贸易协定在福建的实施框架协议，依托进口公共服务平台、大宗商品进口专用码头、进口商品交易中心，建设以先进技术设备、关键零部件、重要资源能源和原材料、优质消费品、奢侈品为主要内容的"海峡进口基地"和"海峡旅游购物天堂"，贸易兴省。三是海洋实业复兴。按照服务海洋贸易的要求发展海运业，发挥深水港湾和岸线资源优势，扩大港口建设，以"港口先行"开辟海路；建设与海洋贸易相适应的海运船队。同时，向航运业的上下游延伸，发展船舶工业和其他临港工业，实业强省。

（2）"生态文明"先行战略。生态文明是继物质文明、精神文明、政治文明之后我党建设中国特色社会主义的第四项战略选择。生态文明重点要解决的是人与自然之间的问题，把人的生存与发展同资源消耗、环境退化、生态胁迫联系在一起，实现人与自然的协调发展。福建具备建设生态文明的条件和基础，能够先行探索一套人与自然和谐相处的发展范式。一是资源开发"下山入海"。以煤炭、黑色金属、有色金属和非金属矿开采为主的采矿业，在福建工业发展中并不具备比较优势，却是生态环境破坏、地质灾害的主要诱因。保护省内能源矿产资源，与海洋文明复兴战略相协调，依托港口岸线资源，工业生产所需能源矿产资源以省外、国外为主；建立省内能源矿产资源开采市场退出机制，特别是煤炭、小水电退出机制，为生态文明建设创造条件。二是生态资源产品化。创新生态文明的价值实现形式，结合海洋贸易复兴战略，以生态旅游和奢侈品为主导，通过旅游业实现生态资源产品化；按照建设闽东南高优农业、闽西北绿色农业、海峡蓝色农业产业带的要求，以有机、绿色食品为主导，通过食品工业实现生态资源产品化；结合人口老龄化的发展机遇，依托生态环境优势，实现生态资源产品化。三是生态消费管制。实施汽车消费战略—按照环境容量和道路交通基础设施的承载力；实施汽车消费总量控制—严格控制私家车运行技术标准和拥有量增长速度；实施住房消费战略—建立住房的投资、投机功能退出机制，回归住房的居住本能；实施能源消费战略—控制化石能源消费总量，提升非化石能源的市场份额。

3. 治理能力建设

以省级行政区划为地理空间、以省级政权为调控主体的省域经济，是"国家区域发展总体战略"战略实施的基石。以海峡西岸经济区发展战略为"领头雁"的雁群战略的战略实施，第一要务是开展执政能力建设。

（1）意识形态设计问题。区域发展战略的战略实施需要一套"话语体系"，以突出战略本身在经济社会发展过程中的"话语权和话语主导权"，并集中反映在由政权主体（统治阶级）对所有社会成员提出的一组观念上，也就是意识形态上。海峡西岸经济区发展战略上升为国家战略之前，作为省域经济的发展战略，战略实施的意识形态集中体现在省委、省政府专注的"增强经济发展后劲、增进精神文明建设实效、提高为人民服务质量和增强党的建设活力"四个专题上，并形成了以"四求先行、四求作为、四个重在、四谋发展"为核心的一系列"四字偈式"话语群为主要内容的意识形态。2009年5月，海峡西岸经济区发展战略上升为国家战略，战略实施的意识形态出现重大调整，集中体现在省委、省政府开展的"重点项目建设、新增长区域发展、城市建设、小城镇改革发展、民生工程"五大战役上，并形成了以"五大战役、三维项目"为核心话语群的意识形态。

（2）公共政策生态问题。显然，区域发展战略的战略实施不能仅停留在"话语体系"上，不能仅停留在意识形态上，还需要一套基于主流意识形态的战术支撑，其中最主要的战术工具是公共政策。公共政策是政治系统的产出，是政治过程的产物；公共政策过程包括政策制定、政策执行、政策监控、政策评估、政策终结等环节。自从海峡西岸经济区发展战略上升为国家战略以来，福建出台了一系列的公共政策。从近3年的政策实践看，主要问题有三个。一是政策体系问题。在现行的"政策森林"中还没有针对实施海峡西岸经济区发展战略所需的公共政策进行系统梳理和"顶层设计"，现有的公共政策多大程度上能够满足战略实施的需要历史检验。二是政策过程问题。缺乏第三方决策论证的制度，公共政策制定过程以部门为基础。专家、智库在公共政策论证、咨询、评估中的作用被低估。三是政策制衡问题。现行的政策监控和评估主要依靠政策制定部门的"自我监控、自我评估"，缺乏第三方政策评估制度，导致战略实施过程不可控。公共政策是政权主体"指导发展、规范行为、调节利益"的工具，是战略实施的抓手。构建基于第三方（如党政智库）的决策论证与政策评估体系、完善政策体系、优化政策生态，成为执政能力建设需要解决的第二个问题。

（3）执行力问题。"90年来党的发展历程告诉我们，政治路线确定之后干部就是决定因素。"在有效解决意识形态设计问题和公共政策生态问题后，围绕执政能力建设剩下的问题就是执行力问题了，也就是干部问题。从改革开放30多年来的历史经验看，执行力问题与执行主体、执行模式、政策刚性密切相关。一是执行主体问题。执行主体问题本质上属于人力资源开发问题。20世纪80年代至90年代，我国公共政策的执行信奉的是"工程师治国"理念，这一理念随着经济学在世纪之交成为显学而逐渐被"经济学家治国"理念所取代，并产生了"一切向钱看"的流弊，将进一步被"法学家治国"理念所取代。对福建而言，问题的关键在于平衡法学家、经济学家和工程师的执行力，兼顾公平与效率，保障战略实施的及时性与质量。二是执行模式问题。执行模式问题本质上属于制度安排问题。从省域经济的发展模式看，涉及四方面的问题：一是主导资本问题，是国有资本、民间资本和境外资本一起上还是有所侧重？这一问题随着央企大举布局福建而出现变数；二是国土开发模式问题，是点轴式、圈层式、中心外围式还是网状式？这一问题随着"一带五轴九区"网状空间布局的确立而明朗化；三是市场组织问题，生产要素和产品市场是以行政区域内为主还是区域外为主、以国内为主还是国外为主？四是地缘经济问题，从福建、到海峡西岸经济区、到海峡经济区、再到长台闽经济区（亚太经济中心），通过跨行政区域经济一体化拓展战略实施的执行空间。五是政策刚性问题。政策刚性问题本质上属于领导力问题，也就是"通过别人来完成既定任务"的问题。由于现行的制度安排与政策设计都预留了一定的"自由裁量权"，出现了在政策解析和理解上的"上有政策下有对策"局面，甚至产生随意曲解和断章取义的流弊，需要最高领导者着力维护政策执行的严肃性、整体性和一致性，防止地方和部门出现"各取所需"的局面。

从意识形态到公共政策再到执行力，构成了提升治省理政水平的基本范式。从战略实施的过程看，还需要把实施海峡西岸经济区发展战略放到全国的大局中去、放到"实现中华民族伟大复兴"的现代化进程中去，把握好战略实施的方向、重点、节奏和力度。

第六章　区域发展战略问题

多年来，闽东北、闽西南两大协同发展区开展了一系列双边多边、多层次多形式的区域合作，初步形成了以福州、厦门为枢纽的"两小时经济圈"，区域发展呈现四方面的基本特征。

一是发展分化。城市经济成为区域经济的唯一主体，非经济功能成为县域发展的主体功能，开发区主体功能由工业为主向产城融合、多功能化转变。

二是城市发展不充分。福州市、厦门市城市首位度偏低、城市群带动力不足，泉州市、漳州市经济总量与人口规模分别低于晋江市、龙海市（现已改为龙海区），潜力释放不充分。

三是县域发展不平衡。沿海县整体发展良好，沿海山区县发展分化明显，山区县总体发展滞后，城市对县域的非经济功能支撑不足。

四是开发区亟待转型升级。国家级经开区、高新区、旅游区亟待覆盖更多次级板块经济体，部分开发区亟待向特色小镇、向城市综合功能区转型。

因此，在发展分化的大背景下，要对现行的以城市经济、县域经济、开发区经济为主要载体的区域经济组织形式进行治理升级，紧紧抓住不充分不平衡发展主要矛盾，谋划新时代闽东北、闽西南发展战略布局，以板块经济高质量发展推动区域经济高质量发展，谱写新福建发展新篇章。

第一，建设福州成为国家中心城市。"有福之州、幸福之城"的发展目标为福州迎来了新时代的战略机遇，福州要紧紧抓住国家推进海峡两岸融合发展和东南沿海五省市一体化发展的"天时"、邻近台湾海峡和属于"海丝"核心区的"地利"、习近平总书记亲自擘画"3820"工程（见后文解释）的"人和"，系统设计"强省会、强集群、强纽带"战略，协同优化"三叉戟、双城记"市内空间组织，闽江口城市群、闽江经济带省内空间组织和融入长三角、珠三角的省外空间组织，推进人口和生产力加速向福州集聚，推进福州城市能级由省会城市、区域中心城市、国家中心城市梯度进阶。

第二，建设厦门大湾区。湾区经济成为新福建的战略性空间经济组织形式，闽南地区成为发展湾区经济的主阵地。厦门大湾区以闽南厦漳泉地区为基础、以开发台湾海峡为主题、以厦漳泉金澎一体化为主线、着力打造连接世界岛环岛航路北线与南线战略枢纽的厦门东南国际航运中心和厦漳泉金澎全球海洋中心城市。建设厦门大湾区要找准战略突破口，以建设厦门-金门港为突破口推进厦门港进阶厦门东南国际航运中心、以建设创新-消费中心为突破口推进厦门市的主体功能向创新、消费转型，以实施边界缝合工程为突破口推进厦门与漳州、厦门与泉州、泉州内部的融合发展。

第三，建设大武夷旅游圈。"北山南楼"世界遗产是福建打造国际知名旅游目的地的核心载体。武夷山作为"清新福建"品牌认知的具象化载体，当前存在国际化不高、产业化不足、带动性不强的问题，这与武夷山作为世界文化与自然双重遗产的地位不相称，也与武夷山作为大武夷旅游圈发展龙头的地位不相称。武夷山要将文化要素和生态要素作为推进旅游业发展的主导要素，保护小武夷、开发中武夷、营销大武夷，并从资源、资产、资本三个层面科学设计战略抓手，实施大武夷旅游发展战略。

第一节　福州国家中心城市①

城市化是现代化的必由之路，是中国式现代化的重要范畴，对承载工业化和信息化发展空间、带动农业现代化发挥着不可替代的作用。国家中心城市是中国式城市化的核心力量，在国家城市体系中居于最高层级，属于"塔尖"城市②，必须同时具备五大发展要件：一是居于国家战略要津；二是肩负国家使命；三是代表国家形象；四是引领区域发展；五是参与国际竞争③。国家中心城市已成为城市化发展的新赛道。

福建地处东南沿海，是连接长三角与珠三角的融合地带，是海峡西岸经

---

①　本节由三份研究成果组合而成：一是 2020 年形成的《"十四五"福州都市圈高质量发展研究》；二是 2021 年形成的《构建国家中心城市发展新格局——新时代福州城市化论纲》；三是 2022 年形成的《福州国家中心城市的国土空间组织问题浅析》；后两者均获得福州市社科联征文"一等奖"。

②　《加快中心城市建设　承担国家战略使命》，2018 年 5 月 2 日，央广网，https://baijiahao.baidu.com/sid = 1599321389434268270&wfr = spider&for = pc。

③　《国家发展改革委关于支持武汉建设国家中心城市的指导意见》，国家发展和改革委员会，https://www.ndrc.gov.cn/xwdt/ztzl/xxczhjs/ghzc/201701/W020190906342163565544.pdf。

济区的核心地带，是海上丝绸之路的起点，是中国与海外世界联系的重要窗口，具备布局建设国家中心城市的条件。

一　新时代"3820"战略工程

1992年，为全面贯彻落实邓小平南方谈话和党的十四大精神，认真落实福建省委、省政府制定的《加快福建经济发展的战略设想》，时任福州市委书记的习近平同志主持制定了《福州市20年经济社会发展战略设想》，科学谋划了3年、8年、20年经济社会发展的战略目标、步骤、布局、重点，简称"3820"战略工程。"3820"战略工程是治理福州的总纲领，总目标是将福州建设成为"现代化国际城市、国际化大都市"，战略布局是建成"闽江口金三角经济圈，促进闽江流域和闽东北经济的全面发展，形成具有较强凝聚力和服务功能的城镇体系和城市圈"，战略步骤是"三个阶段"。新时代建设福州国家中心城市，要坚持"3820"战略工程的思想精髓，准确把握国家中心城市的战略定位，以国家名义建设国家中心城市，全方位提升福州城市能级，构建具有福建特色的国家中心城市发展新格局。

（一）战略目标

我们要坚定不移地沿着习近平为福州指引的方向前进①，持续推进"3820"战略工程的战略意志不能变，全方位推动高质量发展超越"走前头、做表率"的战略目标不能变，坚持中长期目标和短期目标相贯通，在既有基础上，真抓实干、干在实处，继续沿着短期、中期、长期三个阶段坚定推进新时代"3820"战略工程。

一是短期目标。面向2025年（"十四五"规划），以基础设施一体化为重点，增强都市圈基础设施连接性贯通性，完善区域协同发展体制机制，推进福州市与莆田、宁德等周边城市同城化，基本实现以福州为核心、以1小时通勤圈为基本范围的福州都市圈。

二是中期目标。面向2035年（基本实现现代化），以提升福州市能级和核心竞争力为重点，形成以福州中心城市引领福州都市圈、闽江口城市群协同发展新格局，实现福州市与莆田市、宁德市以及延平区、平潭综合实验区产业错位布局和特色化发展，实现闽江口城市群集团化发展，基本实现福州现代化。

---

① 《让有福之州更好造福于民——"3820"战略工程引领福州高质量发展纪实》，2022年10月10日，中国政府网，https://www.gov.cn/xinwen/2022-10/10/content_5717025.htm。

三是长期目标。面向 2049 年（全面实现现代化），以提升闽江口城市群在海峡城市群中的能级和核心竞争力为重点，形成以福州为中心的海峡城市群；实现海峡城市群与长三角城市群一体化发展，海峡城市群成为支撑全国经济增长、促进区域协调发展、参与国际竞争合作的重要平台，基本实现福州国际化。

福州都市圈、福州现代化、福州国际化，构成了福州迈向国家中心城市的发展路线图。

（二）战略方针

建设福州国家中心城市，要贯彻落实习近平新时代中国特色社会主义思想，在实施国家区域重大战略，全方位推进高质量发展中准确把握战略定位，创新国家中心城市发展战略。

（1）贯彻落实习近平新时代中国特色社会主义思想。福建是习近平长期工作过的地方，福建发展凝结着习近平的大量心血与汗水，形成了三个历史阶段的治理成果：一是在闽工作期间的治理成果；二是总量赶超时期的治理成果；三是全方位超越时期的治理成果。建设福州国家中心城市，必须将习近平的在闽治理实践一以贯之、一贯到底，推进"机制活、产业优"向"现代化经济体系"发展，推进"百姓富、生态美"向"高品质生活"发展，推进习近平治闽成果制度化，将习近平新时代中国特色社会主义思想与国家中心城市建设紧密结合起来，贯彻落实习近平新时代中国特色社会主义思想，打造新时代福州高质量发展样本。

（2）贯彻落实区域重大战略。新时代，国家实施京津冀协同发展、长三角区域一体化发展、粤港澳大湾区建设、长江经济带发展、黄河流域生态保护和高质量发展等五大区域重大战略，打造京津冀、长三角、粤港澳三大湾区经济群和长江、黄河两大经济带；福建国土空间陆海兼备，具备条件构建"福建版"区域重大战略，打造闽江口、晋江口、九龙江口三个湾区经济群和闽江、九龙江两条经济带。建设福州国家中心城市，要系统总结习近平在厦门、宁德、福州工作期间围绕厦门湾、三都澳、闽江口湾区经济发展形成的治理成果，深入贯彻国家区域重大战略和"福建版"区域重大战略，以闽江口三角地区为主体、以闽江流域为纽带，打造海洋文明时代湾区开发与海洋城市建设的福州样本。

（3）推进全方位高质量发展。按照习近平总书记指示要求，围绕科技创新、产业结构、居民收入三项核心工作，坚持创新在国家中心城市建设中的核心地位，完善科技创新体制机制，用好社会主义市场经济条件下新型举国体制，激发人才创新活力，加快建设以国家实验室为引领的战略科技力量，提升企业技术创新能力，补齐科技创新短板；坚持把建设国家中心城市着力点放在实体经济上，保持制造业比重基本稳定，发展壮大战略性新兴产业，推动生产性服务业与生活性服务业协调发展，补齐产业结构短板；坚持居民收入增长与经济增长基本同步、劳动报酬提高与劳动生产率提高基本同步，把提升国民素质和人力资本水平放在突出重要位置，优化收入分配结构，补齐居民收入短板；打造创新体系、产业体系、分配体系全方位高质量发展的福州样本。

习近平治闽成果制度化、闽江口三角地区湾区经济发展、全方位高质量发展，构成了新时代"3820"战略工程的发展战略群。

（三）战略力量

福州要在国家中心城市竞争中胜出，要紧紧围绕"居于国家战略要津、肩负国家使命、引领区域发展、代表国家形象、参与国际竞争"国家中心城市五大要件，创新意识形态，发挥社会主义集中力量办大事的制度优势，推进战略向战役、战术延伸，更高水平服务中国特色社会主义现代化、推进两岸关系和平发展和祖国统一、服务中华民族伟大复兴中国梦，更高水平融入"全国一盘棋"，以国家名义建设福州国家中心城市。

（1）更高水平服务中国特色社会主义现代化。全面建设社会主义现代化国家，是第二个"一百年"的国家使命。新时代建设福州国家中心城市，要深入贯彻落实习近平在闽工作期间形成的数字福建、生态福建、海上福建空间战略思想，发挥数字中国建设峰会国家平台和国家数字经济创新发展试验区的指引作用，奋力谱写数字中国的福州篇章；发挥国家生态文明试验区和碳中和先行示范区的引领作用，奋力谱写美丽中国的福州篇章；发挥台湾海峡、海湾、海岛、海岸带资源优势，推进海洋科技、海洋经济、海洋生态、海上安全、海军建设、蓝色伙伴高质量发展，奋力谱写海洋强国的福州篇章，实现以自身的"长板"服务全国发展的"短板"、用自身的"长板"构建国家中心城市竞争优势。

（2）更高水平推进两岸关系和平发展和祖国统一。80%的台湾居民祖籍在福建，福建肩负着为祖国统一探索新路的国家使命。新时代建设福州国家中心城市，要以"一国两制"推动海峡两岸融合发展，推进粤港澳"一国两制"新实践在海峡两岸创造性延伸，分类推进福州与台湾基础设施融合、公共服务融合、经济融合、文化融合、社会融合、生态文明融合；要以"和平统一"为宗旨推动海峡两岸一体化发展，创造条件让台湾同胞分享国家中心城市发展机遇，推进福州与台湾联合开发台湾海峡，将福州打造成为台湾海峡的综合交通枢纽。

（3）更高水平服务中华民族伟大复兴中国梦。福建是全国重点侨乡，拥有1580多万华侨华人，福建肩负着为构建新型大国关系探索新路的国家使命。新时代建设福州国家中心城市，要以共建"一带一路"推动高水平对外开放，积极融入中欧班列、陆海新通道等大通道和信息高速公路，推进丝路海运、丝路飞翔向"海丝班轮"统一品牌提升，推进海丝班轮与中欧班列协同发展，打造国际陆海贸易新通道；积极融入数字丝绸之路、创新丝绸之路、绿色丝绸之路、健康丝绸之路、空中丝绸之路建设，积极发展丝路电商，深化经贸投资务实合作，打造海丝核心区建设新引擎；要以实施自由贸易区提升战略推动全面深化改革，深化中国（福建）自由贸易试验区福州片区集成化、差别化改革探索，创造条件向国家申报自由贸易港；紧跟国家推动区域全面经济伙伴关系（RCEP）实施，密切关注国家加入全面与进步跨太平洋伙伴关系（CPTPP）协定，创造条件融入面向全球的高标准自由贸易区网络，打造中国梦早期收获的新高地。

服务现代化、服务国家统一、服务中国梦，构成了福州建设国家中心城市的意识形态基础。

二　空间战略

（一）战略方向

城市化过程是一个人口和生产力布局向适宜空间集聚的过程，涵盖陆、海、空、天、网五类空间，空间组织成为城市化的重要范畴。国土空间组织就是根据资源环境承载力和国土空间开发适宜性，以提升人口和生产力布局的规模效益和范围效益为主题，以提升人口和生产力布局的空间适配性为主线，推进人口和生产力的空间集聚。经过21世纪以来持续20多年的快速城市化，我国城市化进程已由量的扩张转入质的提升新阶段，已由单体城市各自发展转入群体城市协同发展新阶段，已由以人类为中心转入人与自然和谐共生新阶段，城市化的国土空间组织呈现反映新阶段特性的新特点，集中反映在"中心突破、边界突破、动力突破"三个国土空间组织新方向上。

（1）中心突破。2014年，国家调整城市规模划分标准，以城区常住人口

100 万和 500 万为门槛组建"城市森林"三大方阵：人口 500 万以上为第一方阵；人口 100 万~500 万为第二方阵；人口 100 万以下为第三方阵。并在第一、第二方阵中选择若干城市作为中心城市，组建都市圈、城市群，形成中心城市带动都市圈、都市圈串联城市群、城市群支撑区域协调发展的新格局。2019 年，中央财经委员会第五次会议明确，中心城市和城市群正在成为承载发展要素的主要空间形式，要增强中心城市和城市群的经济和人口承载能力，加快构建高质量发展的动力系统。中心城市和城市群成为城市化的新赛道，以直辖市、省会城市、计划单列市和重要节点城市为主体，统筹国家中心城市和全球海洋中心城市空间分布，统筹沿海中心城市、内陆中心城市、区域重要节点城市功能分布，统筹横向的中心城市、都市圈、城市群和纵向的头部城市、腰部城市、基础城市结构分布，构建以宜居城市为主题、以绿色智慧人文城市为主线、以创新韧性城市为两翼的城市发展新气象。为此，国家先后布局建设 9 个国家中心城市、27 个都市圈、19 个城市群。福建拥有福州都市圈、厦漳泉都市圈，城市群经历了海峡西岸城市群到粤闽浙沿海城市群的发展变迁，中心城市尚处在培育期。

（2）边界突破。中心城市—都市圈—城市群的城市化新赛道，从根本上动摇了长期形成的以行政区划为边界的城市发展模式，倒逼"一亩三分地"的思维定式破局：一方面是战略边界的突破，集中反映在区域协调发展战略的赛道设计上，形成了区域发展历经协调发展、协同发展、融合发展、一体化发展的梯度进阶，典型的如以县城为重要载体的城镇化建设、京津冀协同发展、海峡两岸融合发展、长三角区域一体化发展，战略边界的突破为中心城市突破行政区划边界创新了制度基础；另一方面是地理边界的突破，区域协调、协同、融合、一体化发展促进了中心城市的边界松动，形成了中心城市-都市圈-城市群空间组织历经行政地理、自然地理、经济地理、文化地理的梯度进阶，典型的如中心城市行政区划调整、长江经济带建设、东南沿海区域一体化、粤港澳大湾区建设，地理边界的突破为中心城市突破行政区划边界创造了空间条件。为此，国家设计京津冀协同发展、长三角区域一体化发展、粤港澳大湾区建设、长江经济带建设、黄河流域生态保护和高质量发展等五大区域重大战略和"一带一路"发展倡议。福建处在东部发达地区，长三角与粤港澳之间，面临海峡两岸融合发展与东南沿海区域一体化发展的双重边界突破任务。

（3）动力突破。从协调发展、协同发展、融合发展、一体化发展与行政地理、自然地理、经济地理、文化地理两个层面突破中心城市—都市圈—城市群的国土空间边界，为新时期以中心城市为主体引领城市化新赛道建设创造了必要条件，但非充分条件，根本原因在于动力机制，中心突破、边界突破必须依赖于动力突破，构建新赛道动力系统。一方面是传统动力的突破，与农业经济、工业经济、城市经济、绿色经济主流经济形态的梯次演进相对应，区域发展的国土空间组织呈现出从流域主导向产业主导、再向城市主导、最终向生态主导的路径特征，呈现明显的阶段性；在工业化、城市化进入信息化发展新阶段，推进国土空间开发由传统的经济技术开发区、高新技术产业开发区、海关特殊监管区向现代的城市新区、自主创新示范区、自由贸易试验区转变，成为中心城市传统动能转换的新方向，开发区与行政区、工业化与城市化向产城融合方向加速推进。另一方面是先进动力的突破，与全面建设小康社会时期推动经济社会发展的主导力量来自投资和出口，来自国内大规模的基础设施建设、房地产开发和出口导向型的大规模制造业投资不同，在全面建设社会主义现代化国家新时代，推动经济社会发展的主导力量则来自创新和消费，来自国内大规模的创新能力建设、人力资本开发和进口替代型的大规模消费，创新和消费成为中心城市先进动力培育的新方向，传统的"金融业—政府融资平台基础设施建设—房地产开发"资本循环模式加速向新时代的"金融业—科技创新基础设施建设—人力资本开发"资本循环模式演进。为此，国家先后设立了 19 个城市新区、23 个自主创新示范区、21 个自由贸易试验区，布局建设北京、上海、粤港澳大湾区国际科技创新中心和北京怀柔、上海张江、大湾区、安徽合肥综合性国家科学中心，支持有条件的地方建设区域科技创新中心，培育建设国际消费中心，打造一批区域消费中心。福建拥有福州新区、福厦泉自主创新示范区、中国（福建）自由贸易试验区，创新和消费新动力尚处在培育期。

（二）空间组织

福州的优势，在于"3820"战略工程确立的"现代化国际城市、国际化大都市"战略目标和一张蓝图绘到底、一任接着一任干的可持续推进机制。在城市—区域中心城市—国家中心城市的城市能级进阶谱系中，基于中心突破、边界突破、动力突破的国土空间组织新方向，国家设计了"中心城市—都市圈—城市群"的城市发展新赛道，设计了"协调—协同—融合——体化"的区域发展新赛道，设计了"投资—出口—创新—消费"的发展动力新赛道。福州要进阶国家中心城市，需要创造性融入新赛道，从纵向的"省会城市—

区域中心城市—国家中心城市"和横向的"福州都市圈—闽江口城市群—海峡城市群"双向组织国土空间，由近及远、由内及外梯度优化市内、省内、省外的国土空间组织，以空间治理现代化支撑福州城市能级持续提升和"3820"战略工程现代化。

（1）市内空间组织。经过持续40多年的快速发展，福州在工业化与城市化的双向推进过程中实现了经济繁荣，但之前以开发区为主体的工业化进程和以行政区为主体的城市化进程建构起来的城市空间形态，在结构和功能上与国家中心城市匹配度不足。市内空间组织的核心目标就是推进福州城市空间系统升级，充分发挥福州"派江吻海"的空间优势，建设"有福之州、幸福之城"。一方面是结构化管理国土空间，以三江口为核心枢纽，构建以长乐、福清、平潭为南翼，以马尾、连江、罗源为北翼，以鼓楼、台江、仓山、晋安、闽侯、闽清、永泰为腹地的城市板块新格局，打造福州城市化"三叉戟"引擎。另一方面是功能化布局城市空间，理顺行政区与开发区关系，疏解鼓楼、台江、仓山、晋安等"旧城区"非省会功能，推进旧城区建构以省会为核心功能、转型发展成为国际化大都市；推进马尾、长乐、闽侯、连江等"新城区"由县域经济向城市经济转型，推进新城区建构以国家中心城市为核心功能、发展成为现代化国际城市。同时，高质量建设福州新区、高标准建设滨海新城和国家城乡融合发展试验区福州东部片区，建设福州滨海主城区；优化闽侯（甘蔗）至马尾（三江口）空间结构，提升"两江四岸"城市品质，建设福州滨江主城区，打造福州城市化滨海滨江"双城记"。当前，构建福州城市化"三叉戟、双城记"空间组织新格局，主要困难来自行政区的板块化管理与开发区的功能化布局之间的矛盾，各类开发区在行政区的覆盖、叠加、交叉乃至互不隶属，产生了开发区与行政区的"治理秩序之争"，空间组织的秩序供给与秩序需求存在"制度性缺口"，秩序供给面临挑战。

（2）省内空间组织。福州在成为国家中心城市之前，必须做强省会城市、成为区域中心城市。从空间形态看，福州有条件成为"缩小版的上海"。上海地处长江出海口，作为国家中心城市引领长三角城市群和长江经济带发展；福州地处闽江出海口，在做强省会城市、成为区域中心城市的城市能级进阶过程中，宜以上海为蓝本，引领闽江口城市群、闽江经济带发展。一方面是闽江口城市群的建群工作，以闽江口三角地区为主体，以闽江口三角地区湾区经济发展为纽带，提升以三江口为枢纽的福州南翼、北翼、腹地"内三角"带动能力，培育以滨海新城为枢纽的福州、莆田、宁德"外三角"新体系，从"城市—组团—社区—街坊—邻里"和"中心城市—中小城市—县城（小城镇）—乡村"双向推进闽江口城市集团化、集群化发展。另一方面是闽江经济带的建设工作，依托闽江黄金水道，持续推进"闽江通航"，以生态优先、绿色发展为引领，统筹谋划上中下游、干流支流、左右岸的保护与发展，强化流域协同合作，推动闽江流域协调发展和沿江地区高质量发展；对标青浦、吴江、嘉善长三角生态绿色一体化发展示范区，建设闽清、古田、尤溪、延平闽江经济带发展先行区。同时，充分发挥福州都市圈在闽江口城市群、闽江经济带建设过程中的"串联"作用，构建以滨海新城、三江口为枢纽，以闽江口至沙埕湾、闽江口至湄洲湾、三江口至沙溪口为主轴的福州都市圈沿海沿江"T型舞台"，形成以福州为中心、"众星拱月、星月交辉"的都市圈发展新格局。目前，政策上仅布局建设福州都市圈，闽江口城市群和闽江经济带建设尚未形成决策。

（3）省外空间组织。如果说市内空间组织目标是解决福州城市结构与功能的系统升级问题、省内空间组织目标是解决福州建构"中心城市-都市圈-城市群"新赛道问题，那么，省外空间组织目标则是推进福州开辟建设国家中心城市新赛道。福州成为国家中心城市，必须具备肩负国家使命、代表国家形象、参与国际竞争的能力。因此，在基于市内和省内空间组织构建"中心城市—都市圈—城市群"赛道之外，还需构建基于省外空间组织的"协调-协同-融合一体化"赛道。一方面是推动海峡两岸融合发展。优化平潭综合实验区、台商投资区、台湾农民创业园、海峡两岸产业合作园区等两岸合作平台建设，构建海峡两岸融合发展示范区；推进连江与马祖一体化发展；推进海峡两岸联合开发台湾海峡的海湾、海岛、海岸线，将台湾海峡打造成为西太平洋的综合交通运输枢纽和国际海洋城市枢纽；推进海峡西岸城市群与海峡东岸城市群围绕台湾海峡形成海峡城市群。另一方面是推动东南沿海区域一体化发展。以闽江口城市群引领粤闽浙沿海城市群建设，以粤闽浙沿海城市群串联长三角城市群和珠三角城市群，构建苏浙沪闽粤沿海城市连绵带，推进东南沿海五省市区域一体化。同时，发挥福州作为海丝核心区枢纽城市的龙头作用，以"两国双园"等合作平台为抓手，培育海上丝绸之路、陆上丝绸之路、冰上丝绸之路国际合作新平台。当前，政策上仅布局东西方向的海峡两岸融合发展，南北方向的东南沿海一体化发展尚未形成决策，丝绸之路在福州的空间组织也还处在培育期。

三　发展战略

至此，围绕福州城市由省会城市、区域中心城市向国家中心城市的能级提升，我们从市内、省内、省外三个维度剖析了福州国土空间组织的任务框架：市内空间组织面向国家中心城市战略目标，以结构升级和功能升级为标的，形成南翼、北翼、腹地"三叉戟"板块化结构和滨江、滨海"双城记"功能化布局；省内空间组织以上海市为蓝本，以福州都市圈为抓手，建设以福州为中心的闽江口城市群和闽江经济带，促进福州由省会城市向区域中心城市跃升；省外空间组织以国家战略为引领，协同推进海峡两岸融合发展和东南沿海五省市一体化发展，促进福州由区域中心城市向国家中心城市进阶；三大任务构成了福州进阶国家中心城市的三大战役。战役是由战斗组成的，打响福州国家中心城市国土空间组织三大战役，需要完善战术安排，面向战役的各个战斗选择战场、安排战将、选调战士、设计战法、配置战器，构建基于"战将、战士、战场、战法、战器"的国土空间组织战斗系列。

（一）战略设计

与三大战役相联系，我们设计了"强省会、强集群、强纽带"三大战略，推进形成国土空间组织战略、战役、战术"战斗力组合"新格局。

（1）强省会战略。万山磅礴必有主峰，龙衮九章但挚一领。福州争创国家中心城市，要有统一的战略引领。从战略可行性看，强省会战略具有统摄性，打造具有福州特色的创新中心、消费中心、文化中心、海丝中心、海峡中心，引领"三叉戟、双城记"城市空间结构功能调整新格局。这需要稳定、可靠的战略资源配置。基于"有福之州、幸福之城"城市发展意象定位，配置强省会战略资源，宜从福品立市、科教兴市、文化强市三个层面协同推进，主动适应城市发展由"传统基础设施建设、房地产开发、出口导向型制造业投资"向"创新基础设施建设、人力资本开发、进口替代型消费"转变的新趋势，以"吃穿用住行"五大民生产业和"文旅体康养"五大幸福产业为重点，推进福文化赋能民生产业，培育福品创新新赛道，培育福品消费新赛道，建设彰显国家所需、福建所求、福州所能的区域科技创新中心和区域消费中心，以强创新、强消费推进强省会战略的战术突破。

（2）强集群战略。红花虽好，也得绿叶相扶。在城市集团化、链条化、圈层化发展新时代，强省会战略需要强集群战略的有效配合，按照城市发展规律构建合理的省会城市集群与城市圈层结构，从城市集群、港口集群、产业集群三个层面协同实施强集群战略，依托以福州为核心的闽江口城市群，联合以厦门为核心的九龙江口城市群、以泉州为核心的晋江口城市群，形成以福厦城市群为主体的海峡西岸城市群，进而从东西方向融合海峡东岸城市群形成海峡城市群，从南北方向融合粤闽浙沿海城市群形成东南沿海城市群，最终实现海峡城市群与长三角城市群、珠三角城市群一体化发展；其中，关键节点在闽江口城市群和海峡城市群，闽江口城市群是做大做强福州的建群先导，但福州到底有多强取决于在与台北的竞争中引领海峡城市群发展的能力，这需要发挥福州的陆海兼备、江海一体的空间优势，围绕沿江沿海"T型舞台"梯次布局港口群、产业群，以海岸带、海湾、海岛、海峡为主要载体，以中欧班列和海丝班轮为主要推手，推进港口群、产业群与城市群协同发展，以强港口、强产业推进强集群战略的战术突破。

（3）强纽带战略。世间最亲骨肉亲，断了骨头连着筋。实施万山磅礴看主峰的强省会战略与红花绿叶两相宜的强集群战略，需要在万山与主峰之间、红花与绿叶之间形成稳定、可持续的纽带关系，按照区域协调、协同、融合、一体化发展规律，从基础设施、资源环境、思想文化三个层面协同实施强纽带战略，重点围绕交通基础设施，以城市地铁为纽带推进"三叉戟、双城记"硬链接，以城际铁路、快速通道为纽带推进闽江口城市群硬链接，以海底隧道为纽带推进海峡城市群硬链接；重点围绕能源要素资源，以核能优势资源为纽带，释放控碳红利、传导控碳压力，推进闽江口城市群与长三角城市群、珠三角城市群的硬链接；重点围绕福建特色地域文化，以福文化为纽带，争创闽江国家文化公园和海丝国家文化公园，创办幸福生活国际论坛，推进闽江经济带与闽江口城市群的软链接，推进闽江口城市群与海峡城市群的软链接，推进福州更好融入国家构建人类命运共同体；以利益链接、文化链接推进强纽带战略的战术突破。

（二）战略实施

福州在国家中心城市的五大要件中都存在明显短板，根本的问题在于服务能力不足。新时代建设福州国家中心城市，要把重点聚焦到全面提升福州城市能级上来，沿着福州都市圈、现代化国际城市、国际化大都市新时代"3820"战略工程指引方向，围绕服务全国发展大局、服务祖国统一大业、服务伟大复兴中国梦三大国家使命，牢牢把握海峡两岸融合发展的战略主动权和主导权，牢牢把握海丝核心区建设的战略主动权和主导权，稳步提升福州在海峡城市群中的首位度、核心竞争力、辐射带动能力，完善具有福州特点的国家中心城市建设方案。

（1）构建城镇化发展新格局。以闽江口三角地区为主体，优化内三角，推进长乐、福清、平潭构成的闽江口南翼，马尾、连江、罗源构成的闽江口北翼，以及鼓楼、台江、晋安、仓山、闽侯、闽清、永泰等构成的闽江口腹地一体化发展；培育外三角，全面提升福州市的区域发展引领、带动能力，推进福州市与莆田市、宁德市一体化发展；协同推进闽江口的内三角与外三角建设，推进形成纵向的"中心城市—中小城市—小城镇—乡村"与横向的"中心城市—都市圈—城市群"协同发展新格局，高标准建设国家城乡融合发展试验区福州东部片区，促进城乡生产要素双向自由流动和公共资源合理配置，打造以福州为中心的闽江口城市群。

（2）拓展福州城市空间。适时调整行政区划，推进鼓楼、台江、仓山、晋安、马尾五个"旧城区"与长乐、闽侯、连江三个"新城区"区域分工功能优化，重点疏解旧城区的非省会功能并向国际化大都市转型，推进"新城区"由县域经济向城市经济转型、建设现代化国际城市；落实国家级新区发展战略，高质量建设福州新区、高标准建设滨海新城，打造现代化国际城市的重要窗口；优化闽侯（甘蔗）至马尾（三江口）福州主城区空间结构，推进下闽侯、南台岛与主城区一体化发展，提升"两江四岸"城市品质，形成滨江主城区；推进滨江主城区与滨海新城一体化发展，形成滨江滨海城市空间新格局。

（3）推进福州都市圈高质量发展。统筹都市圈整体利益和各城市发展诉求，创新体制机制，协同推进1小时通勤圈、数字都市圈、产业生态圈、优质生活圈、绿色发展圈、海峡融合圈、海丝朋友圈、协同治理圈建设，形成以福州为中心、"众星拱月、星月交辉"的都市圈发展新格局；保护"延平至马尾"闽江干流，以流域治理统揽产业发展、城乡建设、环境保护、民生改善工作，推进闽江干流生态保护和高质量发展；科学开发"沙埕湾至湄洲湾"海洋国土，以鉴江半岛、龙高半岛、海坛海峡为重点，推进罗源湾与三都澳、兴化湾南北两岸、长乐与平潭、福清与平潭、连江与马祖一体化发展，推进闽江口至沙埕湾（北线）、闽江口至湄洲湾（南线）一体化发展。

（4）推进福州城市集群化发展。顺应城市竞争由单体竞争向群体竞争转变、城市开发由单体城市向城市共同体转变的新形势，遵循扩张型城市和新生城市的成长规律，创新福州城市"建群"体制机制：一是闽江口城市群，以闽江口三角地区湾区经济发展为纽带，推进闽江口城市群的建群工作，全面提升福州在闽江口城市群中的核心地位；二是福厦城市群，统筹闽江口、晋江口、九龙江口三大湾区经济建设，推进福厦城市群的建群工作，全面提升福州在福厦城市群中的带动能力；三是海峡城市群，以开发台湾海峡为纽带，推进海峡两岸的城市建群工作，打造海峡城市群，全面提升福州在海峡城市群中的号召力；四是长台闽城市群，以开发东海为纽带，推进海峡城市群与长三角城市群融合发展与一体化发展，全面提升福州服务国家发展、参与国际竞争的能力和水平。

国家中心城市在国家城市体系中居于最高层级，属于"塔尖"城市，不是喊出来的，是要奋斗出来的。新时代福州建设国家中心城市，要牢固树立机遇意识，坚持"3820"战略工程精髓，坚定不移沿着习近平总书记擘画的发展方向"一张蓝图绘到底"；要牢固树立责任意识，推进海峡两岸融合发展、推进海丝核心区建设，更高水平服务全国发展大局；要牢固树立竞争意识，科学对标杭州、对标台北，按照国际化大都市标准规划、建设、运营、管理城市。

四　战略突破

建设福州国家中心城市，要统筹中心城市、都市圈、城市群建设。都市圈是以中心城市为核心，以 1 小时通勤圈为基本范围的城镇化空间形态；都市圈建设以增强基础设施连接性贯通性为重点，串联起以中心城市为高端要素集聚内核、带动中心城市和小城镇发展、带动乡村振兴的空间发展新格局。福州都市圈以福州市为核心、以闽江为纽带、以闽江口南面的莆田市和北面的宁德市为两翼，串联起福州、莆田、宁德、南平和平潭综合实验区。新时代中心城市和城市群成为承载发展要素的主要空间形式，连接中心城市和城市群的桥梁和纽带是都市圈，都市圈成为新时代提升中心城市能级、支撑城市群高质量发展的重要抓手，成为实施新型城镇化战略和乡村振兴战略的重要抓手，成为福州市提升城市能级的重要抓手。

（一）任务架构

传承弘扬"3820"战略工程战略精髓，建设福州现代化国际城市、迈向国际化大都市，要突出海峡两岸融合发展和海丝核心区建设这两个在全国具有唯一性的元素，对标杭州市，稳步提升福州市在海峡城市群的首位度、核心竞争力和辐射带动能力，将福州市打造成为海丝核心区"国家中心城市"。

（1）展现首位担当。按照海丝核心区"国家中心城市"功能定位，围绕

"服务全国发展大局、服务祖国统一大业、服务伟大复兴中国梦"三大国家使命，牢牢把握海峡两岸融合发展的战略主动权，牢牢把握海丝核心区建设的战略主动权，在资源配置、服务供给、产业创新、城市提质等领域，布局建设支撑现代化国际城市和国际化大都市的工程和项目，布局展现全球城市功能的工程和项目，提升中心城市首位度。

（2）贡献省会作为。高质量建设新区新城。新区新城建设和主城区改造提升联动，拓展福州市发展空间，推进鼓楼、台江、仓山、晋安、马尾5个"旧城区"与长乐、闽侯、连江3个"新城区"区域分工功能优化，重点疏解"旧城区"的非省会功能并向国际化大都市转型、推进"新城区"由县域经济向城市经济转型并向现代化国际城市转型，福州市综合竞争力进入全国城市前列。

（3）打造福州样板。围绕全方位高质量发展超越总任务，科学设计"科技、制造、质量、贸易强国"实现路径，科学设计"教育、人才、文化、体育强国"实现路径，科学设计"交通、海洋、航天、网络强国"实现路径，打造序列化的强国先行区，打造数字中国、美丽中国、文化强国、健康中国、平安中国的福州样板。

建设福州都市圈，要强化福州"代表国家参与国际竞争、辐射带动区域发展、推动产业城市集群发展"的功能定位，打造以福州为核心、莆田宁德为两翼的"强核心、多中心、多组团、密网络"的福州都市圈，形成"众星拱月、星月交辉"的城市群发展新格局。

一是构建城镇化发展新格局。以闽江为纽带、以闽江口为重点，重构"福州－莆田－宁德"闽江口金三角，推进福州、莆田、宁德、南平、平潭同城化，打造以福州为中心的闽江口城市群，基本建成以福州为中心、以1小时通勤圈为基本范围的福州都市圈。

二是提升福州城市能级。按照海丝核心区"国家中心城市"功能定位，在资源配置、服务供给、产业创新、城市提质等领域，布局建设支撑现代化国际城市和国际化大都市的工程和项目，布局展现全球城市功能的工程和项目，提升城市首位度。

三是支撑全方位超越。统筹推进"1小时通勤圈、数字都市圈、产业生态圈、幸福生活圈、绿色发展圈、海峡融合圈、海丝朋友圈、协同治理圈"八大圈建设，基本实现都市圈基础设施规划、建设、管护一体化，基本消除阻碍生产要素自由流动的行政壁垒和体制机制障碍。

（二）重点工程

顺应产业升级、人口流动和空间演进趋势，以促进福州与莆田、宁德、南平、平潭综合实验区同城化发展为方向，以推动全方位高质量发展为主题，以深化供给侧结构性改革为主线，统筹都市圈整体利益和各城市比较优势，充分发挥市场配置资源的决定性作用，更好发挥政府在规划引领、空间开发管制、公共资源配置、体制机制改革等方面的作用，围绕"八大圈"规划系列重点工程，建设具有国际竞争力的现代化都市圈。

1. 都市圈公路网畅通工程

一是打造多层次公路网。密切城际公路联系，加快"四市一区"的高速公路、国省道、县乡公路等重要交通要道的规划对接，增加城市间公路通道，提升路网联通水平。建设长平高速、沈海高速、福州绕城高速、机场高速、机场第二高速等高速线路的快速连接通道，重点建设沈海高速福厦段扩容二期工程福州江阴至泉州惠安段、沈海高速宁德段扩容工程、福银高速闽侯至长乐机场段、福州滨海新城高速公路等高速公路，完善环福清湾、环兴化湾、环三都澳湾"三湾"路网。

二是打造一体化客运网络。优化交界地区公交线网，促进与市域公交网络快速接驳，加快推进近郊班线公交化，支持相邻城镇开行城际公交。推进都市圈客运公交化运营，增开接壤市县的客运班线，推广"一票式"联程和"一卡通"服务，构建一体高效、无缝衔接的综合客运网络。三是提升都市圈路网联通程度。全面摸排都市圈各类"断头路""瓶颈路"，实施"断头路"畅通工程和"瓶颈路"拓宽提升工程，加快国省道断头路、交通拥堵路段建设改造，推动普通国省道连段成线。全面取缔跨行政区道路非法限高、限宽等路障设施，畅通交界区路网联系。

2. 轨道上的都市圈建设工程

一是加快城际铁路建设。推动"高铁进机场"建设，加快福州至长乐机场城际铁路（F1 线）建设，加快莆田—长乐机场城际铁路（F2 线）、宁德—长乐机场城际铁路（F3 线）规划方案的调整建设，推动 F1 线与福平铁路、F2 线、F3 线互联互通，打造福州都市圈放射状城际线。加快福州地铁 2 号线延伸段建设。

二是构筑都市圈轨道交通体系。完善区域铁路大通道建设，打造都市圈铁路骨干网络，加快滨海发展带铁路通道建设，重点推进昌福（金）高铁、温福高铁等项目建设，实现都市圈内主要城市 1 小时高铁通达。加快推进福莆宁城际铁路网，做好平潭—莆田涵江城际铁路（F4 线）、福安市—福安动车站城际铁路（F6 线）、福安—霞浦城际铁路（F7 线）、仙游—莆田城际铁路（F8 线）、湄洲岛—莆田城际铁路（F9 线）规划。

3. 都市圈物流效率提升工程

一是完善物流运行体系。完善现有物流设施枢纽功能，统筹布局货运场站、物流中心等，鼓励不同类型枢纽协同或合并建设，支持城市间合作共建物流枢纽，鼓励开通都市圈专线物流。大力发展多式联运，鼓励发展铁水联运、公水联运、陆空联运、空铁联运，提升物流系统化组织水平。加快重点港区整体连片开放，加快推进福州机场国际航空物流枢纽建设，完善集疏运公共基础设施建设，补齐集疏运"最后一公里"短板。

二是发展智慧物流。加速推进大数据、区块链、5G、人工智能、物联网等新技术在物流领域的运用，推进智慧物流城市、智慧物流园区和智慧物流主体建设，以新信息技术为手段，在电商快递、冷链、多式联运、港口物流、城乡配送和智慧供应链等领域推动物流业降本增效。

4. 都市圈信息网络一体化工程

一是加大关键性基础设施建设力度。聚焦数字都市圈建设需求，加速新型基础设施一体化布局建设，加大 5G 网络、大数据中心、人工智能等新型基础设施建设项目投资力度，促进都市圈数字基础设施协同布局、联动发展。加快发展工业互联网，结合 5G、云计算、大数据、人工智能等新技术，建设一批跨地域、跨行业的工业互联网公共服务平台。重点建设面向都市圈的 5G 关键技术试验环境，全面布局 IPv6，推动都市圈城市固网宽带光纤全接入，建设物联网开放实验室。

二是集约建设数字中心。依托数字福建（长乐）云计算中心，统一都市圈数字城市建设标准，搭建跨区域的行业信息、部门信息、地理信息、物联网公共服务平台，建设全覆盖、泛在互联的智能感知网络以及数字城市时空信息云平台、空间信息服务平台等信息基础设施。

三是共建跨区域信息安全保障系统。建设区域异地数据灾备中心，构建跨区域网络安全检测预警系统。

5. 数字化转型工程

一是协同发展数字经济。明确推进数字经济协同发展的着力点，以实现数字经济的共建、共享、共赢为目标，大力推进国家数字经济创新示范区建设。进一步提升都市圈中心城区金融、科技服务、文化等现代服务业数字化水平，以国家级开发区、省级工业园区为载体大力推进集成电路、智能终端、新型显示等数字产业上规模，加快推进钢铁、建材、石化、机械、纺织鞋服等传统制造业数字化改造升级。发挥福州区域创新中心优势，集中攻克一批半导体芯片、人工智能、物联网、区块链等领域"卡脖子"技术、掌握一批拥有自主知识产权的核心技术，加快培育发展数字经济新兴产业，占据数字经济技术和产业制高点。

二是共同打造数字政府。落实数字福建区域协调发展战略，全面提升"福莆宁南岚"（福州、莆田、宁德、南平、平潭）协作的广度、深度，推动区域电子政务高质量发展。加快推动智慧城市建设，创新"互联网+政务服务"模式，建立城市群政务信息共享和业务协同机制，推动电子政务平台跨部门、跨城市横向对接和数据共享，实现政务数据融合汇集。加快清理整合分散独立的政务信息系统，建设"福州都市圈"综合服务平台，打破"信息孤岛"，提高行政服务效率。

三是协同推进数字治理。共建协同高效的"协同治理数字化平台"，以政务数据开放共享和开发利用为基础，建立跨政府跨区域的数字化协同治理机制，提升政府数字化治理能力和水平，以数字化、智慧化推动社会事务的跨界治理，率先推动交通、教育、医疗、养老、环境、城市精细化管理等领域的协同治理，提升数字化治理能力。

6. 信息港联动工程

一是打造"数字枢纽"。建设"四港"（海港、陆港、空港、信息港）综合信息服务平台，推动海港枢纽、陆港枢纽、空港枢纽信息化互联，高水平打造与联运业务相融合的信息化综合服务平台，实现物流链业务全程可视化。

二是推进"四港"联动发展。以海港为龙头、陆港为基础、空港为特色、信息港为纽带，完善联运服务体系，着力推进设施联通、标准连接、信息联网、企业联盟、多式联运，构筑开放互通、一体高效、绿色智能的"四港"联动发展新格局，推动海上、陆上、天上、网上对接，促进交通运输从"综合并行"向"有机融合"转变，形成现代化综合立体交通网络。

7. 中心城市产业高端化工程

一是培育壮大先进制造业集群。加强优势产业对接，建立制造业分工体系，聚焦打造电子信息制造、新能源汽车、新型显示、新材料等制造业产业地标，大力推进钢铁、机械、纺织等传统产业向高端化品牌化方向发展，建设具有国际竞争力的先进制造业基地。以"增芯强屏"为重点，加快福州电子信息制造业强链补链，重点推进半导体芯片、新型显示、智能终端产业，不断壮大产业规模和量级。以福州、莆田为重点，南平、宁德、莆田协同参与，推动在新一代显示技术、高端制造装备与检测装备、核心零部件和材料上取得突破，加快建设电子信息产业集群。推动在新能源汽车电池、智能网联技术、氢能源电池上取得突破，加快建设智能汽车产业集群。围绕宁德时代新能源、上汽集团（宁德基地）两大龙头企业，突出产业协作互补，发挥东南汽车、福建奔驰、宁德上汽基地、莆田云度等汽车整车企业带动作用，推进上汽乘用车宁德产能项目、宁德时代、福州台商投资区新能源及汽配新材料产业园、中铝汽车轻量化、冠城瑞闽动力锂电池、巨电新能源锂电池、海源汽车零部件、云度新能源纯电动乘用车等加强合作，打造全国重要的新能源汽车产业基地。以福州福清、莆田湄洲湾等为重点，强化石油化工产业空间集聚，延伸和完善石化深加工、精细化工产业链，培育壮大绿色石化产业集群。推进环三都澳、闽江口、湄洲湾三个湾区建设，强化龙头企业带动，拓展延伸高端装备产业链条，加快构建沿海先进制造业基地。

二是建设现代服务业集聚区。以科技研发、工业设计、金融服务、文化创意、商务会展等为重点发展生产性服务业，推动服务业与制造业深度融合；提升商贸消费、健康养老、旅游服务、家政服务等生活性服务业品质，鼓励建设一批高人气的品质消费区，推动福州鼓楼区、台江区，莆田城厢区，南平延平区，宁德蕉城区等中心城市核心区形成以服务业为主体的产业结构。

三是推动新兴产业加速发展。鼓励共同发起战略性新兴产业发展基金，加快发展云计算、大数据、人工智能、虚拟现实、空间信息技术等新经济，支持重大技术创新和产业化项目优先布局都市圈，重点打造中国东南大数据产业园、福州软件园、马尾物联网基地、平潭信息产业园等新经济发展集聚区。依托石化产业基地推动新材料产业发展；以宁德新能源为龙头，推动锂电池、氢能、海上风能等新能源产业发展；以福州为核心，推动发展生物与新医药产业；以都市圈沿海产业带为基础，推动海洋高新产业发展；以福州LED、宁德福安电机等为基础，发展节能环保产业。

8. 工业园区标准化建设工程

一是强化产业园区建设标准化。推动产业园区规划与"十四五"经济社会发展规划、产业规划、新一轮国土空间规划以及生态保护红线、环境质量底线、资源利用上线、环境准入清单等有机衔接，促进"多规合一"。支持都市圈内实力较强的国家级、省级园区扩区升级，实现集约化发展。

二是开展工业园区标准化建设试点。选择福州高新技术产业区、莆田高新技术产业开发区、东侨经济技术开发区、南平高新技术产业园区等作为标准化建设试点园区，加强园区规划、基础设施、土地利用、投入产出、园区配套、管理服务、安全生产等建设，打造示范标杆园区。支持企业主导或参与制定国际标准、国家标准、行业标准，鼓励企业发展个性定制标准。

9. 都市圈市场一体化工程

一是统一市场准入标准。消除商事主体登记隐形阻碍，探索"一照多址、一证多址"企业开办经营模式。统一企业登记标准、办理流程、办理模式，打通各涉企事项部门数据壁垒，建设数据共享平台，实现都市区范围内企业事项办理"一网通办"。推动高频事项异地申报，异地办理，探索异地证照的"零见面"办理，不断降低企业进入市场的制度成本。

二是推动要素市场一体化。促进生产要素在都市圈自由流动，培育发展各类区域交易平台。建立统一规范的人力资源市场，逐步实现人力资源合理配置和无障碍流动，推动人力资源共享、公共就业服务平台共建。支持联合建立科技资源共享服务平台，扩大都市圈内能使科技创新券的创新主体范围及服务事项，建立多地申领兑付一体化服务协同机制。探索建立统一的企业产权、技术产权等市场化流转机制，建设都市圈技术交易中心和专利信息资源库。鼓励金融机构在都市圈协同布局，开展跨行政区业务，推动存取款等金融服务同城化，强化金融监管合作和风险联防联控。

三是统一市场监管标准。建立都市圈市场监管协调机制，统一监管标准，推动执法协作及信息共享。加快完善都市圈信用体系，实施守信联合激励和失信联合惩戒。推动重点领域标准体系建设，加强标准比对和研究，推进地区间标准互认和采信。强化区域市场监管联动，共同开展产品质量安全预警和风险评估方面的研究合作，共同防范和打击侵权假冒违法犯罪。

10. 优质公共服务资源共享工程

一是深化医疗资源协作联动。发挥福州医疗优势，以集团化、企业化运作模式，设立医疗分支机构，建设都市圈智慧医疗平台，扩大优质资源覆盖面。促进都市圈医疗联合体建设，推进都市圈医疗卫生大数据开放共享。完善都市圈预约挂号平台建设，推动都市圈医院检验结果共享和互认，建立疑难重症会诊和转诊绿色通道。实施都市圈异地就医联网结算，扩大异地就医直接结算联网定点医疗机构数量，拓展网络、手机 App 等异地就医登记备案方式，探索开展异地备案互认合作，提高异地就医便利性。

二是促进优质教育资源共建共享。鼓励都市圈优质中小学采取教育集团、学校联盟、结对帮扶等方式开展跨区域合作办学，推进干部教师跟岗交流。促进都市圈中高等职业教育合作办学，在师资、产学研、实习就业等方面进行合作，加强中高层次技能型人才联合培养与交流。建立都市圈高校联盟，探索建立高校大型科学仪器设备库，共建政产学研一体化创新服务基地、实验室。

三是推动养老服务开放共享。加强都市圈异地居住退休人员养老保险信息交换，推广通过公安信息比对进行社会保险待遇资格认证模式。建立都市圈养老服务协作协商机制，探索"养老扶持政策跟着户籍老人走"的机制，探索养老服务补贴异地结算制度，促进养老服务资源共享。鼓励和引导都市圈内联建共建养老服务设施，实行养老服务信息互通互联。逐步建立统一的养老服务设施建设和管理服务标准，实现互认互通，区域内养老机构、企业或社会组织享受同等扶持政策，实现养老多层面开放共享。

11. 社会保障接轨衔接工程

一是完善异地就医直接结算。扩大异地就医直接结算联网定点医疗机构数量。鼓励中心城区与相邻县区开展基本医疗保险异地门诊即时结算合作。加快推动都市圈医保目录和报销政策统筹衔接，促进异地就医有序流动。

二是完善劳动就业保障。开展工伤认定和劳动能力鉴定合作，对需要跨区域调查取证的工伤案件，提供必要协助，允许实行跨行政区域的劳动能力鉴定委托，推行工伤认定政策统一、结果互认。建立劳动人事争议调解仲裁合作机制，加强劳动人事争议协同处理，加强都市圈内重大集体争议案件协同处置。做好养老保险、医疗保险和失业保险在都市圈内规范有序转移接续。

三是构建住房保障体系。推动公共租赁住房保障范围常住人口全覆盖，提高住房公积金统筹层次，建立住房公积金异地信息交换和核查机制，推行住房公积金转移接续和异地贷款。

12. 文化旅游融合发展工程

一是推动旅游文化资源互补共享。依托"清新福建""全福游、有全福"旅游品牌，进一步推进都市圈旅游资源整合，打响"游山玩海全福游"。探索建立都市圈文旅大数据平台，推动都市圈文化事业和文旅产业融合发展，提升文化消费能力。争取福州长乐机场入境144小时过境免签政策，并向都市圈城市覆盖，统一入境免签过夜游客在都市圈重要景区旅游、购物、交通等方面的优惠政策。借助环闽高铁，开发高铁"一程多站"旅游产品，把都市圈世界（自然）文化遗产有机组合，形成旅游线路串联、国际客源互送、优质旅游产品联动的一体化旅游格局。探索制定旅游收益分配和激励机制，推行都市圈旅游"一票通"。

二是打造文化旅游融合发展示范区。启动文化和旅游发展示范区建设，围绕海丝文化、妈祖文化、闽都文化、海峡两岸文化等福建特色文化，选择文化资源丰富、旅游特色鲜明的地区，加大重大文旅项目投资力度，打造文化和旅游融合发展 IP 工程。争取设立国家级南平武夷山朱子文化旅游融合示范区，建设文化旅游融合发展样板地。

三是打造放心消费文旅市场环境。建立健全都市圈旅游联合执法、综合监管机制，联合打击不正当竞争和侵害消费者权益的行为，共同整治和规范旅游市场秩序。畅通都市圈旅游投诉通报和处理渠道，建立健全游客投诉即收即处的快速处理机制。构建旅游应急突发事件的联动协调机制，建立跨区域旅游重大事件和旅游安全事件的应急预案，完善旅游交通事故异地救援和保险理赔体系。

13. 美丽都市圈建设工程

一是共筑一体化生态安全格局。加强都市群内外和陆海生态系统联动，共同打造"两大山海生态屏障、七条流域生态走廊、六片重要生态功能区"的生态安全格局。其中两大山海生态屏障指以鹫峰山脉-戴云山脉的绿色生态屏障，主要建设天然林、重要水源地保护和森林生态系统；近岸海域蓝色生态屏障，主要以海岸线保护与利用、海域水环境提升为重点。七条流域生态走廊指闽江、敖江、龙江、赛江、霍童溪、木兰溪、萩芦溪等七条入海水系流域生态廊道。六片重要生态功能区包括茫荡山-闽江中游综合保育区、莆-仙-永-德综合保育区、山仔水库重要饮用水源保护区、闽东诸河中游峡谷土壤保持区、闽江口-三都澳生物多样性保护区、环兴化湾-江阴湾土壤保持与风沙控制区。推动跨界地区生态共建共享，成立福州都市圈跨界生态共保办公室，联合申请建立福州都市圈国家级自然保护地和国家海洋特别保护区。

二是推动生态环境联防联治。以空气污染和水环境污染联防联控为突破口，加强都市圈区域多领域、深层次的环境保护合作与交流，建立区域大气环境信息共享与发布常态制度。加强跨界突发环境事件应急演练，建立环境突发事件应急联动机制。建设区域环境应急物资储备库。

三是建立生态保护协调机制。建立环境影响评价区域（流域）联合审查审批制度和信息通报制度。建立区域生态环境联席会议制度，成立都市圈生态环境保护合作领导小组，不定期召开生态环境工作合作会议，协调解决区域环境中的重大问题。

14. 低碳发展工程

一是建设低碳发展体系。创新绿色低碳发展体制机制，研究建立资源环境承载能力监测预警机制和都市圈绿色低碳发展指标体系，推动都市圈开展绿色低碳发展评价，力争碳排放早日达峰，实现绿色低碳循环发展。加强都市圈环境保护宣传交流合作，共同倡导简约适度、绿色低碳的生产、生活方式。

二是推动绿色低碳经济发展。共同探索资源集约节约和循环利用有效途径，提高土地、水、海洋、矿产、能源的综合利用水平，推动区域绿色循环低碳发展。深化碳排放权交易试点，低碳城市、城镇试点示范，总结推广国家生态文明先行示范区建设经验，推进福州开展国家低碳城市试点。大力支持产业园循环化改造，全面开展省级以上园区循环化改造升级。积极搭建国内外低碳节能环保技术装备展示和项目对接平台。建立都市圈绿色产品标准、标识和认证制度。

三是推广绿色消费。规范快递业、共享经济等新业态、新消费的绿色标准，实行生产者责任延伸制度，推动生产企业落实废弃产品回收责任。加快推进绿色建筑发展，严格执行新建建筑节能监管措施，推动既有建筑节能改造，支持绿色生态小区建设。倡导绿色出行，加强绿道、古驿道与公共交通的衔接，培育慢行交通网络。大力推进公交电动化和其他领域新能源汽车推广运用，加快充电设施网络建设。

15. 生态价值实现工程

一是完善生态产品价值实现机制。积极支持、协同推进海峡股权交易中心统一建设用能权、碳排放权、排污权交易平台，打造具有全国代表性的现代都市圈综合性资源环境生态产品市场。成立福州都市圈绿色金融改革创新试点办公室，加快建立健全绿色金融支持保障机制。

二是探索生态产品价值实现途径。总结推广连江县"资源变资产、资产变资本"海洋生态产品市场运行机制经验，深入开展生态产品价值核算和市场运作模式研究。打造国家现代农业基地，支持宁德、长乐、莆田、平潭建设现代化海洋牧场；推动构建以观光旅游为基础、休闲度假为重点、文体旅游和健康旅游为特色的生态旅游产业体系。支持创建生态文明建设示范市县、"绿水青山就是金山银山"实践创新基地。

三是完善跨区域生态补偿机制。协同推进生态损害赔偿改革，建立完善跨区域生态损害赔偿工作机制和合作机制，重点推进流域多元化生态保护补偿机制建设。

16. "第一家园"提升工程

一是推动基础设施联通。继续做好向金马供电和向马祖供水的研究规划，加快沿海地区与马祖通气、通桥的互联互通建设，加快两岸电力联网建设，推进长乐至淡水海底光缆商业运营，加强对台开放口岸基础设施建设，推进福州琅岐客运码头建成使用。

二是落实"同等待遇"政策。支持在福州都市圈就业、生活的台胞在医疗、融资、购房、住宿、创业就业优惠扶持等方面享受与大陆居民同等待遇，台湾企业在研究经费申请、投资等方面与大陆企业同等待遇。

三是做好台胞台企服务。进一步完善"一站式"服务，推广在"12345"设立涉台服务专窗，推进建设数字"第一家园"对台一体化服务平台，通过设立台胞服务中心、开辟台湾人才子女入学"绿色通道"、开设医疗服务定点医院、开放公共租赁住房等措施，努力建设台胞台企登陆第一家园，保障台胞福祉。继续探索涉台司法先行先试。

17. 两岸产业经济融合工程

一是扩大两岸产业交流合作。继续加大台资台企招引力度，鼓励和支持现有台资企业加大转型升级力度。加大闽台在半导体、电子制造、机械装备、新一代显示、石油化工等优势产业领域的合作，两岸合作打造具有全球竞争力和影响力的产业集群。推动福州台商投资区转型升级，做大台商投资区"金字招牌"影响力。

二是扩大对台服务业开放。以自贸试验区福州片区、平潭片区为依托，加快探索教育、医疗、文化、金融、专业服务等领域的两岸合作方式和合作模式，放宽专业技术人员、技能人员职业资格限制，并争取部委或省级权限范围内将自贸试验区对台服务业开放创新措施在都市圈范围优先复制推广。

三是深化闽台农业合作。发挥与台湾地理环境相似优势，依托台湾农民创业园，继续深化与台湾在茶叶、蔬菜、水果、水产、林竹、花卉苗木等领域的交流合作，打造特色优势产业，为台湾农业技术转移、台农台商"登陆"提供新空间。推动闽台农业合作推广示范县建设，建设完善一批闽台高标准推广示范基地。

18. 两岸社会文化融合工程

一是加强两岸社会民生合作。通过放宽报考条件、放宽聘用条件、放宽职称评定等方式，吸引更多台胞报考事业单位岗位，扩大台湾专业人才在行政企业事业单位、科研院所等机构任职范围，探索通过特聘方式招聘台湾青年担任专业技术岗位。推动闽台两地海关、检验检疫、食品安全、质量标准认证合作，逐步实现信息互换、监管互认、执法互助。打造全链条体现台湾元素的台胞社区，复制推广平潭聘请村里长参与社区治理的经验。

二是强化两岸人文交流。继续扩大"海峡论坛""海峡青年节"等品牌活动的影响力，加强两岸人员往来，增进共识。发挥文化纽带作用，突出闽台两岸文化相近、历史同源的特点，举行常态化文化交流活动，设立涉台专题博物馆、纪念馆、文物展览馆等。鼓励开展寻根谒祖、朝圣观光、岁时节庆、探亲访友等对台民间交流，并提供必要的场地、许可等便利。定期组织两岸青年夏令营活动，鼓励开展、组织对口合作学校和友好学校结对活动，打造两岸青少年学习、生活交流活动。

三是推动两岸基本公共服务无差异化发展。坚持两岸经济社会融合发展，以推动全方位高质量发展为主线，逐步推进都市圈实现与台湾地区基本公共服务普惠化、便捷化、均等化。

19. "一带一路"数字贸易发展工程

一是打造面向海丝的数字贸易开放格局。以全省创建国家数字经济创新发展试验区为契机，依托"数字丝路"建设，加强都市圈与"一带一路"共建国家和地区的信息基础设施互联互通，加快国家离岸数据中心（平潭）、海丝空间信息港、丝路智慧口岸等建设，夯实数字贸易发展设施基础。

二是探索数字贸易有序发展路径。支持福州建设"数字丝路"经济合作试验区，在信息基础设施、智慧城市、电子商务、远程医疗、"互联网+"、物联网、人工智能等领域与海丝沿线城市开展对点合作。拓展都市圈跨境电商与"一带一路"共建国家和地区合作空间，加快"丝路电商"产业集聚，拓展"丝路电商"物流通道，努力打造"丝路电商"核心区。支持福州、平潭、莆田复制推广全国跨境电商综合试验区成熟经验做法，提升综合服务水平，争取设立跨境电商综合试验区。支持都市圈数字经济龙头企业"走出去"，为"一带一路"共建国家和地区的数字化转型升级、数字产业发展提供新动能。

三是推动数字贸易重点领域政策创新。加快数字贸易规则领域先行先试，摸索数据资源开发利用规则设计和制度安排，探究实施有效的数据监管措施。

20. "两国双园"建设工程

加快推进福州新区福清功能区探索中国（福清）－印尼"两国双园"、中国（福清）–哈萨克斯坦"两国双园"建设，以产业互补、共同规划、互建园区、互相投资、共同招商、合作开发、海关互检、利益共享等模式，实现"21世纪海上丝绸之路"倡议与印尼"全球海洋支点"对接，"丝绸之路经济带"建设与哈萨克斯坦"光明之路"新经济政策对接，打造与海丝、陆丝沿线国家和地区合作发展样板，进一步带动与共建国家、地区的经贸合作，扩大对外交流合作空间。

21. 海丝文化圈建设工程

一是做好海丝文化保护和宣传。加快福州、莆田等海丝申遗工作，推动武夷山"万里茶道"申遗，弘扬妈祖文化、陈靖姑文化，扩大海丝文化影响力。推动海丝史迹保护，对海丝遗产点进行监测管理，联合开展海丝历史文化价值挖掘整理工作，建设中华（福建）海洋文化博物馆、中华（福建）海洋文化水下文物博物馆。组织编制福州都市圈文化保护规划，并配套制定实施细则和方案。

二是打造海丝文化产业。充分发挥海丝国际旅游节、海丝博览会、丝绸之路国际电影节等活动品牌作用，加快与沿线国家和地区在文学、音乐、旅游、影视等领域的交流合作。依托都市圈丰富的海丝文化资源，加快推进海丝文化产业建设，加强与海丝相关的文化创意设计、影视开发、出版物发行、文艺表演的产品开发，加强与相关国家和地区的文化产业交流合作活动，通过资源、技术、人才等方面的合作，打造海丝文化IP，培育海丝文化产业集群。加快打造"海丝"精品文化旅游线路，推动都市圈旅游业国际化发展。

22. 城乡融合发展工程

一是促进城乡要素双向流动。推动城乡基础设施互联互通、公共服务普惠共享、资源要素平等交换、生产要素充分对接。积极引导推动城市人才、资本、科技成果入乡，深化农村土地制度改革，解决重点解决"人地钱技"四要素的制约。

二是实施乡村建设行动。持续推动农业供给侧结构性改革、农村人居环境整治，巩固脱贫攻坚成果，推动农民持续增收。以都市现代农业为方向，大力发展现代高科技农业、绿色农业、休闲农业、乡村旅游等，打造一批集生态、教育、文化、休闲、观光功能于一体的现代农业公园、休闲农业、田园综合体等农业功能区，促进乡村经济多元化发展。逐步建立城乡融合发展体制机制和政策体系，缩小城乡发展差距和居民生活水平差距。

23. 社会治理一体化工程

一是加快都市圈信用体系建设。推进信用信息互通互查互享、个人诚信分（记录）互认、信用应用场景拓展及诚信文化建设，建立跨部门、跨领域、跨地域联动的信用机制，实施守信联合激励和失信联合惩戒，促进都市圈区社会信用体系建设协调发展。

二是健全社会治理联动机制。联合打击侵权假冒行为，探索建立食品药品联动实时监控平台，推动食品安全检验检测结果互认。探索建立都市圈社会组织、慈善机构协作机制，深化在社会救助、志愿服务等领域合作。

三是打造一体化的营商环境。联动推进都市圈"放管服"改革，探索构建"互联网+政务服务"体系以及电子证照等政务数据跨区域、跨部门共享机制和智能监管体系。率先落实统一的市场准入负面清单管理制度，全面清理审批事项，推行"不见面"审批模式。探索制订都市圈产业发展负面清单，建立健全以亩均绩效、节能减排、科技创新、技术改造为基础要素的企业分类综合评价制度，实施差别化奖惩措施。

24. 政务服务联通互认工程

全面推行"一网通办"，围绕企业、居民关注的重点领域，梳理政务服务通办事项清单，探索"标准统一、互相授权、异地受理、远程办理、协同联动"的政务服务通办模式，优先推动公安、医疗、社保、企业服务等重点领域高频业务全程网上办理。通过设置通办窗口、数据共享、畅通邮寄渠道等方式，实现政务服务异地联办，推广大数据、区域链等新一代信息技术，推广电子签章应用，为服务联通互认提供技术支持。全面放宽都市圈范围内落户限制，进一步便利跨行政区的户口迁移网上审批，居民身份证、普通护照、机动车驾驶证异地申领，异地驾考和机动车异地年检、违章联网办理。

2021年，习近平总书记视察福州时深情地说："我一生中最好的年华在这里度过，七溜八溜，不离福州。"在中国特色社会主义由全面小康进入高品质生活新阶段、幸福生活成为高品质生活新赛道、福品消费成为幸福生活新赛道的新时代，"有福之州、幸福之城"迎来了天时、地利、人和的战略机遇期，以强省会、强集群、强纽带三大战略引领市内、省内、省外国土空间组织三大战役，推进福州由省会城市、区域中心城市、国家中心城市能级进阶，乘势比造势更重要。不管形势怎么变，坚定不移沿着习近平总书记为福州指引的方向走下去的战略定力不能变，持续推进"3820"战略工程的意志不能变，争创国家中心城市的战略目标不能变，坚持目标导向、问题导向、结果导向相协调，坚持中长期目标和短期目标相贯通，一以贯之推进福州率先实现现代化。

第二节　厦门大湾区

闽南地区由于与台湾地区的特殊渊源而被中央寄予厚望。闽南地区拥有共同的方言和共同的文化，即闽南话和闽南文化。台湾地区80%的人口讲闽南话，闽南地区在开展海峡两岸交流合作、促进祖国统一大业中发挥独特的作用。

早在改革开放之初的1981年，国家科委在厦门召开科技政策研究会时就首次提出"闽南金三角"的整体概念；1985年2月，中共中央、国务院批转《关于长江、珠江三角洲和闽南厦漳泉三角地区座谈会纪要》（中发〔1985〕3号），提出将闽南厦漳泉三角地区开辟为沿海经济开放区，实行沿海经济开放城市的某些特殊政策；闽南厦漳泉经济开放区包括厦门经济特区、厦门市的同安县，龙溪地区的漳州市、龙海县、漳浦县、东山县，晋江地区的泉州市、惠安县、南安县、晋江县、安溪县、永春县，几乎涵盖闽南平原的全部区域。经过改革开放以来持续、稳定、快速的增长，闽南地区已经发展成为新福建的引擎，拥有建设新福建三大引擎中的两个，成为支撑新福建发展的关键力量。

本节在实现祖国完全统一的战略预见下，以探索海峡两岸融合发展为核心，打造以厦门为主体、以泉州漳州为两翼的厦门大湾区，建设厦漳泉金澎全球海洋中心城市的可行路径。

一　发展诊断

现行行政区划下，闽南地区包括厦门、漳州、泉州三地，陆地国土面积2.6万平方公里、占福建全省21%；截至2020年，三地常住人口1900万人、占福建全省45.7%，实现地区生产总值2.1万亿元、占福建全省48.0%；闽南地区集聚着全省人口和生产力的"半壁江山"，是新福建全方位高质量发展的"引擎"。闽南强了，新福建也强了。

现实的困难是，闽南地区发展不平衡、不充分，在东海开发、台湾海峡开发、台湾浅滩开发、东南沿海一体化发展进程中急需补齐"历史主动不足、龙头作用不足、战略主动不足"三个短板。

（一）历史主动问题

改革开放以来，围绕闽南地区的跨行政区发展问题，经历了三次重大的区域战略部署。

（1）闽南三角地区。1985年，中央决定将长江三角洲、珠江三角洲和闽南厦门、漳州、泉州三角地区开辟为沿海经济开放区，三个"三角区"处在共同的起跑线上。现在看来，闽南三角地区被高看了，最大的成就是促进了闽南三角区外商投资贸易会（1987 年）逐步升格为福建投资贸易洽谈会（1991 年）、中国投资贸易洽谈会（1997 年）、中国国际投资贸易洽谈会（2005 年）。

（2）厦漳泉大都市区。2011 年，福建省"十二五"规划提出构建福州大都市区和厦漳泉大都市区，支撑海峡西岸经济区和海峡西岸城市群建设，到 2020 年基本实现厦漳泉同城化。截至 2022 年这一计划实际上没有完成，但促进了厦门翔安国际机场的建设工作。

（3）厦漳泉都市圈。2021 年，福建省"十四五"规划提出建设福州都市圈和厦漳泉都市圈，加快在都市圈内一体化构建公路和轨道交通网，打造轨道上的都市圈。没完成的两大"都市区"被两大"都市圈"迭代了。但与《福州都市圈发展规划》已于 2021 年 6 月获批不同，厦漳泉都市圈由于中心城市、城市群的不成功实践而举步维艰。

由于起点低，厦漳泉三地在改革开放之初都处在"温饱线"以下，长期以来闽南厦漳泉经济开放区总体上以分立发展为主，"闽南金三角"的含金量成色不足，集中反映在经济成长性、人口成长性、发展协同性三方面。

第一，经济成长性。1980 年闽南地区生产总值占全省 35.0%；其中厦门 7.4%、泉州 14.2%、漳州 13.4%。2006 年达到峰值 51.1%；其中厦门 15.4%、泉州 22.8%、漳州 9.8%。此后呈现下降趋势，再也没有超过 50%。2022 年实现 GDP 占比 48.2%；其中厦门 14.7%、泉州 22.8%、漳州 10.7%。1980~2022 年，厦门占比稳步提升、泉州占比 2006 年以来进入稳态、漳州占比一路下探。改革开放以来闽南地区 GDP 占比变化情况见图 6-1。

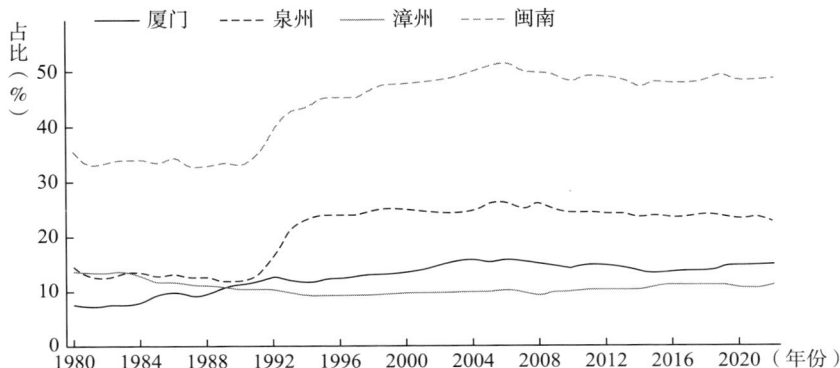

图 6-1　改革开放以来闽南地区 GDP 占比变化情况

第二，人口成长性。1980年闽南地区人口占全省36.4%；其中厦门3.7%、泉州18.7%、漳州14.1%。1980~2022年，闽南地区人口占比稳步提升，2022年达到46.0%，主要贡献来自厦门；进入21世纪以来，厦门人口占比由2000年的6.0%提升到2022年的厦门12.7%，同期泉州占比由21.3%降至21.2%、漳州由13.4%降至12.1%。厦门常住人口于2020年首次超过漳州，泉州占比21世纪以来进入稳态。改革开放以来闽南地区人口占比变化情况见图6-2。

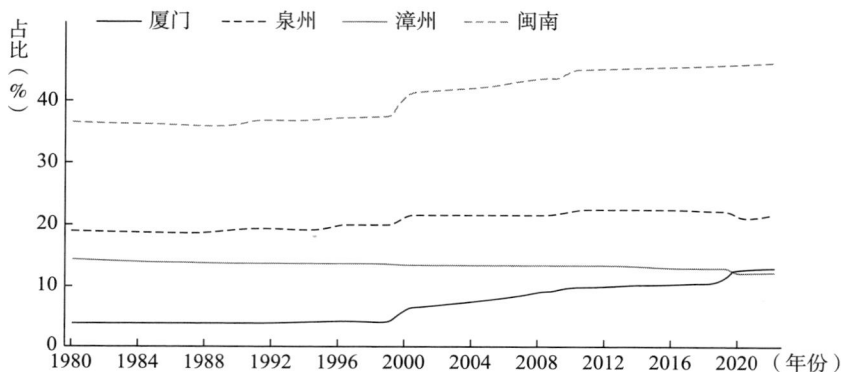

图6-2 改革开放以来闽南地区人口占比变化情况

第三，发展协同性。以GDP占比与人口占比之比表征的区域财富控制力呈现波动性。闽南地区的财富控制力从1980年的0.95起步，1999年达到峰值1.26，21世纪以来呈下降趋势，2022年降至1.05，闽南地区在全省的财富控制力已不具备比较优势。同期，厦门的财富控制力优势明显、长期处在高位，泉州1993年以后总体稳定，漳州则处在财富控制力不断丧失的不利地位、从1980年的0.95波动下降至2022年的0.85。改革开放以来闽南地区财富控制力变化情况见图6-3。

现在看来，1985年将闽南三角地区与两个三角洲同步纳入国家战略属于"战略早产"。根本原因在于闽南地区毗邻台湾，长期处在海防前线，起点低、底子薄，与两个三角洲处在完全不同的发展环境、发展阶段、发展条件，各自都处在求生存状态，分立发展替代整体发展具有历史必然性。问题是21世纪以来闽南地区GDP占比过早进入平台期，在48%长期波动；财富控制力也太早进入平台期，在1.05长期波动；只有人口占比稳步增长，但增长源泉仅来自率先发展起来的厦门，闽南地区在由分立发展向一体发展的阶段转换"太迟缓"（特别是厦漳泉大都市区、厦漳泉都市圈），历史主动性明显不足以支撑"闽南金三角"的战略需要。

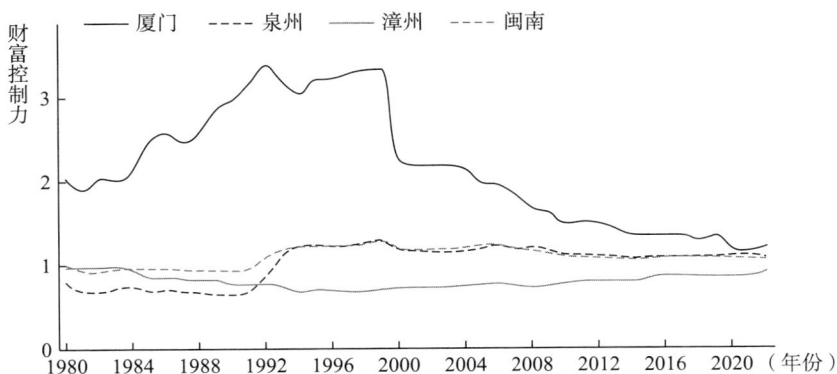

图 6-3　改革开放以来闽南地区财富控制力变化情况

（二）龙头作用问题

闽南三角地区的分布式发展从厦门开始。经过 40 多年的分布式发展，到 2021 年，闽南地区常住人口达到 1920 万人，城镇化率为 73.5%；实现地区生产总值 2.34 万亿元，三次产业比例为 3.4：50.4：46.2；总体上进入工业化、城市化中后期，但内部发展不平衡、不充分、不协调（见表 6-1）。

表 6-1　闽南地区经济社会发展概况（2021 年）

地区	常住人口（万人）	城镇化率（%）	GDP					人民获得感			政府获得感	
			总量（亿元）	结构（%）				人均GDP（元）	人均可支配收入（元）	GDP含金量（%）	财政收入（亿元）	财政丰度（元/万元）
				一产	二产	三产						
全省	4187	69.7	48810	5.9	46.9	47.2		116939	42683	36.5	3383	693
闽南	1920	73.5	23363	3.4	50.4	46.2		120625	47568	39.4	1631.8	698
厦门市	528	90.1	7034	0.4	41.0	58.6		134491	63502	47.2	881.0	1252
思明区	106.2	100.0	2258.1	0.1	16.6	83.3		211431	81224	38.4	73.2	324
海沧区	61.5	97.7	938.2	0.2	60.2	39.6		156244	61101	39.1	40.1	428
湖里区	102.5	100.0	1539.4	0.0	40.3	59.7		149168	66226	44.4	55.6	361
集美区	107.8	90.3	876.0	0.4	51.2	48.4		82719	57919	70.0	47.5	543
同安区	89.0	75.1	640.4	1.7	53.2	45.1		73226	49253	67.3	30.7	479
翔安区	61.0	70.5	781.8	1.2	68.3	30.5		131173	41626	31.7	26.6	340
泉州市	885	69.7	11304	2.1	56.9	41.0		128165	46194	36.0	504.5	446
鲤城区	42.9	100.0	705.0	0.0	49.3	50.7		164530	53224	32.3	13.6	192
丰泽区	72.0	100.0	807.5	0.2	18.9	80.9		113650	64604	56.8	17.9	221

续表

地区	常住人口（万人）	城镇化率（%）	GDP				人民获得感			政府获得感	
			总量（亿元）	结构（%）			人均GDP（元）	人均可支配收入（元）	GDP含金量（%）	财政收入（亿元）	财政丰度（元/万元）
				一产	二产	三产					
洛江区	25.5	61.5	333.1	1.6	62.3	36.2	132458	38239	28.9	15.4	462
泉港区	35.9	56.5	657.8	1.8	75.6	22.7	184258	34375	18.7	28.1	427
石狮市	68.9	86.1	1072.5	2.6	44.4	53.0	156001	64508	41.4	40.1	374
晋江市	206.9	69.5	2986.4	0.7	61.1	38.2	144585	50233	34.7	146.2	490
南安市	152.7	63.6	1536.4	2.2	59.8	38.0	100877	44940	44.5	58.6	382
惠安县	104.1	58.3	1491.1	2.4	70.5	27.1	143862	41350	28.7	40.9	274
安溪县	100.2	52.4	845.6	6.7	51.4	41.8	84308	30105	35.7	32.9	390
永春县	42.2	61.9	541.2	5.0	61.0	34.1	128254	31314	24.4	13.2	244
德化县	33.7	78.6	327.5	3.8	59.3	36.9	97756	36371	37.2	14.6	447
漳州市	507	62.9	5025	10.6	49.0	40.5	99218	35990	36.3	246.2	490
芗城区	64.2	90.7	827.3	1.6	45.3	53.2	129070	46422	36.0	18.9	228
龙文区	30.6	91.8	375.9	1.4	36.6	62.0	123000	47792	38.9	13.9	370
龙海区	95.5	63.3	1265.8	6.4	62.5	31.1	132674	37393	28.2	25.0	197
长泰区	23.1	61.0	375.9	5.9	68.4	25.7	163320	37147	22.7	13.5	360
云霄县	41.2	55.5	236.8	18.9	39.6	41.5	57540	30849	53.6	7.9	332
漳浦县	85.0	56.5	583.6	16.8	38.2	45.0	68700	36088	52.5	36.6	628
诏安县	56.1	48.5	328.3	18.9	50.3	30.8	58583	28411	48.5	7.8	237
东山县	22.1	65.6	204.4	20.4	35.2	44.4	92742	37677	40.6	11.4	556
南靖县	30.6	54.2	365.9	20.4	45.7	33.9	119851	31769	26.5	9.8	268
平和县	45.3	48.5	271.5	19.4	28.2	52.3	59867	29762	49.7	6.4	235
华安县	13.4	53.6	190.7	18.5	54.6	26.9	142236	32063	22.5	6.0	312

数据来源：http://tjj.fujian.gov.cn。

（1）厦门一枝独秀。依托经济特区独享型的特殊政策①，厦门获得了

---

① 1980 年 10 月，中央决定利用福建毗邻台湾、华侨众多的优势，设立厦门经济特区，实行自由港的某些政策，并把周围地区带动起来，使整个福建省的经济活跃起来。此后，中央陆续批准厦门设立海沧杏林集美台商投资区、两岸区域性金融服务中心，设立厦门出口加工、象屿保税区、海沧保税港区和中国（福建）自由贸易试验区厦门片区，设立厦门火炬高新技术产业开发区和厦门海洋经济发展示范区，建设厦门国际性综合交通枢纽城市、厦门国际枢纽海港、厦门东南国际航运中心和厦门高崎国际机场、厦门翔安国际机场，建设厦门金砖国家新工业革命伙伴关系创新基地，批准厦门实行计划单列、赋予厦门省一级经济管理权限和地方立法权。这些政策几乎都是厦门独有、独享的。

"吃偏饭"的制度红利。2021 年，从城乡居民人均可支配收入占人均 GDP 的比重"GDP 含金量"指标看，厦门录得 47.2%，远高于全省均值 36.5%和闽南均值 39.4%，也远高于泉州的 36.0%和漳州的 36.3%，厦门人民获得感一枝独秀；同期，从每万元 GDP 创造的地方一般公共预算收入表征的"财政丰度"指标看，厦门录得 1252 元，远高于全省均值 693 元和闽南均值 698 元，也远高于泉州的 446 元和漳州的 490 元，厦门政府获得感同样一枝独秀。

（2）泉州挫折感强烈。从闽南地区的 GDP 含金量与财政丰度与全省均值大体相当、泉州和漳州远低于全省均值可以看出，厦门人民获得感与政府获得感一枝独秀内含区域政府间的转移成分。事实上，2021 年厦门的财政收入比泉州、漳州的总和还多 130.3 亿元，而同期泉州的 GDP 几乎是厦门和漳州的总和。泉州长期居于福建全省经济总量和人口总量排名第一的地位，但 2021 年经济总量被福州超越了，2022 年与福州的差距进一步扩大了，泉州作为新福建发展的引擎缺乏有效的战略激励。改革开放以来泉州与福州 GDP 发展情况比较见图 6-4。

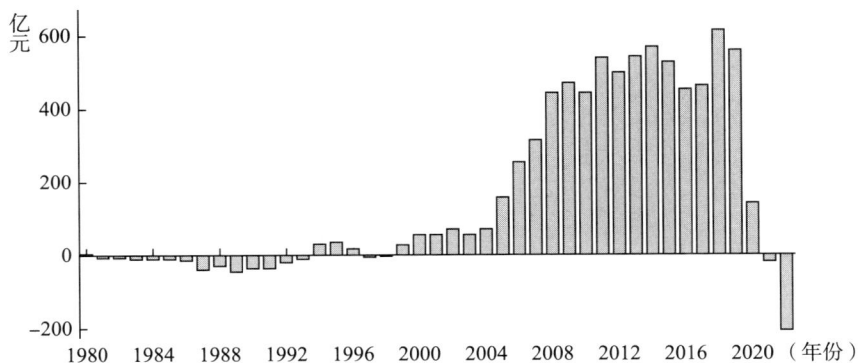

图 6-4 改革开放以来泉州与福州 GDP 的差距

（3）漳州不安全感强烈。面对厦门经济特区的不对称制度竞争，漳州表现出积极进取状态。2021 年 2 月，经国务院同意，福建省人民政府发文撤销县级龙海市、设立漳州市龙海区，撤销长泰县、设立漳州市长泰区，漳州市辖区有 2 个变成 4 个，市辖区总面积由 376.7 平方公里增加到 2595.5 平方公里、增长 6.9 倍，常住人口也由 94.5 万增长到 212.7 万、增长 2.3 倍，跻身"大城市"行列。漳州市上述一系列调整限制了厦门行政区划向漳州方向扩张进路，但漳州发展离不开厦门，漳州作为新兴工业化城市需要补齐"战略外援"的短板。

2022 年，闽南地区常住人口 1926 万人、实现地区生产总值 25613 亿元，高于同期天津市的 1363 万人、16311 亿元，但低于上海市的 2476 万人、44653 亿元。闽南地区具备发展成为超大型城市的总量条件，但还不具备发展成为超大型城市的结构基础，根本原因在于闽南地区中心分散，尚未形成发挥龙头作用的体制机制。

第一，厦门被制度红利锁定。厦门市的龙头作用发挥不充分。2021 年，厦门市三产产业比例为 0.4∶41.0∶58.6，常住人口城镇化率 90.1%，经济社会发展已进入后工业化时期，进入以创新、消费主导发展的新时代，但厦门明显被城市化、工业化红利锁定，被投资、出口红利锁定，特别是岛内的思明、湖里两区，未能有效发挥厦门大学、自然资源部第三海洋研究所等机构在化学、海洋领域的创新能力，未能有效发挥厦门构建消费型城市的引领能力、推进厦门转型发展成为区域创新中心和消费中心、带动闽南地区和福建全省发展。

第二，晋江过度依赖市场。2021 年，晋江市常住人口 207 万人，实现地区生产总值 2986 亿元，实现地方一般公共预算收入 146 亿元；同期，泉州市四个市辖区合计分别为 176 万人、2503 亿元、75 亿元，晋江市已发展成为泉州地区的龙头。晋江市在 1987 年析出石狮市的条件下，经济总量、人口总量仍然长期超越拥有四个市辖区的泉州市，导致泉州形成了"小市大县"的发展格局。晋江市的行政能级低于泉州市，但经济能级高于泉州市，导致晋江市的龙头作用发挥不充分。

第三，毗邻区域发展滞后。闽南地区现有的发展格局不足以发挥厦门、晋江的龙头作用。闽南地区的分立发展，历史地形成了厦门市、晋江市"双龙头"的推进格局，也历史地形成了"福建与厦门、泉州与晋江"两个矛盾统一体。由于各自以行政区划为基础分立发展，行政区划的毗邻区域成为区域发展的地理边缘，矛盾集中体现在围头湾两岸、九龙江口两岸和厦门-金门三个毗邻区域。行政区划毗邻区域的"边界缝合"是打破行政分割、消除边缘心态、推进行政地理几何边缘演化为能量交会与要素传递新节点的"关键一招"，是闽南地区实现由分立发展向一体发展的"关键一招"，也是发挥厦门、晋江龙头作用的"关键一招"。

现在看来，"计划单列"松弛了厦门与福建的关系纽带，"晋江经验"也松弛了晋江与泉州的关系纽带。连续 40 多年的财富积累，孕育出厦门、晋江这两个闽南地区的发展龙头，但龙头带动意愿不足及作用不显著；特别是厦门，在长期的制度红利滋润下已长得"胖墩墩"了，需要履行改革开放初期的制度约定了，也就是先富带后富、实现共同富裕的初心和使命，这是厦门经济特区必须坚守的制度伦理。

（三）战略主动问题

21 世纪以来，福建经济实现跨越式发展，2013 年突破 2 万亿、2017 年突破 3 万亿、2019 年突破 4 万亿、2022 年突破 5 万亿，成为省域经济的"优等生"，党中央、国务院在福建先后进行了三次战略部署。

（1）21 世纪海上丝绸之路核心区。2015 年 3 月，经国务院授权，国家发改委、外交部、商务部共同发布《推动共建丝绸之路经济带和 21 世纪海上丝绸之路的愿景与行动》，以政策沟通、设施联通、贸易畅通、资金融通、民心相通为主要内容，共商、共建、共享"一带一路"系统工程，贯穿东亚经济圈与欧洲经济圈；支持福建建设 21 世纪海上丝绸之路核心区，充分发挥海峡西岸经济区、海峡蓝色经济试验区、平潭综合实验区作用，充分发挥海外侨胞独特优势，加强福州、厦门、泉州沿海城市港口建设，为台湾地区参与"一带一路"建设做出妥善安排，形成国际合作和竞争新优势，成为"一带一路"（特别是 21 世纪海上丝绸之路建设）的排头兵和主力军。

（2）金砖国家新工业革命伙伴关系创新基地。2020 年 11 月，习近平总书记在金砖国家领导人第十二次会晤上宣布，中方愿同各方一道加快建设金砖国家新工业革命伙伴关系，在福建省厦门市建立金砖国家新工业革命伙伴关系创新基地，开展政策协调、人才培养、项目开发等领域合作。新工业革命伙伴关系成为金砖国家战略合作的新模式，创新成为金砖国家合作的优先方向，重点推进金砖国家在数字化、工业化领域的创新合作。

（3）探索海峡两岸融合发展新路。2019 年 3 月，习近平总书记在全国两会期间参加福建代表团审议，要求福建探索海峡两岸融合发展新路，指出对台工作既要着眼大局大势、又要注重落实落细，要在对台工作中贯彻好"以人民为中心"的发展思想，对台湾同胞一视同仁、像为大陆人民服务那样造福台湾同胞，努力把福建建成台胞台企登陆的第一家园。2021 年 3 月，习近平总书记在福建考察，要求福建勇于探索海峡两岸融合发展新路，在探索海峡两岸融合发展新路上迈出更大步伐。

21 世纪海上丝绸之路核心区、金砖国家新工业革命伙伴关系创新基地、探索海峡两岸融合发展新路三项工作，本质上属于中央事权的地方突破，福建被密集地赋予国家使命，闽南地区成为战略实施主体之一；承担国家重大战略任务、代表国家开展国际合作、服务全国发展大局。但由于这些工作层级高、任务重、周期长、能力要求高，面临一系列挑战。

第一，政治主动问题。战略实施必须在政治上始终占据主动；政治主动源于政治判断力、政治领悟力、政治执行力的不断提高，将政治立场体现到谋划重大战略、制定重大政策、部署重大任务、推进重大工作的实践中去，将政治立场贯穿于科学合理的政策决策之中。由于闽南地区缺乏承担国家重大战略任务的政治主动，2011年以来，随着平潭综合实验区（2011年）、福州新区（2015年）的先后获批和福州强省会战略的实施（2021年），福建区域战略中心由闽南向闽东北转移，集中表现在能源、交通基础设施建设和教育、医疗公共资源配置上。

第二，战略预置问题。战略实施必须在战略预置上始终占据主动；战略预置是围绕战略目标进行的整体性战略部署，是战略实施的基础要件。2015年11月，经福建省人民政府授权，福建省发展改革委、省外事办、省商务厅发布《福建省21世纪海上丝绸之路核心区建设方案》，完成了"海丝核心区"的省级层面战略预置，但由于决策储备不充分，闽南地区缺乏代表国家参与国际合作的战略主动。"金砖创新基地""两岸融合新路"至今没有形成省级层面的战略预置。

第三，战略制高点问题。战略制高点围绕决定战略目标的主要矛盾展开，精准分析海丝核心区、金砖创新基地、两岸融合新路的主要矛盾，精心谋划，掌握局势发展方向，赢取主导地位。2019年，福建GDP达到台湾的100.1%，进入跨越赶超发展新阶段；2022年，闽南地区的经济总量已超过2.5万亿元，经济实力为抢占战略制高点提供了强有力的支撑，但缺乏政治主动性和战略主动性，导致闽南地区缺乏实施三大战略的体系化布局。

现在看来，闽南地区的发展战略与新福建的发展战略不协调。作为全方位高质量发展的引擎，长期的分立发展使得闽南地区对整体认知度不高，既缺乏承担国家重大战略任务的政治主动、也缺乏代表国家参与国际合作的战略主动、还缺乏服务全国发展大局的历史主动。闽南地区从"闽南金三角"起步，却只成就了"厦门"和"晋江"，因此，发挥厦门、晋江的龙头作用，打造新福建新引擎，需要对闽南地区空间再认识，加速推进闽南地区由分立发展转向一体化发展。

二　空间认知

福建地处台湾海峡"黄金水道"西侧，有漫长曲折的海岸线，人民长于舟楫、擅于航海，具备走向海洋、复兴海洋文明的基础和条件。厦漳泉三地市历史上就是国际化的港口城市，泉州港（古称刺桐）称雄世界 400 多年、漳州港（古称月港）也曾经称雄世界近 200 年，具备建设以"海上高速公路"为核心的现代航运体系的基础和条件。当前，适逢国家建设"丝绸之路经济带"和"21 世纪海上丝绸之路"的机遇期，在打通"陆路"后着手开辟"海路"，规划建设环渤海、长三角、珠三角、东南沿海、西南沿海五个港口群；东南沿海港口群北起浙江省温州市、南至广东省汕头市、串联福建全境，是国家规划建设的五大沿海港口群之一，是东南沿海国际航运中心的主要依托。"厦门东南国际航运中心"作为东南沿海国际航运中心的主体，有条件、有能力带动泉州、漳州相关口岸建设，使厦门港成为新时代的刺桐港和月港，将厦门港建设成为"21 世纪海上丝绸之路"的枢纽港，再现昔日"东方世界大港"的盛景。

另一方面，福建地处东南沿海地区的两个三角洲之间，受制于地理条件形成了"东南凹陷"的地形。推进福建由"东南凹陷"向"东南隆起"转变，实现在两个三角洲之间"上下其手"，在台湾和中西部地区之间"左右逢源"，发挥厦门经济特区的龙头作用，发挥"后发优势"建设"海上运输大通道"，集航路、航运中心、经济中心"三位一体"建设厦门大湾区；要做足海洋文章，利用优良的港口资源条件，发挥台湾海峡"黄金水道"的战略枢纽作用，以海洋优势培育核心竞争力，推进厦门大湾区更好地服务闽南三角地区协同发展和海峡两岸融合发展，参与"一带一路"建设和国际合作与竞争。

历史上，马六甲海峡的开发成就了新加坡。新时代，台湾海峡的开发形成了新的战略机遇。从福建的发展条件和台湾海峡的开发方向看，厦门大湾区建设成为重中之重。厦门大湾区是以闽南三角地区为基础、以开发台湾海峡为主题、以厦漳泉金澎一体化为主线，打造连接世界岛环岛航路北线与南线的战略枢纽和全球海洋中心城市。

（一）本底条件

闽南地区是新福建全方位高质量发展的"王牌"。一是在国际上享有"东方夏威夷"美誉的厦门市，已发展成为我国对外交流合作的"国际会客厅"、代表国家建设金砖国家新工业革命伙伴关系创新基地；二是被联合国教科文组织认定为"海上丝绸之路起点"的泉州市，"泉州——宋元中国的世界海洋商贸中心"成为中国第 56 处世界遗产，已发展成为我国民营经济的"摇篮"

和全球民生消费品制造基地；三是拥有全省最大沿海平原国土空间资源的漳州市，正逐步发展成为闽南地区的接续战略空间和台湾海峡的主要开发载体。早在1985年，党中央、国务院就决定将长江三角洲、珠江三角洲、闽南厦漳泉三角地区开辟为沿海经济开放区，闽南三角地区被赋予了与两个三角洲同等重要的战略地位。新时代建设厦门大湾区，完善空间认知，首先要认清厦门大湾区的本底条件。

（1）两江流域。即九龙江流域和晋江流域。九龙江和晋江是闽南人的母亲河；其中，九龙江领域涉及漳州的华安、南靖、平和、漳浦、龙海、长泰、芗城、龙文，厦门的海沧、同安，泉州的安溪、永春，龙岩的连城、上杭、漳平、永定、新罗，以及三明的永安、大田，共计19个县市区；晋江流域全部在泉州，包括安溪、永春、南安、晋江、鲤城、丰泽等6个县市区。九龙江晋江分别是福建省第二第三大江，是闽南地区水资源可持续发展的战略依托；两江流域上下游、干支流、左右岸的生态保护和高质量发展，成为建设厦门大湾区的首要本底。

（2）闽南平原。其由漳州平原和泉州平原组成。其中，漳州平原是福建最大平原，主要是九龙江下游的平原地区，孕育了漳州市和九龙江出海口的厦门市；泉州平原是福建第四大平原，主要是晋江中下游平原，孕育了泉州市和长期居于全省县域经济"塔尖"的晋江市。自汉晋中原汉民迁闽以来，闽南平原长期成为闽南先民生产生活的集聚地，经过长期的开发，目前已基本成带连片，闽南平原与由安永德（安溪、永春、德化）和华靖和（华安、南靖、平和）组成的闽南山区构成的闽南地区主体功能显著，闽南平原集聚了闽南地区八成以上的人口和生产力，成为建设厦门大湾区的现实基础。

（3）台湾浅滩。闽南地区地处台湾海峡西南部，拥有海湾、海岛、浅滩等战略性空间资源。宋朝长期的南北对峙恶化了传统的陆路对外交通，海路逐渐取代陆路成为对外交流的主要通道，福建成为出海的主要起点，长期建立起来的航路网络与阿拉伯人建立起来的航路网络互联互通，形成了连接大西洋、地中海和印度洋、太平洋的世界性贸易网络，促进了福建海洋经济由海洋捕捞型向海洋贸易型转变；新时代北极航道的适航，将形成基于传统南半球航道和现代北半球航道的"双循环"洲际贸易新格局，中国海成为连接南北航道的战略枢纽，台湾海峡成为连接世界岛环岛航路的咽喉要道，九龙江口的厦门-金门岛、与漳州毗邻的台湾浅滩，成为建设厦门大湾区的未来基础。

与木制帆船时代的刺桐港、月港不同，铁制动力船时代开发海洋经济，要以湾区统领航路、航运中心、经济中心建设，就要突破传统的行政地理约束，以自然地理、经济地理甚至文化地理引领湾区发展，两江流域、闽南平原、台湾浅滩成为我们建设厦门大湾区的空间认知基础。

（二）内部空间

两江流域、闽南平原、台湾浅滩的本底条件，为我们建设厦门大湾区提供了超越行政区划的认知秩序。接下来要解决的就是厦门大湾区的空间组织问题，包括内部空间组织问题和外部空间组织问题；鉴于中心城市和城市群已经成为发展要素的主要空间组织形式，内部空间组织主要围绕中心城市、城市群、都市圈"三位一体"协同推进全球海洋中心城市建设展开。

（1）中心城市。优化闽南平原的城市"颗粒度"分布，将闽南平原整体打造成为面向台湾海峡的全球海洋中心城市。重点发挥厦门经济特区的龙头作用，将漳州平原打造成为国家海洋科技创新基地、国家化学工程创新基地和全球海洋消费中心；重点发挥晋江经验的引领作用，将泉州平原打造成为全球民生消费品创新基地、制造基地和采购中心。

（2）城市群。推进闽南平原不同颗粒度的城市同城化、一体化发展，组成城市集团，构建以中心城市引领城市群发展、城市群带动区域发展的新模式。重点以厦门为中心，推进九龙江口南北两岸、围头湾东西两岸、厦门-金门一体化发展，建设九龙江口城市群；重点以晋江为中心，推进晋江-洛阳江两江四岸、泉州南北两翼一体化发展，建设晋江口城市群。

（3）都市圈。发挥厦门、晋江的辐射带动作用，以1小时通勤圈为先导建设厦门都市圈和晋江都市圈，统筹推进数字都市圈、产业生态圈、幸福生活圈、绿色发展圈、海峡融合圈、海丝朋友圈、协同治理圈的建设，促进中心城市与周边城市及集镇的同城化发展；推进厦门都市圈与晋江都市圈的融合发展，打造闽南都市圈。

（三）外部空间

以中心城市、城市群、都市圈三大赛道组织两江流域、闽南平原、台湾浅滩三大空间；以厦门为主体、以泉州漳州为两翼建设国际特色海洋中心城市，成为厦门大湾区的空间意象。接下来要解决的就是如何在福建、东南沿海、中国海三个上位空间内认知厦门大湾区，解决厦门大湾区的外部空间组织问题；鉴于陆海统筹已经成为湾区开发的主流模式，外部空间组织着力围绕航路、航运中心、经济中心"三位一体"协同推进厦门东南国际航运中心建设展开。

（1）航路。历史上，苏伊士运河的开通使得印度洋成为连接太平洋和大西洋的重要枢纽，形成了以北大西洋为中心、以南半球航路为主体的全球海洋经济格局。新时代，北极航道的开通使得北冰洋成为连接太平洋和大西洋的海上通道，中国提出建立全球蓝色伙伴关系，面向亚欧大陆形成的"世界岛"，岛内以中欧班列为主导、岛外以海丝班轮为主导。北极航道成为连接东亚与西欧、北美的最短海上通道，中国海、东海成为连接东北亚和东南亚、东亚与西欧北美的新战略通道，台湾海峡有望成为新时代的马六甲海峡。开辟穿越北极航道的北半球航路，成为厦门大湾区外部空间组织的首要任务。

（2）航运中心。历史上，苏伊士运河、巴拿马运河的开通实现了太平洋、大西洋、印度洋的经济互联互通；新时代，白令海峡的适航实现了东亚与西欧、北美的经济互联互通，随着东亚的崛起，全球航运中心将向中国转移。在全球航运中心由西半球向东半球转移过程中率先建成厦门东南国际航运中心，成为厦门大湾区外部空间组织的第二项任务。

（3）经济中心。厦门大湾区经济的成效取决于与东亚经济圈、西欧经济圈、北美经济圈中的经济联系程度，取决于厦门东南国际航运中心集散能源矿产资源和工业制成品的市场份额，取决于闽南平原"一体两翼"建设的全球海洋中心城市的服务能力。历史上，闽南地区是海上丝绸之路的起点，也是海上商贸集散地。新时代，厦门大湾区将依托得天独厚的海港优势，开放的经济结构、高效的资源配置能力，成为中国经济的新增长极进而引领全球经济趋势。

三　战略突破

以台湾海峡为主轴建设长台闽大湾区，北段以上海-浙江为主导重点建设杭州大湾区，南段以福建-台湾为主导重点建设厦门大湾区。厦门大湾区是闽南三角地区的战略迭代，迭代源于三大战略预见。

一是全球经济中心向亚太、向中国转移，上海成为全球经济中心，新福建在东海开发、东南沿海一体化进程中融入上海经济中心；

二是北极航道适航使得洲际运输航路形成北半球航路与南半球航路"双环"洲际贸易新格局，中国海成为连接北半球航路与南半球航路的战略枢纽，台湾海峡成为连接环岛航路的咽喉要道；

三是海峡两岸融合发展、祖国和平统一，台湾海峡特别是台湾浅滩的开发将使厦漳泉金澎实现融合发展、一体化发展。

由此，厦门大湾区将成为厦门经济特区后建设新福建的战略接续力量，成为新新福建实现海峡两岸融合发展、东南沿海一体化发展的战略"缝合"力量，新福建将借此全面提升在东部、东海的空间竞争力。

建设厦门大湾区是国家战略。从闽南地区的发展阶段、发展条件、发展环境看，推进闽南三角地区向厦门大湾区战略迭代，要找准厦门东南国际航运中心、全球海洋中心城市、厦漳泉金澎一体化的战略突破口，重点建设厦门-金门港，建设创新-消费中心，实施厦漳泉金澎"边界缝合"工程。

（一）厦门-金门港

厦门大湾区是杭州大湾区的"镜像"，区别在于厦门大湾区肩负着融合两岸发展、扼守台湾海峡的国家使命，建设厦门东南国际航运中心成为建设厦门大湾区的首要战略目标。2021年，厦门港码头总长度占全国3.4%，泊位数占全国2.8%，货物吞吐量占全国2.3%；同期，宁波-舟山港分别占全国10.8%、11.1%、12.3%。码头总长度、泊位数、货物吞吐量三项指标厦门港分别相当于宁波-舟山港的31.7%、25.3%、18.6%，呈现1/3、1/4、1/5的关系（表6-2）。建设厦门东南国际航运中心仅仅依托厦门港现有的发展格局基本上是不可能的，必须跳出厦门港建设厦门东南国际航运中心，重点推进厦门港重心东移，建设厦门-金门港。

表6-2 厦门大湾区与杭州大湾区港口发展比较（2021年）

区域	货物吞吐量		泊位建设情况					
	数量（万吨）	占比（%）	长度（米）	占比（%）	泊位数（个）	占比（%）	万吨泊位数（个）	占比（%）
全国	997259	100.0	957244	100.0	6386	100.0	2207	100.0
厦门港	22756	2.3	32603	3.4	180	2.8	81	3.7
福州港	27352	2.7	26964	2.8	163	2.6	69	3.1
宁波-舟山港	122405	12.3	102924	10.8	712	11.1	198	9.0
上海港	69827	7.0	109151	11.4	1037	16.2	185	8.4

数据来源：厦门港含漳州港。http://www.stats.gov.cn/。

第一，调整金门岛以西运力布局。以围头角—北碇头—镇海角为生产界线，生产性码头泊位建设向东发展、非生产性码头泊位建设向西发展，构建内外港主体功能发展新格局。整体转移东渡港区、嵩屿港区、翔安港区、招银港区、后石港区、石马港区等6个港区的生产性功能，推进生产界线内由生产型港口向生活型港口转型，转变生产界线内港口仓储用地的土地用途。

第二，提升金门岛以东综合运力。开发浯洲岛、浯屿岛，建设围头湾－料罗湾码头集群，承接金门岛以西现有 6 个港区的生产性功能，打造厦门东南国际航运中心母港；优化母港北线的肖厝港区、斗尾港区、泉州湾港区、深沪湾港区主体功能，以及南线的古雷港区、东山港区、云霄港区、诏安港区主体功能，重点承担母港的喂给功能，打造厦门东南国际航运中心的喂给港。

第三，创新新时代建港模式。将厦门东南国际航运中心母港－喂给港体系形成的海港纳入闽南地区的空港、陆地港、信息港体系，形成"海港、空港、陆港、数港"一体化发展新格局；整合厦门出口加工区、象屿保税区、海沧保税港区和中国（福建）自由贸易试验区厦门片区，推进自贸区扩区向母港、喂给港延伸，建设中国（福建）自由贸易试验区厦门东南国际航运中心新片区。

（二）创新－消费中心

建设厦门大湾区要比建设杭州大湾区困难得多，根本原因在于杭州大湾区拥有现成的上海国家中心城市的强有力支撑，建设国际特色海洋中心城市成为厦门大湾区的另一个战略目标。如果说全面建设小康社会时期推动经济社会发展的主导力量来自投资和出口，来自国内大规模的基础设施建设、房地产开发和出口导向型的大规模制造业投资，那么，在全面建设社会主义现代化新时代，推动经济社会发展的主导力量则来自创新和消费，来自国内大规模的创新能力建设、人力资本开发和进口替代型的大规模消费。在闽南地区建设国际特色海洋中心城市，要把重点转到创新和消费轨道上来。

第一，调整厦门市的功能定位。紧紧抓住最终消费支出对国内生产总值增长的贡献率不断攀升的战略机遇和超大规模的国内市场优势，广泛聚集全球优质市场主体和优质商品、服务，加快培育本土品牌，努力构建融合全球消费资源的集聚地，为中国消费者提供全球好物，聚焦国际、紧扣消费、突出中心，建设专业化、特色化、区域性国际消费中心城市；紧紧围绕创新在现代化建设全局中的核心地位，发挥厦门大学、中国科学院城市环境研究所、自然资源部第三海洋研究所的骨干作用，主动融入社会主义市场经济条件下新型举国体制，建设专业化、特色化、区域性国际科技创新中心城市；以消费、创新为主体功能，全面提升厦门的龙头带动作用。

第二，培育创新核心竞争力。发挥厦门大学、福州大学、中国科学院福建物质结构研究所在化学化工领域的科技创新骨干作用，支撑湄洲湾石化基地、古雷石化基地发挥后发优势发展高性能纤维、高性能树脂、新能源材料、生物医用材料等新材料产业，引领先进制造业、新能源、生命健康等重点领域的战略需求；发挥厦门大学、集美大学、自然资源部第三海洋研究所、福建海洋研究所在海洋领域的科技创新骨干作用，支撑厦门东南国际航运中心母港、喂给港建设，支撑台湾海峡的海湾、海岛、浅滩综合开发，引领海洋一产、二产、三产协同发展。重点用好"海丝核心区、金砖创新基地、两岸融合发展"三大战略，在化学化工和海洋领域主动设计和牵头发起国际大科学计划，打造面向海丝沿线国家、金砖国家的国际科技创新中心。

第三，打造现代化消费产业体系。准确把握人民生活由追求温饱、追求小康阶段进入追求高品质生活的新需求，准确把握"福"文化产业是区域经济高质量发展的新动能，突出福建"福"文化资源的转化与创新。一方面，以食品、服装、家居、住房、汽车为重点，围绕"吃穿用住行"五大民生消费需求，开发民生产业福品消费新赛道；另一方面，以教育、就业、医疗、育幼、养老为重点，围绕"文旅体康养"五大幸福生活需求，开发福品消费新赛道。福品消费领域是新时代满足美好生活的新产业、服务高品质生活的新业态，是厦门大湾区建设国际特色海洋中心城市的基础性"外部认知"，重点弘扬"晋江经验"，发挥晋江的龙头带动作用。

（三）边界缝合工程

厦门大湾区作为新时代推进闽南地区引领台湾海峡开发的国家战略，上述以建设厦门-金门港为突破口建设厦门东南国际航运中心、以建设创新-消费中心为突破口建设国际特色海洋中心城市，目前的困难主要来自行政区划导致的制度性交易成本"壁垒"：一是厦门的不对称制度竞争，厦门经济特区的制度红利累积形成的竞争优势引发"邻避效应"；二是金门由台湾当局实际控制的现实阻碍，使得金门成为建设厦门大湾区的矛盾焦点。从湾区开发的国际经验看，化解矛盾的突破口在于培育跨界增长区域，以行政区划的"跨界区域"为关键节点培育区域一体化的新增长空间。

第一，九龙江口缝合工程。以"缝合"厦门、漳州为战略目标，实施三大工程：一是海沧半岛一体化工程，推进漳州市长泰区、漳州台商投资区与厦门市海沧区、海沧保税港区、海沧台商投资区、海沧港区、嵩屿港区融合发展；二是月港现代化工程，以九龙江西溪、北溪交汇区域为重点，探索建设金砖国家海洋创新中心，建设中国-俄罗斯"两国双园"，筹建"海上丝绸之路国家文化公园"，筹建海上丝绸之路与冰上丝绸之路交流中心，承办"世界博览会"，"催熟"龙海区、长泰区融入漳州市，促进漳州市四个市辖区融入厦门大湾区；三是开发浯屿岛，借鉴上海市租借浙江省"洋山岛"建设上海国际航运中心的发展经验，以浯屿岛为主体，建设厦门东南国际航运中心母港先行区。

第二，围头湾缝合工程。以"缝合"厦门、泉州为战略目标，以围头湾为纽带，推进晋江、石狮、南安与翔安、同安一体化发展，推进围头湾、料罗湾一体化发展；探索建设国家级"围头湾新区"，打造以推进海峡两岸融合发展为核心诉求、以自由贸易港为核心手段的工业城、科学城、未来城；重点推进"晋江经验"现代化，推进民营经济实现新飞跃，构建以晋江市为主体的围头湾发展新格局，引领厦门、泉州一体化发展。

第三，泉州湾缝合工程。以"缝合"泉州市区为战略目标，以泉州湾和晋江、洛阳江流域为载体，以"一湾两江四岸"为城市空间发展意象，推进晋江、洛阳江出海口融合发展，建设"两江四岸"现代化服务型城市，打造新时代泉州湾；以泉港区、惠安县为主要载体，整合泉港、泉惠石化工业园区，建设国家级"湄洲湾南岸经济技术开发区"；推进两江流域产业与围头湾新区、湄洲湾南岸经济技术开发区产业形成现代化的产业生态圈，打造全球高端民生消费品创新策源地、全球高端民生消费品制造基地、全球高端民生消费品采购中心。

由此，厦门-金门港、创新-消费中心、边界缝合工程三大突破口成为建设厦门大湾区的先行工程。从"闽南金三角①"不成功的实践看，实施厦门大湾区先行工程，克服"一亩三分地"的思维定式，需要突破行政区划这堵"看不见的墙"，科学管理"邻避效应"，强化以邻为伴、规避以邻为壑。

第三节　大武夷旅游圈②

武夷山是世界文化与自然双重遗产、世界生物圈保护区、国家级自然保护区，武夷山及其周边地区历史文化和自然生态资源丰富，发展文化与生态相融合的现代旅游业潜力巨大、前景广阔。但目前还存在带动性不强、产业

---

① 闽南金三角城市发展丛书编委会：《闽南金三角城市发展概览》，社会科学文献出版社，2019。
② 2016年第十一届福建省政协常委会专题协商议题："打造文化与旅游相融合的大武夷旅游圈"，作者写出的《大武夷旅游圈的若干战略问题》。

化不足、国际化程度不高等问题，还存在区域分割、部门分割、各自为政等管理问题，文化与生态资源未能得到有效保护和开发利用。本节旨在探讨如何坚持生态为本、文化为魂原则，进一步推动武夷山及其周边地区文化与自然生态资源的整合、开发与永续利用，实现资源共享、优势互补、良性互动、互利共赢，构建以武夷山为核心、周边地区（三明、龙岩、宁德）联动发展的旅游产业集群，打造文化与生态相融合的大武夷旅游圈。

一　科学认识大武夷旅游圈的战略价值

福建省国土空间陆海兼备，山区、沿海、海洋三大板块各具特色；着力打造福州、厦门、武夷山三大旅游核，着力打造蓝色海洋、绿色生态、红色文化三大旅游带，着力打造福莆宁、厦漳泉、闽西南、闽西北四大旅游区，形成"三核三带四区"旅游空间布局。大武夷旅游圈涵盖武夷山旅游核、绿色生态旅游带和红色文化旅游带，涵盖闽西北旅游区和闽西南旅游区，是福建省旅游业发展的重要增长极和服务业发展的重要增长点。

（一）大武夷旅游圈是旅游业发展的重要增长极

2013 年以来，随着北方雾霾的不断加重，福建省花费巨资开展以"清新福建"为主题的系列活动，促进了境内外旅游者对"福建旅游"的认知和认同。"清新福建"的品牌建设需要有具象化的载体和可购买的旅游产品，大武夷旅游圈拥有朱子文化、闽越文化、茶文化、客家文化、红色文化、畲族文化等特色文化资源，拥有武夷山、福建土楼、中国丹霞 3 个世界遗产和宁德、泰宁 2 个世界地质公园，以及众多的风景名胜区、自然保护区和森林公园，深厚的文化底蕴与优良的生态环境成为"清新福建"品牌建设的重要支撑。特别是近年来京福高铁、向莆高铁、宁武高速、福银高速的相继建成投产，为大武夷旅游圈提供了良好的可进入性条件，为长三角城市群、珠三角城市群、海峡西岸城市群等主要客源地区进入大武夷旅游圈提供了优越的交通条件，打造一个包括南平、三明、龙岩、宁德在内，联动闽浙赣三省的大武夷旅游圈恰逢其时。

（二）大武夷旅游圈是服务业发展的重要增长点

2015 年，我国服务业占 GDP 比重首次超过一半、达到 50.5%，成为经济发展的最大动力源。与此相对照，"十二五"时期福建省没有完成经济结构调整目标，三次产业结构由 2010 年的 9.3∶51.0∶39.7 调整为 2015 年的 8.1∶50.9∶41.0，服务业占 GDP 比重与全国差距由 3.3 个百分点扩大到 9.5 个百分点，成为福建省经济发展的最大短板。"十三五"时期是全社会需求结构由实物产品消费为主向服务产品消费为主转变的关键时期，服务业逐渐成为推动福建省经济发展的主引擎。从资源禀赋和比较优势看，福建省重点发挥"清新福建"环境优势大力发展旅游业、发挥港口岸线资源优势大力发展现代物流业、借力台湾先行优势大力发展金融服务业，旅游、物流、金融三大行业增加值都具备占 GDP 比重达到 8% 的主导行业标准，"十三五"期间增加值总量突破 1 万亿元，占服务业比重突破 50%，成为福建省服务业的三大主导行业，成为福建省服务业发展的战略基本盘。大武夷旅游圈发展起步早、基础好，2015 年南三龙宁四地市共接待境内外游客 9000 多万人次、实现旅游总收入 860 多亿元，带动交通、通信、金融、物流、住宿、娱乐、餐饮等 30 多个行业发展；据测算，旅游业每创造 1 元收入、可间接创造 7 元社会财富，旅游业每增加 1 个就业岗位、可间接提供 7 个就业岗位。大武夷旅游圈是福建省服务业发展的重要增长点。

（三）大武夷旅游圈是脱贫攻坚的关键区域

打赢脱贫攻坚战，稳定实现农村贫困人口不愁吃、不愁穿，义务教育、基本医疗和住房安全有保障，确保贫困群众一道迈入全面小康社会，是福建省委省政府做出的庄严承诺。截至 2015 年底，福建省还有农村贫困人口 69.6 万人；其中，有劳动能力的扶贫开发对象 45.2 万人，分布在全省 66 个县（市、区），其中 40% 在 23 个省级扶贫开发重点县。这些有劳动能力、但缺产业缺技术缺资金的贫困户，产业扶贫是必由之路。产业是发展的根基，脱贫的主要依托，通过股份制、股份合作制、土地托管、订单帮扶等多种形式，建立贫困户与产业发展主体之间的利益联结机制，让贫困人口分享产业发展收益，是一条"造血式"的脱贫致富之路。旅游扶贫是产业扶贫的主导方式之一。与其他产业相比，旅游业产业链长、产业面广，就业门槛低、容量大、层次多、方式灵活，人民群众的参与面广、受益面大，既可以通过开办农家乐和经营乡村旅馆取得经营性收入，也可以通过在乡村旅游经营户中参与接待服务取得劳务性收入，还可以通过参加乡村旅游合作社和土地流转取得财产性收入，通过资金、土地参与乡村旅游经营取得资本性收入，能充分调动人民群众的巨大潜能，容易形成"一业兴、百业旺"的产业发展局面。大武夷旅游圈涵盖 23 个省级扶贫开发重点县中的 19 个；可以说，大武夷旅游圈是"十三五"时期福建省扶贫开发的关键区域。

二　准确把握大武夷旅游圈的发展定位

以武夷山为龙头，发展现代旅游业，带动服务业发展和人民群众脱贫致富，培育旅游业新增长极和服务业新增长点，助力全面建成小康社会，是大武夷旅游圈的共同价值取向。围绕武夷山打造大武夷旅游圈，既要从资源开发入手，对供给侧有一个整体的安排和规划，也要从市场开发入手，对需求侧有一个系统的把握与认知，坚持目标导向和问题导向，抓住主要矛盾和矛盾主要方面，准确把握大武夷旅游圈的发展定位。

（一）完善大武夷旅游圈的圈域圈层体系

大武夷旅游圈以武夷山文化和自然世界遗产为核心，以武夷山脉为其边界，北连浙西仙霞岭、南接粤北九连山，横跨闽赣两省边境，自北向南覆盖福建省的浦城、武夷山、光泽、建宁、宁化、长汀、武平和江西省的广丰、铅山、资溪、广昌、瑞金、寻乌以及武夷山脉绵延伸展的广阔丘陵区域，多数县市区旅游资源丰富、生态环境优良，相对于发展工业而言，发展旅游业具有明显的比较优势，既要响应国家旅游局"全域旅游"的号召，推动均衡发展，实现"处处可旅游、行行加旅游、时时能旅游、人人享旅游"，也要突出重点，塑造"多核驱动、两翼展开"的圈域旅游空间布局。一方面，以武夷山"双世遗"为旅游吸引物内核、以武夷新区为旅游服务内核，同时培育泰宁、连城、屏南等圈域副核，形成内核"双核"、外核"多核"的圈域旅游带动格局，带动圈域内各区域旅游共同发展。另一方面，以武夷山和武夷新区为中心，以三明龙岩、宁德为两翼，南翼依托浦建龙梅铁路和武邵—福银—永武高速，串联武夷山、泰宁、冠豸山等旅游吸引物，促进南平、三明、龙岩旅游经济一体化，东翼依托衢宁铁路和宁武高速，串联武夷山、宁德世界地质公园等旅游吸引物，促进南平、宁德旅游经济一体化，形成以武夷山为核心、向南向东两翼展开的扇面开发格局，拓展旅游经济半径。

打造大武夷旅游圈，除了从供给侧资源开发角度塑造"多核驱动、两翼展开"圈域体系外，还需要从需求侧市场开发角度完善市场营销圈层体系。大武夷的旅游合作始于20世纪90年代中期武夷山、泰宁、将乐三县市共同构建的"绿三角"合作机制；2006年5月，福建省旅游局启动了以武夷山与阿里山、大金湖与日月潭"两山两水"为主要旅游吸引物的闽台旅游合作；2011年12月，在福建省旅游局牵头下，南平、三明及相关市县共同签署了《福建大武夷旅游联盟合作宣言》，旅游合作范围进一步扩大。当前，随着高铁时代的到来，国家东部生态文明旅游区的建设，大武夷旅游合作进入新阶段，既要完善圈域内的旅游合作，也要创新圈域外的旅游合作，以武夷山为龙头，以现实的和潜在的旅游者为边界，推进大武夷旅游圈客源市场的协同开发，构建市场营销三大圈层体系：第一层为核心层，以"两翼多核"圈域体系内的各类涉旅企业为主体；第二层为外围层，与武夷山脉和国家东部生态文明旅游区覆盖的域外浙江、江西、安徽三省协作共建；第三层为目标市场层，面向高速高铁、民航通航"双高双航"和一带一路、万里茶道"双廊双道"覆盖的国内外目标旅游者，多维度培育客源市场。

（二）积极推进绿水青山向金山银山转换

绿水青山是大武夷旅游圈可持续发展的最大本钱，拥有我国东南沿海面积最大、保存最完整的北纬27°亚热带原生性森林生态系统和世界生物多样性基因库，空气清新、水质优越、环境优良，是海峡西岸城市群的生态屏障，也是长三角城市群乃至珠三角城市群的绿色腹地。生态是旅游的基础、旅游的基因，打造"两翼多核、多层多向"的大武夷圈域圈层体系，根本目标就是推进绿水青山的价值实现，以游客为中心，通过发展生态农业、生态工业、生态旅游业等生态经济，实现从靠山吃山到养山富山、从卖矿石到卖风景，推进美丽风光变身美丽经济，实现绿水青山就是金山银山，绿水青山真正成为大武夷旅游圈的金名片、摇钱树和聚宝盆。这个过程中，关键在于做好生态保护和环境修复工作。一方面，适度扩大保护地范围，通过建设一批国家公园、风景名胜区、自然保护区、森林公园、湿地公园，完善生态公益林、商品林和天然林管理体制机制，改善森林生态系统，保护大武夷旅游圈的特色生态；另一方面，持续推进城乡环境综合整治和美丽乡村建设，化盆景为风景、化苗圃为森林，守住自然风貌和乡土气息，修复大武夷旅游圈的人居环境。

（三）着力解决带动性不强产业化不足国际化水平不高问题

围绕"两翼多核"资源开发圈域体系和"多层多向"市场开发圈层体系展开的"绿水青山就是金山银山"目标导向，总体上为大武夷旅游圈的发展定位明确了方向。从发展现状与发展趋势看，我们还需要按照问题导向原则进一步明确影响圈域圈层发展定位的关键因素。现在看来，还存在三方面的问题。一是带动性不强。武夷山作为大武夷旅游圈的核心和龙头，一枝独秀，与南翼的泰宁、冠豸山和东翼的屏南、太姥山等旅游吸引物未能形成"犄角效应"，旅游产品和旅游服务自成体系，圈域资源开发与圈层市场开发未能有效接受武夷山的品牌辐射。二是产业化不足。大武夷旅游圈总体上经济欠发达、落后于全省平均水平，旅游产品以依托自然资源开发的观光产品为主，同质化、粗放化、低端化现象严重，旅游业未能有效向上游生态农业、生态工业和下游现代服务业延伸，产业链条短、附加值低，还难以实现富民强县、富民强区、富民强市的产业化诉求。三是国际化水平不高。游客以国内游客和港澳台游客为主，国际游客比例低于泰山、黄山、峨眉山等同为"双世遗"的国际旅游目的地，国际知名度和国际影响力与武夷山的资源禀赋不相适应，未能有效发挥客源比较优势。因此，有效提升武夷山旅游的国际化水平、旅游业的产业化水平、武夷山旅游品牌的市场号召力和辐射带动能力，应成为大武夷旅游圈的共同诉求。

三　深入实施文化生态相融合发展战略

大武夷旅游圈覆盖范围广、行政层级多、市场主体杂、资源配置能力与治理能力参差不齐，打造大武夷旅游圈首先需要在圈域内取得共识，形成共同的价值观和共同的发展诉求。共同价值和共同诉求是打造大武夷旅游圈的前提和基础，接下来的问题就是如何开门迎客了，紧紧抓住文化与生态这两个核心要素，以游客为中心，以供给侧结构性改革为主线，深入实施文化生态相融合发展战略，推进文化与旅游融合发展、生态与旅游融合发展。

（一）　实施供给侧结构性改革

近年来，随着人们收入水平的提高和休闲时间的增加，在衣食住行用等基本生活问题解决后，自然而然地产生了对包括精神文化生活消费在内的舒适性消费需求，社会消费时尚从物质消费走向文化消费及生态消费；宁可食无肉、不可居无绿，文化、生态消费正以各种表现形式悄悄融入百姓生活。传统的以土地、资本、劳动力三大要素为主导的旅游业发展模式，逐渐演变为基本要素，文化、生态逐渐演变为旅游业满足消费升级的关键要素，特别是在面对拥有大量经济资本、少量文化资本的"旅游新贵"，只有先推广文化、再推广产品，才能满足有效需求。以后旅游消费将成为国民消费基本面，消费内容将向文化、生态转变，文化要素、生态要素成为决定旅游业核心竞争力的主导要素。打造大武夷旅游圈，要立足需求升级，将文化和生态作为新时期旅游业发展的战略要素，推动旅游业结构升级，推进旅游业供给侧结构性改革。

（二）推进文化与旅游融合发展

大武夷旅游圈文化底蕴深厚，是中国传统文化的摇篮之一。"东周出孔丘，南宋有朱熹；中国古文化，泰山与武夷"，著名学者蔡尚思的这首诗，用简明生动的语言描绘了武夷山对中国和世界的文化贡献。在申报世界文化遗产时，这首诗使联合国专家很快统一认识，并由此做出朱子文化属于"后孔子主义"的基本判断。当前，武夷山旅游的文化要素还处于附属品地位，80%的游客是冲着武夷山水来的，旅行团带着一群人在山水之间走过场；武夷山风景名胜区核心景区的最佳旅游环境容量大约为每天8000人次，但黄金周平均接待游客接近3万人次，严重超出了核心景区的最佳环境容量，快餐式消费、看一眼就走，旅游者根本无法慢下来，加上高铁、高速、航空立体交通网络的便捷，形成了"快旅快游"的不良效果，极大地缩短了旅游者在武夷山的逗留时间，景区、餐饮客流爆棚，住宿、娱乐、购物客流稀少，根本原因在于大部分文化成了文物，沦为观赏品和死文化。由于传统到现代的历史变迁，特别是近代以来对传统文化的否定性扬弃，大部分现代人无法领略先人的生活和价值观，旅游者与文物古迹在精神上基本隔绝。如果文物古迹对旅游者不再是一个外在于他的客体或死物，而是一个被重新赋予生命的文化载体，能够让旅游者在其中生活、修行、学习，能够在其中找到自我价值，文化要素也就成为推动旅游业发展"活的要素"，身体的旅行将演化为心灵的旅行，让旅游者慢下来将成为可能，"快旅慢游"也将成为现实，食、宿、行、游、购、娱也将获得均衡发展。

（三）推进生态与旅游融合发展

大武夷旅游圈生态环境优良，这里森林覆盖率超过70%，空气中负氧离子含量每立方厘米平均超8万个，是标准值的10倍，人们对健康的渴望、对仙境的向往、对永生的追求，都可以在这里找到理想的归宿。古人云：下士养身、中士养气、上士养心。儒可处世、道可明理、佛可悟心，佛家的和、道家的清、儒家的雅在自然清净的环境里长期的积淀和升华，造就了武夷山这一养生福地；朱子秉承孔子"仁者寿"理念，通过治学求知、养性修身、道德修心的生活修行实现身心健康、安身立命、成就圣贤，孕育了武夷山的养生文化；人们不仅可以在这里享受天然绿色的美食、优质的水和空气、品尝武夷岩茶，还可以不再盲目地忙碌奔波，放慢脚步、让灵魂跟上自己的脚步，寻求一处安身之所享受自然、感受生活，感受慢生活、乐生活带来的身心滋养。由此，放开二孩政策后高龄妇女的生育需求将获得满足，小康社会后衣食无忧的广大中产阶级的养生需求将获得满足，人口老年化后一线、二线城市拥有可靠医疗保障的老年人追求异地养老、健康生活的需求也将获得满足。

四　完善大武夷旅游圈发展战略

武夷山作为"清新福建"品牌认知的具象化载体，国际化水平不高、产业化能力不足、产业带动性不强，这与武夷山作为世界自然与文化双重遗产的地位不相称，也与武夷山作为大武夷旅游圈发展龙头的地位不相称。武夷山是福建省的三大"旅游核"之一，应该有更大作为。我们认为，要将文化要素和生态要素作为推进大武夷旅游发展的主导要素，保护小武夷、开发中武夷、营销大武夷，并从资源、资产、资本三个层面科学设计战略抓手，实施大武夷旅游发展战略。

（一）　战略布局

实施大武夷旅游发展战略，既要从资源开发着手，对供给侧有一个整体的规划与安排；也要从市场开发着手，对需求侧有一个系统的认知与把握，构建供给创造需求、需求引导供给的双向驱动生产力新布局。具体而言，就是保护小武夷、开发中武夷、营销大武夷。

（1）保护小武夷。小武夷特指行政区划的武夷，以武夷山市行政区划为边界，以武夷山文化和自然世界遗产为核心，是大武夷旅游圈的资源中心，资源管理的主体是武夷山市委、市政府，此外还包括武夷山自然保护区管理局、闽越王城博物馆（城村汉城遗址）等条管单位和武夷山风景名胜区管委会、武夷山国家旅游度假区、武夷山国家森林公园等块管单位。"小武夷"布局的重点在资源保护，保护武夷山文化与自然世界遗产。一方面，保护武夷文化，精心呵护闽越文化和理学文化这两座武夷文化的高峰，挖掘闽越文化、传承理学文化，发挥"文化要素"在旅游业发展的主导作用；另一方面，保护武夷生态，精心呵护北纬27°亚热带原生性森林生态系统和世界生物多样性基因库，维护武夷山自然生态系统的完整性，发挥"生态要素"在旅游业发展中的主导作用。

（2）开发中武夷。中武夷特指自然地理的武夷，以武夷山脉为其边界，北接浙西仙霞岭、南接粤北九连山，横跨闽赣两省边境，是大武夷旅游圈的辐射中心，接受武夷山世界遗产的带动与牵引。"中武夷"布局的重点在资源开发，以武夷山为核心推进武夷山脉旅游资源的协同开发。一方面，处理好武夷山与武夷新区的关系，武夷新区作为武夷山的配套建设区域，全面建设武夷新区旅游产业集聚区，构建武夷山的资源保护与武夷新区的资源开发"旅游产业链共生"新机制，有效提升武夷山旅游品牌的市场号召力和辐射带动能力；另一方面，处理好武夷山与武夷山脉的关系，武夷山脉作为提升武夷山旅游容量的关联开发区域，全面推进泰宁、冠豸山等武夷山脉旅游资源开发，构建武夷山与武夷山脉"旅游产业集群共聚"新机制，有效提升武夷山脉旅游资源开发水平。

（3）营销大武夷。大武夷特指大武夷旅游品牌。开门迎客，以现实的和潜在的国内外旅游者为边界，包括由高速高铁、民航通航"双高双航"覆盖的国内外旅游者和一带一路、万里茶道"双廊双道"覆盖的国内外旅游者，是大武夷旅游圈资源开发的价值实现。"大武夷"布局的重点在市场开发，开发主体是各类涉旅企业，地不分南北、人不分中外，都可以按照旅游消费由观光游览向休闲度假阶段转换的发展要求，以"武夷山"为龙头推进大武夷旅游圈客源市场的协同开发。一方面，处理好自利与利他的关系，以"武夷山"作为一致对外的推广形象带动武夷山脉及其周边开展市场营销，武夷山要有中心意识，先利他后利己，在利他的过程中实现自利；同样，由大武夷旅游圈组成的旅游联盟要有大局意识，维护"武夷山"的中心地位，通过线路对接、客源互换、市场互动、"一程多站式"市场组织实现互利。另一方面，处理好"主人"与"客人"的关系，以武夷山、武夷山脉作为大武夷旅游圈的市场营销目的地，大量游客的集散将形成"客多于主"的人口集聚状态，外来人口将十倍甚至百倍于原住人口，城乡建设、产业发展、生态保护要兼顾"客人"的诉求，乃至于以"客人"为主开展经济社会建设。

（二）战略抓手

武夷山的特色生态与文化造就了它在大武夷旅游圈中的龙头地位，而依照"保护小武夷、开发中武夷、营销大武夷发展"思路形成的大武夷旅游圈又造就了大武夷旅游发展战略的可行性。布局已经明晰，接下来的问题就属于战略实施的战术问题了，目标是设计实现战略突破的战略抓手，解决战略实施的可操作性问题。从旅游圈层的形成与发展规律看，战略实施的重点在圈层中心，通过圈层中心辐射带动形成的"利他效应"实现互利共赢。大武夷旅游圈的圈层中心涉及武夷山和武夷新区，重点设计资源、资产、资本三方面的战略抓手，依托大事件实施大战略。

1. 资源

资源是实施大武夷旅游发展战略的根本，重点在于保护，当前保护地管理分散，自然生态系统与自然文化遗产被人为切割，状况堪忧。可行的战略抓手有两个：建立国家公园和文化生态保护区。国家公园可确保武夷山生态要素完整性，文化生态保护区有助于武夷山的文化保护，保障旅游业发展的要素升级要求。

实践证明，国家公园是一种成功的"保护地模式"，被视为是生态观和环境观教育的宝库。我国正通过国家公园体制试点，于 2015 年起在 9 个省份推进，对现有各类保护地的管理体制进行整合，强化管理机构，优化资源配置，实现有效的统一保护。武夷山作为试点区，其国家公园的建立为武夷山创造了前所未有的战略机遇。

文化生态保护区作为文化遗产保护的有效手段，通过在特定区域内修复特定非物质文化遗产以及与其相关联的物质文化遗产，使其成为活文化，是文化生态保护的主流模式。自"十一五"以来，国家文化和旅游部先后在多个民族文化特色区域建立文化生态保护实验区。福建的"闽南文化生态保护实验区"是首个国家级文化生态保护实验区，开启了文化"活态保护"新纪元。武夷山，作为中国传统文化的摇篮、朱子文化的发源地和茶文化的重要发祥地，纳入国家文化生态保护体系，建设"武夷文化生态保护区"，为武夷山文化遗产的保护与传承、建设中华民族共有的精神家园，创造了新的战略机遇。

2. 资产

资源资产化是大武夷旅游发展战略的基础途径。关键在于将武夷山国家公园和武夷山文化生态保护区所蕴含的生态资源和文化资源转化为资产。这一转化需借助切实可行的策略手段，重点在于推动生态资源和文化资源的资产化。为实现这一目标，两个战略支点是国际发展知识中心和武夷山大学。国际发展知识中心助力生态资源的资产化，武夷山大学则推动文化资源的资产化。

（1）国际发展知识中心。2015 年 9 月 26 日，习近平主席在参加联合国成立 70 周年发展峰会时提出，中国将设立"国际发展知识中心"，同各国一道研究和交流适合各自国情的发展理论与发展实践；旨在拓宽和加深南南合作，促进发展中国家与发达国家在发展领域的合作，同时将中国发展经验提炼为外国人看得懂、学得来的东西，讲好中国故事和中国理念，把中国和世界的发展更好联系起来，搭建发展问题研究与交流的全球平台。目前，国际发展知识中心尚处在建设方案论证过程中，武夷山生态优势突出、交通条件优越、土地资源丰富，完全有能力像"博鳌亚洲论坛"一样，为国际发展知识中心提供一个永久性的服务基地。这是武夷山生态资源向生态资产转化的一项重大策略，对提升武夷山的国际化水平具有战略意义。

（2）武夷山大学。人类一直靠轴心时代（The Axial Age）① 形成的思想和创造生存，人类每一次新的飞跃都是通过对轴心时代的回顾而实现的：欧洲的文艺复兴就是通过把目光投向其文化源头古希腊文化而燃起新的光辉；我国的宋明理学也是在面对佛教文化的冲击后，再次回归先秦文化而把中国文化提到一个新水平。经济可以全球化、一体化，文化不可以！时代在呼唤"新轴心时代"，这需要我们把目光再一次投向中国传统文化，重视对中国传统文化的传承与发掘。武夷山是文化名山、儒释道三教名山，特别是朱子理学，在东亚和东南亚国家中占据重要地位达多个世纪，并在哲学和政治方面影响了世界，建设以儒学院、道学院、禅学院为主架构的"武夷山大学"，是武夷山文化资源向文化资产转化的一项重大策略，对提升武夷山的文化软实力具有战略意义。

（3）资本。资源资产的资本化是实施大武夷旅游发展战略的根本手段，依托武夷山国家公园、武夷文化生态保护区形成的资源和依托国际发展知识中心、武夷山大学形成的资产，需要资本的撬动与支撑，通过资本手段实现文化和生态的资源保护与资产形成；也需要资本的集聚与放大，通过资本手段放大资源资产的社会效用实现社会化和市场化。可行的战略抓手有两个：旅游地产和住宅银行，通过发展旅游地产满足资源保护与资产形成的资本需求，通过发展住宅银行推进资源资产资本化和资本证券化。

①旅游地产。生态资产与文化资产的高投入、低现金流特性决定了旅游与地产互补重要性。通过武夷山国家公园形成生态资产和通过武夷文化生态保护区、武夷山大学、武夷山国际发展知识中心形成文化资产，需要解决两方面的问题：生态资产与文化资产的资本投入问题（钱从哪里来？）；生态资产与文化资产的价值实现问题（钱怎么收回来？）。通常，生态资产和文化资产具有较低的流动性但具有较高的外部性，其投入产出需要借助第三方手段，旅游地产是其中重要选项。通过在生态资产与文化资产毗邻区域建设主题公园、培训基地、会议中心、房车营地、产权酒店、分时度假酒店等旅游商业

---

① 陈赟：《雅斯贝尔斯"轴心时代"理论与历史意义问题》，《贵州社会科学》2022 年第 5 期。

地产和高尔夫度假村、景区住宅、私人度假房产、分时度假房产、旅游小镇等旅游住宅地产，生态要素和文化要素成为旅游地产的主导要素，实现生态资产与文化资产外部性内在化于旅游地产，进而实现旅游地产向生态资产与文化资产的转化。从根本上解决"钱从哪里来"和"钱怎么收回来"这两个问题。

②住宅银行。旅游地产支撑生态资产和文化资产并形成自身的良性循环，需要有充足的资金储备或可靠的再融资渠道。在旅游消费由观光游览向休闲度假转型升级过程中，旅游地产需求将向养胎、养生、养老三个方向分化；其中，养胎主要面向放开二孩政策后形成的高龄生育需求；养生主要面向全面建成小康社会后形成的人文消费需求；养老主要面向人口老龄化后形成的规模养老需求。"三养"的潜在消费者主要来自一二线城市的白领阶层，这些人在城里都有资产和健全的社会保障体系，为旅游地产与城市房产的价值转换创造了条件，可行的中介就是住宅银行，以房产托管、置换为核心手段，将旅游地产与城市房产通过资产证券化纳入现代金融体系，筹建"武夷山住宅银行"，并为北京上海等一线城市和杭州福州等二线城市提供定制服务，建立跨代住房金融服务体系，将有效激活武夷山旅游地产。

（三）战略实施

将武夷山打造为国际知名旅游地与我国重要的自然和文化旅游中心，需要有契合国情、省情、市情的战略安排。从现状和发展趋势看，实施大武夷旅游发展战略，要重点把握三个战略基本面。

①战略要素。旅游业作为服务业的三大主导行业之一，已成为福建省服务业发展的战略"基本盘"。在后小康社会时代，旅游消费将成为国民消费基本面，但消费内容将向文化、生态转变，文化要素、生态要素成为决定旅游业核心竞争力的主导要素。

②战略导向。武夷山旅游要走国际化、高端化路线，要以小武夷为主体实施严格的文化与生态保护，以中武夷为主体全面提升武夷山旅游容量，以大武夷为主体全面推进武夷山旅游市场开发，借此提升武夷山旅游的国际化、产业化水平和辐射能力。

③战略突破。一方面，要在资源保护方面取得突破，重点建设武夷山国家公园和武夷文化生态保护区；另一方面，要在资本运作方面取得突破，重点发展以服务一二线城市白领阶层养胎养生养老为核心诉求的旅游地产，并筹建武夷山住宅银行。同时，筹建武夷山大学、武夷山国际发展知识中心，

提升武夷山文化软实力。

由"两大要素、三大布局、六大抓手"形成的"236"大武夷旅游发展战略，从战略实施角度看，关键在处理好政府与市场的关系。政府重点完善大武夷旅游发展战略、发展规划与发展政策，完善推进旅游业发展的管理体制与运行机制，推进基础设施互联互通、生态环境共建、公共服务共享、开放合作共赢，推进武夷山国家公园、武夷山住宅银行、武夷山大学、武夷文化生态保护区和武夷山国际发展知识中心建设；同时，完善大武夷旅游发展战略与其他发展战略的协同机制。

五　精心设计大武夷旅游圈的发展路径

打造大武夷旅游圈是一个欠发达地区的人们为发达地区的人们提供产品和服务以获取自身发展的过程。如果对文化、生态、旅游缺乏正确的认识，急于发展的地方政府与老百姓容易陷入"资源陷阱"：受资金、专业知识和技术的局限，旅游开发简单模仿、低水平复制，你漂流我也漂流、你采摘我也采摘，体验项目趋同，产品高度同质化，"千城一面"的城市化悲剧极可能在旅游开发中重演。因此，打造大武夷旅游圈，还要在增进共同价值和共同诉求的基础上，紧紧抓住文化与生态这两个核心要素精心设计文化与生态相融合的大武夷旅游圈发展路径。

（一）构建现代旅游产业体系

产业发展是打造大武夷旅游圈的中心任务。大武夷旅游产业要着力向传统业态和新兴业态两端发力。一方面，围绕"食宿行游购娱"六大消费完善旅游产业布局，着力提高"游购娱"三大非基本消费比例，向成熟旅游经济体非基本消费60%的比例看齐；另一方面，按照旅游发展由观光游览向休闲度假阶段转型的发展要求，积极培育养生养老、修学科普、户外运动、房车自驾、低空飞行、旅游地产等新业态，推进旅游业与农业、工业、体育、贸易、城市化融合发展，构建与文化、生态相协调的现代旅游产业体系。

旅游产业发展必须落实到旅游产品上，着力补齐文化、生态两大类旅游产品供给不足短板。从2008年起，海峡两岸青年学生每年利用暑假时间，以游学形式开展"重走朱子之路"研习活动，培育了以朱子文化为主轴的观光、修学旅游产品，未来工作重点应向大众化普及，以朱子文化的活态保护与传承为中心，突出朱子文化旅游的品牌地位，推进朱子文化进学校、进课堂，推进朱子文化走近社会大众，并将"朱子之路"纳入"21世纪海上丝绸之路"顶层设计，着力打造若干条最美高铁旅游线、黄金自驾游旅游线，真正实现"道在武夷、理行天下"。

旅游产品开发必须落实到旅游品牌上，着力补齐"清新福建"公共品牌具象化不足短板，推进品牌内涵在大武夷旅游圈的延展升级与具象认知。一方面，紧跟省文化和旅游于"清新福建"国内和海外营销推广，打造"武夷山"国际化品牌载体，带动圈域内南翼、东翼形成系列化的目的地旅游品牌；另一方面，紧紧围绕朱子文化、茶文化、休闲养生等特色旅游线路，以旅游线路为中心，突出"武夷山"在游客认知中的核心地位，以点串线、以线带面，带动圈层内核心层、外围层、目标市场层形成系列化的客源市场营销体系。

（二）突出企业和市场的主体地位

企业和市场是打造大武夷旅游圈的核心力量。企业是市场的细胞，没有企业就没有供给、也就没有产业；市场是消费者的集合，没有市场就没有需求、同样也不可能有产业。"十四五"时期，发挥企业和市场的主导作用要着力向供给和需求两端发力。一方面，大力培育旅游市场主体，按照"抓龙头、铸链条、建集群"的总要求，一手抓企业做多、一手抓企业做大做强，推进"个转企、企升规、规转股、股上市"，全面提升龙头企业的行业发展带动能力，全面推进产业链向供应链、价值链和旅游联盟方向发展，全面推进旅游产业向园区集聚；另一方面，大力培育旅游市场，一手抓节庆、会展等有形市场，一手抓网络、广告等无形市场，围绕"核心层、外围层、目标市场层"梯度推进市场建设，培育国内市场、开发国际市场。

突出企业主体地位关键在于投资人力资本。旅游发展需要专业人才，需要企业家的引领、专家的辅导。要重点投资三类人力资本：一是企业家，实施"企业家千人计划"，开展民营企业、外资企业、国有企业董事长/总经理能力建设，培育企业家阶层；二是职业经理人，实施"职业经理人万人计划"，推进各种所有制企业的现代企业制度改造，创新产权激励机制，培育职业经理人；三是产业工人，实施百万产业工人"常青藤计划"，分类提升从业人员的素质和能力，培育现代产业工人。形成以企业家/职业经理人为主导、以各类专家为依托、以各类产业工人为基础的人力资源体系。

突出市场主体地位必须发挥市场在资源配置中的决定性作用。一方面，深化国有企业改革，准确界定各类旅游国有企业的功能，推动旅游国有企业完善现代企业制度，打破垄断、引入竞争，为非公有制经济参与大武夷旅游开发创造条件，促进"省内福建人、省外福建人、境外福建人"积极投身大武夷发展旅游。另一方面，完善要素市场，充分利用省内省外、境内境外、国内国外"两种资源、两个市场"；完善旅游建设用地市场、旅游金融市场和旅游人力资源市场；重点改革旅游管理体制机制，分类管理旅游景区，推进国有景区所有权、管理权和经营权三权分离，引导、支持、鼓励民间资本开发、经营、托管国有或集体经营的旅游景区；完善市场机制，稳妥推进景区门票价格改革。

（三）完善政府推进机制

政府是打造大武夷旅游圈的主导力量，为大武夷旅游圈的治理提供体制机制，为大武夷旅游圈的开发提供发展战略、发展规划、发展政策，为旅游企业开展投资运营创造良好发展环境、提供优质公共服务，为旅游消费者观光游览、休闲度假提供自由选择、自主消费的市场环境。要重点发挥省直部门、市政府、县政府打造大武夷旅游圈的积极性，打破区域分割、部门分割的利益藩篱，推进政府治理体系与治理能力现代化，着力抓好八项工作。

（1）规划。高标准编制大武夷旅游圈总体规划、专项规划和项目规划，通过各类专项规划和建设规划的实施，更加精准、更加有效地调控和推动大武夷旅游业态创新和项目建设，提升旅游项目开发建设水平，优化旅游产品结构，促进"两翼多核、多层多向"大武夷旅游圈域圈层的形成和发展。

（2）投资。资本是打造大武夷旅游圈的关键因素，要抓紧设立"大武夷旅游投资基金"，首期规模力争达到100亿元、撬动1000亿元项目投资，吸引社会资本、民间资本参与大武夷旅游开发，支持引导旅游企业通过上市挂牌、发行债券、并购重组等方式拓宽融资渠道；重点推进武夷山国家公园、武夷山文化生态保护区、武夷山大学、武夷山国际发展知识中心、武夷山住宅银行五大项目建设。

（3）基础设施。全面提升武夷山机场的国际化水平，创造条件增加主要客源市场城市经停大武夷的高铁、动车车次，增加国际航班班次；打通省际、区域间高速、高铁"断头路"，打通旅游景区"最后一公里"，实现区域间交通基础设施互联互通；全面提升旅游互联网基础设施，建设"清新福建云"，建设统一的大武夷智慧旅游平台，统一的官方微博、微信和手机App。

（4）公共服务。完善大武夷旅游市场营销体系，面向游客、一致对外，按照"统一目标市场、统一宣传投放、统一营销服务"的总要求，开展大武夷旅游目的地"公益性市场营销"；完善大武夷旅游集散体系；重点建设旅游厕所革命工程、旅游集散体系工程、旅游直通车工程、旅游营地工程和旅游安全工程。

（5）市场监管。创新旅游市场监管机制，探索组建旅游工商分局、旅游警察、旅游巡回法庭；重点针对旅游购物、餐饮服务"高定价、高回扣"，旅行社"零团费、负团费"经营，强迫或变相强迫游客消费等突出问题开展专项整治，维护旅游消费者合法权益。

（6）部门协作。成立大武夷旅游圈建设领导小组，发挥省直部门在大武夷旅游圈发展过程中的支撑作用，建议由省领导任组长，省直有关部门和"两翼多核"圈域体系内相关市、县主要领导为主要成员，维护大武夷旅游圈的共同价值观，落实大武夷旅游圈的共同发展诉求。重点发挥省发展改革委的综合协调作用和省文化和旅游厅的行业管理职能。

（7）区域协作。建立大武夷旅游圈区域协作联席会议机制，发挥市、县两级政府的主观能动性，落实大武夷旅游圈发展的各项重点任务；推进无障碍旅游，实现客源互送无障碍、信息交换无障碍、旅游投诉无障碍、旅游交通互联互通无障碍，推进区域旅游经济一体化。

（8）能力建设。打造大武夷旅游圈，主体力量来自企业及市场，但需要各级政府的系统集成，需要省、市、县、乡四级政府和相关行政村提供系统性服务（特别是县、乡两级政府的服务）。开展专题培训，统一理念。

第七章　经济治理问题

在"五位一体"推进全方位高质量发展进程中，经济建设居于中心地位。在条块结合推进产业高质量发展和区域高质量发展过程中，市场和政府的关系成为经济高质量发展过程中的主要矛盾。具体表现在三方面。

一是系统生成问题。传统上，经济系统生成方式以生核形式和自繁形式为主，通过试点培育新系统的核心范式，再通过规范、推广在试点地区周边扩大系统规模，或者在其他地区通过移植试点办法扩大系统规模。新时期，经济系统生成方式由生核、自繁形式为主逐渐过渡到合并、因果形式为主，通过经济区划、行政区划空间的整合、合并优化，或者通过产业链、供应链、价值链的跨区域整合、提升形成因果链。

二是市场作用问题。理论上，经济系统具备治理信号自动发生机制，依托自由市场不断释放的价格信号、供求信号、竞争信号、风险信号等市场信号，引导市场主体分工协作推进经济系统有序运行。问题是，市场会失灵，仅有市场信号不足以实现经济系统有效治理，以政府公共政策为主要形式的政府指令成为经济系统治理信号的有机组成部分，矛盾的焦点来自政府指令跨界替代市场信号，特别是替代市场发送价格信号。

三是政府管理问题。一个经济体需要政府的相关服务，如处理劳资冲突、生态灾难、经济危机等公共事务。问题是，政府也会失灵。实践中，政府指令包括规则和相机抉择，分别以法律法规和公共政策为主要表征，矛盾的焦点来自政府指令的相机抉择偏好，习惯于用"红头文件"为经济治理发送治理信号，阻碍了"更好发挥政府的作用"。

实现社会主义现代化的关键在经济现代化，经济现代化的过程控制引发经济系统与治理系统的矛盾演进，经济建设与经济治理的关系成为经济现代化的主要矛盾。本章围绕经济系统执行首要任务进行针对性分析，探索经济建设与经济治理的理论问题，研究省域经济治理的实践问题，勾勒新时期省域经济治理的基本范式。

第一，经济系统治理。在国家大系统中，经济系统居于基础地位，经济治理现代化成为国家治理现代化的必然要求。经济治理能否现代化，从根本上取决于治理系统适应经济系统的状况，关键在于把握好经济系统质量互变过程中的状态控制，围绕产业升级、动力升级、基础升级控制经济系统状态，围绕体制升级、机制升级、组织升级控制治理系统状态，通过状态控制转变经济发展方式和经济治理方式，构建中央与地方、政府指令与市场信号双层治理架构，构建以公司治理为基础、以行业治理为补充、中央与地方政府治理统分结合的多核治理机制，提升治理系统适应经济系统的水平。

第二，省域经济治理。在政府治理的治理清单中，经济治理处于中心地位；在政府治理的等级系统中，地方政府治理处于中流地位。地方政府经济治理现代化成为政府经济治理现代化的基石。以省域经济治理为主导的地方经济治理，从根本上取决于生产力和生产关系的治理状况。解放生产力、发展生产力是地方政府经济治理的中心工作，但长期以经济建设为中心的发展导向导致生产关系不适应生产力的发展需要，加上信息化、网络化的生产、生活方式逐渐主导生产力与生产关系，使得生产力治理、生产关系治理、信息治理成为新时代地方政府经济治理的三大要件。

第三，治理模式。以马克思主义中国化和中华文化现代化为重点的中国特色社会主义制度构成了经济治理的"体"，以国家治理体系和国家治理能力为重点的中国特色社会主义治理构成了经济治理的"相"，而以经济现代化和经济治理现代化为重点的中国特色社会主义经济体系，则构成了经济治理之"体"与"相"在经济领域的"用"，由此形成了一个基于"体、相、用"系统具有中国特色的经济治理模式。

第一节　经济系统治理①

从现状和发展趋势看，中国还将长期处在社会主义初级阶段，最重要的仍是发展好经济。在经济建设、政治建设、文化建设、社会建设、生态文明建设"五位一体"建设中国特色社会主义进程中，经济建设还将长期居于核心地位，决定着社会主义现代化和中华民族伟大复兴发展目标的实现进程；

---

① 朱四海：《国家治理现代化理论研究：经济治理视角》，《发展研究》2015 年第 4 期。

在经济治理、政治治理、文化治理、社会治理、生态文明治理"五位一体"完善和发展中国特色社会主义制度进程中，经济治理还将长期居于核心地位，决定着国家治理体系和治理能力现代化改革目标的实现进程；经济建设与经济治理的关系成为经济现代化的主要矛盾。

本节运用系统科学理论的系统分析方法和辩证唯物主义的矛盾分析方法，从经济系统、治理系统、系统升级三方面探索经济建设与经济治理的关系，借此构建经济治理现代化的理论框架。

一　经济系统

经济系统是国家大系统的要素子系统，为国家繁荣富强、人民幸福安康、社会和谐稳定提供物质基础，在国家大系统中居于基础地位。经济系统是一个等级概念，小到一个家庭、一个企业，大到一个县、一个省、一个国家，都有自己的经济系统。人们对经济系统的关注主要围绕两方面展开：一是数量，从总量上寻求经济系统满足经济体的物质需求，其核心是增长；二是质量上寻求经济系统满足经济体的物质需求，其核心是结构。经济增长与经济结构的关系成为经济系统演进过程中的主要矛盾。

（一）系统生成

任何等级的经济系统都是由小到大发展起来的。在发展的初级阶段，经济发展集中表现为经济增长，也就是经济总量不断攀升的过程，意味着社会经济活动中商品和劳务产出数量的不断增加，而产出的增加必然要求投入发生变化。根据投入品变化的特征分布形成了外延式增长与内涵式增长两种经济增长方式，并以此生成区域经济和行业经济两大经济系统。

1. 外延式增长

外延式经济增长主要依靠增加自然资源、资本和劳动等生产要素的投入、生产规模的扩张来实现；其中，核心的手段是扩大固定资产投资。任何一个工程项目的形成、任何一个产业部门的形成，都需要有足够的投资量做保障；对于处在工业化、城市化初期的发展中国家而言，资本积累成为经济增长的关键和主要的约束条件。从空间组织形式看，外延式增长表现为大规模设立以促进投资便利化为核心诉求的各类开发区（如经济特区、经济技术开发区、高新技术产业开发区、旅游度假区等）、以促进贸易便利化为核心诉求的各类海关特殊监管区（包括出口加工区、保税港区、保税物流园区、自由贸易区等）和以人口向城市集聚、城市扩张为核心诉求的各类城市新区。从系统生成方式看，外延式增长的系统发生形式包括生核形式和自繁形式，通过试点培育新系统的核心范式，再通过规范、推广在试点地区周边扩大系统规模，或者在其他地区通过移植试点办法扩大系统规模。

2. 内涵式增长

内涵式经济增长主要通过提高资源等生产要素的利用效率和配置效率来实现；其中，核心的手段是技术进步和科学管理，二者被称为推动经济发展的"两个轮子"。一方面，通过提高劳动者素质、提升各类要素的利用效率来增加商品和劳务的产出；另一方面，从中观和宏观层面协调要素在部门、区域之间的配置，以取得最优的配置效率。从空间组织形式与系统生成方式看，围绕各类开发区、海关特殊监管区和城市新区外延式增长形成的生产力空间布局和人口空间布局，量的累积引起质的变化，经济系统通过经济区划、行政区划空间的整合、合并优化配置效率实现内涵式增长，或者通过供应链、价值链、创新链的跨区域整合实现内涵式增长。

3. 系统状态

依托内涵式增长方式，国民经济系统逐渐裂变为区域经济和行业经济两大子系统。以省市县等行政区划为基础逐步生成区域经济系统，受区域经济同构性增长的激励，不同区域同一行业的经济组织逐步生成以产业分工为基础的行业经济系统。从国情背景看，以区域经济和行业经济"条块结合"形成的国民经济系统细分为三大子系统：一是中央经济系统，由省域经济系统和中央管理的国有经济系统两大子系统组成；二是地方经济系统，由城市经济系统和县域经济系统两大子系统组成（包含地方管理的国有经济系统）；三是行业经济系统，由各行业子系统组成，并以"条条"形式渗透到中央和地方经济系统的"块块"当中。

（二）过程控制

本质上，内涵式增长是外延式增长的逻辑延伸，没有外延式增长就不可能有内涵式增长。外延式增长达到一定程度和规模以后，矛盾累积要求经济增长必须由以外延式为主向以内涵式为主转变。

1. 过程控制理论基础

如何判断发展模式由外延式向内涵式转变的时机？全要素生产率解决了外延式增长向内涵式增长转变的测度问题。其基本逻辑如下。

假定经济体的总量生产函数由 C-D 函数表达为：

$$Y(t) = A \cdot K(t)^{\alpha} \cdot L(t)^{\beta}, \quad \alpha, \beta \in (0, 1) \tag{7-1}$$

其中，$Y(t)$ 为产出数量，$K(t)$ 为资本投入量、$L(t)$ 为劳动投入量，A 为技术进步，α、β 分别为资本和劳动的产出弹性，t 为时间。

对（7-1）式求全微分，可得经济增长方程：

$$G_y = G_a + \alpha \cdot G_k + \beta \cdot G_l \tag{7-2}$$

其中，G_y 为经济体的经济增长率；G_a 为技术进步增长率；G_k 为资本增长率；G_l 为劳动增长率。

将（7-2）式两边同除以 G_y，可得经济增长贡献率方程：

$$C_a = 1 - (\alpha \cdot C_k + \beta \cdot C_l) \tag{7-3}$$

其中，C_k 为资本对经济增长的贡献率；C_l 为劳动对经济增长的贡献率；C_a 为技术进步对经济增长的贡献率，等于剔除资本和劳动对经济增长的贡献率后的差值，称为全要素生产率（TFP），又称索洛残差。

在经济增长过程中，如果 $C_a < \alpha C_k + \beta C_l$，表明经济增长主要依靠外延式增长推动；如果 $C_a > \alpha C_k + \beta C_l$，表明经济增长主要依靠内涵式增长推动；从而为经济增长方式由外延式向内涵式转变的时机找到了测度的途径。

2. 过程控制任务构成

无论是外延式增长还是内涵式增长，基于要素的经济增长方式不可避免地引发三方面的问题。

（1）系统风险。以中央和地方经济系统、行业经济系统"条块结合"为主导的经济运行方式，客观上存在风险累积的倾向。从国民经济系统内部看，具体表现在三方面：一是中央经济系统的控制性风险，包括中央政府为提升国民经济系统的稳定、秩序与平衡而对地方经济、行业经济的不当干预和中央政府通过中央国有企业对地方经济、行业经济的不当制衡等；二是地方经济系统的结构性风险，包括发展战略"羊群效应"导致的产业同构与产能过剩和发展政策"自利法则"导致的市场壁垒与市场失序等；三是行业经济系统的功能性风险，包括由行业总量与结构形成的总供给与总需求不平衡引发的"经济危机式"行业衰退和行业内部产业链不同环节间供应链与价值链不平衡导致的"赢者通吃式"行业垄断。从国民经济系统外部看，在开放经济条件下还存在三类风险：一是输入型风险，国民经济系统作为全球经济系统的子系统，不可避免地受到来自其他经济体的影响；二是输出型风险，国民经济三大子系统向境外的产能扩张、资本输出不可避免地对系统自身的稳定产生反作用；三是规则型风险，国际国内两类市场规则的不一致性不可避免地对系统自身的秩序产生反作用。

（2）外部约束。经济系统的生成和发展，与自然环境密切相关，受资源环境的约束。依靠要素投入推动经济增长不仅要求地球能够有效提供增长所需的能源矿产资源，还要求为生产生活提供有效的废弃物排放空间。传统的工业化道路已经导致全球性的人口激增、资源短缺、环境污染和生态破坏，使人类社会面临严重困境。退一步讲，即使经济增长转到了以内涵式增长为主的轨道或增长路径上来，人类追求经济增长、经济总量扩张的"贪婪"何时是尽头？人口、经济的"无限增长可能"与地球资源、环境的"有限承载能力"矛盾决定了增长存在极限。建立在对地球资源环境无尽索取基础上的经济增长是不可持续的，经济增长必须转到可持续发展的轨道上来。

（3）增长伦理。经济增长的根本目的是满足人们日益增长的物质生活的需要，但物质财富不是人类快乐的唯一源泉，人类还需要休闲、娱乐、美丽的自然风光和干净整洁的自然环境，单纯的经济增长不能让人们享受美好生活、甚至造成生活质量的下降；而且，受不平衡发展的制约，经济增长带来的现实福利不能公平分配甚至出现两极分化。增长的价值面临被质疑，经济增长的福祉不断被与之相伴的负面影响所抵消，所谓的经济增长正在变得"不经济"，没有发展的增长面临挑战。

系统风险、外部约束、增长伦理等问题表明，实现风险与约束可控、效率与公平协同的系统目标，需要对经济系统的生成和发展实施过程控制。过程控制的关键在于处理好经济增长与经济发展的关系。必须承认，没有经济增长就没有经济发展，增长为发展提供了不可或缺的物质基础。问题是，我们到底要什么样的经济增长？经济增长方式由外延式向内涵式转变，解决的仅仅是经济增长的手段和路径问题，并没有解决经济增长过程中对发展的挑战，特别是对可持续发展的挑战。经济增长是为经济发展服务的，必须改变以经济增长为核心的经济发展方式，以结构调整为主线，推动经济发展方式的根本性转变。

（三）结构优化

开放经济条件下，市场主体按照市场规律和市场机制规范运作，经济系统具有像原始森林一样的自组织功能，通过生核、自繁等形式实现系统的自我扩张。经济系统的自由成长会带来两方面的问题：一是质量问题，经济系统不同于森林系统，经济增长量的累积客观上要求系统产出向质的提升方向演进；二是分化问题，以投资为核心的系统生成模式，刺激了以金融为核心的虚拟经济的形成和发展，导致经济系统杠杆化、泡沫化、虚拟化，甚至阻碍了实体经济的发展。经济系统生成和发展过程控制的根本目的，在于按照经济系统发展环境、发展条件、发展阶段的要求，从外部推进系统的结构优化，通过结构调整推进系统的功能完善，统筹解决质量和分化问题。

1. 需求结构

外延式增长的直接结果是总供给能力的不断攀升，总供给大于总需求成为经济发展的常态，总需求管理成为宏观政策的重点。调整需求结构工作的重点就在于调整和优化拉动经济增长的总需求结构，促进经济增长由主要依靠投资、出口拉动向依靠投资、消费、出口三大需求协调拉动转变，通过拉动经济增长的总需求结构的调整，以及投资需求结构、消费需求结构和出口需求结构的调整与优化，来加快经济发展方式的转变。从国情背景看，要点包括三方面：一是居民消费，通过房地产税适当提高住宅拥有成本管理住房消费，通过公共交通适当降低出行成本管理汽车消费；二是政府消费，优化公共产品和公共服务在政府消费中的比例构成，以购买服务为核心改进政府消费的供给方式，促进政府消费市场化；三是进出口，限制资源型高载能型产品出口、鼓励进口，大幅度提升服务贸易比重，扩大服务出口贸易。

2. 供给结构

调整供给结构是调整需求结构的对偶命题。按照需求结构变动的时序要求，调整以农业为主的第一产业、以工业为主的第二产业、以服务业为主的第三产业在国民经济发展中的比例构成，调整三次产业内部的行业比例构成，促进经济增长由主要依靠第二产业带动向依靠第一第二第三产业协同带动转变，推进产业"高度化"。从国情背景看，依次递进优化经济系统的企业、行业和市场结构：一是企业结构，放宽市场准入、鼓励创业做多企业，促进经济公司化；完善市场体系、鼓励创新做强企业，促进经济国际化；二是行业结构，完善以企业为主体、行业协会为主导的行业组织形式，按照需求结构优化的要求优化行业结构；三是市场结构，创新满足需求的产业服务形式，按照比较优势和竞争优势原则通过国内国外两个市场组织产业供给，用市场的办法满足需求。

3. 要素结构

产业结构的调整必然带来要素结构的变化，其核心是促进经济增长由主要依靠增加物质资源消耗向主要依靠科技进步、管理创新和劳动者素质提高转变；在这个过程中，关键要发挥市场机制在各类要素资源配置中的决定性作用，完善市场体系、发挥竞争机制在优化资源配置和有效利用资源方面的基本功能；同时，统筹国内发展和对外开放，开发国内国际两种资源。从国情背景看，要点包括三方面：一是传统要素，包括土地、资本和劳动力，建设城乡统一的土地市场、保障农村集体土地权益；健全资本报酬的市场决定机制、控制金融资本的市场分利套利行为；完善人力资本市场、培育职业经理人队伍、建立经济系统（企业经营管理人才）与政治系统（党政部门官员）之间的人力资本流动机制。二是现代要素，包括管理、技术和知识、数据，保护知识产权、发展技术市场和数据市场，优化技术和管理参与收入分配的体制机制。三是发展制度，包括政府提供的公共产品、公共服务和公共政策，科学管理政府以公共产品和公共服务名义参与传统要素和现代要素资源配置的体制机制、保护生产性要素的市场化配置权力，培育和发展公共政策市场、完善政策过程的制衡机制。

4. 空间结构

无论是产业结构优化还是要素结构优化，都需要解决空间布局问题。空间结构优化的关键就在于调整和优化生产力布局，统筹城乡经济发展和区域经济发展，缩小经济发展过程中的城乡差距和区域经济发展不平衡；同时，统筹国内发展和对外开放，并将自然发展纳入人的发展范畴中来，促进人与自然协调发展。从国情背景看，要点包括五方面：一是开发区，开发区不能长期处在开发状态，要建立开发区退出机制，特别是已经融入城市的开发区，要推进开发区与行政区融合发展；二是海关特殊监管区，按照自由贸易要求整合优化，引导加工贸易转型升级；三是城市新区，规避城市化对工业化的负面影响，引导人口集聚和服务业发展；四是自然保护区，严格执行主体功能区战略和区域发展总体战略，完善自然资源资产产权制度管理限制开发区和禁止开发区；五是境外拓展空间，重点发展海外农业，并将制造业的生产环节全球化布局。

二　治理系统

以结构调整为主线推动经济体转变经济发展方式是需要治理的，根本原因在于经济系统自由放任式的"野蛮成长"容易导致结构调整过程不可控，容易引发经济危机等系统性风险，经济系统必须"嵌入"治理系统。在国家治理现代化进程中，治理系统的根本使命，就是推进经济持续健康发展，提升经济系统的稳定性、可控性。

（一）制度构成

治理系统作为经济系统的共生系统，具体表现为公司治理、行业治理和政府治理。

1. 公司治理

作为迄今为止最为广泛高效的经济组织形式，公司被认为是近代以来最重要的商业创新，"拥有多少强大的公司"已经成为关乎任何规模经济体综合实力的大问题①；作为创造社会财富的主要工具，市场经济的发展进程已经内化于公司的发展进程，公司成为资源的配置主体、成为经济系统的治理主体，市场这只"看不见的手"执行资源配置的功能实质性地被公司这只"看得见的手"所左右，公司成为经济体内最具影响力的治理集团，并通过自由贸易体系将治理力量扩张到经济体之外②。

2. 行业治理

自由竞争是市场经济的本质特征之一，是公司生存与发展的环境基础。传统上基于市场力、以卡特尔/辛迪加为主要形式的市场垄断和基于资本力、以托拉斯/康采恩为主要形式的资本垄断形成的"一个公司就是一个行业"经济组织形式，破坏了市场的公平，阻碍了新竞争者的加入、进而阻碍了行业的发展③。政府对市场力、资本力的管制推进了"一个公司拥有整个行业"时代的终结，诱发了行业治理的诉求，行业协会成为经济系统的治理力量之一，在政府、企业、市场三者之间提供服务，制定并执行行规行约，规范行业行为，实现行业自律管理。

3. 政府治理

本质上，公司治理和行业治理属于经济系统的内生治理变量。企业野蛮

① 《公司的力量》节目组：《公司的力量》，山西教育出版社，2010。
② 〔卢森堡〕马克·格尔根：《公司治理》，王世权等译，机械工业出版社，2014。
③ 市场经济的"野蛮成长"容易引发垄断、阻碍竞争。历史上，垄断组织形式主要有卡特尔（Cartel）、辛迪加（Syndicate）、托拉斯（Trust）和康采恩（Konzem）四种。垄断组织的形成是自由资本主义过渡到垄断资本主义的产物，生产集中引致市场垄断形成的市场力、资本集中引致资本垄断形成的资本力是垄断组织获取高额利润的力量源泉；其中，卡特尔属于同业独立企业为垄断市场组成的同业联盟，通过协议确定卡特尔成员产品数量、价格、销售额、销售区域，属于一种正式的市场串谋行为；辛迪加属于卡特尔的升级版，同业企业将原材料采购和产品销售交由联盟统一经营，垄断特征更加显著和稳定，但二者均建立在市场力的基础上。随着市场垄断的进一步发展，垄断组织的垄断权逐渐掌握在最大的资本家手中，同业联盟内的其他企业主失去市场主体独立地位、成为联盟股东、按股权分配利润，垄断组织由卡特尔、辛迪加演变成托拉斯，并通过扩展同业范围、向其他行业延伸，形成以财阀、控股公司、集团总公司为主导的康采恩垄断组织，资本力逐渐取代市场力成为市场垄断的主导力量。
垄断组织的出现是生产力发展的必然结果，需要政府进行规制。美国历史上形成了三部反垄断法，包括 1890 年的《谢尔曼反托拉斯法》，1914 年的《联邦贸易委员会法》和《克莱顿反托拉斯法》。

成长与任性扩张形成的"大到不能倒"与"大到管不了"的尴尬加上政府直接成立企业的问题，客观上要求引入政府这只"看得见的手"参与经济系统治理。区别于公司的微观治理、行业协会的中观治理，政府治理存在的意义在于对经济系统进行宏观调控和市场监管，有效管控公司治理的"丛林法则"效应和大公司凌驾于政府上形成的"治理替代"效应，并有效提升行业协会在中观层面协助治理经济系统的能力。

（二）治理机制

在开放环境下，经济系统的治理由公司法人、行业协会社团法人和政府机关法人共同分享，"制度构成"解决了治理系统的管理体制问题。从运行机制看，还需要依据各类治理主体的客观需要设计和完善治理信号体系，这意味着治理系统需要在内生治理变量与外生治理变量之间取得平衡，需要在市场信号治理与政府指令治理之间取得平衡。

1. 治理信号

经济治理系统总是建立在一系列连续或离散的治理信号基础之上的，经济系统的运行依据一定的信号体系实现有序和稳定，经济系统的治理依据一定的信号体系实现可控和可观测。通常情况下，经济系统具备治理信号自动发生机制，引导市场主体分工协作推进系统有序运行；但受市场失灵的制约，仅有市场信号不足以实现系统有效治理，以政府公共政策为主要形式的政府指令成为经济系统治理信号的有机组成部分。人们对经济系统治理需要市场信号和政府指令没有异议，但对二者的适用范围和组合机制远还没有达成共识。

2. 信号组合

理论上，依托自由市场不断释放的价格信号、供求信号、竞争信号、风险信号等市场信号，建立在公司法人基础上的公司治理群体的自组织、自适应治理为经济系统治理提供了制度基础。现实的困难是，作为社会财富有效创造者的公司本身并不是社会财富的有效分配者，也不是自然环境的自动友好者，而且随着产业资本与金融资本的不断分化，实体经济与虚拟经济之间渐渐地形成了一道道裂缝乃至鸿沟。一个公司化的经济体需要一个为公司服务的政府，为劳资冲突、生态灾难、经济危机提供服务。矛盾的焦点来自政府指令跨界替代市场信号，特别是替代市场发送价格信号。组合机制的意义就在于在政府意志和市场自由之间保持必要的张力，完善和发展公司治理在经济系统治理中的基础地位。

3. 动态平衡

本质上，公司治理和政府治理在经济系统治理过程中具有内容各异的目标体系，将公司塑造成高度围绕政府运转的机器或者将政府塑造成高度围绕公司运转的机器都是不合适的，动态管理市场信号与政府指令在经济系统治理信号流中的流通构成成为经济治理的中心环节。政府对市场动态管理的关键在于如何更好地发挥政府的作用。规范地看，政府指令有两种形成机制：规则治理和相机抉择治理。规则治理属于政府指令中相对稳定的部分、相机抉择治理属于政府指令中动态调整的部分，分别以法律法规和公共政策为主要特征，二者构成了政府指令稳定性与灵活性的统一。实践中，政府治理的相机抉择偏好恶化了政府指令构成，阻碍了"更好发挥政府的作用"，特别是随着经济体经济总量不断扩张，经济系统的复杂性如果超越政府的行政能力，相机抉择治理将不可行。提升政府治理的可预期性、提高政府指令的法治化水平成为动态管理的关键。

（三）协同体制

显然，上述由公司、行业协会社团、政府机关三者联合基于市场信号和政府指令形成的经济治理系统是"开环"的，治理主体对客体的治理只有顺向作用没有反向联系、经济系统的输出（产品或服务）不对系统的治理产生影响，这种治理系统是不完善的；另一方面，作为国家大系统的子系统，经济系统治理不可避免地受到政治、文化、社会、生态等子系统治理的影响，系统协同成为经济系统的外部治理模式。

1. 协同体系

本质上，经济系统不能靠政府行政主体集中统一、自上而下的方式来治理，经济系统应该回归于市场之中，由公司等市场主体来治理，毕竟一个受指挥和控制的经济终归不如自由市场经济有活力。虽然自由竞争能够筛选出全社会最有创业热情的人、能够筛选出经济系统最有效的市场强者，却无法保护弱者。因此，经济系统治理首先要在市场主体的自组织与行政主体的管制之间取得协同；区别于公司治理内化于经济系统之中，政府管制从外部对经济系统进行行为约束。另一方面，经济系统本身不是一个孤立系统、而是一个开放系统，与其他要素子系统不断地交换着物质、能量和信息，进而不断地改变着经济系统治理信号流的流通构成。因此，经济系统治理还需要与非经济系统治理取得协同。非经济系统治理与政府管制一起从外部对经济系统进行协同治理。

2. 治理组合

理论上，经济系统的治理效率由经济系统内部、政府治理和公司治理的组合效率与经济系统外部、非经济系统治理的组合效率共同决定，经济系统的外部治理在经济治理系统中处于辅助地位，协同服务于经济系统的发展需要。外部治理组合的意义，就在于按照系统协同的要求完善和发展外部治理的制度力量构成，并与内部治理制度力量形成协同治理机制。由于政治系统处在国家大系统中的核心位置，协同治理的关键，在于处理好经济系统与政治系统的治理关系，避免出现经济治理的政治替代，乃至走向"经济系统成为政治系统附庸"的治理极端。在此基础上，完善经济发展的商务环境、政务环境、社会环境和生态环境，培育有利于提升治理效率的治理文化。

3. 反馈机制

到目前为止，我们所建构的经济系统的治理信号流向都是单方向的，治理系统与经济系统的输出无关，需要引入反馈机制，将经济系统的输出信息纳入治理信号流对治理系统进行校正，形成"闭环"。规范地看，存在三类不同性质的输出信息。第一类与产品或服务相关联，涵盖产品或服务本身、产品或服务提供者、产品或服务提供过程，分别由消费者及其组织、产业工人及其组织、环境保护者及其组织负责提供[1]；第二类与政府治理相关联，反映政府行政主体治理经济系统的能力与绩效，由政府或第三方负责提供；第三类与协同治理相关联，反映非经济系统治理的协同能力与绩效，由政府或第三方负责提供。第一类与第二类输出信息校正经济系统的内部治理、改进经济系统的内部治理效率；第三类输出信息校正经济系统的外部治理、改进经济系统的外部治理效率。

三　系统升级

经济系统"量"的扩张与"质"的变化达到一定"度"的时候，经济系统升级要求治理系统同步升级，以适应经济系统发展的需要。根本上，经济治理能否现代化取决于治理系统适应经济系统的状况。治理系统适应经济系统状况就能够有力地推动经济系统发展，反之则阻碍经济系统发展。系统升级的意义，就在于按照现代化的要求完善和发展经济治理，从经济系统和治理系统相向发力推进经济治理现代化，涉及功能升级、结构升级和模式转换

---

[1]　注：环境保护是经济系统治理的主要反馈模块，构成经济系统治理的闭环。

三方面的任务。

（一）功能升级

经济治理系统是经济系统与治理系统螺旋演进的结果。经济治理系统作为经济系统与治理系统的共生系统，系统升级首先要立足于经济系统升级。从经济系统的功能层面看，系统升级涉及三方面的内容。

1. 产业升级

以消费、投资、出口为核心的需求升级，是经济系统升级的原动力，拉动供给升级，并具体表现为产业升级。从总量上看，产业升级涉及存量调整，构建存量生产力的过剩产能退出机制与技术改造转型机制；涉及增量优化，通过引入新经济新产业推进供给升级；还涉及布局优化，通过协同推进产业发展与城乡建设实现生产力空间布局优化。从结构上看，产业升级涉及三次产业结构优化、三产产业内部行业结构优化以及构成行业的企业结构优化，涉及以供应链、价值链为核心的产业链链条优化，还涉及以各类开发区、海关特殊监管区为核心的产业集群优化。产业升级本质上属于市场主体的经济行为，但受政府这只"看得见的手"与市场这只"看不见的手"双重引领，升级面临挑战：一是产业规划，政府总存在引导产业升级的"行为冲动"，总认为比市场主体先知先觉，能够通过产业规划"萝卜+大棒"引导或诱导产业升级；二是响应能力，市场主体产业升级的意愿取决于存量生产力的"折旧期"和投资未来的比较收益与机会成本，改造存量与做大增量演变为"两难"；三是逆向选择，建立在资源开发利用基础上的产业及其升级面临"资源诅咒"。

2. 动力升级

产业升级由经济力、市场力、政府力共同驱动，以经济利益为核心的经济力为产业升级提供内生动力，以自由竞争为核心的市场力和以政府激励与规制为核心的政府力为产业升级提供外生动力，具体表现为要素驱动、效率驱动和创新驱动。动力升级的要点，在于超越依托廉价劳动力和大规模土地开发、资金投入的初级状态，将经济发展转到更多地依托提高要素的利用效率和配置效率、提升人力资本质量和科技创新的轨道上来。与三股驱动力相对应，存在三股影响动力升级的"反作用力"：一是企业追求利益依托经济力野蛮成长形成的对自然环境的破坏力；二是既得利益阶层依托市场力财富累积形成的对产业升级的阻挠力；三是行政官员依托政府力开发土地和建设项目形成的对要素驱动的惯性力。

3. 基础升级

以产业升级和动力升级为核心的经济系统功能升级，需要有效的"升级环境"支撑，包括基础设施和政策法规两方面。基础升级的要点，在于按照功能升级的要求同步或适当超前升级以交通、能源、水利、市政、信息网络、环境治理为核心的经济基础设施和以教育、科技、文化、卫生为核心的社会基础设施，清理和完善各类经济法律、法规、部门规章以及政府相关公共政策。基础升级本质上属于政府公共服务升级，为经济系统升级创造良好发展环境和外部条件，需要规避三方面的问题：一是政府力强势行使导致的经济基础设施过度供给和科技教育等社会基础设施错位供给，引发全社会固定资产投资中非生产性投资与生产性投资的比例失衡、进而挤占产业升级的要素资源，引发全社会知识资本与人力资本积累结构性失衡、进而影响经济系统的动力升级；二是基于行政区划推进的基础设施建设和政府公共政策设计导致的"邻避效应"，引发不同区域间的互联互通障碍和政府间公共政策无序竞争、进而影响经济系统的协同升级；三是政府规则治理与相机抉择治理法治化建设滞后，引发政府与市场之间的利益冲突、进而影响经济系统的整体升级。

（二）结构升级

产业升级、动力升级、基础升级一起构成了经济系统升级集合。作为功能与结构的统一体，经济治理系统升级不能仅仅是经济系统功能升级单兵突进，还需要协同推进以结构升级为核心的治理系统升级，形成系统完备、科学规范、运行有效的制度体系。

1. 体制升级

这是结构升级的重点领域。经济系统的功能升级要求治理系统协同升级，以适应经济系统的发展需要，满足经济系统与治理系统螺旋演进的要求，涉及三方面的任务。一是产权制度，按照产业升级的要求完善和发展不动产与动产产权保护制度；按照动力升级的要求完善和发展知识产权保护制度；按照生态文明的发展要求建立健全自然资源资产产权保护制度。二是法人制度，按照经济公司化发展要求完善各类市场主体法人治理结构；适应公司治理要求完善政府机关法人治理结构；适应公司治理和政府治理要求完善社会团体和事业单位法人治理结构；提升个体工商户和农村承包经营户法治化水平。三是开放制度，按照产业升级的要求推进各类开发区、海关特殊监管区转型升级，完善和发展"引进来"开放制度；按照经济全球化和区域一体化的要求推进双边、多边、区域次区域开放合作，完善和发展"走出去"开放制度；

按照经济网络化的发展要求推进网络空间开放合作，完善和发展"虚拟国土空间"开放制度。从国情背景看，以产权制度、法人制度、开放制度为核心的体制升级需要解决两方面的问题：一是城乡二元结构问题，重点完善农村土地开发利用权益保护制度、农村基本公共服务均等化制度和农业转移人口城镇基本公共服务普惠制度；二是国有资产管理问题，重点解决以混合所有制为核心的产权组织形式问题，以国有资本、国有企业双层管理为核心的国有资产监管模式问题，以及以出资人、决策人、经营管理人公司治理为核心的现代企业制度问题。

2. 机制升级

这是结构升级的关键环节。机制升级本质上属于治理系统制度变迁范畴，为经济系统升级提供制度基础，将经济系统运行纳入制度化的轨道，接下来的问题就是完善在轨运行了，也就是治理系统的机制升级问题。规范地看，机制升级包含三方面的内容：一是市场机制升级，升级的重点在市场规则、资源配置方式、市场竞争方式三大领域，建立统一的市场准入制度和统一的市场监管制度，建立以中国特色土地市场、金融市场、技术市场、知识产权市场、数据市场、人力资源市场为核心的要素市场体系，推动市场竞争方式由"数量速度型"向"质量效益型"转变；二是政府机制升级，升级重点在宏观调控、市场监管、公共服务和国民收入分配与再分配四大领域，按照"一级政府、一级事权、一级财权、一级预算"的总要求，以财政能力为核心，升级中央政府宏观调控能力，升级地方政府市场监管、公共服务能力；三是社会机制升级，升级重点在行业协会、消费者协会，全面提升行业协会的经济治理"制度制衡"能力，全面提升消费者协会的经济治理"用脚投票"能力。从国情背景看，以市场机制、政府机制、社会机制为核心的机制升级需要解决三方面的问题：一是伪市场问题，重点解决产权双轨制下市场力与政府力不对称导致的土地市场价格扭曲问题和资本市场发育不良情况下以国有金融企业为主导的金融资源错配问题；二是政府间不正当竞争问题，重点清理各级行政主体基于自身利益出台的各类违法施行的优惠政策；三是制度制衡问题，重点培育以行业协会为主体、以解决市场失灵和政府失灵为核心诉求的第三方制度力量。

3. 组织升级

这是结构升级的难点。作为体制与机制的结合体，体制升级与机制升级为组织提供了新秩序；新秩序的形成是一个过程，从升级的实现路径看，需要解决治理系统升级的"落地"问题，包括组织结构升级和组织形式升级两方面。①组织结构升级。一是市场组织结构升级，重点升级公司结构，优化大中小微企业在公司中的比例构成、优化公司内部组织结构，推进生产者主权、流通者主权、消费者主权市场三权相互制衡；二是政府组织结构升级，重点升级政府组成部门，优化政府层级和同一层级的内部组织结构，推进决策权、执行权、监督权行政三权相互制衡。②经济组织形式升级。以绿色经济（循环经济、低碳经济）为主要形式解构和重构陆地经济，以蓝色经济为主要形式组织海洋经济，以数字经济为主要形式组织网络空间经济，推进经济社会数字化转化与数字化发展。从国情背景看，组织结构升级与组织形式升级的有效性取决于政府和市场的关系，矛盾的主要方面在政府，面临来自三方面的挑战。一是制度惯性，体制升级本质上属于权力和利益的制度性调整，是一场革命；受计划体制的路径依赖，现行的政府主导的自上而下修正式的制度供给模式，存在制度供给与制度需求脱节、供给过度与供给不足的问题；改革政府制度供给模式、提升供给有效性成为组织升级的一项基础性工作。二是决策机制，作为体制升级和机制升级枢纽的组织升级本质上是决策的产物，是各级各类组织决策行为的结果；困难来自"铁打的企业流水的官员"，政府"任期制短期决策模式"不适应企业"长期经营决策模式"的需要，市场经济系统与政府政治系统决策模式不相容。三是产业政策，实现经济组织形式向"绿色经济、蓝色经济、数字经济"转型，现行的以"优惠政策+严进宽管轻罚"为主导的产业政策需要转型到以"普惠政策+宽进严管重罚"为特征的产业政策，这将从根本上颠覆了现行的以"批项目批资金"为核心的政府产业政策生态。

（三）模式转换

按照组成系统的功能与结构、内容与形式相统一的制度设计要求，上述功能升级与结构升级从总体上描绘出经济治理系统升级的进化蓝图。显然，仅有蓝图是不够的，将蓝图转变为现实还要设计一套符合系统功能与结构升级要求的实施机制，推进经济治理系统模式转换（包括状态转换、发展模式转换和治理模式转换）。

1. 状态转换

这是模式转换的基础。实现社会主义现代化和中华民族伟大复兴是一个分阶段实施的发展过程，总体上需要经历全面建成小康社会（初级阶段）、基本实现物的现代化（中级阶段）、基本实现人的现代化（高级阶段）的阶段演进，每个阶段都对应着具有不同状态特征的经济系统与治理系统。状态转换的要点，就在于按照国家现代化的要求、适时推进经济治理系统的状态空间转换，主要有三方面。一是阶段性转换。分类管理中央经济系统、地方经济系统和行业经济系统，科学把握经济系统数量、质量与度的关系，在量的扩张过程中推进质的变化，推进政府经济治理的状态转换，推进公司经济治理的状态转换。二是局部性转换。分类管理各类经济开发区和经济发展先行区，按照率先全面建成小康社会、率先实现物的现代化、率先实现人的现代化进程要求，推进区域经济治理的状态转换。三是角色转换。无论是阶段性转换还是局部性转换，对于治理系统而言中心工作都在于治理主体的角色转换，科学管理工程师、经济学家和法学家的角色锁定与角色不相容，不能"换思想"就"换人"。从国情背景看，状态转换需要解决三方面的问题：一是短板问题，包括农业现代化短板和市场化短板，分别制约经济系统状态转换和治理系统状态转换；二是硬着陆问题，经济系统量的扩张到一定程度的时候引发的质的变化面临系统性风险，经济危机式的状态转换威胁系统的稳定与秩序，状态转换将陷入混乱；三是再次起飞问题，状态转换打破了系统原有的平衡，需要建立系统新秩序，如果条件不成熟，旧的打破了，新的建立不起来，状态转换同样将陷入混乱。

2. 发展模式转换

这是模式转换的重点。状态转换是经济系统由低级状态向高级状态的上升运动，意味着"新系统的产生和旧系统的灭亡"，意味着经济系统从一种状态向另一种状态的质变。发展模式转换的要点，就在于按照状态转换的要求转变经济发展方式，具体有三点：一是系统生成模式，经济系统的生成由生核、自繁为主向合并、因果为主转换，区域经济的整合提升与行业经济的兼并重组成为系统发展的主要矛盾，部分经济系统转向海外生成；二是资产管理模式，资源资产的资本化与资本的证券化成为经济系统调整存量、做优增量的主要途径，部分存量资产转移海外发展；三是系统输出模式，经济系统的产出（商品和服务）由规模、速度为主向质量、效益为主转换，产能管理成为系统发展矛盾的主要方面。从国情背景看，发展模式转换需要处理好三方面的关系：一是试验实验与系统升级的关系，适时终止符合状态转换条件的经济特区、经济开发区等各类政策型先行发展区的试点状态，实现政策优惠型发展模式向国民待遇型发展模式转换；二是"引进来"与"走出去"的关系，改革以吸引境外资金为核心诉求的"招商引资"模式，完善以产能输出、资本输出为核心诉求的"走出去"模式；三是后发优势与先发优势的关系，改变以模仿为主要特征的技术创新模式，通过原始创新培育经济发展的先发优势，实现发展模式由"中国制造"向"中国创造"转变。

3. 治理模式转换

这是模式转换的难点。经济系统的状态转换为治理系统的状态转换创造了条件，但不充分，根本原因在于治理系统状态转换涉及利益调整。治理模式转换的意义，就在于按照经济系统状态转换的要求转变经济治理方式，要点有三：一是资源配置模式，完善动产不动产产权保护制度、知识产权保护制度和自然资源资产产权保护制度，推进土地、资本、劳动力等传统要素和管理、技术、知识、数据等现代要素配置现代化；二是经济运行模式，构建中央与地方、区域与行业经济系统双层治理架构，科学设计省级政府与央属企业经济制衡机制以及省域经济中城市经济、县域经济与行业经济的治理体制，赋予省级政府更多的经济政策创制权限；三是财富分配模式，初次分配体现效率、再分配体现公平，科学管理政府财富，降低流转税占比、提升财产税占比、优化所得税与资源环境税占比，控制财富分配两极分化。

从国情背景看，治理模式转换需要处理好三方面的关系：一是统治与分治的关系，改革中央政府以试点的名义发起的各类经济治理模式，推进经济治理由单核向多核转变，构建以地方政府经济治理为基础的多核治理模式；二是政府指令与市场信号的关系，增强政府指令的稳定性和透明度，形成可预期的治理环境；三是创造财富与分配财富的关系，统筹投资与消费以及生产与分利的制度与政策，鼓励面向未来进行"投资与生产"创造财富，鼓励立足当下进行"分利与消费"分配财富，重点管理好政府自身的财富归集行为和企业的非生产性寻利行为，避免与民争利和"寻租型"腐败。

从经济系统、到治理系统、再到系统升级，大体上勾勒出经济治理现代化的发展路线图。经济现代化是社会主义现代化的基础性工作，经济治理现代化是国家治理现代化的重要组成部分。经济现代化的过程控制引致经济系统与治理系统的矛盾演进，经济建设与经济治理的关系成为经济现代化的主要矛盾。具体地，从经济系统角度看，量的扩张与质的提升导致规模速度与质量效益的矛盾演进，经济增长与经济结构的关系成为经济系统的主要矛盾；从治理系统角度看，政府治理与市场治理的矛盾演进，使得政府指令与市场信号的关系成为治理系统的主要矛盾。对上述矛盾的管理成为经济治理现代化的基石，涵盖四方面的内容：一是稳定性，防止出现"颠覆性错误"和经济危机；二是可控性，确保经济治理系统功能升级、结构升级和模式转换进程可控；三是可观测性，经济治理系统的稳定性和可控性不能仅由政府部门或市场主体"说了算"，还要引入反馈机制和第三方评价机制来提升治理效率；四是鲁棒性，提升经济系统抗风险能力，并使各项经济制度更加成熟。由此形成了经济治理现代化的理论框架。

①状态控制。围绕产业升级、动力升级、基础升级控制经济系统状态，围绕体制升级、机制升级、组织升级控制治理系统状态，通过状态控制转变经济发展方式和经济治理方式，改进治理系统适应经济系统的状态和水平。

②双层架构。统筹政府意志与市场自由，完善政府指令和市场信号组合机制；构建"地方政府+中央企业"的中央经济系统双层治理体制机制，构建"区域经济+行业经济"的地方经济系统双层治理体制机制，发挥中央和地方两个积极性，赋予地方更多的经济治理制度与政策创制权限。

③多核治理。按照经济公司化的要求完善和发展公司治理在经济系统治理中的基础地位；按照行业自律的要求提升行业协会在行业治理的制度制衡能力；按照中央与地方、统治与分治双层治理的要求改善地方政府的经济治理生态。

第二节　省域经济治理

在现代市场经济条件下，经济治理主体多元化，由公司法人、行业协会社团法人、政府机关法人分工协同，形成公司治理、行业治理、政府治理三大经济治理系统；其中，公司治理、行业治理属于经济系统的内生治理变量，政府治理作为经济系统的外生治理变量不仅直接参与经济系统治理，还代表公共利益对公司治理、行业治理实施政府管制。本节关注的重点聚焦到政府，研究政府经济治理的现代化问题。

中国是一个大国，政府经济治理需要分级管理，划分不同政区形成多层次的行政区划，导致中央政府与地方政府，中央与地方的关系成为政府经济治理的主要矛盾。区别于政治系统的中央集权，经济系统将逐渐分权，呈现多中心的治理格局，地方政府将拥有更多的经济治理"制度与政策"的创制权限，推进地方政府经济治理体系与治理能力现代化成为国家经济治理现代化的前提和基础，成为处理好中央与地方关系的前提和基础。

在现代化治理体系中，经济治理属于"物的现代化"治理范畴，按照国家大系统要素子系统的发展要求推进经济系统治理现代化。规范地看，地方政府经济治理涵盖三个方面的内容。

一是目标，回答"地方政府经济治理的期望状态问题"，包括重点优化生产力空间布局和人口空间布局，完善产业生态和人口生态，并将人与自然的关系纳入经济治理体系中来，完善自然生态；

二是功能，回答"地方政府经济治理系统的功能定位问题"，包括政府经济治理系统作为经济治理系统子系统的功能定位和地方政府经济治理系统作为政府经济治理系统子系统的功能定位，以生产力、生产关系为主要特征，并通过控制系统内物质、能量、信息的流通构成实现系统功能；

三是结构，回答"地方政府经济治理系统的制度问题"，包括完善地方政府经济组织形式、运行机制以及政府经济组织的系列、等级与层次，以体制、机制为主要特征，并通过法律、法规和政府公共政策完善系统结构，构建有利于实现系统目标和功能的地方政府经济治理系统。

本节应用历史唯物主义的生产力与生产关系理论和系统科学理论的系统分析方法，从生产力治理、生产关系治理和信息治理三方面，规范性分析以省级政府为核心的地方政府经济治理问题。

一　生产力治理

生产力治理是地方政府经济治理的第一功能性要件。省域经济治理首要任务是不断提升生产力发展水平，生产力治理成为地方政府经济治理的中心工作（也就是常说的"以经济建设为中心"）。现实中，提升生产力发展水平是一个历史的进程，生产力治理需要在"图纸设计"与"施工建设"之间取得平衡，需要在"静态治理"与"动态治理"之间取得平衡。

（一）静态治理

以"图纸设计"为核心的静态治理是生产力治理的基础性工作。对于地方政府而言，静态治理重点绘制发展愿景、发展战略、发展规划三张图纸。

1. 发展愿景

这是生产力治理的先导，谋划发展目标、对生产力治理进行概念性设计，为生产力发展指明方向，汇聚人心、凝聚共识、鼓舞士气、形成合力。一是目标体系，在"两个一百年"实现"社会主义现代化和中华民族伟大复兴"的国家目标框架下细化省级、地市级、县级、乡镇级四级地方经济发展愿景；二是目标结构，在产业发展、城乡建设、环境保护的生产力发展任务框架下细化物质生产力与文化生产力的发展愿景；三是目标要素，在劳动者、劳动资料、劳动对象等生产力基本要素框架下细化人的要素与物的要素发展愿景。

发展愿景从总体上勾勒出地方政府生产力治理的历史使命。现实中，受愿景与行动"谋划长期与实践当下"的矛盾制约，生产力治理概念性设计考验治理者的智慧。

2. 发展战略

这是生产力治理的灵魂，发展战略是发展愿景的行动源泉，为实现发展愿景确立的目标体系、目标结构和目标要素进行全局性谋划、形成一定历史时期指导全局的方略；一是谋略，根据国家发展战略和地方比较优势、竞争优势，谋划地方发展战略，涵盖总体战略、区域战略、领域战略以及与战略实施相关的发展能力建设，形成"战略群"；二是经略，按照"目的因果链与行动因果链反序"的要求科学设计战略实施的手段（也就是战略战术问题），形成支撑"战略群"落地的"战术群"；三是策略，根据形势的发展和变化对发展战略进行战略调适、战略调整乃至战略转换，策动发展战略，动态管理"战略群"和"战术群"。

发展战略从总体上勾勒出地方政府生产力治理的基本路径。实践中，受发展愿景的意识形态化制约，谋略、经略、策略三个层次的发展战略治理同样考验着治理者的智慧。一是战略定力，受国家层面区域发展总体战略和主体功能区战略"战略刚性"不足的约束①，地方政府经济发展战略可能按照主要领导人的"偏好"进行调整或转换，战略设计缺乏连续性；由于缺乏"一以贯之"的中心思想，地方经济发展战略有时沦为"政治口号"而不是成为"行动指南"。二是战略细化，战略实施需要战术落实，需要地方政府的执行力，根本途径是战略细化，在总体战略框架下通过战略延伸完善各级政府的发展战略；考虑到战略实施的时间跨度，战略细化还需要在重点区域、重点领域寻求有效的战略突破，设计战略"突破口"，通过突破口集中投入人力、物力和财力实现重要战略目标，为全面实现发展愿景创造条件并提供基

---

① "区域发展总体战略"由西部大开发、振兴东北地区等老工业基地、促进中部地区崛起、鼓励东部地区率先发展四大战略组成；"主体功能区战略"根据不同区域的资源环境承载能力、现有开发密度和发展潜力，将国土空间按开发方式分为优化开发区域、重点开发区域、限制开发区域、禁止开发区域四类；二者均由国家发展改革委提出并组织实施。区域发展总体战略和主体功能区战略本质上属于空间发展战略，由于战略单元太大，加上与国土规划特别是土地规划缺乏有效协同，引致战略冲突。

2012年以来，在区域发展总体战略基础上，又进一步策划形成国家区域重大战略群，包括京津冀协同发展、长三角区域一体化发展、粤港澳大湾区建设、长江经济带建设、黄河流域生态保护与高质量发展、"一带一路"倡议，并将雄安新区定为国家大事、千年大计，将海南岛整体纳入自由贸易港建设。

础范式。三是战略单元，无论是产业发展、城乡建设还是环境保护，战略实施都是以团队为基础的，并受管理幅度的制约，围绕战略群、战术群设计的战略单元必须符合实施团队的能力状况和管理幅度要求，避免战略单元太大而实际不可行或者战略单元太小而"只见树木不见森林"。

3. 发展规划

这是生产力治理的蓝图，中华民族伟大复兴的美好前景既需要感性的描绘，也需要理性的规划。发展规划将发展愿景、发展战略转化为一个个具体的行动，一起引领中国人民砥砺前行。从省级层面看，围绕发展规划的生产力治理涉及三方面的工作。一是规划立法。规划立法的根本要义，就在于明确政府与市场的边界，明确政府规划的边界；对于可规划部分，明确规划主体、程序、内容和实施机制，实现规划编制有法可依。二是规划体系。由空间规划和时间规划两大体系组成。空间规划重点解决生产力空间布局和人口空间布局问题，并将环境保护纳入规划体系中来，三者统一于"国土空间规划"；时间规划重点解决发展愿景、发展战略的推进节奏和实现路径问题，并将境外的竞合关系纳入规划体系中来，三者统一于国民经济和社会发展"五年规划"。空间规划服务服从于时间规划，以保障发展目标的实现。三是规划协同。空间规划与时间规划的协同，国土规划中生产力布局、人口布局、环境保护规划的协同，"五年规划"中产业发展、城乡建设、生态文明建设规划的协同，以及上位规划与下位规划的协同。重点突破"部门编制规划、部门实施规划、部门评价规划实施绩效"的孤岛效应，促进部门协作。

发展规划从总体上勾勒出地方政府生产力治理的行动路径。以行动为核心诉求的发展规划治理同样考验着治理者的智慧。一是规划的科学性，尽管计划和规划只有一字之差，但性质已发生根本转变，从微观管理转变为中观和宏观治理，从而决定了规划工作的"低门槛、长进深"本质——谁都能对规划做出评论，但并不是谁都可以做好规划；规划的科学性必须建立在学科基础上，并通过多学科综合构建规划的理论与方法，由此决定了规划工作必须走专业化路线，政府部门并不专业、需要借助"外脑"，但政府部门必须具备基本的规划能力，着力约束政府部门规划编制的自利行为，规避"拍脑袋"规划、"朝令夕改"规划。二是规划的实施刚性，规划不执行被随意篡改，政府换届领导调整令规划沦为废纸，根本原因在于规划实施缺乏法律约束，必须强化规划的法律属性，经批准的规划必须具备法律效力，不作为、乱作为或选择性作为必须承担相应的法律后果。三是规划的评估中性，在规划行政主体和规划行政相对人之外建立第三方规划实施绩效评估体制机制，规避政府及其相关部门的"王婆卖瓜"现象、化解规划行政相对人的"囚徒困境"，重点完善时间规划的"中期评估"和空间规划的"滚动评估"，定期开展规划体系的系统性、整体性、协同性评估。

概言之，上述发展愿景、发展战略、发展规划是三位一体的，一起构成了地方政府生产力静态治理的理论框架。

（二）动态治理

所谓"一分部署、九分落实"，以"施工建设"为核心的动态治理是生产力治理的关键性工作。对于地方政府而言，动态治理涉及资源配置、公共服务、发展环境三方面的任务。

1. 资源配置

这是生产力动态治理的基础，为发展战略、发展规划的实施与发展目标的实现提供人力、物力和财力，决定着生产力静态治理格局的布局与结局、决定着生产力治理的绩效与水平。

资源配置围绕生产力公式展开：

$$生产力 = （劳动者+劳动对象+劳动资料）×技术×管理$$

一是要素保障，包括以劳动者为核心的"人的要素"以及以劳动对象和劳动资料为核心的"物的要素"，也就是经济学上的土地、资本、劳动力三大要素；受生态稀缺性的制约，环境容量正成为第四大要素。二是配置效率，包括各类要素在不同区域（地市、县、乡镇）的开发效率和不同领域（行业、企业）的利用效率，发挥科学技术在人的要素与物的要素开发利用过程中对生产力发展的乘数效应。三是调控能力，包括国内、国外两种资源的调控能力，引入政府、市场、社会制度力量，发挥管理在要素保障、效率改进过程中的乘数效应。其中，技术和管理被称为现代社会推动生产力发展的两个"轮子"，其配置水平从根本上决定人的要素与物的要素的开发利用水平。

资源配置是实施发展战略、发展规划的前提，但资源配置的动态治理面临挑战。一是配置主体，无论是土地、资本、劳动力等传统要素，还是知识、技术、管理等现代要素，抑或是信息、数据等新兴要素，政府与市场边界模糊，政府与市场之间还存在大量的中间地带，发挥市场在资源配置中的决定性作用任重道远。二是配置绩效，资源垄断、错配、失配并存，形成了以政府部门为主导的行政性垄断和以国有企业为主导的非竞争性垄断；由于政府力量的强势介入，资源在生产性领域和非生产性领域形成错配，非生产性领域资源过度配置；受自然资源资产产权制度的制约，无论是政府还是市场都存在环境容量资源失配现象。三是逆向配置，低杠杆率（高杠杆倍数）推高了银行参与全社会财富分配水平，导致社会财富向银行逆向配置；土地等资产价格定价机制的扭曲推高了政府参与全社会财富分配水平，导致社会财富向政府逆向配置；以房地产为核心的不动产价格虚高形成的资产泡沫，加上以股票市场为核心的资本市场发展形成的资本泡沫，导致社会财富向先富阶层逆向配置；从而形成虚拟经济对实体经济的"挤出效应"，形成以金融为中心的资源配置模式，资源在非实体经济中虚拟配置，杠杆化、泡沫化、非实体化并存。

2. 公共服务

这是生产力动态治理的重点，以市场作为资源配置的基本方式、以公司作为经济治理的基本手段，需要一个与之相匹配的政府，推进地方政府由传统的"全能、人治、管制型"向现代的"有限、法治、服务型"转变，集中反映在为各类经济治理主体提供的公共服务上。[①] 一是基础设施，包括交通、能源、水利、市政、信息、环境保护等经济基础设施和教育、科技、文化、卫生、体育等社会基础设施，根据生产力发展状况的要求适度超前或同步推进基础设施建设。二是市场体系，包括土地、资本、劳动力、技术等要素市场和能源矿产、金属、粮食等商品市场，以及为要素和商品市场提供服务的各类商品交易所、产权交易所，建立企业"自主经营、公平竞争"，消费者"自由选择、自主消费"，商品和要素"自由流动、平等交换"的现代市场体系，为生产者、流通者、消费者提供服务。三是市场监管，包括以投资、质量、价格为核心的经济性监管，以普遍服务、产品安全、环境保护为核心的社会性监管，以及以地方保护、优惠政策、不正当竞争为核心的反垄断，建立基于全国统一市场的市场监管体系。

公共服务为资源要素由潜在生产力向现实生产力转化创造了条件，但公共服务的动态治理也面临一些挑战。

一是市场替代，集中反映在投资、价格、贸易三方面；长期以项目审批

---

① 公共服务相对于私人服务、社会服务而言，属于政府行为，面向自然人（公民）和法人（企业公民），涵盖社会、文化、经济、政治、生态各个领域。其中，社会公共服务针对基本民生需求，覆盖出生、教育、就业、养老全生命周期，衣、食、住、行全领域，是政府公共服务的底线。这里着重讨论经济公共服务，讨论政府依托公权力介入或者公共资源投入为公民和企业公民参与经济活动提供的各种服务。

为核心的投资管理体制形成了"政府替代企业投资决策"的制度锁定，加上节能节地节水、环保、技术、安全等市场准入标准建设滞后，不该干的拼命干，该干的却没干好；长期对要素和商品的价格管制，特别是对土地价格、资金价格（利率）的市场管制，导致以价格机制为核心的资源配置市场机制难以形成，政府的强势造就了市场的弱势、市场主体缺乏有效价格实践在国际市场上普遍没有价格话语权；长期以出口为核心的贸易管理体制，加上人民币汇率的政府管制，环境资源"净出口"，导致依托"两种资源、两个市场"的发展机制难以形成；市场替代在计划经济向市场经济过渡时期具有历史必然性，如何缩短过渡时间考验治理者的智慧。

二是逆向服务，集中反映在国有保护、地方保护、环境保护三方面；政府主导的基础设施公共服务供给长期依赖国有企业，非公有制企业"依法平等使用生产要素、公平公正公开参与市场竞争、同等受到法律保护"难以实现；受中央与地方"分灶吃饭"财政体制发展路径的制约，加上财权与事权、支出责任改革滞后，地方政府的"利己行为"导致市场分割和地方保护，统一开放、竞争有序的市场体系难以形成；受以经济增长为核心的 GDP 主义发展路径的制约，加上发达国家"先发展、后治理"的错误示范，以环境保护为核心的社会性监管成为政府市场监管的短板。

三是服务成本，政府依托公权力介入或公共资源投入提供的基础设施、市场体系、市场监管等公共服务，本质上属于政府消费，因而是需要成本的；由于缺乏刚性的成本约束，加上不断派生的公共服务需求，政府机构不断膨胀，"廉价政府"的治理诉求事实上被"昂贵政府"所替代；降低服务成本、建设廉价政府，需要改革政府消费的供给模式，将一部分适宜由各类市场主体和社会组织承担的公共服务以服务外包的形式转移出去，政府仅扮演服务购买者角色，促进政府消费市场化，并形成政府公共服务的价格发现机制，借以控制服务成本。解决市场替代、逆向服务、服务成本问题，关键在于处理好政府与市场的关系，不越位、不错位，有效提升服务水平。

3. 发展环境

这是生产力动态治理的保障，为发展战略、发展规划的实施提供外部条件，为资源配置、公共服务动态治理提供外部条件。现代生产力是以企业为主体的，发展环境动态治理以企业为中心展开，按照企业发展状况和发展需要创造良好发展环境，涵盖四方面的任务。一是政务环境。政府及其工作人员对待企业家、纳税人的基本理念与态度，因此，政务环境治理成为发展环境治理的首要任务。

二是商务环境。企业是市场的细胞，对于大部分企业而言，面对市场需要"抱团"，通过空间集聚"集群化"形成规模优势，通过上下游合作"链条化"形成范围优势；这个过程需要政府的"加持"，以产权保护为核心，以诚信文化、契约文化为基础，以市场规则为准绳，完善和发展有利于规模经济和范围经济的区域商务环境。三是社会环境。企业是社会的"器官"，任何企业离开社会都难以为继、任何社会离开企业也难以为继；民众对企业的基本理念和态度，尊重企业、爱护企业、以发展企业为荣的社会氛围对企业发展至关重要，不仅决定着社会的创业状况，还决定着存量企业的发展水平；这个过程同样需要政府的"加持"，以平等对待为导向，培育社会尊重爱护企业的文化，完善和发展有利于企业发展的区域社会环境。四是生态环境，企业是社会的产物、也是自然的产物，人文生态与自然生态对企业发展至关重要，既需要政府提供与物的现代化相匹配的自然生态环境，也需要政府提供与人的现代化相匹配的人文生态环境，通过创造良好的人文生态和自然生态促进企业发展。

创造良好发展环境是地方政府现代化治理的重要任务，以政务环境、商务环境、社会环境、生态环境为核心的发展环境，决定着企业的未来，也决定着地方经济的区域竞争力。实践中，发展环境动态治理考验着治理者的智慧。发展环境中的"环"是以企业为中心的，想企业之所想、急企业之所急，为企业开展经济活动提供外部辅助服务；这就要求政府的身份由经济治理的"主导者"转变为"服务者"；同时，要相信企业和市场的力量，不要总想着指导企业发展、干预市场运行。

概言之，上述资源配置、公共服务、发展环境是三位一体的，一起构成了地方政府生产力动态治理的理论框架。

二 生产关系治理

解放生产力、发展生产力是地方政府经济治理的中心工作。就社会生产力而言，生产力由人的劳动产生的价值凝结，一旦形成就具有满足人们生活水平提高和自身素质全面发展的产出能力，这种能力是客观存在的、不以人的意志为转移的，由此派生出生产力的使用与产出的分配问题，需要在人与生产力之间建立联系，生产力与人的联系构成了生产关系，包括人与人、人与社会、人与自然的关系。在地方政府经济治理系统中，生产关系涉及两个层面的问题：一是在组成地方政府经济治理系统的要素子系统中，不同系统之间的关系；二是地方政府经济治理系统作为经济治理系统的要素子系统、作为政府经济治理系统的要素子系统，与其他系统之间的关系。前者涉及地方政府生产关系的内部治理，后者涉及地方政府生产关系的外部治理。

（一）内部治理

在现行体制下，地方政府经济治理系统由"条块"组成，省级、地市级、县级、乡镇级四级政府组成地方政府的"条"[①]，同级政府部门组成地方政府的"块"，地方政府生产关系"内部治理"围绕"条块"展开，涵盖部门经济、城市经济和县域经济的生产关系治理[②]；其中，条状生产关系主要围绕部门经济展开、块状生产关系主要围绕城市经济、县域经济展开，着力解决部门利益和地方利益问题。

1. 部门经济

政府经济治理作为一个整体通过部门分工成为一个个局部，部门利益与整体利益的矛盾成为部门生产关系治理的主要矛盾，治理重点有三个。

一是部门分工，在厘定政府与市场、政府与社会边界的前提下，根据政府经济治理的职能定位和地方政府经济治理的职能构成，按照"部门化"原则分解政府经济治理职能、组建地方政府经济治理的综合部门与专业部门；这个过程中，生产关系治理的关键在于明确部门的权力与责任，按照"权责一致"原则编制部门的权力清单和责任清单，按照"一致对外"原则编制部门分工后政府经济治理职能作为一个整体的服务流程，形成"一个窗口式"的治理服务。

二是横向治理，在政府边界范围内按照经济社会发展阶段的要求，统筹土地、资本、劳动以及技术、管理、知识、数据等要素部门治理，统筹农业、工业、服务业等生产部门治理，统筹分配、交换、进口、出口等流通部门治理，统筹政府履行资源配置、公共服务、发展环境建设职责参与社会财富分配与再分配的部门治理；这个过程中，生产关系治理的关键在于部门利益管理，按照"工业化、信息化、城镇化、农业现代化"的发展状况和发展要求，完善和发展《地方政府部门组织法》，以法律的形式明确政府部门分工办法以及要素、生产、流通、分配各个环节的治理范式。

三是纵向治理，地方政府经济治理的总目标由省、市、县、乡四级政府的分目标构成，在现行体制下总是先有上级政府的目标才有下级政府的目标，

---

① 地方政府的"条"由不同层级政府的相同部门形成的"股"组成，通常称之为系统，如发展改革委系统、财政系统、交通系统等；地方政府的"条"总体上是通过这些"股"发挥作用的。

② 此外，各地普遍形成以特定区域为载体的开发区经济，作为城市经济、县域经济的增长极。

上级政府的目标成为下级政府目标的原因，下级政府的目标成为结果，目标因果链是由大到小的，但为了达到目标而采取的行动，则只有下级政府达到各自的目标后上级政府的目标才得以实现，即目标因果链与行动因果链是反序的；这个过程中，生产关系治理的关键在于下级政府利益管理，通过业务指导乃至设立垂直管理部门形成上级政府对下级政府的利益制衡。

部门生产关系治理是地方政府生产关系内部治理的基石。实践中，受《地方政府部门组织法》立法滞后的制约，与部门分工、横向整理、纵向治理相对应，部门生产关系治理面临三大挑战。一是见木不见林，政府经济治理作为经济治理三大制度力量之一，部门化而形成一个个以部门为核心的"治理主体"；职能的分化导致政府部门设置"碎片化"，形成"多对一"的治理格局，以企业为核心的市场主体所需要的政府治理服务"碎片化"，加上行动因果链与目标因果链的反序，局部治理替代整体治理、短期治理替代长期治理成为常态。二是条块分割，利益是权力与责任的纽带，部门分工形成部门利益具有客观必然性，困难来自"权力部门化、部门利益化、利益法制化"的制度演进路径，部门利益成为部门开展经济治理的唯一目的，这就从根本上颠覆了部门设置的初衷，"尾大不掉"式的强势部门成为政府经济治理的"权力割据和利益割据"。三是过度矩阵化，为解决见木不见林、条块分割导致的治理孤岛与权利割据问题，地方政府普遍构建以推进部门间协作为核心的矩阵式组织，典型的如各类领导小组和联席会议制度，并形成了矩阵式组织对职能式部门的机构替代，部门职能上交给矩阵组织，这同样颠覆了部门设置的初衷。

2. 城市经济

在现代化推进过程中，城市逐渐成为人口空间分布的主要载体、成为生产力空间布局的主要载体，由此决定了城市经济利益在地方政府生产关系内部治理中的中心地位。[①] 就省级政府而言，基于省域经济治理形成的城市经济生产关系治理着力围绕三方面展开。一是城市体系，按照人口总量、经济总量发展现状与发展要求，以点状为基础建设省域城市经济群，以交通基础设施为纽带建设带状城市经济带，以中心城市为核心建设环状城市经济圈，形

---

① 国家统计局数据显示，中华人民共和国成立以来，中国的城市化进程长期落后于工业化进程。1949 年，中国城镇人口占总人口的比重（即城镇化率）为 10.64%，此后长期处在停滞状态；改革开放后，城镇化率逐步攀升，1981 年达到 20.16%、1996 年达到 30.48%、2003 年达到 40.43%，2011 年实现城镇人口超过乡村人口、城镇化率达到 51.27%。2021 年，我国常住人口城镇化率达到 64.72%，31 个省级行政区域中有 12 个超过全国平均数、8 个超过 70%，但区域差异悬殊，京津沪超过 80%，最低的西藏仅 36.61%。

成点状、带状、环状各得其所的现代城市空间体系。二是城市结构①，发挥省域国土空间开发与城市发展的比较优势与竞争优势，统筹小城市、中等城市、大城市、特大城市、超大城市发展，提高城市首位度，提高城市发展要素在首位城市的集中程度，以此提升省域城市体系在国家和区域城市体系中的竞争力。三是城市经营，按照城市的功能定位和规模要求，统筹政府机制与市场机制在城市建设与城市管理中的制度分布，以公共资源的开发利用为核心，推进资源向资产转化、推进资产资本化和资本证券化，引入市场机制推进城市公共产品和公共服务的市场化供给。

随着人口和生产力不断地向城市集中，城市经济利益成为地方利益的焦点，成为地方政府生产关系内部治理的主要部分。从国情背景看，与上述城市体系、城市结构、城市经营相联系，城市生产关系治理面临三大挑战。一是城乡矛盾，涵盖资源和产品两方面，集中反映在土地和农产品上；城市的扩张融合了乡村，乡村的集体土地转变为城市的国有土地，但城市建设用地的征地模式限制了乡村集体土地所有者的土地增值收益分配，引发城乡利益冲突；同时，由于城市经济脱离了农业经济，城市发展离不开农村的产品供给，但受自然风险与市场风险的双重制约，农村经济落后于城市经济，同样引发城乡利益冲突。二是城市竞争，以地级市为主体的城市结构由于互不隶属，各城市都在努力向大城市特大城市方向演进，加上省会城市、副省级城市、计划单列市基于行政级别的城市间竞争②，省域城市群难以形成具有区域竞争力的首位城市，也难以形成合乎比较优势和竞争优势的城市带、城市圈。三是"城建化"，城市发展的要义在于推进人口的城市集聚和生产力的城市集中，人口集聚与产业发展相得益彰，但受"经营城市"理念的诱导，土地城市化替代人口城市化引致城市化向城建化蜕变，城市发展过程中"见物不见人"，甚至出现"鬼城"。

3. 县域经济

县域经济总体上是以农业、农村、农民为主体的经济。作为一个社会主

---

① 2014年，国务院调整城市规模划分标准（国发〔2014〕51号），以城区常住人口（x万人）为统计口径，将城市分为五类：小城市（x<50）、中等城市（50≤x<100）、大城市（100≤x<500）、特大城市（500≤x<1000）、超大城市（x≥1000）；其中，小城市分为Ⅰ型（20≤x<50）、Ⅱ型（x<20）两档，大城市分为Ⅰ型（300≤x<500）、Ⅱ型（100≤x<300）两档。

② 目前全国还有15个副省级城市（含5个副省级的计划单列市和10个省会城市），它们是计划经济的产物，对省域经济治理是一把"双刃剑"，普遍存在副省级城市与所在省份的治理冲突。典型的如东北三省，居然拥有四个副省级城市，相当于把东北变成七个省，典型的大政府、小社会。

义国家，本质上要求"消除两极分化、实现共同富裕"，实现共同富裕的短板在县域；由于县域经济的财富创造能力普遍难以支撑共同富裕的发展需要，在省域经济框架下开展县域经济治理，关键在于处理好创造财富与分配财富的关系，要点有三。一是主体功能，按照主体功能区规划的要求，找准功能定位，统筹县域国土空间的经济功能与非经济功能，经济功能服务于创造财富、非经济功能通过提供农业服务与生态服务参与社会财富的分配与再分配。二是城镇化，减少乡村人口、集聚城镇人口，以城镇化带动工业化和农业现代化，通过撤县设市建立县级市或者撤县设区纳入设区市城市经济系统，促进县域经济由农村经济向城市经济转型。三是生态化，对于以非经济功能为主导的县域，重点完善生态服务，通过食品工业、生态旅游业和健康服务业推进环境生态价值由资源向资产、资本和产品转化，通过生态资源的产品化、服务化实现非经济功能向经济功能转化。

在现行体制下，县域经济既受省级政府部门利益制约，也受地方区市政府利益制约，面对自身的利益诉求，县域经济治理需要克服来自内外的挑战。一是全能化。县域经济是以县级行政区划为基础的，涉及一、二、三产业部门和生产、分配、交换、消费生产关系各个环节，县级政权又具有相对独立性与能动性，容易引发县域经济的国民经济化，容易误入建立功能完备、小而全的综合性经济体系发展陷阱。县域经济不可能是全能经济，需要科学取舍、有所为有所不为。二是部门利益。所谓"上面千条线，下面一根针"，受治理工作量与管理幅度的制约，省级政府经济治理是以部门为主导、以项目为导向的治理模式，县级政府经济治理由于工作量小、尽管也设立了相应的部门，总体上却是以县委县政府分管领导为主导、以任务为导向的治理模式，这样就形成了"一项任务对应多部门项目"的治理格局。由于省级政府部门与县级政府部门职责同构，省级政府部门"既批项目又批资金"助长了部门利益最大化。三是地方利益。县域经济在城市化进程中为城市经济提供土地、劳动、资本等资源，城市经济在县域经济的摇篮中发育、成长；在现行"市管县"体制下，地级市政府本能地以城市经济治理模式强势介入县域经济治理，导致县域经济的城市化转型失败，县域经济沦为城市经济的附庸。

概言之，上述部门经济、城市经济、县域经济是三位一体的，一起构成了地方政府生产关系内部治理的理论框架。未来 10～20 年，中国将处在城市化加速进程中，人口和生产力还将不断向城市集聚，县域经济还将不断向城市经济转化，城市群、城市带、城市圈成为区域经济的主要范式，城市生产关系成为地方政府生产关系内部治理的主要矛盾，部门经济、县域经济生产关系治理围绕城市经济生产关系治理不断进行结构与功能的调整，以适应城市生产关系治理的需要。对于省级政府而言，生产关系内部治理的关键在于平衡三大要素子系统的利益诉求、平衡部门利益与地方利益，促进生产关系适应生产力性质、水平和发展要求。

（二）外部治理

在开放经济条件下，地方政府经济治理跨越行政区划边界，与中央政府、其他地方政府以及与境外经济体发生关系，形成地方与中央、地方与地方、地方与境外国外的外部生产关系。地方政府生产关系治理需要同步推进生产关系的"外部治理"，集中反映在央地关系、对外开放、对内开放三方面。

1. 央地关系

作为一个实行民主集中制的社会主义国家，在经济、政治、文化、社会、生态五位一体推进社会主义现代化进程中，央地关系对于地方政府生产关系治理具有决定性的意义，始终居于生产关系外部治理的核心地位。[①] 规范地看，央地关系涉及三方面的内涵。一是地方与中央的关系，其核心是如何有效协同中央的决策进程，完善中央政府在地方经济发展进程中的责任分配，促进地方发展愿景融入中央发展愿景、促进地方经济发展战略上升为国家发展战略；二是地方与中央部门的关系，其核心是如何有效推进中央部门资源的地方配置（省部合作），促进中央部门在地方配置交通能源等经济基础设施和教育科技等社会基础设施、促进中央部门在地方建设人力资本市场和原材料产成品市场；三是地方与央属企业的关系，其核心是如何有效引导央属企业生产力布局的区域性偏好（央企合作），无论是金融央企还是非金融央企，作为中央政府治理省域经济的省部级国有企业，已发展成为国民经济的脊梁，维护好与央属企业的关系、引导央属企业入驻、促进央属企业在地方生产力布局，成为地方政府生产关系外部治理最具活力的领域之一。

本质上，地方政府在央地关系中处于从属地位，遵循在中央的统一领导下，充分发挥地方的主动性、积极性的原则[②]。现实中，随着中央政府作为国

---

① 央地关系主体是中共中央、国务院（中央政府）与地方党委、地方政府四者之间的关系，形成中共中央与国务院、中共中央与地方党委、中共中央与地方政府、国务院与地方政府、地方党委与地方政府五组关系。这里关注的重点是中央政府（即国务院）与地方政府的关系，而且仅讨论中央政府与地方政府的经济治理关系。

② 《中华人民共和国宪法》。

家的代理人参与全球经济治理进程的不断深化，地方政府将不断获得越来越多的经济治理主动权，由此引发地方政府在处理央地关系过程中的矛盾。一是非制度博弈，在土地、信贷资金等要素资源中央配给制以及中央与地方财权事权分离的制度背景下，地方政府通过中央部门"漂洗"造就了"地方决策、中央背书"现象，形成了中央政府对地方政府的控制性风险。二是地方政府间寻租，在以经济建设为中心的价值观引领下，地方政府成为地方经济发展的主要推力，普遍形成"地方政府主导型"的经济发展模式，地方政府成为经济治理的主角，地方政府基于自身利益的向上寻租行为，为中央政府部门提供了创租设租空间，并加强了中央与地方的非制度博弈。三是地方集权，非制度博弈和政府间寻租的矛盾激化，促使中央政府经济治理的地方分权，"下管一级"的治理模式导致了集权由中央政府转移到省级政府，形成地方政府的"分散式集权"，进而形成以省级政府为核心的经济治理地方集权，难以摆脱"放乱收死"的治理窠臼。

2. 对外开放

随着现代生产力的社会化、国际化以及全球经济一体化的不断推进，任何规模水平的经济体都难以实现自力更生。国际分工促进了国际合作，建立基于国内、国外"两个市场、两种资源、两套规则"的开放型经济体系成为地方政府生产关系外部治理的中心环节，这需要统筹三个维度的治理。一是开放广度，以结构治理为核心，按照比较优势与竞争优势原则治理货物贸易与服务贸易结构，按照贸易政策与产业政策协同的要求治理利用外资与对外投资结构，按照建立外向型经济体系的要求治理对外开放的国内国外空间结构，完善和发展全方位的对外开放格局。二是开放深度，科学管控对外贸易依存度，促进对外开放由一产为主向二产为主、再到三产为主的纵深推进，促进对外开放从市场与资源为主向技术与人才为主、再到规则与标准为主的纵深推进，以价值链为核心通过"开放深化"引领全球价值链、提升经济竞争力。三是开放效益，统筹对外开放的经济效益、社会效益和环境效益，通过开放促进地方经济发展，通过开放促进劳动就业和社会进步，通过开放推动与境外国外经贸伙伴在货物贸易、服务贸易和投资等领域的相互开放、以开放促开放形成有利于自身发展的外部环境，通过开放促进经贸伙伴和全球经济的平衡增长，通过开放提升地方政府参与全球经济治理和环境治理的能力与水平。

作为一个发展中的经济体，发达国家经济治理的历史为中国地方政府提供了"镜像"；为获得境外经济体的资本、技术等要素资源，31个省级经济体开展以"招商引资"为核心的政府间竞争，形成竞争性的对外开放格局，反过来制约了对外开放广度、深度与效益的治理绩效。

3. 对内开放

如前所述，中国是一个大国，东、中、西三大板块历史地形成了生产力的发展梯度，加上社会主义国家"先富带后富、实现共同富裕"的发展诉求，决定了对内开放是地方政府生产关系外部治理的重要部分。规范地看，与对内开放密切相关的地方政府生产关系治理任务有三项。一是配置资源，这是地方政府对内开放的动力源泉，在全国统一大市场①环境下，依托比较优势和竞争优势，通过引进项目、引进资金、引进技术、引进人才流入要素资源，通过生产力的梯度转移、能源矿产资源开发流出要素资源，实现资源要素的双向流动、优化配置。二是区域合作，这是地方政府对内开放的主导模式，按照政府推动、市场运作、优势互补、合作共赢原则，从省内、区域、跨区域三个层面推进对内开放，实现省内协同发展、地方经济融入区域经济、地方经济跨区域开展资源要素开发和市场体系建设。三是共同富裕，这是地方政府对内开放的责任，按照"先富带后富"的发展伦理，推进省内发达地区与欠发达地区的帮扶与合作；按照国家区域发展总体战略和对口支援政策的要求，推进省际的帮扶与合作。

经过40多年持续快速发展，中国的部分省级经济体的经济总量已经很高，具备成为欠发达地区"招商引资"的经济条件。当然，对内开放还需要制度创新；作为地方经济开放的两个"轮子"之一，实现对内开放与对外开放均衡的治理绩效还面临一系列挑战。一是统一市场，对内开放必须建立在全国统一市场的基础上，但无论是能源矿产资源、资本、人才、技术等要素市场，还是农产品、工业品等商品市场，抑或是金融业、旅游业等服务市场，各地方基于自利原则实施的优惠政策和地方保护行为，都不同程度形成了区域市场分割，限制了市场机制在资源配置中的主导作用。二是互联互通，交通能源等经济基础设施的互联互通以及社保医疗等社会基础设施的互联互通，是区域经济合作的前置性工作，但自成体系的地方经济限制了互联互通、也限制了区域经济合作。

从概念的内涵和外延看，基于央地关系、对外开放、对内开放三个维度

---

① 《高举中国特色社会主义伟大旗帜 为全面建设社会主义现代化国家而团结奋斗——在中国共产党第二十次全国代表大会上的报告》。

的生产关系外部治理是逻辑自洽的，一起构成了地方政府生产关系外部治理的理论框架。"放乱收死"的央地关系治理实践需要地方政府的治理创新，因而对内开放成为地方政府的治理短板，统筹央地关系、统筹对内对外开放成为新时期地方政府生产关系外部治理的重点。

与生产力治理焦点在"建设"相联系，生产关系治理往往聚焦在"改革"，改革生产关系中不适应生产力状况的部分和环节。因此，二者具有结构各异的治理逻辑：生产力治理总体上是目标导向的，生产关系治理总体上是问题导向的。对于地方政府而言，生产关系治理的整体绩效由内部治理绩效和外部治理绩效共同决定；由于经济系统需要的是地方政府生产关系治理的整体性服务，治理绩效最终取决于内部治理与外部治理的"短板"部分，取决于由部门经济、城市经济、县域经济三位一体形成的生产关系内部治理的短板，还取决于由央地关系、对外开放、对内开放三位一体形成的生产关系外部治理的短板。短板意味着问题，地方政府生产关系内部治理、外部治理存在的问题构成了地方政府生产关系治理的可变部分，成为地方政府生产关系治理的重点。

三　信息治理

生产力的静态治理与动态治理和生产关系的内部治理与外部治理一起，构成了地方政府经济系统的治理体系。从治理实现的角度看，无论是生产力治理还是生产关系治理，都是建立在信息基础上的，信息是普遍联系的基本方式、是治理实现的前提和基础，决定着治理主体的治理能力。由此，信息成为地方政府经济治理系统的第三个功能性要件。

在信息化、网络化的治理背景下，数字化成为人类生存和发展的基本方式，地方政府信息治理需要解决两个方面的基本问题：一是内容问题，面对国民经济信息化和社会生活信息化的比特世界，数字化生存面临信息资源与管理的挑战；二是形式问题，面对以光速传播比特信息的网络世界，数字化生存还面临信息供给与消费的挑战。前者涉及内容治理，解决海量信息的内容要素问题；后者涉及形式治理，解决海量信息内容的表现形式问题。

（一）　内容治理

在信息化的社会里，政府的主导资源已由物质转为信息。政府作为国家治理的主导者，履行计划、组织、人事、领导、控制管理职能，贯穿其中的是信息；信息不仅成为政务活动的主要内容、更直接关系到行政效率。地方政府信息内容治理主要围绕行政管理职能展开，涵盖信息资源、信息结构与流动性服务，推进信息内容总量增加、质量提高和结构优化，推进信息公开、信息共享和信息安全。

1. 信息资源

这是内容治理的逻辑起点。发展经济是地方政府的中心工作，经济发展总是与资源消耗相联系的，并统一于物质、能量、信息"资源金三角"之中①；与经济发展主要依靠物质和能量资源不同，经济治理主要依靠信息资源，一定数量和质量的信息资源是地方政府开展经济治理的前提。一是资源开发，开发市场（企业）、社会、政府发展与改革信息资源，开发宏观经济、区域经济、产业经济运行信息资源，开发能源矿产、环境生态信息资源，构建生产力治理与生产关系治理信息资源保障体制机制，保障信息资源总量。二是资源配置，引入市场机制，建立政府经济治理信息市场，发挥市场机制在信息资源配置中的基础性、决定性作用；引入竞争机制，在政府系统内和系统外建立"多卖多买"的信息资源交易体系，规避信息垄断；引入冗余机制，建立相同主题多主体信息资源开发机制，实现"货比三家"，保障信息资源质量。三是信息集成，对经过开发的发展与改革、经济运行、环境生态三大类经济信息资源，开展信息内容集成和服务集成，按照政府决策、执行、监督行政管理要求，对信息资源进行增值开发和综合利用，形成服务政府开展经济治理的信息产品和信息商品，实现信息资源向信息资产转化和信息资产向信息产品与信息服务转化。

资源开发、资源配置、信息集成构成了信息资源治理的"闭环"。一般认为，信息资源由信息内容、信息技术、信息工作者三要素组成，信息资源治理还必须在"环"内外取得平衡；现实中，面临来自三方面的挑战。一是信息能力，信息资源的占有、开发、集成、配置、应用是地方政府信息能力的重要源泉，也是经济治理能力的重要源泉；信息能力由信息技术和信息内容共同决定，受信息技术开发带动信息产业发展的激励，地方政府在信息化建设过程中不同程度地存在"重信息基础设施建设、轻信息内容开发利用"现

① "资源金三角"理论是建立在《控制论》基础上的。《控制论》认为，世界由物质、能量和信息构成，但人们认识到信息是一种独立的资源却是近期的事情。20 世纪 80 年代，美国哈佛大学的研究小组提出，物质、能量和信息是支撑人类生存和发展的三大战略资源；他们认为，没有物质、什么都不存在，没有能量、什么都不会发生，没有信息、什么都没有意义；作为资源，物质为人们提供了各种各样的材料、能量为人们提供了各种各样的动力、信息为人们提供了各种各样的知识；信息资源是无限的、可再生的、可共享的，其开发利用可以有效减少物质和能量的资源消耗。

象，长期的"技术为王"偏好导致信息内容发展滞后于信息技术发展，而信息内容才是信息资源开发利用的目的和归宿，信息能力建设要尽快过渡到"内容为王"时代。二是信息孤岛，现行的地方政府组织架构由纵向的层级制和横向的职能制二元矩阵结构组成，条块分割和部门利益、地方利益导致了政府部门的信息资源垄断，加上由"信息自下而上"层层过滤导致的失真、"决策自上而下"层层理解导致的歪曲形成的信息管制恶性循环，以及不同部门之间信息资源的分类、编码、存储、传输标准不统一，客观上造成了信息资源的自成体系和信息壁垒；信息的价值在于流动、在于交换，信息融合才是信息资源增值开发利用的根本出路，解决信息孤岛问题要加快电子政务进程，建设基于元数据、大数据和云计算的信息资源中心。三是信息不对称，信息资源的开发、分配、集成通常由政府系统的信息工作者完成，受宽泛自由裁量权的激励，作为信息资源治理的代理人，信息工作者并不总是以治理主体或治理客体的最大利益行事的，面临"偷懒、搭便车、机会主义"行为等道德风险，以及"劣币驱逐良币"的逆向选择风险；信息不对称是制度选择的结果，解决问题的根本途径在市场化，改革信息分配制度，放开信息资源配置主体限制，引入政府系统外的信息工作者，推进信息资源配置的社会化、市场化和产业化，加快建设信息市场。

2. 信息结构

上述信息资源治理从"信息量"的层面解决内容治理问题，目标是扩大总量、提升质量；接下来，我们把目光转向结构，从"信息结构"的层面解决内容治理问题，目标是优化供给、引导需求，它们一起构成了信息内容治理的"一体两面"。结构化管理是一种以目标或结果为导向的逆向思维方式，是经济治理主体在信息爆炸时代开展信息内容治理的主流模式，路径是对经济治理所需的信息进行全面完整的分析，对要素进行合理分类，排除非关键要素、治理关键要素，以此抓住内容治理的主要矛盾和矛盾的主要方面。按照结构与功能相统一原则，信息的结构化管理涵盖三方面的任务。一是基础信息，包括自然人、法人、资源环境三大类基础信息，建立健全人口基础信息库、法人单位基础信息库和资源环境基础信息库，建立健全法人和人口资源环境基础信息分析制度。二是生产力信息，包括要素、市场、政府服务三大类生产力信息；根据经济社会发展阶段的要素需求特点，结构化分析资本、土地、劳动力三大传统要素，结构化分析技术、管理两大现代要素，结构化分析数据、信息、知识三大新兴要素；根据国际国内两种资源、两个市场的发展特点，结构化分析供求、价格、竞争、风险四大领域的市场信息；根据创造良好发展环境、提供优质公共服务、维护社会公平正义的政府职能要求，结构化分析经济调节、市场监管、社会管理、公共服务、环境保护五大领域的政府服务信息。三是生产关系信息，包括经济制度、经济政策、收入分配三大类生产关系信息；根据中国特色社会主义制度的发展要求，结构化分析公有制、非公有制、混合所有制三大领域的经济制度信息；根据地方政府经济治理的层级与职能，结构化分析发展战略、发展规划、财政政策、货币政策四大领域的经济政策信息，结构化分析投资、产业、价格等政策手段信息；根据效率与公平相统一原则，结构化分析国民收入初次分配、再分配、最终分配三大领域的收入分配信息。其中，基础信息着力于摸清家底，摸清可利用的外部资源；生产力信息和生产关系信息服务于经济治理，按照生产关系一定要适合生产力状况的人类社会发展规律要求，推进生产力与生产关系的信息结构优化和服务协同。

总的来看，信息资源进入经济系统、成为信息力，既对生产力发生作用、也对生产关系发生作用，成为生产力增长的源泉、成为生产关系序化的源泉；围绕基础信息、生产力信息、生产关系信息对信息资源进行结构化管理，为信息结构治理提供了可行的实现途径。困难来自信息的系统性、整体性与协同性，经济治理依靠必要且充分的信息，上述三类结构化信息不仅需要系统归集、还需要符合经济治理的整体性、协同性需求，面临来自三方面的挑战。一是结构性缺失，治理经济系统所需的决策、执行、监督信息，不仅取决于经济系统的发展、改革、稳定和人口、资源、环境的信息治理能力，还取决于政治系统的革命、建设、改革和内政、外交、国防的信息治理能力，但受信息素养和制度安排的局限[①]，无论是以经济系统为主体提供的生产力信息、还是以政治系统为主体提供的生产关系信息，抑或是作为信息基础设施供给的国家基础信息库，普遍面临系统性不足问题[②]。二是结构不协调，政府经济

[①] 信息素养是信息社会的一种基本信息能力，包括能够判断什么时候需要信息、懂得如何去获取信息以及如何去评价和有效利用所需的信息，由美国信息产业协会主席 Paul Zurkowski 于1974年提出。一个具有信息素养的人，必须能够认识到精确、完整的信息是做出合理决策的基础；必须能够确定信息需求，形成基于信息需求的问题；必须能够确定潜在的信息源，从信息源获取信息、组织信息、评价信息；必须能够将新信息与原有的知识体系进行融合，在批判性思考和问题解决的过程中使用信息。

[②] 国家基础信息库是信息基础设施的重要组成部分，属于由公共财政提供的基本公共服务之一，主要有人口基础信息库、法人单位基础信息库、自然资源和空间地理基础信息库、宏观经济基础信息库等。

治理需要准确完整的信息，困难来自信息供给的部门化机制，由于缺乏结构性供给治理信息的程序正义制度安排①，经常性地出现"结构性缺项"情况下开展决策、管理和服务活动，普遍面临整体性不足问题。三是联系不紧密，政府经济治理不仅需要"他山之石"提供镜像，也需要"让历史告诉未来"，不仅需要共时性信息，也需要历时性信息，保障治理信息突破时空限制，在时间、空间上相互补充、相互印证，但由于缺乏结构化治理信息的制度化联系机制，普遍面临协同性不足问题。

3. 流动性

这是内容治理的关键环节。信息的价值在于流通，信息的生产、分配、交换、消费都有赖于流通，上述基于信息资源、信息结构的内容治理总体上属于静态治理，还需要辅之以动态治理，开展信息流动性治理。信息流动性治理可以从三个方面入手。一是信息公开，按照"公开为原则、不公开为例外"的基本要求，编制政府信息公开指南、政府信息公开目录和政府信息公开年度工作报告，通过法定形式和程序将政府信息向社会公众主动公开或依申请公开，保障公民、法人和其他社会组织获取政府信息，提高政府透明度。二是信息共享，按照"共享为原则、不共享为例外"的基本要求，坚持一数一源、多元校核，坚持内外网协同发展，统筹建设政府信息资源目录体系和共享交换体系，统筹建立政府信息资源共享管理机制和信息共享工作评价机制，通过数据共享交换平台实现互联互通，向共享平台推送共享信息资源，并从共享平台获取并使用共享信息。三是信息安全，信息公开、信息共享从源头上保障了信息资源由静止状态向运动状态转变，但信息在生产、传输、处理和储存过程中不可避免地存在非授权泄漏或被截取、窃听、篡改、伪造的可能性，保障信息从信源、信道到信宿全流程安全，成为信息流动性治理的重点领域；由于信息越来越多地以比特形式在互联网上流动，解决信息安全问题越来越多地依赖于数据安全和网络安全。

政府经济治理离不开信息资源，但随着信息数量的急剧膨胀和流通环境的日益复杂，以往依靠工作经验和局部反馈来预判变化和应对风险的工作方式不再适用②，流动性风险成为政府信息治理的主要矛盾。一是流动性不足，

---

① 信息过程的程序正义，源自信息支撑决策的整体性要求，经济治理的信息服务必须制定并遵守特定的法律程序，保障治理信息结构化供给的共时性要求。

② 安小米：《现代国家治理的云端思维——信息治理能力与政府转型的多重挑战》，《人民论坛（学术前沿）》2015年第2期。

让信息"动起来"绝非一日之功，由于历史的原因，许多政府信息资源是以模拟信息而非数字信息存储的，只有静态的截面数据、缺乏动态的时间序列数据，还不可读、不可用，难于进行面板数据分析。加上缺乏对非强制信息和坏消息的披露机制，信息治理所需的正反两方面的流动性筹集困难。二是流动性过剩，大量无用、劣质、商业化信息乃至误导、欺骗、虚假的有害信息充斥信息空间，信息污染降低了信息资源开发利用的整体效率，而大量冗余信息的存在也使得政府信息工作者普遍感觉有用、重要、真实乃至富有知识性、思想性的信息严重匮乏，高质量信息被湮没在浩瀚的信息海洋之中，信息治理落入由信息污染、信息冗余、信息泡沫充斥的流动性陷阱。三是流动性黑洞，面对浩浩荡荡的信息洪流，人们把引流的权力交给了机器、交给了算法，通过特定的算法解决数据的搜集与清洗、存储与管理、计算与分析、呈现与研判等问题，困难来自由信息垄断形成的信息霸权，无论是通过门户网站、搜索引擎还是社交网络获取信息，算法都成为决定信息流通的关键力量，"算法为王"取代"内容为王"，并引致算法黑箱和数据沼泽，流动性被算法吞噬、吸尽，信息工作者普遍面临算法透明性挑战，反数据歧视、维护数据正义成为重构信息生态的关键性工作。

（二）形式治理

显然，政府经济治理所需的信息服务仅有信息内容是不够的，根本原因就在于信息内容的庞大数量超越了信息消费者的消费能力；面对海量信息，内容治理需要一个与之相匹配的信息管理系统，在信息生产与信息消费之间搭建信息服务的桥梁，开展形式治理，解决海量信息的表现形式问题，涵盖信息治理架构、信息供给方式和信息消费方式，推进政府信息治理的技术革命、体制革命、供给革命和消费革命，推进信息治理体系和治理能力现代化。

1. 治理架构

适应信息治理数字转型的时代要求，将政府信息资源资产化，对信息资产进行整体性治理，构建一个与数字经济相匹配的数字政府信息管理系统，满足整体政府的发展要求。一是对象层。面向信息资产，将信息资源纳入国家经济资源和核心战略资产管理，重点建设元数据（metadata）、数字连续性（digital continuity）、互联互通互信三大工程，保障信息的互操作性、连续性和整体性。二是基础层。面向信息载体；围绕信息的计算、存储与运维完善基础设施体系；围绕信息的技术、管理与服务完善标准规范体系；围绕信息的保护、保密与灾备完善安全保障体系；围绕信息的规划、建设与管理完善政策法规体系为信息治理提供良好的支撑条件与发展环境。三是微观层。面向治理单元，围绕省、市、县、乡四级政府及其部门和综合管理类、专业技术类、行政执法类不同层级公务员，构建以信息治理委员会、首席信息官、信息工作者为主体的条块协调的多层次信息治理单元；信息治理单元既可以是独立机构（如省委政策研究室）、也可以内嵌于政府机构（如省政府办公厅综合处）、还可以是第三方组织（如各类智库）和市场化服务机构（各类信息运营商）。四是中观层。面向政务服务，围绕社会公众、企事业单位、党政机关三类服务对象和一体化在线服务、行业应用服务、综合决策服务三类服务需求，以互联网、移动互联网为核心平台，以大数据、云计算、区块链、人工智能为核心技术，构建以对内服务、对外服务、第三方服务为主要模式的政务服务体系。五是宏观层。面向决策服务，涵盖信息管理系统的制度设计、系统开发、环境建设、文化培育、督导监管、绩效评估等领域以及信息治理的决策、执行、监督等环节，为信息资产、信息载体的治理提供顶层设计，为治理单元建设和政务服务现代化提供顶层设计，并统筹解决跨系统、跨部门、跨层级、跨区域、跨领域、跨业务的信息管理系统协作问题。

　　总体上，基于信息管理系统的治理结构是一个体系，围绕对象层、基础层、微观层、中观层、宏观层构建起来的信息管理系统适用于不同层级、不同部门的所有政府机构，而不同层级、不同部门的信息管理系统一起组成了数字政府信息管理大系统。现实中，各级政府及其部门尚处在数字转型过程中，数字化的治理架构面临一系列挑战。一是信息资产识别。信息总量的持续增长使得核心信息资产的识别与监管难度增大，参与主体的利益交织使得信息资产的鉴别维度更加复杂化，服务对象的多元化和服务需求的精准化对信息资产的定向挖掘、垂直分类与准确识别提出了更高要求[①]，信息资产的识别、保存、开发、利用成为信息管理系统建设的前置性工作。二是双轨体制。数字生成文件、数字保存和使用文件是信息资产管理的根本要求，然而政府信息资产普遍实行数字生成与纸质生成、电子保存与纸质保存并行的双轨制管理模式，许多业务活动仍然是基于纸质业务流程，加上纸质保存无法对动画文件、数据库文件、音频视频文件、区块链文件等原生数字文件进行有效

---

① 王露露、徐拥军：《澳大利亚政府信息治理框架的特点研究及启示》，《图书情报工作》2017年第 8 期。

管理，数字政府赖以生存的数字连续性无法有效保障①，并导致数字资产流失。三是互信机制。搭建基于互联网的信息治理架构，其直接动力来源于中观层的业务驱动，属于任务导向型的治理架构，信息与业务、业务与部门、部门与部门的相互联系，从根本上要求信息的跨部门、跨行业、跨区域互联互通互信，以实现系统、流程、信息的相互操作，但与传统纸质文件不同，判断电子文件的真实性无法依赖"原件"，从而带来了数字信息互操作的信任问题。四是治理能力。中观层的业务驱动导源于宏观层的决策，而宏观层的决策又在一定程度上依赖于微观层的决策服务，微观层作为信息管理系统的"中央处理器"（CPU），承担着信息治理的决策论证、政策评估、风险防范、绩效评价、发展研究五大责任，因此，能力建设成为微观层在数字转型期的中心工作。五是风控能力。信息治理的数字过渡与数字转型不可能一蹴而就，转型的过渡期存在不确定性，加上数字化信息集中引致的风险集中，大量高价值、高风险的信息资产需要有与之相匹配的政府信息资源风险控制能力。因此，构建信息资产风险评估体系，为中观层业务系统、宏观层决策系统提供风控能力不足的解决方案。

2. 结构化供给

总体上，上述基于信息管理系统提供的信息服务，还需要结构化改革，以改革面向政府经济治理任务的信息供给方式。一方面，按照构建"有限、法治、服务型政府"的改革要求，优化"规则与相机抉择"政府指令构成，优化政府履行"经济调节、市场监管、社会管理、公共服务、环境保护"五大职能的信息供给方式；另一方面，按照建设"数字、创新、整体型政府"的发展要求②，创新"更好发挥政府作用"的实现方式，为经济社会的数字转型、创新转型提供结构化信息服务，为发挥市场在资源配置中的决定性作用提供结构化信息服务。

信息服务结构化供给围绕"信源-信道-信宿"信息传输模型展开：

---

① 双轨制向单轨制转轨，一个可行路径是无纸化办公。澳大利亚的无纸办公政策打造了高度的原生数字环境，政府所有业务活动通过数字信息进行，所有文件以数字形式生成、保存和管理，使得政府对数字技术和数字信息的依赖成为常态。周文泓、张宁、加小双：《澳大利亚的信息治理能力构建研究与启示》，《情报科学》2017年第8期。

② 数字政府是信息化时代政府政务服务在数字化、网络化环境下的新型行政模式，建设数字中国需要有一个与之相匹配的数字型政府；创新政府是实施创新驱动发展战略的必然要求，建设创新型国家需要有一个与之相匹配的创新型政府；整体政府是发挥市场在资源配置中的决定性作用、更好发挥政府作用的必然要求，政府向市场提供的产品或服务要像市场主体向社会提供的产品或服务一样具备整体性，"最多跑一趟"就是整体性服务的最新实践。

$$信源 \xrightarrow{编码} 信道 \xrightarrow{解码} 信宿$$

噪声（上方标注，指向信道）

一是供给主体，信息由信源经过信息工作者的编码（信息生产者）、再通过特定的信道（信息分配者、信息流通者）传递给信宿（信息消费者），治理信息的结构化供给首先要解决的就是信息生产、分配、流通主体的结构化改革问题，改革治理信息主要依赖体制内机构的供给现状，引入竞争机制和政府购买服务模式，为体制外供给主体进入政府经济治理信息服务市场提供公平竞争机会。二是服务方式，由信息生产者、分配者、流通者组成的信息工作者如同工业化进程中的工程师和产业工人，其价值实现取决于所提供的产品或服务的市场实现，治理信息的结构化供给需要解决的第二个问题就是服务方式的结构化改革，改革政府公文体制内垄断服务、无成本无价格的供给现状①，将信息服务产品化，将可以通过购买服务形式提供的信息服务以竞争方式市场化供给，同时引入产品和服务价格机制、构建体制内服务的成本监审机制。三是实现方式，在数字化背景下，信源由数据组成、网络存储，传统的数据短缺演变为超额供给，治理信息的结构化供给需要解决的第三个问题就是实现方式的结构化改革，将大量可以依托大数据、云计算、人工智能实现的信息服务交给机器、交给第三方完成，将政府信息工作者从数据处理中解放出来，按照例外原则②提供治理信息服务。从而形成了以供给主体、服务方式、实现方式结构化改革为主要内容的治理信息供给结构化改革路线图。

典型的政府信息过程由数据、数据处理、信息、决策、政策五部分组成；其中，拥有数据、开展数据处理、编码形成信息由信息工作者完成，信息经由决策的程序转化为政策（政府公文），形成了政府信息的内部均衡状态。由于信息编码的垄断性制度安排，加上政策产出的外部评价制度缺失，打破信

---

① 公文包括决议、决定、命令、公报、公告、通告、意见、通知、通报、报告、请示、批复、议案、函、纪要15种，广义的公文还包括法律法规、规划计划、简报专报、调查报告、工作总结、领导讲话、政策解读等，种类繁多。政府公文是政治系统的产出、为经济系统提供治理信号，现行的制度安排由政治系统自我实现、由公共财政全额买单，不进行成本核算。

② 例外原则是科学管理的主要原则之一，高阶管理者将例行的管理事务授权给低阶管理者，只保留处理例外事务的权力，从而保证稳定的正常管理与应对特殊管理的需要。一般而言，存在两种"例外"：一是新情况新问题引致的职能部门权限出缺；二是职能部门之间遇到不可调和的矛盾。例外原则是职能化原则的重要补充。

息均衡推进信息供给结构化改革同样面临一系列挑战。一是文件运动①，传统的纸质文件转变为电子文件后，对文件的价值识别、长久保存、可信开发、科学利用等持续运动提出了新要求，需要构建基于文件生命周期理论、文件连续体理论、数字连续性理论的新的文件运动治理框架，完善文件运动轨迹。二是带宽问题，传统纸质文件运动的信道管制由信息分配者、流通者具体承担，面向他人，运动能力的垄断可能孕育着信息霸权，甚至干涉政策议题的设置；适应电子文件运动新形势，需要构建基于端、网、云的新的信道生态，打造电子文件运动的信息高速公路，全面提升文件运动的流量与流速，实现多重并行传输。三是噪声问题，任何信息从信源经由信道抵达信宿的过程都会受到噪声的干扰，文件运动也不例外，集中来源于纸质文件运动的既得利益者和电子文件运动的异常现象；前者可能由于纸质文件数字化转换的滞后，也可能由于材料工作者向信息工作者身份转换的滞后，还可能由于信宿信息消费的纸质偏好，后者源于文件电子化运动的自然属性。

3. 数字化消费

信息起作用的机制是信息对称化②，信息对称是信息文明的发展标志，而信息不对称又是信息生产的动力源泉，信息对称与信息不对称的矛盾演进决定着信息文明进程，也决定着信息消费过程。政府经济治理的信息服务需求导源于信息不对称，在信息化、网络化的消费环境下，上述基于"信源—信道—信宿"信息传播模型设计的结构化信息供给总体上是以数字化方式服务的，与之相适应，推进信息消费数字化成为供给数字化的对偶命题。一是消费主体，经济治理信息的消费主体包括经济治理主体、治理相对人和第三方，形成了内部消费者、外部消费者、第三方消费者三类消费主体；其中，第三方消费者主要是指为治理主体和治理相对人提供居间服务的信息消费者，典型的如各类智库。由于信息消费者呈现数字原住民、数字移民、数字难民并存的格局③，数字化消费首先要解决的就是消费主体的数字化生存问题。二是

① 何嘉苏、叶鹰：《文件连续体理论与文件生命周期理论——文件运动理论研究之一》，《档案学通讯》2003 年第 5 期；赵宇：《澳大利亚数字连续性 2020 政策研究》，《档案与建设》2018 年第 6 期。

② 王天恩：《重新理解"发展"的信息文明"钥匙"》，《中国社会科学》2018 年第 6 期。

③ 数字原住民、数字移民、数字难民三个概念反映了信息化时代的信息鸿沟与信息代沟。数字原住民指在数字社会成长起来的一代，数字移民指在信息革命之前成长起来的一代，数字难民指由于各种原因远离数字社会的人，数字原住民拥抱数字社会、数字移民努力融入数字社会、数字难民游离于数字社会。有人将 20 世纪 50 年代以前出生的人称为数字难民、50～80 年代出生的人称为数字移民、90 年代以后出生的人称为数字土著。

消费方式，人类信息传递方式经历了口耳相传、驿站传送、邮政传递、电报电话、影音视频、在线网络的梯度演进。因此，推进信息消费革命成为数字化消费需要解决的第二个问题。三是解码方式，普惠化的信息分享引致高质量信息的大量沉淀，面对波涛汹涌的信息洪流，人们发明了两种应对机制，一种是算法、让算法决定信息的流通构成；另一种是社交网络、将不熟悉不喜欢的信息排除在外，如何将算法机制、社交网络机制引入政府信息消费，成为数字化消费需要解决的第三个问题①。从而形成了以消费主体、消费方式、解码方式数字化转型为主要内容的治理信息数字化消费路线图。

　　典型的信息消费过程由信息需求、信息占有、信息处理、信息再生四部分构成，信息需求源自对事物或现象的认识与表达诉求，或者对实现目标或解决问题的认识与表达诉求；信息占有是满足信息需求的前提，困难来自信息需求的客观性与信息消费的主观性之间的矛盾。信息消费是信宿对信源的解码过程，信息需求的认识与表达在信息占有与信息处理过程中"双向构建"：信息占有越多、认识与表达越明确；认识与表达越明确、信息占有越多。因此，尽管对事物或现象、目标或问题的信息需求具有客观性，但信息消费却是主观的，而且是在信息消费者的主观知识结构中进行的，认识与表达在信息占有、理解、消化、吸收过程中动态形成，并创造出服务认识与表达的新知识，也就是信息再生。再生性信息多大程度上能够满足事物或现象的认识与表达诉求或者问题和目标的解决与实现诉求，取决于信息再生与信息需求的匹配程度，也就是主观性的信息再生与客观性的信息需求的匹配程度。在治理信息结构化供给的改革背景下，改善信息再生与信息需求的匹配性，推进信息数字化消费、推进信息消费革命，面临来自信息消费过程主客观的双重挑战。一是肯定性思维，受改革开放前长期奉行的以批判性、革命性为典型特征的否定性思维负面效果的冲击，改革开放后政府治理信息供给选择了肯定性思维模式，正面报告多、负面报告少甚至不报告，只讲成绩不讲问题、甚至把问题当成绩讲，问题导向成为空谈。二是离散式消费，网络化的供给便利造就了信息消费的移动终端依赖，也培养了信息消费者以浏览网页为主的信息内容获取方式，一切来自网络、一切依赖网络，由于信息随时随地可得，信息消费离散化，像"阅读一本书"获取连续性信息这样的信息消费习惯退化了，问题是任何事物或现象的认识与表达、任何问题或目标的解决与实

---

① 基于社交网络的政府信息消费最典型的案例是美国前总统特朗普的推特（Twitter）治国。

现都依赖于连续性信息，信息的离散化消费恶化了信息的连续性要求。

信息化是第二次现代化的核心内容，并与第一次现代化的核心内容（工业化）一起共同决定着中国现代化进程。上述基于信息资源、信息结构、流动性的信息内容治理和基于治理架构、结构化供给、数字化消费的信息形式治理，为地方政府经济治理提供了从内容到形式的信息治理基础范式。从发展趋势看，实现信息治理现代化要适应经济由高速增长阶段转向高质量发展阶段的时代要求，推进信息资源的资产化、信息供给的数字化和信息消费的市场化。

从生产力治理、到生产关系治理、再到信息治理，大体上勾勒出地方政府经济治理的技术路线图。地方政府经济治理现代化是实现中国特色社会主义现代化的基础，需要统筹推进三方面的理论集成：一是现代化，集成物的现代化和人的现代化，准确把握现代化阶段转换和状态转换的时机与节奏；二是经济治理，集成公司治理、行业治理与政府治理，不断完善政府与市场的关系，不断完善政府指令与市场信号的协同机制；三是政府经济治理，集成中央与地方经济治理，不断完善宏观调控与微观监管的关系，不断完善中央与地方双层治理体系。由此，形成了地方政府经济治理现代化的理论架构。

一是建设。以生产力治理为核心，坚持目标导向，统筹推进产业生态、人口生态、自然生态建设，统筹推进生产力的静态治理与动态治理，全面提升对经济建设与经济治理矛盾关系的规律性掌控。

二是改革。以生产关系治理为核心，坚持问题导向，统筹推进政府治理、行业治理、公司治理改革，统筹推进生产关系的内部治理与外部治理，全面提升对生产力与生产关系矛盾演进的规律性掌控。

三是治理实现。以信息治理为核心，坚持结果导向，统筹推进信息的生产、分配、流通、消费治理，推进生产力、生产关系的治理实现，构建"有限、法治、服务型"政府，构建"数字、创新、整体性"政府。

从系统论视角看，地方政府经济系统由经济系统和政治系统共同组成，并共同组成国家大系统的要素子系统。因此，地方政府经济治理的理论集成，需要在国家大系统架构下集成经济系统和政治系统的治理理论。从国情背景看，以31个省区市为主体的地方政府经济治理现代化，还需要协同解决三方面的问题：一是服务全国问题，在内政、外交、国防的语境下完善地方政府经济治理体系和治理能力；二是状态转换问题，在革命、建设、改革的语境下推进地方政府经济系统生产力与生产关系的再革命；三是治理协同问题，在中国特色社会主义制度和国家治理现代化的语境下推进地方政府经济系统与政治、文化、社会、生态系统的治理协同。

第三节　治理模式

"中华民族伟大复兴"是一个定性概念，与"社会主义现代化"互为表里，共同构成新时代国家的发展愿景，涉及三方面的目标。

一是复兴，包括物质生产力和文化生产力的全面复兴，全面提升中华民族在世界民族之林中的竞争力、影响力和贡献力。

二是现代化，要古为今用、洋为中用，与其他国家特别是发达国家和谐发展，全面实现物的现代化和人的现代化。

三是社会主义，复兴和现代化建立在中国特色社会主义基础之上，全面提升中国特色社会主义制度的解释力、竞争力和执行力。

对三方面目标的治理，成为中国特色社会主义制度的基石，涵盖四方面的内容：一是制度供给，在国家之间、国家集团之间的制度比较与制度竞争过程中"胜出"；二是治理现代化，制度供给转化为国家治理体系和治理能力，并成为全球治理的有机组成部分；三是经济力，制度成为生产性资产和控制性资本，成为国家经济竞争力的源泉；四是信息力，信息既对生产力起作用、也对生产关系起作用，成为政府经济治理的核心凭借。由此，形成了新时代中国特色社会主义制度竞争的经济治理架构。

一是思维架构。制度竞争是制度比较的结果，中国特色社会主义制度既要能够解释现实、又要能够指导实践、还要能够引领未来，基于"体、相、用"的思维架构为中国特色社会主义制度提供了一个简化的思维范式。

二是经济治理。强政府与强市场是中国特色社会主义制度的竞争优势，由此带来了政府指令与市场信号的经济治理矛盾，政府指令要尽快从相机抉择过渡到规则轨道上来，完善中国特色社会主义法治体系。

三是信息治理。政府指令跨界替代市场信号的根本原因在于政府公共政策由体制内垄断、由公共财政全额买单、无成本无价格的供给方式，推进政府信息治理现代化成为制度竞争的关键环节。

"这是一个需要理论而且一定能够产生理论的时代，这是一个需要思想而且一定能够产生思想的时代。"[1] 当代中国正在进行着人类历史上最为宏大而

---

[1]　习近平：《在哲学社会科学工作座谈会上的讲话》，2016 年 5 月 17 日，人民网，http://politics.people.com.cn/n1/2016/0518/c1024-28361421.html。

独特的实践创新——建设中国特色社会主义。中国特色社会主义进入新时代。时代变了、发展条件变了，发展思想必须跟着变。在具备一定的经济、军事等方面的"硬实力"之后，同时也暴露出了制度、文化等方面的"软实力"短板，提升中国特色社会主义软实力成为新时代的新命题。建设中国特色社会主义依然要以经济建设为中心，但必须改变经济建设"单中心"发展模式，有效提升中国特色社会主义的吸引力。

党的十九大以来，党中央将伟大斗争纳入中国特色社会主义制度体系，形成伟大斗争、伟大工程、伟大事业、伟大梦想的基础认知秩序。本节从阶级斗争入手，分析新时代的斗争形式与斗争内容，探索新福建在经济领域的斗争养成问题，打造新福建的经济治理新范式。

一　新时代的斗争生态

新时代，中国特色社会主义制度的主要挑战，来自美西方资本主义制度。中国特色社会主义是以马克思主义为指导的，《共产党宣言》成为我们认知中国特色社会主义制度的逻辑起点。

（一）阶级斗争

阶级斗争是《共产党宣言》的核心判断。《共产党宣言》是马克思和恩格斯为世界上第一个共产党组织——共产主义者同盟撰写的纲领，1848 年 2 月在伦敦首发。《共产党宣言》第一次全面系统阐述科学社会主义理论，指出共产主义运动将成为不可抗拒的历史潮流，深刻启迪、教育和鼓舞着全世界一切为人类进步事业而斗争的人们，是科学社会主义的纲领性文献，它的问世标志着马克思主义的诞生。《共产党宣言》有关阶级斗争有三个核心结论。

第一，人类社会历史是阶级斗争的历史。《共产党宣言》指出，至今一切社会的历史都是阶级斗争的历史。每一历史时代主要的生产方式与交换方式及必然由此产生的社会结构，是该时代政治的和精神的历史所赖以确立的基础，并且只有从这一基础出发，历史才能得到说明；从原始土地公有制解体以来全部历史都是阶级斗争的历史，即社会发展各个阶段上被剥削阶级和剥削阶级之间、被统治阶级和统治阶级之间斗争的历史；而这个斗争现在已经达到这样一个阶段，即被剥削被压迫的阶级（无产阶级），如果不同时使整个社会永远摆脱剥削、压迫和阶级斗争，就不再能使自己从剥削它压迫它的那个阶级（资产阶级）下解放出来。从封建社会的灭亡中产生出来的现代资产阶级社会并没有消灭阶级对立，它只是用新的阶级、新的压迫条件、新的斗争形式代替了旧的。但是，我们的时代，资产阶级时代，却有一个特点：它使阶级对立简单化了。整个社会日益分裂为两大敌对的阵营，分裂为两大相互直接对立的阶级：资产阶级和无产阶级。

第二，无产阶级与资产阶级的斗争是阶级斗争的主要表现形式。《共产党宣言》指出，无产阶级反对资产阶级的斗争是和它的存在同时开始的。他们斗争的真正成果并不是直接取得的成功，而是工人越来越扩大的联合。这种联合由于大工业所造成的日益发达的交通工具而得到发展，这种交通工具把各地的工人彼此联系起来。只要有了这种联系，就能把许多性质相同的地方性的斗争汇合成全国性的斗争，汇合成阶级斗争。而一切阶级斗争都是政治斗争。如果不就内容而就形式来说，无产阶级反对资产阶级的斗争首先是一国范围内的斗争。每一个国家的无产阶级当然首先应该打倒本国的资产阶级。当阶级差别在发展进程中已经消失而全部生产集中在联合起来的个人的手里的时候，公共权力就失去政治性质。原来意义上的政治权力，是一个阶级用以压迫另一个阶级的有组织的暴力。如果说无产阶级在反对资产阶级的斗争中一定要联合为阶级，如果说它通过革命使自己成为统治阶级，并以统治阶级的资格用暴力消灭旧的生产关系，那么它在消灭这种生产关系的同时，也就消灭了阶级对立的存在条件，消灭阶级本身的存在条件，从而消灭了它自己这个阶级的统治。

第三，无产阶级取得胜利是有条件的。《共产党宣言》断定，资产阶级的灭亡和无产阶级的胜利是同样不可避免的。但这两个"不可避免"是有条件的，马克思在《政治经济学批判》的序言中指出，无论哪一个社会形态，在它所能容纳的全部生产力发挥出来以前，是决不会灭亡的；而新的更高的生产关系，在它的物质存在条件在旧社会的胎胞里成熟以前，是决不会出现的。由此可见，无产阶级的最终胜利具有长期性。因此，《共产党宣言》号召：全世界无产者，联合起来！

（二）伟大斗争

旧中国的阶段斗争表现为共产党领导的无产阶级和劳动人民同帝国主义，官僚资本主义，以及地主资本家之间的斗争。新中国成立后，随着社会主义制度的建立，阶级斗争主要表现为政治思想和意识形态领域的斗争。改革开放以来，我国对阶级斗争进行一系列的科学判断。

第一，阶级斗争已不是国内主要矛盾。《中华人民共和国宪法》指出，在我国，剥削阶级作为阶级已经消灭，但是阶级斗争还将在一定范围内长期存在。中国人民对敌视和破坏我国社会主义制度的国内外的敌对势力和敌对分子，必须进行斗争。《中国共产党章程》指出，在现阶段，我国社会的主要矛盾是人民日益增长的美好生活需要和不平衡不充分的发展之间的矛盾。由于国内的因素和国际的影响，阶级斗争还在一定范围内长期存在，在某种条件下还有可能激化，但已经不是主要矛盾。

第二，实现中华民族伟大复兴必须进行伟大斗争。党的十九大报告指出，实现中华民族伟大复兴是近代以来中华民族的伟大梦想；实现伟大梦想，必须进行具有许多新的历史特点的伟大斗争：一要更加自觉地坚持党的领导和我国社会主义制度，坚决反对一切削弱、歪曲、否定党的领导和我国社会主义制度的言行；二要更加自觉地维护人民利益，坚决反对一切损害人民利益、脱离群众的行为；三要更加自觉地投身改革创新时代潮流，坚决破除一切顽瘴痼疾；四要更加自觉地维护我国主权、安全、发展利益，坚决反对一切分裂祖国、破坏民族团结和社会和谐稳定的行为；五要更加自觉地防范各种风险，坚决战胜一切在政治、经济、文化、社会等领域和自然界出现的困难和挑战。全党要充分认识这场伟大斗争的长期性、复杂性、艰巨性，发扬斗争精神，提高斗争本领，不断夺取伟大斗争新胜利。

第三，进行伟大斗争关键在于斗争本领养成。党的二十大报告指出，我们党立志于中华民族千秋伟业，致力于人类和平与发展崇高事业，责任无比重大，使命无上光荣；全党同志务必不忘初心、牢记使命，务必谦虚谨慎、艰苦奋斗，务必敢于斗争、善于斗争，坚定历史自信，增强历史主动，谱写新时代中国特色社会主义更加绚丽的华章；前进道路上，必须坚持和加强党的全面领导、坚持中国特色社会主义道路、坚持以人民为中心的发展思想、坚持深化改革开放、坚持发扬斗争精神，依靠顽强斗争打开事业发展新天地；要建设堪当民族复兴重任的高素质干部队伍，加强干部斗争精神和斗争本领养成，激励干部敢于担当、积极作为。

（三）制度竞争

新时代，阶级斗争已不是我国主要矛盾，中国特色社会主义制度与西方资本主义国家实行的资本主义制度之间的矛盾超越国内阶级矛盾成为主要矛盾，制度竞争替代阶级斗争成为新时代斗争的主要内容。

第一，制度优势是中国特色社会主义的核心优势。传统上，推动经济发展落在了资本、劳动力、土地资源三大要素上；后来，人们发现技术、管理是推动经济发展的"两个轮子"；随着经济发展不断向网络空间渗透，人们逐渐发现决定经济发展的速度和质量更多地取决于知识、信息、数据等新兴要素；而中国用 40 年时间快速走完发达国家 200 年的工业化路程，由此可见，制度才是决定经济发展的基础性要素，制度居于竞争性要素配置的"中枢"，好的制度对传统要素、现代要素、新兴要素在经济体的集聚起到了平台作用和锚定作用，哪里制度好，资本、人才、技术等要素就流向哪里。

第二，制度竞争具有产生冲突的风险。以美国为首的西方资本主义国家的"制度优越感"以及由此产生的对中国特色社会主义制度的不适应、排斥与抵制，导致世界面临"百年未有之大变局"，世界经济新旧动能加速转换、国际格局和力量对比加速演变、全球治理体系加速重塑，中国特色社会主义制度对内面临前所未有的挑战，也产生了前所未有的活力。

二　制度竞争能力建设

新时代，中国特色社会主义制度正引领一个 14 亿人口大国阔步迈向现代化，中国人民正在寻求并迫切需要一个关于制度竞争的思维架构，以期有效提升中国特色社会主义制度的解释力、竞争力和执行力。

（一）制度解释力

制度具有要素增强的效能，如制度对人才、土地、资本、技术、信息、数据的赋能。制度竞争的要义，就在于在国内规则体系与国际规则体系中通过有效的制度供给为国内要素、国际要素赋能，促进要素在国内国际自由流动与规模集聚，借此提升在国家之间、国家集团之间的制度竞争力，涵盖经济、政治、文化、社会、生态等不同种类的竞争。从国家大系统角度看，涉及领土、主权、人民三大要件，涉及国体、政体、社会三大制度供给；中国制度选择社会主义作为国体的核心表征、选择中国共产党领导作为政体的核心表征、选择以人民为中心的发展思想，需要深化对社会主义建设规律、共产党执政规律、人类社会发展规律的认识，借此提升制度供给能力。由于中国共产党属于马克思主义政党，又是中国特色社会主义事业的领导核心，完善和发展中国特色社会主义制度面临马克思主义中国化、中华文化现代化双重的制度供给期待。

第一，马克思主义中国化。坚持和发展马克思主义，必须同中国具体实际相结合，必须同中华优秀传统文化相结合①。马克思主义作为中国特色社会

---

① 《高举中国特色社会主义伟大旗帜为全面建设社会主义现代化国家而团结奋斗——在中国共产党第二十次全国代表大会上的报告》。

主义制度的思想基础，既需要"援马入华"，用马克思主义理论指导中国革命、建设、改革的伟大实践，又需要"导华入马"，将中国革命、建设、改革的成功经验转化为马克思主义理论，最终实现马克思主义的中国化、变成中国的马克思主义，为社会主义国家实现现代化提供"中国方案"。

第二，中华文化现代化。文化认同是制度竞争力的源泉，中国特色社会主义根植于中华文化沃土，中国特色社会主义制度供给离不开中华文化的给养。一方面，不断增强炎黄子孙对中华文化的肯定性体认，以文化认同提升国家认同；另一方面，不断增强中华文化对中国以外政治体的制度竞争"软实力"，以文化认同提升政治认同；二者同化于文化自信、文化强国建设的历史进程中，同化于中华文化现代化的历史进程中，最终形成中华文化的现代范式与现代图谱，为华人社会和非华人社会的文化认同提供"中国方案"。

（二）制度竞争力

恩格斯说过，"一个民族要想站在科学的最高峰，就一刻也不能没有理论思维"；中国特色社会主义的总任务是实现社会主义现代化和中华民族伟大复兴，同样一刻也不能没有理论思维。改革开放以来，长期模仿西方发达国家的发展模式导致陷入中国现代化进程中的"创造世界与解释世界"困境，中国人民有能力创造一个新世界，但做得对不对、做得好不好，话语权却不掌握在中国人手里。马克思主义中国化与中华文化现代化为中国特色社会主义制度提供了思维逻辑与文化范式，为中国特色社会主义制度提供了框架。接下来的工作就是推进马克思主义中国化与中华文化现代化的实现；实现的关键是发展，发展是需要治理的，发展治理成为实现社会主义现代化和中华民族伟大复兴制度供给的中心环节。从国家大系统角度看，发展治理涉及内政、外交、国防三大治理体系，涉及革命、建设、改革三大治理能力，以此构建中国特色社会主义制度在国家之间、国家集团之间的制度竞争力。因此，提升中国特色社会主义制度竞争力需要在国家治理能力上去完善。

国家治理能力中治理能力属于发展治理的结构性要件，由革命、建设、改革三大能力组成：一是革命，革命意味着破坏一个旧世界，意味着一个时代向另一个时代的跃进，意味着新秩序替代旧秩序、新模式替代旧模式，革命包含但不限于政治革命，是生产力与生产关系矛盾激化的产物；二是建设，建设意味着创造一个新世界，涵盖经济建设、政治建设、文化建设、社会建设、生态建设，涵盖外交、国防建设，是生产力适应生产关系时期治理能力的核心；三是改革，改革意味着对生产关系的自我修正，修正生产关系不适应生产力的部分，以实现生产力与生产关系的动态调适。三者贯穿于内政、外交、国防治理的全过程。由于制度的本源是人，治理能力的关键是人的素质，特别是干部的素质。作为世界舞台的主要力量，中国的国家治理还需要推进能力输出、推进全球治理能力现代化。

（三）制度执行力

治理体系与治理能力构成了制度执行力，中国特色社会主义制度竞争力的形成和发展从根本上取决于制度执行力。在制度分工的执行背景下，提升制度执行力，要抓住发展治理的主要矛盾和矛盾的主要方面。从内政、外交、国防三大治理体系角度看，发展治理的主要矛盾在内政，矛盾的主要方面是经济治理；从革命、建设、改革三大治理能力角度看，发展治理的主要矛盾在建设，矛盾的主要方面是经济建设；经济建设与经济治理成为决定制度执行力的主要矛盾和矛盾的主要方面。因此，提升中国特色社会主义制度执行力需要在经济现代化、经济治理现代化上去完善。

第一，经济现代化。经济现代化是社会主义现代化的前提和基础，根本路径是完善和发展中国特色社会主义经济体系，依托强大的国内市场和完整的产业体系，优化存量、优选增量，逐步实现从跟跑、并跑向领跑转变，构建现代化经济体系，成为全球经济发展引擎，成为全球新技术、新产业、新业态、新模式的发展策源地，成为全球经济发展理念、发展思想、发展理论、发展政策的策动中心，为全球经济现代化提供"中国方案"。

第二，经济治理现代化。经济治理现代化是经济现代化的前提和基础，根本路径是完善和发展中国特色社会主义市场经济体制，以产权制度和资源配置为重点，始终坚持"毫不动摇巩固和发展公有制经济、毫不动摇巩固和发展非公有制经济"，始终坚持"公有制经济与非公有制经济权利平等、机会平等、规则平等"，始终坚持"公有制经济财产权不可侵犯、非公有制经济财产权同样不可侵犯"；完善现代市场体系、宏观调控体系、开放型经济体系，发挥市场在资源配置中的基础性、决定性作用，更好发挥政府作用，为全球经济治理现代化提供"中国方案"。

由此，我们形成了一个基于"体、相、用"的具有中国特色的制度竞争思维架构：以马克思主义中国化和中国优秀传统文化现代化为重点的中国特色社会主义制度构成了制度竞争思维架构的"体"；以国家治理体系和国家治理能力为重点的中国特色社会主义治理构成了制度竞争思维架构的"相"；而以经济现代化和经济治理现代化为重点的中国特色社会主义经济，则构成了制度竞争思维架构在经济领域的"用"。以此形成基于制度解释力、竞争力、执行力的中国特色社会主义制度竞争的思维架构。

中国特色社会主义的国家吸引力源于制度竞争力，制度竞争力从根本上取决于经济力，由此决定经济制度竞争在国家之间、国家集团之间的制度竞争中居于中心地位。中国特色社会主义制度的"体"、中国特色社会主义治理的"相"在中国特色社会主义经济的"用"，为经济制度竞争提供了思维架构，但制度竞争是一个具象化的过程，经济制度竞争力的形成和完善需要不断细化到中国特色社会主义经济体系和经济体制中来，不断完善经济系统和治理系统，充分发挥社会主义的制度优越性，并补齐制度的执行短板。

三　新福建的斗争养成

同一性和斗争性是矛盾的两个基本属性。新时代，中国特色社会主义制度与西方资本主义制度之间的制度竞争，斗争性成为矛盾的主要属性。从斗争的性质、倾向与发展趋势看，斗争既可能表现为竞争，也可能表现为战争，还可能向矛盾的同一性转变表现为团结，由此形成了斗争养成的三个基本方向。

（一）外争：团结就是力量

资源配置是全方位高质量发展的基础性工作，实现全方位高质量发展必须全方位提升资源配置能力。福建是资源小省，又地处东南沿海发达地区，在苏浙沪闽粤五省市中发展相对滞后，面向省外的资源配置斗争养成要以矛盾同一性为依据、以团结为基调，在中国式现代化全局中把握新福建的资源配置工作。

一是服务祖国统一大业，这是新福建斗争养成"外争"的重点领域。福建与台湾隔海相望，80%的台湾居民祖籍地在福建，是实现海峡两岸融合发展的天然平台，承担着探索海峡两岸融合发展新路的国家使命，提升资源配置能力要以"促进两岸融合发展、服务祖国统一大业"为基本遵循。

二是服务伟大复兴中国梦，这是新福建斗争养成"外争"的关键环节。福建拥有超过1580万的海外华侨，承担着建设21世纪海上丝绸之路核心区和金砖国家新工业革命伙伴关系创新基地的国家使命，提升资源配置能力要以"促进构建国际朋友圈、服务伟大复兴中国梦"为基本遵循。

三是服务全国发展大局，这是新福建斗争养成"外争"的短板弱项。由于历史原因，福建成为东南沿海五省市的"经济洼地"，但福建北接长三角、南联珠三角，是连接长三角与珠三角的天然纽带，承担着推进东部地区率先实现中国现代化的国家使命，提升资源配置能力要以"促进东南沿海一体化发展、服务全国发展大局"为基本遵循。

服务祖国统一大业、服务伟大复兴中国梦、服务全国发展大局，成为全方位高质量发展的国家使命，由此福建具备条件以国家名义推进全方位高质量发展，也具备天时、地利、人和的优势。

（二）内争：竞争就是力量

围绕"三个服务"实施全方位高质量发展战略，既是新福建斗争养成的"外争"的目标，也是"内争"的动力，"内争"后，核心是竞争，要充分发挥竞争在"内争"斗争养成中的关键作用。

竞争需要有共同的目标。新福建斗争养成之"内争"目标是什么呢？本质上，全方位高质量发展的要义在于全方位超越，通过实施实现新福建的差异化发展，在海峡无差异化的历史进程中推进祖国统一大业，其核心表征为人民群众的生活状态，涵盖三个梯次迭代进程。

一是高品质生活。在由温饱、小康成功转段后更高水平满足人民群众的物质文化生活需要；其核心是高质量发展，统筹实施供给侧结构性改革和扩大内需战略，优化发展结构、转变发展方式、转换发展动力，推动经济发展质量变革、效率变革、动力变革，推动经济实现质的有效提升和量的合理增长，不断夯实人民高品质生活的物质条件。

二是幸福生活。人民群众的生活状态由物质人生向文化人生转段，物的现代化基本完成、人的现代化成为核心生活目标；其核心是共同富裕，统筹物质文明和精神文明建设，大力发展社会主义先进文化，传承中华优秀传统文化，满足人民日益增长的精神文化需求，实现物质富足、精神富有，实现物的全面丰富和人的全面发展。

三是美好生活。"每个人都能够摆脱各种内在和外在的限制与束缚，获得人的自由全面发展"；其核心是创造人类文明新形态，统筹推进马克思主义中国化和中华文化现代化，经济、政治、文化、社会、生态"五位一体"构建社会主义条件下的物质文明、政治文明、精神文明、社会文明、生态文明，推进人与自然和谐共生，推动构建人类命运共同体。

由此，追求高品质生活、幸福生活、美好生活成为竞争的目标。竞争方式主要围绕新时代我国社会的主要矛盾展开，也就是人民群众日益增长的美好生活需要与不平衡不充分的发展之间的矛盾。一方面，实施"差异化"战略，集中配置优势资源促进新福建全方位高质量发展；另一方面，实施"无差异化"战略，围绕美好生活发展目标通过"内争式"斗争养成拉平海峡两岸的发展差距。

从东南沿海五省市的发展环境看，新福建实现全方位高质量发展必须实施"差异化"发展战略；从海峡两岸的发展阶段看，新福建实现全方位超越必须实施"无差异化"战略。新福建斗争养成之"内争"，要紧紧围绕高品质生活、幸福生活、美好生活竞争目标，科学设计竞争赛道，用政府、市场、社会梯次构建"竞争的力量"。

（三）敢争：信心就是力量

无论是"外争"还是"内争"，新福建之"争"就是要争出个全方位高质量发展，充分发挥福建人民敢为人先、敢拼会赢的斗争精神，让干部敢为、地方敢闯、企业敢干、群众敢创，让国企敢干、民企敢闯、外企敢投，让企业敢干、敢闯、敢投、敢担风险蔚然成风，其核心在一个"敢"字，发挥敢争在斗争养成中的核心作用。

敢争是需要勇气的。福建人民敢争的勇气，来源于全方位高质量发展的志气、敢为人先敢拼会赢的骨气、习近平总书记治理福建一系列理念的底气。"树无根不长、人无志不立"，有志气才有"根"；"人不可有傲气、但不可无傲骨"，有骨气才有"魂"；"欲流之远者，必浚其泉源"，有底气才有"源"。根、魂、源铸就了福建人民敢争的勇气。

一是全方位高质量发展的志气。福建人民敢争，源于国家使命。是为解决台湾问题、实现祖国完全统一而争，为全面建设中国特色社会主义现代化强国而争，为中华民族伟大复兴而争，坚持贯彻新时代党解决台湾问题总体方略，探索海峡两岸融合发展新路、建设两岸融合发展示范区，以全方位高质量发展推进全方位超越，打造中国式现代化先行区和人类文明新形态示范区。国家使命赋予了福建人民敢争的志气。

二是敢为人先敢拼会赢的骨气。福建人民敢争，源于人文本色。福建人民拥有爱国爱乡、海纳百川、乐善好施、敢拼会赢的精神内涵，流淌在福建人民血液中的精神基因是"爱拼才会赢"，既拥有"问渠哪得清如许、为有源头活水来"的创新基因，也拥有"苟利国家生死以、岂因祸福避趋之"的改革基因，还拥有"要看银山拍天浪、开窗放入大江来"的开放基因，拥有创新、改革、开放宽广的基因图谱。人文本色赋予了福建人民敢争的骨气。

三是习近平总书记治闽思想的底气。福建人民敢争，源于思想力量。福建是习近平新时代中国特色社会主义思想的孕育地，习近平新时代中国特色社会主义思想与习近平总书记治理福建一系列理念一脉相承，成为福建人民奋力谱写数字中国、美丽中国、海洋强国福建篇章的最大底气，成为福建人民奋力谱写海峡两岸融合发展、海丝核心区建设、金砖创新基地建设福建篇章的最大底气。有底气就无所畏惧、有底气就有干劲，思想力量赋予了福建人民敢争的底气。

志气、骨气、底气，赋予了福建人民敢争的勇气。有了敢争的勇气，福建人民就可以向外争，人和、天时、地利梯次构建"团结的力量"；有了敢争的勇气，福建人民就可以向内争，政府、市场、社会梯次构建"竞争的力量"。气有浩然则不衰不竭，勇气需要养气、养气重在养心，全员、全过程、全方位滋养必胜的信心。新福建斗争养成之"敢争"，要紧紧围绕外争、内争中心任务，以信心养成为标的，用信念、信任、信仰梯次构建"信心的力量"。

第一，信念。信心源自对全方位高质量发展必胜的信念。全方位高质量发展是高质量发展在福建的特殊制度安排，发挥集中力量办大事的制度优势将经济社会发展综合优势转化为海峡两岸融合发展的强大推动力，全方位高质量发展成为国家意志。信念在概念、观念、理念中梯次建构，以创新、协调、绿色、开放、共享五大概念构建全方位高质量发展的观念体系、进而系统化形成理念体系，形成稳定、可持续的基于概念、观念、理念的全方位高质量发展信念体系。

第二，信任。信心源自对中国共产党领导的信任。全方位高质量发展是中国共产党领导的高质量发展，新时代新征程中国共产党的中心任务就是团结带领全国各族人民全面建成社会主义现代化强国、实现第二个百年奋斗目标，以中国式现代化全面推进中华民族伟大复兴，全方位高质量发展成为国家使命。信任在政府、市场、社会中梯次建构，打造听党话、跟党走的"有为政府、有效市场、有容社会"信任新格局。

第三，信仰。信心源自对习近平新时代中国特色社会主义思想的信仰。全方位高质量发展是习近平总书记亲自擘画的发展战略，是中国特色社会主义制度在福建的先手棋、中华民族伟大复兴在福建的主动仗、全面建设社会主义现代化国家在福建的早期收获，全方位高质量发展成为福建担当。

全方位高质量发展必胜的信念、对中国共产党领导的信任、对习近平新时代中国特色社会主义思想的信仰，必将涵养福建人民敢争的信心、增强敢争的勇气，以信心的力量支撑团结的力量和竞争的力量，形成富有福建特色的斗争养成新模式。

机制活是新福建推进全方位高质量发展的核心范畴。外争、内争、敢争"三位一体"的治理模式为全方位高质量发展提供了一个制度创新的"窗口"，期待这个"窗口"能够创造富有福建特色的现代化，为增强中国特色社会主义软实力贡献福建智慧。

制度是中国特色社会主义的核心范畴，也是中国特色社会主义软实力的重要来源。思维架构、经济治理、信息治理"三位一体"的治理模式为"基本实现社会主义现代化"时期中国特色社会主义制度竞争提供了一个观察的"窗口"，也为"全面建成社会主义现代化强国"时期中国特色社会主义制度竞争提供了一个从经济到政治、文化、社会、生态，从内政到外交、国防，从建设到革命、改革的观察"窗口"。有诗云："要看银山拍天浪、开窗放入大江来"，期待这个"窗口"能够引来软实力的"大江"，创造富有中国特色的现代性，增强中国特色社会主义在制度竞争中的软实力。

后　记

　　本书是我在福建省人民政府发展研究中心工作的 13 年半期间在战略领域形成的研究成果的系统集成。2009 年 5 月，我从厦门大学应用经济学博士后流动站出站后，通过公开招考第二次进入公务员队伍，经过 1 年的见习期，从主任科员做起，专门从事政府公共政策研究；到 2022 年 12 月，围绕发展战略、发展规划、空间规划和区域经济、产业经济、能源经济两个方面六个领域，形成了超过 300 万字的研究成果。本书围绕新福建发展的战略问题，对研究成果进行了归纳、总结、提升，体系性回答全方位高质量发展的理论问题、实践问题、空间战略问题、发展战略问题。

　　本书是一件长周期的作品。最早是 2008 年发表于《福建行政学院学报》的《从改革开放 30 年看海峡西岸经济区的发展战略》一文；事实上，正是这篇文章让我有机会参加当年由福建省人民政府发展研究中心主办的"海西论坛"，由此结缘该中心原副主任杨益生研究员，进入该中心工作。此后，在该中心李闽榕、林文生、李强、陈秋平、林向东 5 位主任的先后领导下，我参与主持了首轮《福建省国土空间规划（2009—2020 年）》以及第二轮《福建省国土空间规划（2016—2030 年）》的撰写，走遍了全省 84 个县市区和 97 个省级以上开发区，让我有机会对福建省情进行系统性、整体性把握，本书的第三章、第四章由此生成。本书的成果，首先要感谢福建省人民政府发展研究中心的历任领导，特别感谢林文生、林向东 2 位主任所给予的鼎力支持和帮助使得各项研究工作成为可能。

　　本书是一件长服务的作品。2009 年 5 月，国务院印发《关于支持福建省加快建设海峡西岸经济区的若干意见》，我于同年同月进入福建省人民政府发展研究中心工作，服务省委、省政府决策；在长达 13 年半的智库生涯中，围绕咨政建言、理论创新、舆论引导、社会服务、公共外交五大任务，调研了全省所有县市区和 100 多家省直部门与高校科研院所，调研了 500 多家企业市场主体；围绕城市经济、县域经济、开发区经济等次级经济体的发展战略研究和跨行政区的协调发展战略研究需求，先后开展山海协作研究、闽西南闽东北协作研究、福诏工业走廊研究、福厦泉三大引擎发展战略研究、长台闽大湾区发展战略研究、福厦经济走廊与广深经济带比较研究，主持或参与撰写了100多份研究报告、研究专报，并于2013年、2014年连续两年主持全省县域经济发展评价工作，评出全省经济实力"十强县"和经济发展"十佳县"，发布了首份《福建省县域经济发展评价报告2014年》，内容涵盖全省所有84个县市区；这些调查、研究形成的材料，提炼构成了本书的第二章、第五章。本书的成果，是团队合作促成的，感谢福建省人民政府发展研究中心产业发展研究处赵慧、兰晓原、刘立菁、谢毅梅、顾嫣团队和社会发展研究处胡献政、何粲、陈锦泉、苏庆国、曾飞凡以及蔡丽华、林清森、陈杰团队；同样的感谢还需要给予研究宏观经济的蒋淞卿、朱毅蓉、张一贞、李胜平、刘玉婷、占星团队，研究对外经济的陈俊艺、陈素颖、郑林岚、吴金平团队，研究财政金融的项金玉、邹建铭、单小芳、陈晓波团队；特别感谢支撑研究的邵长钗、许菊兰、江宝日、许大东、江建国、林志平、王寅清、郭恺珑、陈延自、林铁强、连国萍、吴芳、陈芳、林暖以及侯跃齐、刘玉仙、林泽宇、傅奕群、陈维伟团队。

本书是一件长协作的作品。2013年11月，十八届三中全会将"治理现代化"纳入国家现代化的核心范畴，在《改革》杂志社陈澍社长的倡议下，我先后完成了《国家治理现代化理论研究：控制论视角》《国家治理现代化理论研究：系统论视角》《国家治理现代化理论研究：经济治理视角》三篇理论文章，它们构成了本书的第一章、第七章。2014年、2016年，十一届省政协先后将"加快推进厦漳泉大都市区同城化发展""打造文化与旅游相融合的大武夷旅游圈"纳入年度政协常委会专题协商议题，在张燮飞副主席的指导下，我全程参与了课题的调研和写作工作，并形成了《厦漳泉大都市区的机遇、挑战与对策》《大武夷旅游圈的若干战略问题》2份研究报告；2021年、2022年，应福州市社科联张春斌副主席邀请，我作为"强省会论坛"嘉宾先后做了《构建国家中心城市发展新格局——新时代福州城市化路径分析》《福州国家中心城市的国土空间组织问题》两场专题报告；两份研究报告、两场专题报告构成了本书的第六章。本书的成果，是由外部需求"倒逼"促成的，特别感谢十届、十一届福建省政协张燮飞副主席的长期指导、鼓励与帮助。

本书的大部分成果，曾在福建省直机关、县市区、党校行政学院、高校科研院所、国有企业等机构做过超过 100 场次报告。衷心感谢福建省人民政府发展研究中心黄端、陈明旺、胡建荣、廖荣天、林坚强副主任和吴元兴二级巡视员，漳州市人民政府发展研究中心江智诚主任和黄志坚、朱红李副主任，泉州市人民政府发展研究中心胡毅雄主任和张照绿副主任，福州市人民政府发展研究中心郑立主任和刘庆副主任；衷心感谢中共福建省委改革办庄莉处长，福建省委政研室兰思忠处长、黄林杰博士，福建省委党校陈心颖教授；衷心感谢福建农林大学郑庆昌教授，福建师范大学黄茂兴教授，福建社会科学院李鸿阶、伍长南研究员；衷心感谢福建省自然资源厅周锦来总规划师，福建省国土资源勘测规划院林恒萍副院长；衷心感谢中共福建省委党校第 95 期县处级干部进修班、第 62 期厅长班的老师和全体学员，衷心感谢2023 年中国人民大学福建省"提升运用金融服务经济发展能力"专题班的老师和全体学员；特别感谢中共福建省委党校经济学教研部的全体老师！

　　本书的系统集成，是在福建江夏学院完成的；本书的出版，获得了福建江夏学院的资助；特别感谢福建江夏学院宋建晓书记、凌启淡校长的学术支持，特别感谢福建江夏学院科研处吴军梅处长和方钊老师、发展规划处刘向红处长所给予的宝贵帮助。在出版过程中，还获得社会科学文献出版社经管分社总编辑陈凤玲编审的友情帮助；特别感谢责任编辑宋淑洁在审稿过程中的耐心指导和负责任的修正。

　　战略问题属于"小众问题"。负责战略问题的人属于关键的少数，而对战略问题的研究同样属于少数人的事情。本书的许多方面，反映了作者的学习和发现的过程；尽管已经做了最大的努力，但受阅历、经历以及学识、认识的局限，不足乃至错误期待读者诸君不吝赐教。本书涉及的四个领域七个方面的问题，读者诸君可以单独阅读若干章节或者以不同顺序阅读，提出反对或补充，对此我将真挚地表达我由衷的谢意。

朱四海

2023 年 8 月于有福之州

图书在版编目（CIP）数据

全方位高质量发展：福建在行动／朱四海著.

北京：社会科学文献出版社，2024.6. -- ISBN 978-7
-5228-3840-3

Ⅰ. D675.7

中国国家版本馆 CIP 数据核字第 2024Q9T538 号

全方位高质量发展：福建在行动

著　　者／朱四海

出　版　人／冀祥德
组稿编辑／陈凤玲
责任编辑／宋淑洁
责任印制／王京美

出　　版／社会科学文献出版社·经济与管理分社（010）59367226
　　　　　地址：北京市北三环中路甲29号院华龙大厦　邮编：100029
　　　　　网址：www.ssap.com.cn
发　　行／社会科学文献出版社（010）59367028
印　　装／三河市东方印刷有限公司

规　　格／开本：787mm×1092mm　1/16
　　　　　印张：21.25　字数：372千字
版　　次／2024年6月第1版　2024年6月第1次印刷
书　　号／ISBN 978-7-5228-3840-3
定　　价／128.00元

读者服务电话：4008918866